U0530633

小马斯克有独特的思考模式,常陷入沉思,对周遭发生的一切没反应,医生以为他的听力有问题,还因此切掉了他的腺样体。

霍尔德曼家的孩子们在和父母一起进行野外冒险时，有很多时间在非洲丛林中休息。

马斯克与弟弟金巴尔（中）和妹妹托斯卡（右）在南非的家中，三兄妹感情很好，目前定居美国。

读小学时,马斯克是个独行侠,对世界很好奇,对事实很执着,同学不喜欢他,他曾遭同学霸凌。

12岁时,马斯克的名字第一次登上媒体,他编写的电子游戏源代码刊登在南非当地的一本杂志上。

特斯拉首席技术官 J. B. 斯特劳贝尔年轻时在家中组装特斯拉电动汽车早期的电池组。

17岁那年,马斯克勇闯天涯跑到加拿大,当了一年背包客之后,就读于加拿大安大略省的女王大学,住在学生宿舍。

几名工程师在硅谷一栋两层楼的建筑里打造出第一辆 Roadster 原型车。

马斯克和特斯拉联合创始人马丁·艾伯哈德试驾早期的 Roadster。两人关系后来破裂,直到特斯拉公司上市,两人才冰释前嫌。

SpaceX 在洛杉矶郊区建立了一座真正的火箭工厂，成功打造出"猎鹰 1 号"火箭。

汤姆·穆勒（最右边）主导了 SpaceX 火箭引擎的设计、测试和建造。

SpaceX 最初几次发射是在马绍尔群岛的夸贾林岛进行的,对这些工程师来说,在这座岛屿上的一切经验都是一场冒险,过程虽艰苦,成果却很丰硕。

SpaceX 的行动任务控制中心,马斯克和穆勒在此全程监控火箭的发射过程。

2008年,冯·霍兹豪森加入特斯拉,投入 Model S 的设计工作,马斯克几乎每天都跟他在一起进行讨论,两人有聊不完的新点子。

在过去的几年里,SpaceX 的野心逐渐膨胀,包括建造"龙"飞船,可以载人去国际空间站或外太空。

马斯克对机器人一直存有戒心,总是再三评估 SpaceX 和特斯拉工厂里的新机器。

SpaceX 搬到加州霍索恩市的新工厂后,装配线得以扩大规模,同时能进行多组火箭和太空船的组装工作。

SpaceX 在得州麦格雷戈测试新的火箭引擎和飞行器,他们正在测试代号为"蚱蜢"(Grasshopper)的可重复使用火箭。

在得州进行火箭试射之前,马斯克经常光顾冰雪皇后冰激凌店,此次同行的有 SpaceX 投资人、董事史蒂夫·尤尔韦松(左)和投资人兰迪·格雷恩(右)。

在霍索恩工厂里,"龙"飞船悬在天花板上,SpaceX 的员工正紧盯着任务控制中心。

SpaceX 总裁肖特韦尔是马斯克的得力助手,协助管理 SpaceX 的日常运作,包括监督任务控制中心的发射行动。

特斯拉买下新联合汽车制造公司（NUMMI）位于加州弗里蒙特的汽车工厂，在这里生产Model S 轿车。

特斯拉 Model S 于 2012 年开始交车，这辆车赢得了多项汽车大奖。

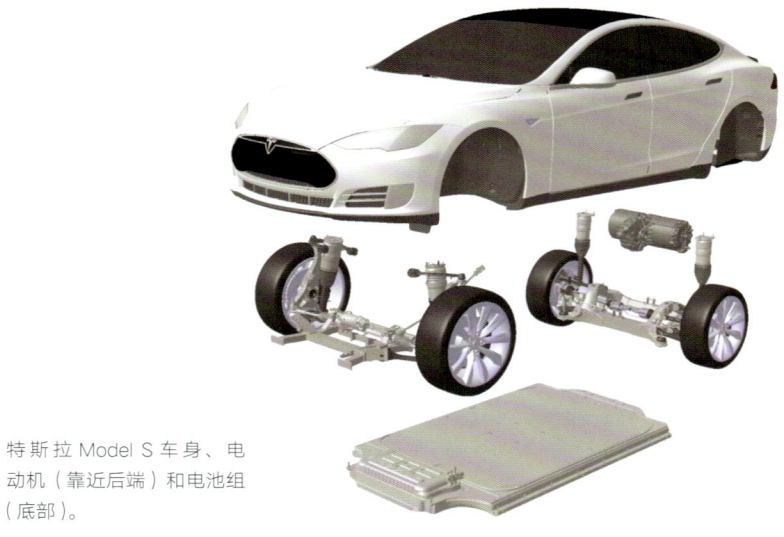

特斯拉 Model S 车身、电动机（靠近后端）和电池组（底部）。

继 Model S 之后，特斯拉要推出 Model X 运动型多功能车，这款车拥有独特的鹰翼门。

2013年,马斯克和影星西恩·潘(Sean Peen,驾驶者)及投资人皮谢瓦(Shervin Pishevar,后排坐在马斯克旁边)访问古巴。他们与学生及卡斯特罗家族成员见面,并试图营救一名美国战俘。

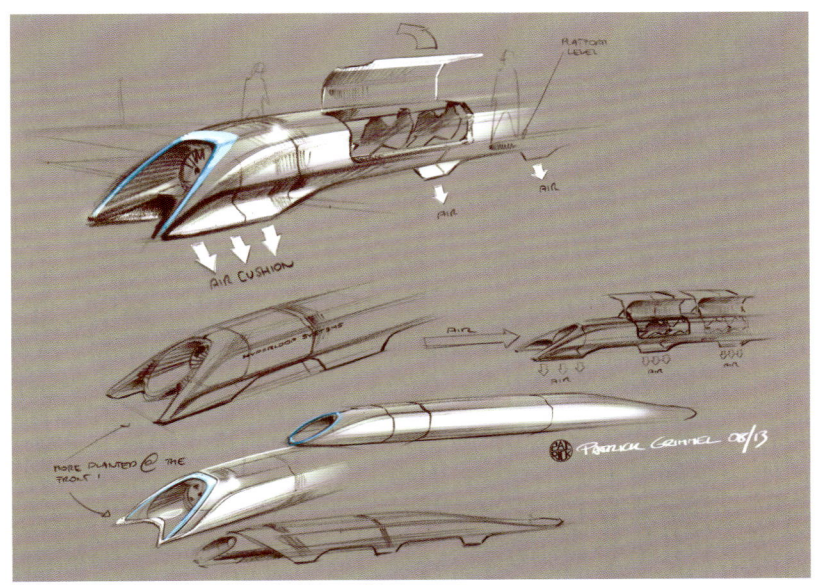

马斯克于2013年公布"超级高铁"构想,提议以此作为新的大众运输方式,现已有多组团队准备兴建测试轨道,进一步落实马斯克的构想。

2014年,马斯克公布一款新型太空船(第二代"龙"飞船),它配备了下拉式的触控屏幕显示器及完美的内部装潢。

第二代"龙"飞船能够返回地球,并非常精准地着陆。

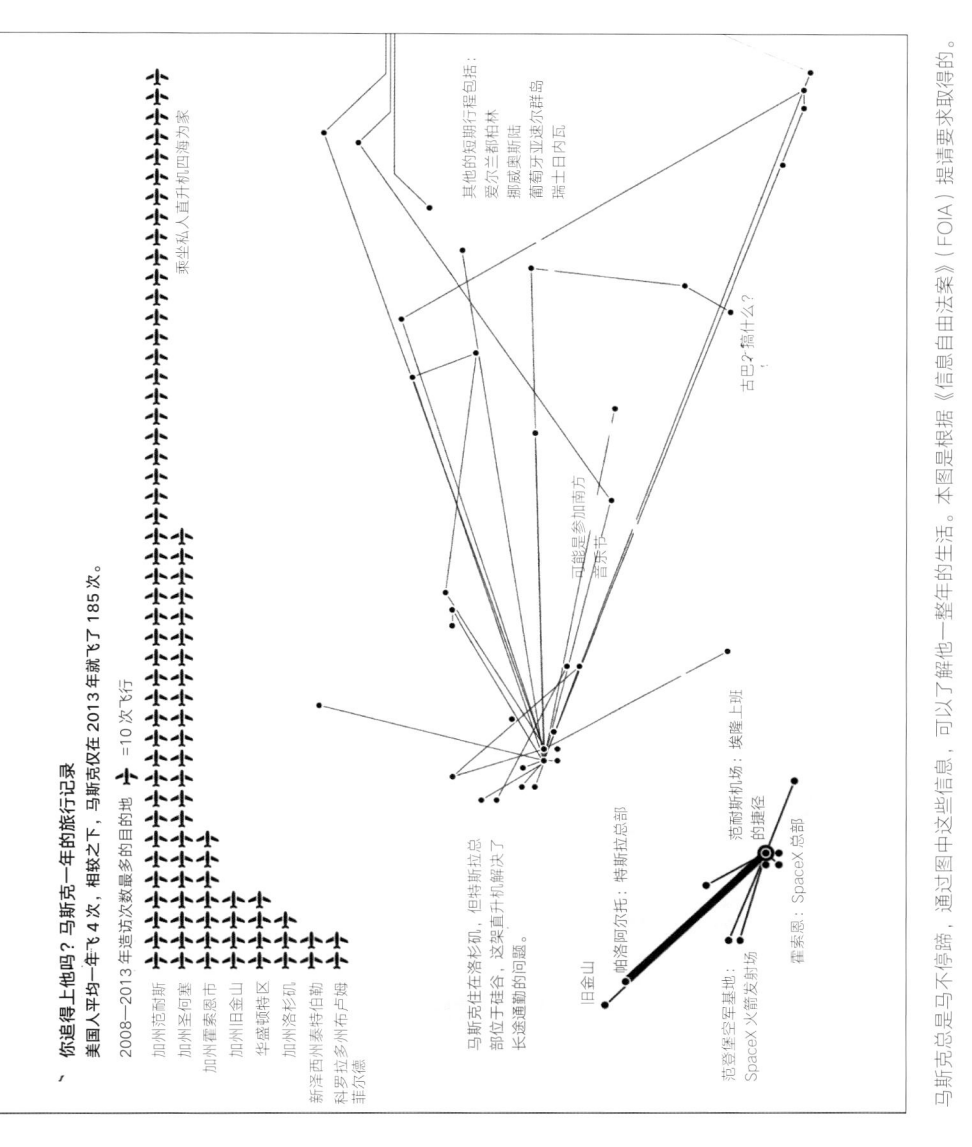

马斯克与演员莱莉结过两次婚,第二次仍以离婚收场。

马斯克和莱莉在洛杉矶的家中小憩,这里也是马斯克与他 5 个儿子一起生活的家。

ELON MUSK

［美］阿什利·万斯
（Ashlee Vance）/ 著

埃隆·马斯克，创造未来的人

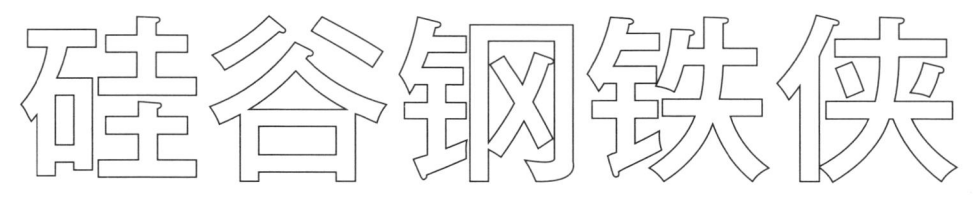

周恒星 / 译
陆思佳 吴菲宇 陈述斌 / 校译

硅谷钢铁侠

Tesla, SpaceX, and the Quest for a Fantastic Future

| 增订版 |

中信出版集团｜北京

图书在版编目（CIP）数据

硅谷钢铁侠：埃隆·马斯克，创造未来的人 /（美）阿什利·万斯著；周恒星译. -- 2版. -- 北京：中信出版社，2022.11（2024.11重印）

书名原文：Elon Musk: Tesla, SpaceX, and the Quest for a Fantastic Future

ISBN 978-7-5217-4856-7

Ⅰ. ①硅… Ⅱ. ①阿… ②周… Ⅲ. ①埃隆·里夫·马斯克－传记 Ⅳ. ① K837.125.38

中国版本图书馆CIP数据核字（2022）第207402号

Elon Musk: Tesla, SpaceX, and the Quest for a Fantastic Future
Copyright © 2015 By Ashlee Vance
Simplified Chinese translation copyright © 2022 by CITIC Press Corporation
ALL RIGHTS RESERVED
本书仅限中国大陆地区发行销售

硅谷钢铁侠——埃隆·马斯克，创造未来的人

著者：[美] 阿什利·万斯
译者：周恒星
出版发行：中信出版集团股份有限公司
（北京市朝阳区东三环北路27号嘉铭中心　邮编 100020）
承印者：北京通州皇家印刷厂

开本：787mm×1092mm 1/16　　插页：8
印张：23.5　　字数：317千字
版次：2022年11月第2版　　印次：2024年11月第9次印刷
京权图字：01-2015-6582　　书号：ISBN 978-7-5217-4856-7
定价：79.00元

版权所有·侵权必究
如有印刷、装订问题，本公司负责调换。
服务热线：400-600-8099
投稿邮箱：author@citicpub.com

目　录

本书赞誉	III

第一章　　　　　　　　　　　　　　　　　　　001
马斯克的世界：跨领域创造

第二章　　　　　　　　　　　　　　　　　　　021
出生地非洲：冒险基因的源头

第三章　　　　　　　　　　　　　　　　　　　041
挺进加拿大：追寻太阳的人

第四章　　　　　　　　　　　　　　　　　　　051
第一次创业：征服网络世界

第五章　　　　　　　　　　　　　　　　　　　067
贝宝黑帮大佬：发动国际金融革命

第六章 087
太空召唤：建立 SpaceX 创新大军

第七章 129
全电动汽车：技术前沿特斯拉

第八章 163
痛苦、磨难与新生：钢铁侠的商业版图

第九章 191
腾飞：被颠覆的航天业

第十章 235
电动汽车的复仇：最好的时机

第十一章 283
统一场理论：下一个 10 年

结语 319

附录 333
附录 1　333
附录 2　338
附录 3　342
附录 4　347
致谢　355
注释　359

本书赞誉

《纽约时报》商业畅销书

亚马逊商业/创业畅销书

亚马逊年度最佳商业投资类图书

《华尔街日报》2015年度最佳商业图书

阿什利·万斯向我们介绍了这个登上商业世界顶峰的男人——埃隆·马斯克。作者用权威而翔实的表述向读者证明，马斯克会成为对人类影响最大的人。如果马斯克把人类带到火星，这本书将成为这个星球的奠基性文件。

——布拉德·斯通

畅销书《一网打尽：贝佐斯与亚马逊时代》作者

可以说，这本书提供了绝佳的视角，让我们深入了解这位堪称世界上最重要的创业家。万斯笔下的马斯克拥有独特的性格、永不满足的进取心，以及在困难中茁壮成长的能力，这些都令人印象深刻。

——《华盛顿邮报》

以前我们大多通过漫画来了解马斯克，而这本书叙事详尽，很可能是一本迄今为止描述他的最佳作品。读者读到最后几页，可能都会把史蒂夫·乔布斯的成就和他的成就相比较。我们应该相信马斯克。他是独一无二的。

——《纽约时报书评》

这是一本生动而引人入胜的传记。

——《华尔街日报》

真正好的传记必须在两方面非常突出。其一，呈现许多前所未有的精彩故事；其二，不以偏概全，而是完整地展示重要人物的曲折人生。显然，这本关于马斯克的传记完美地做到了这两点。万斯提供了自己丰富的见解，让我们了解到这位科技巨人的成功之路。

——《福布斯》

这是今年我最喜欢的一本书。

——泰勒·考恩

《中午吃什么？一个经济学家的无星级开胃指南》作者、著名经济学家

万斯先生笔下这本生动有趣的书，为我们提供了关于马斯克的公司、个人愿景和私人生活的引人入胜的种种细节。

——美国《石板》杂志

这是迄今为止我读过的最好的商业图书。

——唐·格雷厄姆

《华盛顿邮报》前出版商

精彩绝伦。

——《金融时报》

扣人心弦的故事，深入细致的调查。

——英国《卫报》

我十分看好埃隆·马斯克，他是一个无惧挫折的冒险者，一心创造人类的光明未来。阿什利·万斯谱写的精彩传记完美展示了马斯克非凡的人生故事和

斗志昂扬的精神。

——理查德·布兰森

英国维珍集团创始人

埃隆·马斯克是自史蒂夫·乔布斯之后绝无仅有的伟大企业家，他打开了新世界的大门，致力于将潜在的科学技术变为现实。我很庆幸，我们的生活中有如超级英雄托尼·史塔克般的人物。在这本书中，我们首次看到了马斯克如此生动的人生故事。

——马克·安德森

风险投资家和互联网先驱

阿什利·万斯向读者清晰地展示了一个屡受挫折之人的真实故事——他不断挑战固有思维并试图改变世界。我建议每个人都读读这本书，从中获得精神鼓舞，立下宏愿。

——托尼·法德尔

iPod（苹果公司多功能数字多媒体播放器）和iPhone（苹果手机）之父，
耐斯特公司（Nest Labs）CEO（首席执行官）

阿什利·万斯根据采访和考察得来的第一手资料写成了这本书，真实地讲述了特斯拉、SpaceX（美国太空探索技术公司）和美国太阳城公司（SolarCity）成立、发展的幕后故事，以及埃隆将自己的激情变成现实的种种努力。埃隆是一个改变世界的独特人物。他试图改变游戏规则的想法是如何孕育和诞生的，现在又是如何蓬勃发展的？这些谜底尽在这本书中。

——克莱格·文特尔博士

基因测序领域第一人和人造生命之父

这是一本振奋人心的好书，足以让你产生创办汽车公司、建造宇宙飞船甚至飞往火星的强烈欲望。唯一遗憾的是，你最终会发现自己并不是埃隆·马斯克。

——**亚伦·列维**

盒子公司（Box）CEO

当我们每天都在想着很多很实际的问题的时候，他在想的是，万一哪天地球毁灭了，人类怎么才能安全地搬到火星上。作者耗时四年，与马斯克进行了超过 40 个小时的深度对话，记录了马斯克从粗放的南非到国际商业世界顶峰的不凡之旅。读这本书，我们可以感受到，原来一个人的人生可以如此丰富多彩。马斯克把自己童年的大量挫折转化成了宝贵的财富，始终把自己的目标放在为社会创造价值上，最后成了硅谷的"钢铁侠"。

——**樊登**

樊登读书 App 首席内容官

驱使马斯克这样的实业家推动世界进步的，通常不是名利，而是强烈的使命感和充满个人英雄主义色彩的梦想与野心，以及在极少数人身上可贵地伴随终生的好奇心。埃隆·马斯克的人生经历，与无数改变世界的伟大实业家的经历一样，是那种可以被千百次地写进小说、搬上银幕后，每一次看都依然激动人心且属于全人类的传奇故事。

——**罗永浩**

锤子科技 CEO

埃隆·马斯克不是一位传统意义上的企业家。在这本书里大家可以看到，一个坚持自己对世界的不同看法，并有能力把它变为现实的实干家传奇。这个传奇的意义在于，让我们知道创造财富不是顶峰，也不是终点，真正传奇的成功，是通过商业来实现自己对未来的构想，为人类留下痕迹。

——**张鹏**

极客公园创始人

在这本书中,马斯克是一个疯狂的技术革新者、成功的商人,也是一个有血有泪的凡人。创业者在阅读这本书时,除了能了解马斯克惊心动魄的创业历程和丰富有趣的人生经历,还可以得到一些很有价值的信息,比如,有目的地学习、招聘用人之道,以及如何选择合适的合伙人和风险投资人。

——王小川

搜狗科技原 CEO

只有"疯狂"两个字才能形容马斯克。他凭借着兴趣和感觉就冲进一个陌生行业,如果是一个光脚的这样做,似乎还说得过去,但如果一个已经成功的亿万富翁、一个享有成功荣誉的投资人这样做,敢把自己几乎全部的资产投入到与以前成功的行业毫无关系的领域,而且是两个陌生行业,我想这才是真正的梦想驱动力。

——周鸿祎

360 公司董事长

埃隆是个有雄心壮志的冒险家。他想用工业发明和公司组织来表达他的价值观,而不仅仅追求商业成功。可以说,埃隆已经接过乔布斯的衣钵,成为全球科技创新的新偶像。

——周航

易到用车创始人

马斯克这样的企业家也许是中国商界的稀缺物种。这种超凡脱俗的想象、一往无前的气魄、破釜沉舟的勇气,让马斯克不仅仅是一个连续创业者,而且成为人类探索意志的化身。只有拥有创造未来的强烈愿景,才能开创影响人类历史的伟业。

——余晨

易宝支付联合创始人

信仰技术改变世界、技术驱动社会变革的理想主义，是硅谷的一个伟大传统。从微软的盖茨、苹果的乔布斯、谷歌的佩奇到特斯拉的马斯克都是如此。中国互联网的成长举世瞩目，是时候重启技术理想主义了！我认为 BAT（BAT 分别指百度、阿里巴巴、腾讯）等巨头和新一代 TMD（TMD 分别指今日头条、美团点评、滴滴）等巨头需要有更大的担当，这是我们这一代人的历史责任。这本书将告诉你一个极客是如何怀着理想成为侠客的。

——王冠雄

著名自媒体人、"入口级产品"学院创始人

是什么样的社会机制、商业环境、文化背景成就了埃隆·马斯克？读完这本书之后，我能给读者的建议是，你可以从这个奇人身上得到一些启迪，但不要梦想成为这样的人。

——冯大辉

丁香园 CTO（首席技术官）

最早我认为特斯拉是一款装上四个轱辘就会飞的 iPad（苹果平板电脑），现在我认为特斯拉是一款优秀的人机交互智能产品。从饱受争议到大获成功，马斯克在互联网和汽车领域的跨界证明了颠覆者从来都不是在原有行业诞生的。这个时代的颠覆者属于狂人，而马斯克则是狂人中的佼佼者，感谢他带给我已经超过 4 万千米的顺畅驾驶体验。尽管我们之中的大多数人无法成为另一个马斯克，但我们仍然可以从他的故事中追逐他所倡导的创新信条和颠覆理念，而这本书则是最佳读本。

——陈中

WeMedia 新媒体集团 CMO（首席营销官）、特斯拉早期车主

第一章

马斯克的世界
跨领域创造

在硅谷,马斯克因其化腐朽为神奇的能力被奉为传奇,连佩奇这样的CEO说起他时都是一脸敬畏,而那些刚起步的创业者更是想成为"像埃隆一样"的人,就像很多年前仿效乔布斯的热潮一样。

"你觉得我疯了吗？"

在硅谷一家高档海鲜餐厅里，一顿漫长的晚餐快结束时，埃隆·马斯克抛出了这个问题。那天我先到，坐下后点了杜松子酒和点心，我很清楚，马斯克会一如既往地迟到。15分钟后，他出现了，他穿着皮鞋、有型的牛仔裤和格子衬衫。他身高一米八五左右，身形魁梧壮实，见过他的人都说，他给人的印象比实际显得还要高大。你可能以为他会像老大哥一样走进来，但实际上，他进来的时候头微微低着，甚至显得有些腼腆。他落座和我握手寒暄后，坐了好几分钟才慢慢放松下来。

马斯克邀请我吃晚餐是要商量些事情。18个月前，我告诉马斯克我计划写一本关于他的书，但他表示自己并没有配合的打算。他不合作的态度很坚决，迫使我采用"狗仔队"的报道模式。如果我必须在没有他配合的情况下写这本书，那我只能硬着头皮写下去。我知道很多人已经离开了马斯克的公司——特斯拉和SpaceX，他们愿意接受采访。另外，我也认识不少他的朋友。于是采访一个接一个，日积月累，大约共有200人接受了我的采访。直到有一天，我再次收到马斯克的消息。他从家里给我打来了电话，给我两个选择：要么让他加入这个项目，要么让我的生活陷入困境。他合作的条件是出版之前他必须看原稿，并在上面加入注脚。他虽然不会插手内容，但会标出他认为与事实不符的地方。我明白马斯克的想法，他希望能够掌控关于他生活的故事。另外，他严谨得像一个科学家，事实错误会令他抓狂；那些印在纸上的错误会让他惦记一辈子。尽管我非常理解他，但是出于专业、私人和一些实际的原因，我无论如何都不会让他读到原稿。马斯克对于真相有着自己的看法，但是这些看法跟世界上其他人的并不一样。他是那种会为简单的问题提供烦琐答案的人，因此他之后很有可能给我一份长达30页的注脚。尽管如此，我还是愿意和他共进晚餐，先开诚布公地探讨一番，看看结果如何。

我们的谈话从公关人员开始。众所周知,马斯克总是不停地更换公关人员,特斯拉当时就在物色新的公关负责人。"谁是这个世界上最棒的公关?"他问了一个极具个人风格的问题。之后我们聊到我们共同的熟人,还谈到霍华德·休斯和特斯拉工厂。点菜的时候,马斯克让服务生推荐一份低碳水化合物的食物,最后他点了一份浇了乌贼汁的炒龙虾。我们的谈判还没有开始,马斯克就打开了话匣子,聊起令他忧心失眠的事情:谷歌的创始人和CEO拉里·佩奇正在打造人工智能机器人大军,它们有可能会消灭全人类。"我真的非常担心这件事。"马斯克说。尽管他和佩奇是好朋友,他也知道佩奇本质上是好人,而不是什么邪恶博士,但这还是不能令他安心。天性纯良的佩奇总是认为机器会永远服务于人类,这正是问题所在。"我不像他那么乐观,"马斯克说,"他可能会不小心制造出邪恶的东西来。"服务生将食物端了上来,马斯克便大口吃起来,很快就吃完了。为了让他保持这种兴奋的聊天状态,我夹起一块牛排放到了他的盘子里。这招儿很快就见效了。他只用了90秒,就将整块肉吃完了。

马斯克用了好长时间才摆脱人工智能的愁云并转到正题。当聊到这本书时,马斯克开始试探我,想了解我为什么想写一本关于他的书,并揣摩我写书的意图。我感觉时机到了,便开始步步为营,切入主题。在肾上腺素和杜松子酒的共同作用下,我开始了长达45分钟的长篇大论,告诉他为什么他应该让我深入他的生活,并且他不能在此期间干涉我。我还说明了加入注脚的不足之处:不仅会令他看起来像个控制狂,我作为记者的职业操守也会受到质疑。令我惊讶的是,几分钟后,他打断了我,简单地回了一句:"好的。"他最关切的问题尘埃落定了。他尊敬那些被拒绝之后仍坚持不懈的人。之前有许多记者跟他说过出书的事情,而我是唯一一个不顾他的初衷而坚持己见的人,而他似乎就欣赏这样的人。

之后的时间里我们聊得很愉快,而马斯克也不再只关注他那份低碳水化合物的食物。服务生端上一份分量十足的黄色棉花糖甜点后,马斯克立刻狼吞虎咽地吃起来,沾得满手都是糖汁。我们把事情谈妥了。马斯克允许我接触他的公司高管、朋友和家人,而且他每月会和我吃一次不限时长的晚餐,这是他第一次允许一个记者进入他的核心圈子。晚餐进行了两个半小时后,他终于把手往桌子上一放,准备站起来走人,但他又突然停下来,眼睛紧紧地盯着我,抛出了一个不可思议的问题:"你觉得我疯了吗?"我尴尬得不知道说什么好,拼命地思考这是不是一个谜语,我不知该怎么巧妙地回答这个问题。但和他相处久了之后,我才意识到,这个问题是他提给自己的,而不是提给我的。我的回答其实并不重要。他只是想知道我是否值得信任,他望着我的眼睛,做出了最后的决断。几秒钟后,我们握手告别,他驾驶着红色特斯拉 Model S 轿车离开了。

了解马斯克

对于马斯克的了解必须从位于加州霍索恩的 SpaceX 总部开始。霍索恩位于洛杉矶郊区,距洛杉矶国际机场只有几英里[①]远。在通往马斯克办公室的走廊的墙壁上,SpaceX 总部的访客会看到两幅巨型火星海报。左边海报上的图案是如今的火星——寒冷荒芜的红色星球;右边海报上的火星却是一片生机勃勃的景象,海洋环绕着广阔的绿色陆地。火星的温度一直在上升,将来可能成为适宜人类居住的地方。移民火星是马斯

---

① 1 英里约为 1.6 千米。——编者注

克坚定不移的人生目标,他全力以赴地要把它变为现实。"我始终相信,如果我们解决了再生能源的问题,完美地转变成跨星球的物种,并在另一个星球上建立自给自足的文明,消除使人类灭绝的潜在威胁,就能拥抱美好的未来,"他顿了一下说,"那真的太棒了!"

如果马斯克所说的一些事情听起来很荒唐,我只能说,那是因为它们在某种程度上的确如此。例如,马斯克曾接过助手递的一些上面撒有糖屑的、有饼干和奶油的冰激凌,当他一边吃着这份甜点一边谈论如何拯救人类时,他嘴角下方还沾着一些饼干屑。

在硅谷,马斯克因其化腐朽为神奇的能力被奉为传奇,连佩奇这样的CEO说起他时都是一脸敬畏,而那些刚起步的创业者更是想成为"像埃隆一样"的人,就像很多年前仿效乔布斯的热潮一样。然而,硅谷是在扭曲的现实中运作的,并且它超越了共同幻想的限制。人们心中的马斯克是一个极具争议的人物,是利用电动汽车、太阳能板和火箭来兜售虚假希望的骗子。忘记乔布斯吧,马斯克只是科幻版的P. T. 巴纳姆①。通过利用人们的恐惧和自我仇恨,巴纳姆让自己变得异常富有。买一辆特斯拉,可以让你暂时忘记自己给星球带来的困扰。

长期以来,我一直是另一种阵营的支持者。在我心里,马斯克是一位用心良苦的梦想家,即硅谷"技术乌托邦"俱乐部的成员。他这样的人就好比艾茵·兰德②和工程师绝对论者的结合体,他们把自己对世界的理性看法当作普世真相。我们只要站在一边,让他们放手去做,所有的人类难题就都会迎刃而解。在不久的将来,我们可以把大脑的记忆下载到电脑里,让算法解决一切问题,而我们只需要享受生活。事实证明,他们的工作是令人振奋且卓有成效的,但有时候这些技术乌托邦者的老

---

① P. T. 巴纳姆(P. T. Barnum),美国马戏团经纪人兼演出者,他最有名的骗局是编造了一个"黑人女奴海斯"的故事,人为地引起社会轰动并借此大捞一笔。——编者注
② 艾茵·兰德(Ayn Rand),美国哲理小说家。——编者注

生常谈也会让人厌烦，因为他们可以吹嘘好几个小时，而没有任何实质性的内容。更令人不安的是他们的言外之意，即人类是有缺陷的物种，是世界最终需要摆脱的负担。我在硅谷的某次活动上第一次偶遇马斯克时，他不切实际的说辞就像技术乌托邦的剧本。更令人厌烦的是，他提到了一些所谓改变世界的公司，但当时的它们做得并不怎么样。

然而，2012年年初，像我这样的愤世嫉俗者突然发现马斯克真的做出了一番成就。他经营了几家曾经陷入困境的公司，并且它们都获得了史无前例的成功。SpaceX为国际空间站成功运送了一个补给舱并安全返回地球；特斯拉发布了新车型Model S——一款外观不错的纯电动轿车，让整个汽车业大为震惊，并扇了底特律（美国汽车工业中心）一记响亮的耳光。这两大成就足以让马斯克跻身商业巨子之列，而此前只有乔布斯在两个全然不同的领域取得如此惊人的成就，后者有时会将一款新型苹果产品和一部皮克斯电影同步上市。然而，马斯克不满足于现状，还担任了正在繁荣发展的太阳能板供应商太阳城公司的董事长和最大股东，这家公司不久前进行了首次公开募股（IPO）。马斯克使空间探索、汽车和清洁能源领域取得了近几十年来的最大进展，而这一切都像是一气呵成的。

2012年，我决定亲自拜访马斯克，看看他究竟是怎样的一个人，并为《彭博商业周刊》写一篇关于他的封面报道。那时候，马斯克的饮食起居都由他信赖的助手玛丽·贝思·布朗（Mary Beth Brown）打理。她邀请我去参观被称作"马斯克之地"（Musk Land）的地方。

相信所有第一次去"马斯克之地"的人都有种抓狂的体验。你需要把车停到霍索恩市火箭大道1号（One Rocket Road），即SpaceX总部。霍索恩并不是一个宜居的城市，它位于洛杉矶荒凉的郊区。一排排破败的房子、商店和餐馆被一片片大型工业园区包围，而这些园区像是在一场乏味的矩形建筑风潮后留下的。难道马斯克真的把他的公司设在了一片废墟中吗？但当看到 SpaceX 的主建筑时，你就会觉得合情合理了。这是一座占地55万平方英尺①的矩形建筑，外表粉刷得洁白透亮，象征着"身体、灵魂和思想的统一"，格外引人注目。

只有当你走过 SpaceX 总部的正门时，你才会意识到马斯克所做的事情有多么伟大。马斯克在洛杉矶的中心地带建造了一座火箭工厂。这座工厂不是一次只建造一枚火箭，而是同时建造多枚火箭，且每一枚都是从无到有。这座工厂是一个巨大的一体化空间，其后方是一片巨大的装卸场，用来接收运来的大块金属材料，而这些金属材料随后会被送到一座两层楼高的焊接设备那里待加工。工厂里随处可见穿着白色外套的技术人员，他们在生产主板、无线电设备和其他电子器件。在一个特制的密闭式玻璃空间里，另一群人正在建造送往国际空间站的太空舱。戴着头巾、露出文身的男人们一边听着范·海伦乐队（Van Halen）的摇滚乐，一边给火箭引擎安装电线。组装完毕的火箭部件被摆成一排又一排，等待卡车装运。在工厂的另一边还有很多火箭，正等待着工人为它们喷上白漆。一眼望去，几百个工人正围绕着各种奇形怪状的机器重复着相同的动作，但要一次逛完整个工厂是很难的。

这里只是"马斯克之地"的第一栋楼，SpaceX 已经收购了波音公司的部分大楼，这些大楼曾经被用于生产波音747客机的机身。在收购的大楼中，有一栋楼的屋顶呈弧形，看起来像一个飞机库，它是特斯拉的研发和设计中心，特斯拉 Model S 型轿车及后来的 Model X 型豪华 SUV（运动型多用途电动汽车）的外观设计均出自这里。特斯拉在设计中心的停车场建了一座充电站，供车主在此免费充电。马斯克设置了一块红白相间、印有特斯拉标志的方尖碑，而这个方尖碑建在一处宽阔的水池中央，因此这座充电站十分显眼。

---

① 1平方英尺约为0.09平方米。——编者注

在设计中心，我对马斯克进行了第一次采访，这次采访使我渐渐了解到他说话和做事的风格。他是一个很自信的人，但不是每次都能很好地展现出来。在刚刚开始打交道时，他总是表现得有些害羞，略显不自然。他的南非口音虽然已经没那么重了，但我仍然听得出来，这并不足以掩饰他断断续续的表达状态。同大多数工程师或物理学家一样，马斯克说话时总是会稍作停顿，以便寻找准确的措辞；有时候他会突然聊到某个深奥的科学领域，但却不会给出一些简要的解释。他总是指望别人能够理解他所说的内容，这也说得过去。事实上，马斯克常常会讲出许多笑话，让人觉得他非常有魅力，但是在我看来，他的一切说辞都具有很强的目的性，会让谈话的对方感受到压力。他从来不会跟你废话。（我前后大约花了 30 个小时的采访时间才让马斯克彻底放松下来，以了解他与众不同的、深层的精神和人格世界。）

大多数高调的 CEO 身旁都簇拥着各种助手，但马斯克大部分时间都在"马斯克之地"亲力亲为，处理各种事情。他不再是那个悄悄走进餐厅的人，而是高调地四处踱步巡查，俨然一位掌控大局的人。马斯克一边和我聊天一边走到设计工作室，开始检查零件和汽车样品。他所到之处，员工都会涌到他面前汇报大量信息。他会认真倾听和思考，满意时会点点头，然后继续听下一位员工的汇报。一次，特斯拉的设计总监弗朗茨·冯·霍兹豪森（Franz von Holzhausen）希望了解马斯克对于 Model S 型轿车的新轮胎和轮辋配置的看法，以及他对 Model X 型 SUV 的座位安排的见解。一番交谈之后，他们一起走进后面的房间，一家高端制图软件公司的高管们正在那里等着马斯克，他们为马斯克准备了一个产品演示，想要向他展示一项新的三维渲染技术。这项技术可以让特斯拉通过调整 Model S 的虚拟模型来查看一个重要细节——阴影和路灯打在车身上的效果。特斯拉的工程师迫切想要拥有这套系统，但这需要经过马斯克的批准。伴随着钻床和工业风扇的巨大噪声，那几位高管尽其所能地想说服马斯克购买它。马斯克穿着他的工作标配——皮鞋、牛仔裤和黑色T恤，还戴着观看演示时用的三维眼镜，但他似乎不为所动。他向对方表示自己会考虑一下，然后快步走向最大的噪声源——设计工作室靠内的一个车间。特斯拉的工程师正在那里建造放在充电站外面的基架，这些装饰塔的基架高达30英尺[①]。"那东西看上去可以抵挡五级飓风，"马斯克说，"把它弄得薄一点儿吧。"最后，我和马斯克坐进了他的车里——一辆黑色的Model S，沿着蜿蜒的公路开回了SpaceX的总部大楼。"我认为现在有太多的聪明人都从事互联网、金融和法律工作，"他在路上说，"这是我们至今没有看到更多创新出现的部分原因。"

"马斯克之地"启示录

2000年，我来到硅谷，最后定居在了旧金山的田德隆区。当地人会警告你要尽量避开这一区域。你随处可见有人在两辆停泊的汽车中间随地大小便，或者神经错乱的人会把自己的脑袋使劲儿往公交车站的站牌上撞。在当地脱衣舞俱乐部附近的酒吧里，身着奇装异服者挑逗着好奇的商务人士；身上沾满污物的酒鬼们醉倒在沙发上，这是他们懒散周日的常见状态。这里展现出旧金山艰辛和残酷的一面，使它成为观看互联网梦想之火熄灭的最佳场所。

旧金山长久以来与贪婪息息相关。它是在淘金热背后应运而生的一座城市，甚至连灾难性的地震都无法长期挡住旧金山的经济发展欲望。不要让这里的嬉皮士气息欺骗了你，繁荣和萧条的交替才是这里的主旋律。2000年，旧金山的经济空前繁荣，同时它也被贪婪吞没。这是一

[①] 1英尺约为0.3米。——编者注

段普罗大众都生活在幻想之中的美好时光——疯狂的互联网让人迅速致富。这座海市蜃楼释放的脉冲能量显而易见，它产生出持续不断的嗡嗡声，带动整个城市振动起来。此时此刻，我就在旧金山最堕落的中心地带，观察那些深陷其中的人，以及他们起起伏伏的人生。

那时候疯狂的商业故事比比皆是。不需要做出像样的、令人有购买欲的产品，就可以成立一家蓬勃发展的公司。你只需要找到一个跟互联网相关的点子，昭告天下，接着就会有投资人迫不及待地为你的试验掏钱。唯一的目标就是在最短的时间内赚到尽可能多的钱，或许至少在潜意识里，每个人都相信现实终将破灭。

硅谷的人们痴迷于诸如"努力工作""努力玩耍"这样的陈词滥调。20岁、30岁、40岁、50岁这几个年龄段的人都在通宵达旦地工作。办公室隔间变成了临时住所，在这里，人们连个人卫生都不讲究了。奇怪的是，人们没有实际的产出，却需要做大量的工作；但是一到放松的时间，就冒出许许多多的法子来放纵。当时的热门公司和媒体都在互相攀比谁的派对更时髦，深陷恶性循环。不想掉队的传统公司也经常租用演唱会的场地举行派对，请来一些舞者、杂技演员和穿着暴露的女郎，并源源不断地提供酒水。年轻的工程师喝着兑了可乐的免费威士忌，或者躲在厕所里吸食可卡因。贪婪和自私是当时唯一合理的选择。

好日子总是被铭记，而接下来的坏日子却被遗忘了，这一点儿都不稀奇。缅怀非理性的繁荣比追想遗留下的烂摊子有趣得多。

这场载入史册的互联网致富幻想的破灭，使旧金山和硅谷随之陷入深深的低迷状态。无穷无尽的派对结束了。早上6点不再有妓女在田德隆区的街道上游荡，提供上班前的性服务。（"快来吧，宝贝，它比咖啡更提神！"）衣着暴露的女郎消失了，取而代之的是展销会，会上偶尔会出现翻唱尼尔·戴蒙德（Neil Diamond）的歌曲的乐队，人们从这里可以得到免费的T恤，甚至会略感羞愧。

科技行业一时间变得手足无措。在互联网泡沫破灭后，那些愚蠢的风险投资家为了不让自己看起来更愚蠢，已经停止向新项目注资。创业者们的伟大理想被那些狭隘的观念取代，硅谷好像进入了休眠期。这听起来极其不可思议，但它却真实地发生了。数百万的天才一度相信他们是在创造未来，但突然间，谨慎行事变成了最普遍的做法。

在这段时期，这种莫名不安的景象在公司内部显现，逐渐深入人心。谷歌当时已经出现，并在 2002 年左右迅速崛起，但它是一个特例。从谷歌崛起到 2007 年苹果公司推出 iPhone 的那段时期，硅谷像是一片企业荒地，乏善可陈。刚刚出现的热门公司——脸书（Facebook）和推特（Twitter），并不像它们的前辈——惠普、英特尔、太阳微系统公司那样，制造实体产品，能够在生产过程中雇用上万人。在接下来的数年，人们的目标已经从冒险创造全新的行业和伟大的想法，变成通过取悦消费者，以及批量生产简单的应用软件和广告来赚快钱。"我们这代人中最聪明的大脑都在思考如何让人们点击广告，"脸书公司早期工程师杰夫·汉默巴彻对我说，"这太糟糕了。"硅谷越来越像好莱坞。与此同时，那些消费者已逐渐转向内心世界，醉心于自己的虚拟人生。

乔纳森·许布纳（Jonathan Huebner）是位于加州中国湖美国国防部海军空战中心的一名物理学家。他是最早指出创新不足预示着更严重危机的人之一。许布纳就像电影《反斗小宝贝》(*Leave It To Beaver*)里的那个中年军火商，清瘦，秃顶，喜欢穿沾满污垢的卡其裤、棕色的条纹衫和卡其色帆布外套。自 1985 年以来，专门设计武器系统的经历让许布纳获得了直接洞察最新和最酷的科技的机会，这些技术涉及材料、能源、软件等领域。互联网泡沫破灭后，他开始对办公桌上乏味的创新感到不满。2005 年，许布纳发表了一篇题为"全球创新可能呈现下降趋势"的论文，它像是对硅谷的控诉，抑或是一种不祥的警告。

许布纳用一棵树来比喻他所看到的创新状态。人类已经爬过树干和主要的枝干，将那些改变游戏规则的想法挖掘一空——轮子、电力、飞机、电话、晶体管。现在我们只能在顶端的树枝周围晃来晃去，大多只是对过去的发明加以改进。为了支撑他论文中的观点，许布纳指出，改变人类生活的创新频率已经放缓。他还用数据证明，人均提交的专利数已经下跌。"我认为我们创造另一百项伟大发明的可能性会越来越低，"许布纳在一次采访中告诉我，"创新是一种有限的资源。"

许布纳预计人们需要 5 年时间才能领会他的思想，事实证明，他的推测几乎是完全正确的。2010 年前后，贝宝的联合创始人、脸书公司早期投资者彼得·蒂尔提出了关于技术让人们失望的主张。"我们想要会飞的汽车，而不是 140 个字符。"这句话成为他的风险投资公司创始人基金（Founders Fund）的宣传口号。在一篇名为《未来发生了什么》的文章中，蒂尔和他的同伴描述了推特——这种让用户更新不超过 140 个字符消息的产品，以及类似的发明是如何让公众失望的。他认为，那些曾经为未来高唱赞歌的科幻小说，已经变成反乌托邦作品，因为人们不再乐观地相信技术可以改变世界。

我曾对这种观念深信不疑，直到第一次来到"马斯克之地"才有所改观。尽管马斯克从不隐瞒自己在做的事情，但只有少数外人能参观这里的工厂、研发中心和机器车间，并从他所做事情的第一手资料中见证他的事业版图。他正是那个坚守硅谷精神的人——比如执行速度迅猛，废除组织内部的官僚等级制度，持续改进那些梦幻般的机器，追逐我们曾错失的那些真正具有突破性成就的项目。

按理说，马斯克本该受到互联网泡沫破灭的影响。1995 年，他投身于互联网热潮，大学刚毕业就创办了一家名为 Zip2 的公司——相当于原始版的谷歌地图和点评网站 Yelp 的结合体。他第一次创业就大获成功。1999 年，康柏（Compaq）以 3.07 亿美元的价格收购了 Zip2 公司，马斯克从这笔交易中赚取了 2 200 万美元，之后几乎把这些钱全部投入他的下一家初创企业，也就是今天的贝宝。2002年，易贝（eBay）以15亿美元收购贝宝，作为贝宝最大的股东，马斯克变得非常富有。

不同于那些陷入不安的同行，马斯克没有继续待在硅谷，而是搬到了洛杉矶。当时人们普遍认为，明智的选择是——深呼吸，耐心等待，伺机而动。马斯克抛弃了这一逻辑，转而向SpaceX投资1亿美元，向特斯拉投资7 000万美元，以及向太阳城投资1 000万美元。除非制造出金钱粉碎机，否则马斯克再也找不到一个更快的方法来毁灭自己的财富了。他变成了一个独行侠、高风险投资家，在世界上成本最昂贵的两个地方——洛杉矶和硅谷，打造极度复杂的实体产品。马斯克旗下的这些公司从零开始，尝试重新思考航空航天、汽车和太阳能产业中那些约定俗成的做法。

马斯克的SpaceX不光要对抗像洛克希德·马丁公司和波音公司这样的美国军工业巨头，还要与俄罗斯和中国等国家竞争。SpaceX在行业内以成本低廉而闻名，但仅仅靠这一点还无法取得胜利。航天领域的生意还需要打理其他方面的事情，比方说政治、利益交换和有违资本主义基本原则的保护主义。乔布斯推出iPod和iTune（苹果音乐播放器）挑战传统唱片行业时，也遭遇过类似的阻力。但和马斯克的那些以制造武器为生的敌人比起来，与音乐行业的那些惧怕科技的"老腐朽"打交道简直身心愉悦。SpaceX正在测试可重复利用的火箭——可以携带货物飞上太空，然后重新回到地面，准确降落在发射台上。如果SpaceX可以完善这项技术，将会给所有竞争对手带来毁灭性的打击，必将令火箭行业的某些巨头破产，甚至奠定美国在太空载人载物领域的世界领先地位。这令马斯克树敌众多。"想让我消失的人在不断增多，"马斯克说，"我的家人都在担惊受怕，害怕我会遭到俄罗斯人的暗杀。"

特斯拉在打造世界级燃料分销网络的同时，还试图重塑汽车的生产和销售方式。特斯拉竭力制造人们渴望的纯电动汽车，而不是"混合动力车"，马斯克称后者为"不理想的折中方案"，这将触及技术所能达到的巅峰。特斯拉不通过经销商销售，而是通过互联网和高端购物中心中像苹果专卖店一样的展示厅来销售汽车。特斯拉也没有指望靠卖车来赚大钱，因为电动汽车不像传统汽车那样需要更换机油，以及进行其他汽车维修操作。特斯拉所采用的直接销售模式，相当于公然与传统的汽车经销商为敌——他们可以和客户商议价格，然后通过收取高昂的维修费来营利。美国、欧洲和亚洲的很多主要高速公路上都设置了特斯拉的充电站，它可以在短短20分钟之内，为汽车补充行驶数百英里的续航能力。这种所谓的"超级充电站"使用的是太阳能，特斯拉车主可享受免费充电。尽管美国的大部分基础建设投资都在衰退，但马斯克正在建造的这个点对点的未来交通系统将使美国超越其他国家。马斯克与时俱进的视野和执行力结合了亨利·福特和约翰·洛克菲勒最好的特质。

太阳城现在已经成为面向消费者和企业用户的商用太阳能电池板最大的安装商和出资人。马斯克不仅是太阳城的主要投资人，还参与了创建太阳城的设想，并出任该公司董事长，而他的表兄弟林登·赖夫（Lyndon Rive）和彼得·赖夫（Peter Rive）负责经营公司。太阳城采用价格战打败了几十家电力公司，凭借自身力量把自己打造成了一家大型公用事业公司。在清洁能源公司频繁破产、监管情况令人担忧的时期，马斯克却打造出世界上最成功的两家清洁能源技术公司。他的工厂帝国拥有好几座大型工厂、数以万计的工人，以及强大的产量影响力。马斯克身家超过100亿美元，跻身世界超级富豪之列。

对"马斯克之地"的造访，开始让我明白马斯克为什么能取得上述成就。尽管"把人类送上火星"的言论给人愚不可及的感觉，但却赋予马斯克的工业帝国一句独特的战斗口号。这三家公司的员工都深知这一点，也清楚地知道，他们日复一日地努力，就是为了实现这个看似不可能的目标。所以马斯克提出不切实际的目标，拼命压榨员工，有时候甚至对他们恶语相向，就很好理解了——在某种程度上，这是火星使命的一部分。有些员工喜欢他这一点。其他人即使讨厌他，也因敬佩和认同他的动机与使命而对他忠心耿耿。马斯克所具备的世界观，是硅谷的很多创业者欠缺的。他是拥有远大抱负的天才。与其说他是追求财富的CEO，不如说他是指挥军队取得胜利的将军。当马克·扎克伯格希望帮助你分享宝宝照片的时候，马斯克则是希望将人类从自我毁灭和意外的灾难中拯救出来。

为了管理公司事务，马斯克在那段时期的生活对很多人来说是不可思议的。他的一周开始于洛杉矶贝莱尔的豪宅。周一，他一整天都在SpaceX；周二，他先在SpaceX上班，然后乘坐私人飞机飞往硅谷。他会分别在特斯拉位于帕洛阿尔托的办公室和弗里蒙特的工厂忙上几天。他在北加州没有自己的房子，而是住在豪华的瑰丽酒店或者朋友家里。为了安排他在朋友家住宿，马斯克的助手会事先发邮件询问："有单人房吗？"如果朋友回答"有"，那天深夜马斯克就会出现在那位朋友的家门口。他大多数时候会待在客房里，有时候玩一会儿视频游戏就窝在沙发上睡着了。周四他又回到洛杉矶和SpaceX工作。他同前妻贾斯汀共同抚养了5个男孩儿——一对双胞胎和一对三胞胎，他每周会花4天时间跟他们在一起。每年，马斯克都会以表格的形式列出每周的飞行时间，让自己知道事情的进展。当被问到他如何应付如此紧张的工作节奏时，马斯克回答说："我有一段艰苦的童年，或许这段经历帮助了我。"

有一次，我前去"马斯克之地"采访，他挤出时间接受了这次采访，之后便前往俄勒冈州的火山口湖国家公园露营。结束采访时已经是周五晚上8点。马斯克带着孩子们和保姆坐上私人飞机，落地后再跟司机碰头。司机会把他们带到露营地与朋友碰面，朋友则会在深夜把马斯克一大家子安顿下来。周末他会选择徒步，然后放松时间就结束了。周日下午，马斯克会和孩子们飞回洛杉矶。而当天晚上他还要独自一人飞到纽约，再睡觉。早晨起来参加周一的电视台脱口秀节目、开会、发邮件、睡觉；周二早晨他要飞回洛杉矶去SpaceX上班；周二下午飞往圣何塞去特斯拉工厂，当晚飞往华盛顿会见奥巴马总统；周三晚上飞回洛杉矶，在SpaceX工作几天，然后去黄石公园，参加谷歌董事长埃里克·施密特主持的一个周末会议。当时马斯克刚刚跟他的第二任妻子——女演员妲露拉·莱莉离婚，正考虑将自己的私生活融入这张忙碌的时间表里。"我认为我分配给工作和孩子的时间足够了，"马斯克解释道，"我想安排更多的时间来约会，我需要找一个女朋友。这就是为什么我要挤出更多时间。我想也许一周需要再多出5~10个小时——女人一周需要多少时间的陪伴？也许10个小时？这是最低要求吧？我不知道。"

马斯克很少有时间去放松，但是当他放松的时候，那些庆祝活动如同他的人生一样充满戏剧性。在他30岁生日时，他在英格兰租了一座城堡，邀请了大约20个人。从半夜2点到早上6点，他们玩儿了一个类似于捉迷藏的游戏——沙丁鱼游戏：一个人单独藏起来，然后其余的人去找他。另一个派对在巴黎举办。马斯克、他的弟弟和他的表兄妹在半夜醒来，决定骑单车横穿巴黎直到早上6点。之后他们睡了一整天，傍晚时分登上了东方快车，然后他们在车上又一夜不睡。光束马戏团（Lucent Dossier Experience）的一群先锋派演员在这辆豪华列车上表演看手相和杂技。第二天，火车抵达威尼斯，马斯克他们在那里吃过晚餐，然后就在酒店露台上俯瞰威尼斯大运河，一直待到早上9点。马斯克也喜欢参加化装舞会，他曾在一次派对上装扮成骑士，并用遮阳伞和一个装扮成黑武士的侏儒进行决斗。

在最近一次生日聚会上，马斯克邀请了50人来到位于纽约州塔里敦（Tarrytown）的一座城堡，可以说是美国最酷似城堡的建筑。这次派对的主题是日本蒸汽朋克，有点儿像是科幻爱好者们的春梦——混合着紧身衣、皮革和机器崇拜。马斯克把自己打扮成了武士。

这场盛会的节目还包括在小镇中心的小剧院上演的喜剧《日本天皇》(The Mikado)，这是一部由吉尔伯特和沙利文创作、以日本为背景的维多利亚时期的喜剧。"我不确定美国人是否看懂了这部戏剧。"莱莉（马斯克在他的一周10小时约会计划失败后与她复婚）怀疑道。不过，这些美国人和其他人都很享受接下来的节目。回到城堡后，马斯克戴上眼罩，被推到墙上，两手各抓着一个气球，腿中间也夹着一个。然后掷刀手上场了。"我以前虽然见识过，但还是担心他今天不在状态，"马斯克说，"不过，我想他即使会射中我的一个睾丸，也绝不可能两个都射中。"现场的旁观者都惊呆了，十分担心马斯克的安全。"真的太离谱了，"马斯克的密友比尔·李（Bill Lee）说道，"但是埃隆相信万物遵循科学。"一位世界顶级相扑选手和他的朋友也来了。城堡里架起了相扑台，马斯克对战相扑冠军。"这位冠军体重大概有350磅[①]，而且他身上颤动的不是肥肉，"马斯克说道，"我的肾上腺素飙升，设法将那家伙抬离地面。他让我赢了第一局，不过接下来就打败了我。我觉得那次的背伤到现在都没好。"

　　莱莉已经把为马斯克筹划这类派对变成了一门艺术。2008年，两人于马斯克的公司即将垮掉时相识。莱莉见证了他沦为穷光蛋，被舆论嘲讽的场景。她知道在马斯克的生活中，那些年的伤痛还在，还夹杂着其他创伤——一个襁褓中的儿子夭折，以及在南非的艰辛成长经历。这一切共同造就了一个备受折磨的灵魂。莱莉竭尽所能地帮助马斯克逃离工作和过去的经历，即使治愈不了他，也能使他与过去稍有不同。"我尽力安排一些他没有做过的趣事，让他可以放松下来，"莱莉表示，"我们正在努力修复他悲惨童年的创伤。"

　　无论莱莉多么用心，这些努力并不总是奏效。那次相扑派对结束后

---

① 1磅约为0.45千克。——编者注

不久，我发现马斯克回到了特斯拉位于帕洛阿尔托的总部工作。那天是周六，停车场却停满了汽车。在特斯拉的办公室里，几百名年轻人正在工作——有些人在电脑上设计汽车部件，另一些人则在用自己办公桌上的电子设备做实验。每隔几分钟就能听到马斯克爆发出响亮的笑声，响彻整个楼层。当马斯克走进我正在等候他的会议室时，我告诉他，看到这么多人在周六上班，我很是震惊。马斯克对此却不以为然，抱怨说最近周末工作的人越来越少。"我们变得越来越散漫，"马斯克回复道，"我刚刚正准备发封邮件，我们太散漫了。"

这样的言语似乎符合我们对其他梦想家的印象。我们可以很容易地想象霍华德·休斯或史蒂夫·乔布斯用同样的方式鞭策他们的员工。创造——尤其是创造伟大的产品——是极其复杂的。在过去的20年里，马斯克一直在创建公司，他遇到了很多或崇拜或鄙夷他的人。就在我做这篇报道的当下，这些人排着队向我提供他们对马斯克的看法，以及关于马斯克本人和他公司的种种骇人听闻的细节。

与马斯克共进晚餐和对"马斯克之地"的定期造访，让我了解了他与众不同的方方面面。他野心勃勃着手创造的产品，其潜力远超休斯或乔布斯创造过的任何产品。马斯克触及的产业如航天业和汽车业，似乎已经被美国放弃，然而他却将它们重塑得耳目一新且无与伦比。这个重塑成功的关键在于马斯克作为软件设计者拥有的技术，以及将之应用于机械上的能力。他将原子和比特融为一体的方式简直让人难以置信，而结果却是惊艳绝伦的。确实，马斯克尚未有一款产品像 iPhone 那样在消费者中获得巨大成功，也没有像脸书公司一样连接了超过 10 亿用户。就当下而言，他还在给有钱人制造玩具，他正在萌芽的帝国既有可能像点燃的火箭一样一飞冲天，也有可能因为大规模的特斯拉召回事件而万劫不复。另外，马斯克的公司已经取得了巨大的成就，远远超出那些喋喋不休的诋毁者的想象，而他对未来的承诺也能让最执着的顽固派在某些瞬间变得温和乐观。"在我看来，埃隆是个光辉的典范，展示了硅谷未来的另一种面貌，这比追逐快速上市和不断推出产品更有意义，"著名的软件专家和发明家爱德华·荣格（Edward Jung）这样说道，"这些事情很重要，但还不够。我们需要评估不同的模式，了解如何制订长期规划，并将不同的技术领域加以整合。"荣格所指的技术整合——天衣无缝地整合软件、电子、尖端物料和计算能力——恰好是马斯克的天赋所在。眺望前方，似乎可以看到马斯克正竭尽所能，为通向未来科幻般的机器时代铺平道路。

从这个意义上说，马斯克更像是托马斯·爱迪生而非爱德华·休斯。他是个可以把伟大想法变为伟大产品的发明家、明星企业家和实业家。他雇用了成千上万的人来到位于美国的工厂里锻造金属——而这在当时被认为是几乎不可能实现的。尽管马斯克出生在南非，但他现在无疑是美国最富有革新精神的实业家、独树一帜的思想家和最有可能让硅谷重新变得雄心勃勃的人。因为马斯克，美国人 10 年后可能会拥有世界上最现代化的高速公路：一个由上千座太阳能充电站和往来行驶的电动车组成的交通系统。到那时，SpaceX 可能每天都在发射火箭升空，将人和货物运往几十个太空基地，为未来的火星移民做准备。这些展望虽然听起来结局难料，但只要马斯克拥有足够的时间，它们又好像终究可以被实现。正如他的前妻贾斯汀所说："他随心所欲地做他想做的事，并为之不懈努力。这就是埃隆的世界，而我们其他所有人都置身其中。"

第二章

出生地非洲
冒险基因的源头

马斯克家族在南非的历史可以追溯到约 200 年前，比勒陀利亚的第一本电话簿上就有他们家庭成员的名字。

埃隆·马斯克于1984年第一次走进公众的视野。南非一本名为《个人计算机和办公技术》的贸易出版物发布了马斯克设计的一款电子游戏的源代码。这款电子游戏名为《炸弹》，其设计灵感来源于科幻小说的太空场景，需要运行167行代码。在早期的个人计算机时代，用户需要键入一些指令才能让机器运行某个程序。在这一背景下，马斯克设计的这款游戏并未在计算机科学领域一鸣惊人，但足以见得他在这方面的天赋超过了大多数同龄人。除了给我们提供了解马斯克年少时性格特征的一些线索，这篇封面报道还让他赚到了500美元。这份杂志写道，这个年轻人想给自己取一个听起来像科幻作家的名字——E. R. 马斯克（E. R. Musk），而且他的头脑中已经形成了一项伟大的征服计划。杂志中的作者简短说道："在这个游戏里，你必须摧毁外星人的太空舰队，因为它们携带了致命的氢弹和状态光束机（Status Beam Machines）。这个游戏充分运用了精灵和动画，因此，这些信息值得一读。"（在撰写本文时，互联网上甚至都查不到"状态光束机"究竟是什么。）

一个幻想太空和正邪之战的男孩儿不足为奇，可如果他严肃认真地对待这些幻想，那就太了不起了。年轻的埃隆·马斯克就是这样。十几岁的时候，他就已经很难将幻想和现实区分开来了。他把人类在宇宙的征程看作个人的使命。如果人类必须寻找更加清洁的能源或者建造宇宙飞船去拓展他们的生存空间，那就这样做吧。马斯克千方百计地想要让这些梦想变成现实。"可能是因为我小时候看了太多漫画吧，"马斯克说，"在漫画世界里，英雄似乎总是试图拯救世界，让世界更加美好，因为相反的做法没有任何意义。"

在14岁左右，马斯克经历了一场严重的生存危机。他像很多天赋异禀的少年那样，转向宗教和哲学以寻找答案。他尝试利用不少意识形态方面的知识，然后不时地回到现实生活中去寻找答案。在这期间，他接触了对他人生影响最大的一本书——道格拉斯·亚当斯的科幻小说

《银河系漫游指南》。"作者在书中指出,最困难的事情是提出问题。"马斯克说,"一旦了解了问题所在,你就能很快找出答案。所以我们应该立志去扩大人类意识的宽度和广度,这样才能发现问题。"少年马斯克那时就已经发表了他的超逻辑使命宣言。"唯一有意义的事情就是去启发更多的人。"

从马斯克的成长经历当中,我们能够很容易地理解他所追寻的目标。他出生于1971年,在比勒陀利亚长大。这是南非东北部的一个大城市,距约翰内斯堡只有一小时车程。马斯克的童年正值种族隔离最严重的年代。那时候,南非经常爆发流血冲突,有时候发生在黑人和白人之间,有时候则发生在不同部落的黑人之间。索韦托起义(Soweto Uprising)爆发几天后,马斯克才刚满4岁。在那场事件中,有数百名黑人学生因为抗议白人政府的法令而遇害。多年来,由于实行种族主义政策,南非面临着国际社会的制裁。马斯克在童年时期去国外旅游时,对外界如何看待南非有所了解。

但对马斯克的性格影响更大的是比勒陀利亚及其周边地区盛行的南非白人文化。具有阳刚之气的行为往往能受到人们的赞誉,强壮的运动员也常常受到人们的尊敬。虽然马斯克在当时的南非社会中享有一定程度的特权,但他内敛的个性和与世无争的做派与当时主流的社会价值是完全相反的,显得他有点儿格格不入。他觉得他身处的这个世界一定是出了问题,而且,这种想法越来越强烈。在很早的时候,他就开始谋划逃离周围的环境,去一个可以让他释放个性和放飞梦想的地方。在充斥着陈词滥调的氛围中,美国在他眼中自然而然地成了充满机遇、最可能让他实现梦想的地方。也正是基于此,这个有点儿孤僻,又有些土里土气的南非男孩儿便怀着最大的诚意,踏上了追寻人类"集体启蒙"之路,他最终成为美国最具冒险精神的实业家。

20多岁时,马斯克终于抵达美国,这标志着他认祖归宗了。根据族谱,马斯克的母系祖先在美国独立战争期间从欧洲来到纽约,他们的姓氏霍尔德曼(Haldeman)来自瑞士德语。他们从纽约分散到了中西部的大草原——伊利诺伊州和明尼苏达州尤其众多。"在南北战争期间,我们的家族成员既有南方军也有北方军,他们都来自农民家庭。"马斯克的舅舅、非官方家族历史学家斯科特·霍尔德曼(Scott Haldeman)说。

在童年时期,男孩儿们总是取笑马斯克不同寻常的名字。这个名字最早来自他的外曾祖父约翰·埃隆·霍尔德曼(John Elon Haldeman)。约翰出生于1872年[1],在伊利诺伊州长大,后来又来到明尼苏达州生活。在那里,他遇到了比他小5岁的妻子阿尔梅达·简·诺曼(Almeda Jane Norman)。1902年,这对夫妇在明尼苏达州中部小镇佩科特的一间小木屋里安顿下来,并生下了儿子约书亚·诺曼·霍尔德曼(Joshua Norman Haldeman),也就是马斯克的外祖父。约书亚后来成长为一个古怪而杰出的人,并最终成为马斯克心中的偶像。①

约书亚·诺曼·霍尔德曼小时候是一个体格健壮且独立的男孩儿。1907年,他们举家搬到加拿大萨斯喀彻温省的草原。在约书亚刚满7岁的时候,父亲就去世了,于是他便开始帮忙维持家庭生计。约书亚在广阔的土地上学习骑马、拳击和摔跤,还经常因为帮助当地农民驯马而受伤。他还组织了加拿大的第一场牛仔竞技表演。在一张全家福中,约书亚穿着挂满饰物的皮套裤,展示他的绕绳技能。十几岁的时候,约书亚来到艾奥瓦州,并在那里的帕尔默脊椎指压疗法学院获得学位,然后又

---

① 在儿子出生两年后,约翰·埃隆开始有一些糖尿病的症状。在当时,得了糖尿病无异于被宣判死刑。尽管约翰·埃隆只有32岁,但他知道自己可能只有6个月左右的生命了。阿尔梅达有一些护理经验,她执意要用一个秘方来延长约翰·埃隆的生命。根据家族记载,她采用脊柱推拿疗法作为有效的治疗手段,让确诊糖尿病的约翰·埃隆存活了5年。这种可以延长生命的脊柱推拿疗法已成为霍尔德曼家族的一个传统。阿尔梅达就读于明尼阿波利斯按摩学校,于1905年获得按摩医生的学位。马斯克的外曾祖母之后开设了自己的诊所,据说她成了加拿大的第一个按摩师。

回到萨斯喀彻温省当农夫。

20世纪30年代大萧条发生时,约书亚陷入了财务危机。他无法偿还用来购买设备的银行贷款,导致5 000英亩①土地被查封。"从那时起,父亲不再相信银行,并且不再存钱。"斯科特·霍尔德曼说。他后来获得了和父亲同一所按摩学校的脊柱推拿疗法学位,并成为一名世界顶尖的脊柱病治疗专家。1934年,失去农场的约书亚开始四处漂泊,而几十年后,他的外孙在加拿大也重复着这种生活。约书亚身高约1.9米,他先是干一些诸如建筑工人和牛仔竞技表演的工作,后来,成了一名按摩师。②

1948年,约书亚娶了一位加拿大舞蹈老师温妮弗雷德·约瑟芬·弗莱彻(温),并创立了一家欣欣向荣的按摩诊所。那一年,在有了一对儿女之后,他们又迎来了双胞胎女儿卡耶和马斯克的母亲梅耶。孩子们住在一幢三层楼高、有20个房间的大房子里,里面还有一个舞蹈教室,温可以在那里继续教舞蹈。约书亚不断尝试新的事情,开始学习驾驶飞机并购买了私人飞机。据说约书亚和妻子曾把孩子放在那架单引擎飞机的后座上,带着他们在北美洲大陆四处游历。约书亚会经常驾驶飞机出席各种政治活动和脊柱推拿疗法会议,后来还和妻子合写了一本书,名为《飞行的霍尔德曼家族——可怜一下这个穷苦的飞行员吧》。

1950年,当约书亚似乎已经拥有一切的时候,他却决定放弃这些,重新开始。这个医生兼政治评论家长期谴责政府干涉个人生活,认为加拿大的官僚机构太爱管闲事。约书亚在家里禁止全家人说脏话、吸烟、喝可口可乐、食用精制面粉。他认为,加拿大的道德已经开始堕落。此外,他一直渴望冒险。于是几个月之内,一家人卖掉了他们的大房子、

---

① 1英亩约为4 046.86平方米。——编者注
② 霍尔德曼也曾进入政坛,试图在萨斯喀彻温省建立自己的政党,出版报刊,宣扬保守、反社会主义的思想。他之后还竞选过议员和社会信用党的主席,但都没有成功。

舞蹈教室和按摩诊所，决定搬往南非——一个约书亚从未去过的地方。斯科特·霍尔德曼还记得，他曾帮助父亲拆解了一架1948年制造的贝兰卡飞机，并将其打包装进木箱里，运往南非。到了南非之后，他们重新组装好飞机，然后驾驶飞机横穿整个国家，去寻找适合居住的地方。最后，一家人在比勒陀利亚定居下来，并重新开了一家按摩诊所。

这个家庭的冒险精神似乎是无穷无尽的。1952年，约书亚和温驾驶飞机完成了一次2.2万英里的往返旅行，从非洲北上一直飞到苏格兰和挪威。温没有飞机驾照，她大部分时候担任领航员，但有时候也会自己驾驶飞机。1954年，这对夫妻的驾驶事业达到顶峰，他们飞行3万英里往返于澳大利亚和南非。报纸报道了这次飞行旅途，他们被认为是唯一驾驶单引擎飞机从非洲飞到澳大利亚的私人飞行员。[①]

除了飞行，霍尔德曼和家人还曾经深入丛林，用了一个月的时间去寻找失落之城。传说中的这座古城位于非洲南部的卡拉哈里沙漠。一张全家福展现了当时的情景：在非洲丛林里，5个孩子围在一堆篝火旁，篝火上面是一口被加热了的大锅。孩子们交叉着双腿坐在折椅上看书，看起来十分放松。他们身后有一架红宝石色的贝兰卡飞机、一顶帐篷和一辆汽车。画面中的宁静氛围掩盖了这次旅程的凶险。在一次事故中，他们的卡车撞上了一个树桩，导致保险杆穿透了散热器。于是，他们被困在了这片没有通信设施的蛮荒之地。约书亚花了三天时间才修好车，而其他人则到处寻找食物。夜晚的时候，土狼和豹子会在篝火周围徘徊。一天早晨，一家人醒来发现一头狮子就站在离桌子三英尺远的地

---

① 在这段旅途中，他们北上非洲海岸，穿越了阿拉伯半岛，途经伊朗、印度和马来西亚，再南下直飞抵帝汶海和澳大利亚。他们准备那些必要的签证和文书足足用了一年时间，并且沿途还要忍受阵阵胃痛，不确定的行程也令他们苦不堪言。"爸爸在飞跃帝汶海的时候晕了过去，妈妈不得不承担起驾驶任务，直到他们到达澳大利亚。爸爸在飞机快降落的时候才醒过来，"斯科特·霍尔德曼说，"他太累了。"

方。约书亚马上抓住他能找到的第一件物品——一盏灯，朝狮子挥舞着，并叫狮子滚开，没想到狮子真的逃走了。①

霍尔德曼夫妇采用放任自流的方式抚养孩子，这种方式也沿用到几代之后的马斯克身上。他们的孩子们从未受过惩罚，因为约书亚相信他们会凭直觉做出正确的行为。当父母都去飞行的时候，孩子们则留在家里。斯科特·霍尔德曼记得父亲从未去过他的学校，即使他是学校橄榄球队的队长和完美的孩子。"对他来说，这些都是预料之中的事情，"斯科特·霍尔德曼说，"他教导我们说，你能够做成任何事情。你只需要做出决定，然后放手去做。因此，我的父亲肯定会为埃隆感到自豪。"

约书亚是1974年去世的，那一年他72岁。当时，他驾驶着飞机在练习着陆，但没留意降落在了两根电线杆之间。飞机因被一根电线缠住了轮子而掀翻了，约书亚的脖子被折断了，不幸身亡。埃隆当时还在蹒跚学步，但他在童年时代听说过外祖父的许多英勇事迹，并观看了数不清的关于丛林旅行的幻灯片资料。"外祖母给我讲了他们旅行中几次九死一生的经历，"马斯克说，"他们的飞机上没有装备任何仪器，甚至连无线电设备都没有。他们用公路地图代替航空地图，这些地图上甚至有很多错误。我的外祖父近乎疯狂地热爱着各种探险活动。"埃隆坦承，他非常爱冒险的性格就直接继承于他的外祖父。距离最后一次看外祖父的探险幻灯片多年后，埃隆曾尝试着寻找并买回外祖父那架红色的贝兰卡飞机，但最终未能如愿。

埃隆的妈妈梅耶·马斯克是在对父母的崇拜之中长大的。她年轻时被认为是一个书呆子。她喜欢数学和科学，学习成绩很好。但15岁的时候，梅耶变得亭亭玉立，人们开始注意到她的其他特点。高挑瘦削的

---

① 约书亚和温都是熟练的神枪手，而且都赢得过全国射击比赛。在20世纪50年代中期，他们在从开普敦到阿尔及尔全程8 000英里的汽车拉力赛中胜出，击败了福特车队的职业选手，获得第一名。

身材配上金色的头发，还有高高的颧骨，让她从众人中脱颖而出。她家的一个朋友经营着一所模特学校，梅耶到那里上过一些课程。到了周末，她便四处走秀、给杂志做模特，偶尔会参加为参议员或大使举办的宴会，最后她还入围了"南非小姐"评选大赛的决赛。（梅耶在60多岁时还在继续从事她的模特事业，登上了时尚杂志《纽约客》和《世界时装之苑》的封面，并出演了歌手碧昂丝的音乐短片。）

梅耶和埃隆的父亲埃罗尔·马斯克在同一个街区长大。他们第一次见面的时候，梅耶11岁。埃罗尔是一个潮男，而梅耶却是一个书呆子，但埃罗尔却暗恋了梅耶很多年。"他因为我的腿和牙齿而爱上了我。"梅耶说。两人在大学期间分分合合。据梅耶回忆，埃罗尔花了大约7年时间不懈地追求她，并最终打动了她的心。她说："他从来没有停止过求婚。"

他们的婚姻从一开始就错综复杂。梅耶在蜜月期怀孕并于1971年6月28日生下了埃隆，距离他们的结婚日仅9个月零2天。尽管他们没有享受到太多婚姻带来的幸福，但夫妻俩努力在比勒陀利亚过着体面的生活。埃罗尔是一名机电工程师，负责处理一些大型项目，如办公楼、零售大楼、住宅楼和空军基地等的机电设备，而梅耶是一名营养师。埃隆出生一年多后，弟弟金巴尔出生了，不久，他们的妹妹托斯卡也来到世间。

埃隆展现出一个好奇、精力充沛的孩子的所有特征。他学东西总是很快，梅耶像许多母亲一样，认为她的儿子聪明且早熟。"他的理解力似乎胜过其他孩子。"她说。但是令人困惑的是，埃隆有时会陷入恍惚状态。当人们跟他说话时，他经常没有反应，眼睛呆滞地望着远处。这样的事情时有发生，以至于埃隆的父母和医生认为他可能耳聋了。"有时候，他就是听不见你说话。"梅耶说。医生给埃隆做了一系列测试，并摘除了他的腺样体，这可以改善儿童的听力。梅耶说："但这并不管用。"埃隆的状况其实更像是他思想上出了问题，而不是与听力系统有关。"他总是在思考，然后就进入了另一个世界，"梅耶说，"现在的他还是如此，我只能任其发展，因为他正在设计新式火箭之类的东西。"

其他孩子对马斯克的这种梦游状态表现得并不那么友好。他们会在马斯克身旁突然跳起来或者大喊大叫，但他总是置若罔闻。他总是保持着思考状态，而他周围的人觉得他这种行为很无礼或者很古怪。"我认为埃隆真的很与众不同，他只是书呆子气重些，"梅耶说，"但这让他的同龄人很不喜欢他。"

对于马斯克来说，这种状态却让他受益匪浅。在五六岁的时候，他就找到了一种抵挡外界干扰的方法，并将精力集中在某项任务上。这种能力部分源于他的思维方式。他在思考时，大脑中呈现的是清晰且具体的图像，就像今天计算机软件制作的工程图纸。"我现在无法做到这样了，因为有太多事情分散了我的注意力，就好像大脑中专门用于视觉处理的那部分——本来应该处理眼睛接收的图像——现在似乎被内部思维占据了，"马斯克说，"但在我的孩提时代，它却总能发生。其实就是，你用来处理视觉信息的很大一部分大脑，被内部想法占据了。"计算机最困难的工作由两种不同的芯片完成。图形芯片处理来自电视节目或者视频游戏的任务，而计算芯片处理一般任务和数学运算。随着时间的推移，马斯克认定自己的大脑就相当于一块图形芯片。这让他能看见世界之外的东西，并将其复制到他的脑海中，想象它们与其他对象交互时，会发生什么变化。"对于图像和数字，我可以在大脑中处理它们之间的相互关系并进行演算，"马斯克说，"比如加速、动量、动能为何因物体而异，这些总会以生动的方式呈现在我的脑海中。"

作为一个小男孩儿，埃隆的性格中最引人注目的部分，是他对读书如饥似渴。从很小的时候开始，他似乎就书不离手。"每天读10个小时的书对他来说是家常便饭，"金巴尔说，"如果是周末，他一天就能读完两本书。"全家人去购物的时候，经常发现埃隆中途不见了，梅耶和金巴尔就会跑到最近的书店去找他，他们总能看见埃隆坐在地板上全神贯注地看书。

随着年龄的增长，埃隆在下午2点放学后会自己跑到书店去，一直待到下午6点父母下班回家。他喜欢看小说和漫画，后来也看非虚构类书籍。"有时候他们会把我赶出来，但并不总是这样。"埃隆说。他列举了《魔戒》、艾萨克·阿西莫夫的"基地"系列和罗伯特·海因莱因的《严厉的月亮》，还有《银河系漫游指南》，这些是他最爱的书。"有一次，我把学校及邻近图书馆的书都看完了，"马斯克说，"大概是在我三四年级的时候。我试图劝说图书馆管理员帮我订更多的书。之后，我就开始阅读《不列颠百科全书》。这让我受益匪浅。我发现自己不知道的东西太多了，而这些东西都在书里。"

埃隆已经对两套百科全书烂熟于心了，但这对他交朋友一点儿帮助都没有。这个男孩儿有着过目不忘的记忆力，而百科全书把他变成了一个事实工厂。人们总是认为他无所不知。比如在饭桌上，托斯卡很想知道地球到月球的距离，而埃隆可以脱口而出近地点和远地点的精确数字。"如果我们有什么问题，托斯卡总是说，'问那个天才少年吧'，"梅耶说，"不管我们问他什么，他都能回答得清清楚楚。"埃隆用这种笨拙的方式巩固了他书呆子的名声。梅耶说："他不是很爱运动。"

梅耶回忆起一件往事：一天晚上，埃隆正和同辈亲戚玩耍，其中有一个人抱怨害怕黑暗，埃隆却说"黑暗只是因为没有光线而已"，这番解释显然无法安抚那个吓坏了的孩子。作为一个小孩儿，埃隆这种爱纠正别人的学究气和生硬粗暴的做法，致使其他孩子渐渐疏远他，这加重了他的孤独感。埃隆曾经由衷地以为，人们乐意听到错误被纠正。"孩子们其实不喜欢这样，"梅耶说，"他们都说：'埃隆，我们不跟你玩儿了。'身为母亲，我感到很难过，因为我觉得他渴望拥有朋友。金巴尔和托斯卡会带朋友们回家,但埃隆不会,但他想跟他们一起玩儿。可他总是很别扭。"梅耶会敦促金巴尔和托斯卡带上埃隆一起玩儿,他们的反应很孩子气:"妈妈,他很无趣。"可是当他长大之后,埃隆却对自己的兄弟和表兄弟——梅耶妹妹的儿子们,有着很深的感情。虽然他读书期间总是独处,但埃隆跟家人在一起时却很活跃,并逐渐承担起家族长者和领袖的角色。

有一阵子,马斯克一家的生活过得很不错。他们住的房子是比勒陀利亚最大的房子之一,这要归功于埃罗尔出色的工程生意。8岁的时候,埃隆和弟弟妹妹们拍过一张合影。照片中,三个活泼健康的金发孩子在门廊上坐成一排,后院种着比勒陀利亚著名的紫檀树。此刻,埃隆圆润的脸颊上露出了灿烂的笑容。

后来,这张照片拍完没多久,这个家庭就破碎了。他的父母分居了,随后又在一年内离婚。梅耶带着孩子们搬到了南非东海岸的德班,在家族成员度假时居住的房子里生活。但是几年之后,埃隆决定和父亲一起生活。"我父亲似乎并不开心,而且很孤独,母亲带着三个孩子,而他却孑然一身,"马斯克表示,"这不公平。"实际上,马斯克的一些家人认为,是埃隆的逻辑天性驱使他这么做,然而其他人则声称是他的祖母科拉给他施加了压力。"我不明白他为什么要离开我为他营造的这个幸福的家庭——这的的确确是一个幸福的家,"梅耶说,"但埃隆是一个有主见的人。"贾斯汀·马斯克是埃隆的前妻,也是他5个孩子的妈妈,她认为埃隆就是一家之主,而且他做决定的时候从来不受情绪困扰。贾斯汀说:"我觉得他和他父母中的任何一方都不亲近。"据她描述,马斯克的家族成员之间关系冷漠且缺少关爱。但金巴尔后来也选择与埃罗尔一起生活,也许儿子想与父亲一起生活是天性使然。

每每提及埃罗尔,埃隆的家人总是缄默不语。他们承认他难以相处,但拒绝透露细节。埃罗尔后来又结婚了,埃隆多了两个同父异母的妹妹,埃隆对她们颇为照顾。埃隆和他的弟弟妹妹们之所以决定对埃罗尔不好的方面守口如瓶，是不希望这两个妹妹难过。

埃罗尔家的情况是这样的：埃罗尔家在南非有着很深的根基。马斯克家族在南非的历史可以追溯到约200年前，比勒陀利亚的第一本电话簿上就有他们家庭成员的名字。埃罗尔的父亲瓦尔特·亨利·詹姆斯·马斯克（Walter Henry James Musk）是一名陆军中士。"在我的印象中，他常常沉默寡言，"埃隆表示，"他爱喝威士忌，而且脾气暴躁，但很擅长玩儿填字游戏。"埃罗尔的母亲科拉·阿米莉亚·马斯克（Cora Amelia Musk）出生在英格兰的一个知识分子家庭。她喜欢受人瞩目，并很爱她的孙子们。"我们的祖母非常强势，而且上进心强，"金巴尔说，"她对我们的人生产生了举足轻重的影响。"埃隆认为自己和科拉的关系非常亲密，他会亲切地称她为"奶奶"（Nana）。"父母离婚后，她给了我无微不至的照顾，"他表示，"她会接我放学，还会同我一起做拼字游戏之类的事情。"

埃罗尔家的生活表面上看起来很美好。埃罗尔他有大量的书可供埃隆阅读，还愿意在计算机和埃隆喜欢的其他一些物件上花钱。他还多次带孩子们到海外旅行。"那段时光其乐无穷，"金巴尔说，"我从中收获了很多美好的回忆。"埃罗尔的智慧和实践经验给孩子们留下了深刻的印象。"他是一个天才工程师，"埃隆说道，"他了解每一种物理现象背后的原理。"埃罗尔经常带埃隆和金巴尔到建筑工地，学习如何铺砖，安装管道、窗户和电线。"我们在那儿度过了许多美妙的时光。"埃隆说。

在金巴尔的描述中，埃罗尔具有"远见卓识且不苟言笑"。他会让埃隆和金巴尔坐下来，连续教导他们三四个小时，让男孩儿们无力反驳。他似乎更倾向于对孩子们严加管教并以此为乐，而他这么做显然也剥夺了他们孩童时代的乐趣。埃隆曾多次试图说服父亲搬到美国，经常说起自己打算去那里定居的想法。埃罗尔好好教训了他一顿，驳斥了他不切实际的梦想。父亲曾打发走管家，要埃隆做所有家务活儿，让他明白这才是"美国人的生活"。

虽然埃隆和金巴尔都拒绝透露更多细节，但这些年与父亲共同生活的经历无疑是糟糕透顶且刻骨铭心。他们都谈到必须忍受某种形式的精神折磨。"他的体内肯定有某种重要的化学物质，"金巴尔说，"也肯定都遗传给了我和埃隆，这带给我们一个充满情感挑战的成长环境，但也造就了今天的我们。"一旦话题涉及埃罗尔，梅耶总是怒从中来。"没有人能跟他和睦相处，"她说，"他对任何人都不友好。我不想说谎，因为那太可怕了。我不想谈论这些，因为这会影响到我的孩子们和孙子们。"

我请埃罗尔聊聊他儿子埃隆时，他通过电子邮件回复道："埃隆在家的时候是个思想独立、做事一心一意的孩子。甚至在南非还没有人知晓计算机科学为何物时，他就迷上了它。12岁时，他的计算机应用能力就广受认可。在童年和青年时期，埃隆和弟弟金巴尔的行为五花八门，一言难尽。从6岁起，他们就跟着我游历了南非和世界大部分地区。埃隆和他的弟弟妹妹的各个方面都无可挑剔，实现了为人父者对孩子的所有期许。我对埃隆取得的成就引以为豪。"

埃隆收到了埃罗尔抄送给他的这封电子邮件，于是埃隆警告我不要再联络他父亲，并坚称他父亲对于过往的回忆不足为信。"他是一个怪咖，"马斯克回复道，"一个十足的疯子。"但是当我想了解更多细节时，马斯克却刻意回避。"准确地说，我的童年过得并不幸福。"他解释道，"这段时光可能听上去挺不错，其中当然也有好的方面，但绝对算不上一个快乐的童年。实际上，它近乎悲惨。埃罗尔总是把生活搞得一塌糊涂——这一点我确定无疑。无论多好的情况，都会被他弄得很糟糕。他不是一个快乐的人。我不知道，我不知道一个人怎么会变成这样。我再说下去就会惹麻烦了。"埃隆和贾斯汀发誓，绝不允许他的孩子们和埃罗尔见面。

当埃隆快 10 岁的时候，他在约翰内斯堡的桑顿城购物中心第一次看到了计算机。"那里有一家电子商店，销售诸如音响器材之类的设备，但是他们在一个角落摆放了几台计算机。"马斯克说。他立刻产生了敬畏之心——"这就像是'哇，我的天啊'"——他可以用这台机器进行编程来执行人类的指令。"我必须拥有它，所以我缠着父亲去买计算机。"马斯克说。很快，他便拥有了一台 Commodore VIC-20 型计算机。这款畅销的家用计算机于 1980 年问世，有着 5KB（5 000 比特）的内存，并随机附送了一本有关 BASIC 编程语言的手册。"本来需要 6 个月左右才能学完所有课程，"埃隆说，"但我像得了强迫症似的，一连看了三天三夜没有睡觉，把所有内容都读完了，这好像是最能吸引我的一件事情。"尽管马斯克的父亲是一名工程师，但他有点儿守旧，对这台机器嗤之以鼻。埃隆回忆说："他说这只能用来玩游戏，不能用于真正的工程项目。而我只是说'无所谓'。"

尽管埃隆迷恋新计算机并且是个书呆子，但他经常领着金巴尔和他的表兄弟（卡耶的孩子）拉斯·赖夫、林登·赖夫与彼得·赖夫去冒险。有一年，他们在家附近挨家挨户地卖复活节彩蛋。尽管彩蛋装饰得并不漂亮，但孩子们为了将彩蛋卖给他们富裕的邻居，硬是将售价提高了几倍。埃隆还组织大家在家自制炸药和火箭。南非并没有深受业余爱好者喜欢的火箭套装，埃隆就自制化合物，并把它们装进罐子里。"有很多东西可以用来引爆，真是太奇妙了，"埃隆说，"硝石、硫黄和木炭是火药的基本成分，然后把强酸和强碱混合在一起，就会释放出巨大的能量。如果再加上氯粒和制动液——产生的爆破效果是相当惊人的。我很幸运，我的 10 根手指头都还在。"不玩儿炸药的时候，男孩儿们会穿上好几层衣服并戴上护目镜，用弹球枪互相射击。埃隆和金巴尔还在沙地里举行自行车比赛，直到金巴尔有一次从车子上摔下来，径直冲向一个带刺的铁丝网。

随着时间的推移，兄弟们越加重视自己的创业追求，甚至一度尝试开办电子游戏室。在父母都不知情的情况下，这几个男孩儿为他们的游戏室选好了场地并拿到了租约，然后开始办理营业许可证。而最后他们发现，有一份法律文件必须是年满18周岁的人才能签署，但无论是赖夫的父亲还是埃罗尔都不愿意签字，他们只好放弃。几十年后，埃隆和赖夫兄弟才最终开始一起做生意。

男孩儿们最大胆的一次冒险是从比勒陀利亚到约翰内斯堡的旅行。20世纪80年代，南非暴力事件频发。从比勒陀利亚到约翰内斯堡的35英里车程，被认为是世界上最危险的旅程之一。在金巴尔看来，这次火车之旅对他们的成长影响深远。"南非不是一个随心所欲的幸运之地，并且会影响一个人。我们见到了一些非常野蛮的行为，这成为我们不同寻常的成长历程的一部分——这一系列疯狂的体验，改变了我们对风险的看法。我们很难接受长大后仅仅为了一份工作而活着的生活，这很无趣。"

这群13~16岁的男孩儿在约翰内斯堡热衷于参加各种派对和极客探险。在一次短途旅程中，他们还参加了"龙与地下城"比赛。"这是我们这群书呆子的最高境界。"马斯克说。所有男孩儿都沉迷于这个角色扮演游戏。这个游戏需要玩家通过想象来设定氛围，并描述场景。"你走进了一个房间，角落里放着一个箱子。你要怎么做？……如果打开这个箱子，你就跳出了陷阱，几十个小妖怪就获得自由了。"埃隆非常擅长扮演"地下城主"这个角色，并能牢记每个怪物和其他角色的法力细节。彼得·赖夫说，"在埃隆的带领下，我们发挥得非常好，并赢得了比赛。要想取胜，一些不可思议的奇思妙想是关键，而埃隆设置的游戏氛围使人们为之着迷并大受鼓舞。"

而埃隆与学校里的同学相处得却不尽如人意。在初、高中期间，埃隆辗转于好几所学校。他在布莱恩斯顿学校学习了八年级和九年级的课程。一天下午，埃隆和金巴尔坐在一段水泥阶梯的顶部吃饭，这时一个男孩儿在他背后攻击他。"我一直躲着这个黑帮团伙，但不知道他们为什么要追着我不放。我猜可能是因为我在那天早会时不小心撞到了他，而他以为我是故意的。"那个男孩儿蹑手蹑脚地走到马斯克身后，用脚踢他的脑袋，并把他推下了楼梯。马斯克从楼梯顶部滚了下去，然后一群男孩儿冲上来对他拳打脚踢。有些人站在两旁踢他，而元凶则抓住他的脑袋使劲撞击地面。"他们是一群疯子，"马斯克说，"我晕了过去。"金巴尔吓坏了，怕马斯克会丢了性命。他冲下楼梯，看到埃隆脸上血迹斑斑，并且已经肿起来了。金巴尔说："他看上去就像刚刚参加完拳击比赛。"随后埃隆被送到了医院。马斯克说："我大概一周后才回到学校。"（在2013年的一次新闻发布会上，埃隆就曾透露，这次被打的经历给他带来了后遗症，他还因此做了鼻部整形手术。）

马斯克被这群恶霸无休止地纠缠了三四年。他们甚至殴打了马斯克最好的一个朋友，直到那个孩子答应不再跟马斯克一起玩儿才收手。"此外，他们还利用他——我最好的朋友，引我出来，这样他们就可以打我，"马斯克说，"这太伤我的心了。"当讲述这段往事的时候，马斯克的眼睛湿润了，声音也跟着颤抖。"出于某种原因，他们没完没了地纠缠我。那些年，我根本没有喘息的机会，生活得很艰辛。这群人不停地纠缠，每次都把我打得狼狈不堪。我回到家里，然而家里的氛围也同样可怕。这种恐惧似乎永无止境。"

马斯克在比勒陀利亚男子高中度过了他高中生涯的后期，并快速成长起来，这里的学生行为端正，他的生活惬意了许多。比勒陀利亚男子高中虽然是一所公立学校，但从过去一百年的运营状况来看，它更像一所私立学校。来到这里的年轻人，都是准备申请去牛津大学或剑桥大学读书的。

在同学们的记忆中，马斯克是一个可爱、安静的普通学生。"班里有四五个男生被认为是最聪明的,"迪昂·普林斯隆说道,他在一些课上坐在马斯克的后面,"但埃隆不是其中之一。"这些评论得到了6个男孩儿的认同,他们还指出,马斯克对体育缺乏兴趣,这致使他在崇尚体育的环境中被孤立。"说实话,没有任何迹象表明他将成为亿万富翁,"马斯克的另一个同学基甸·福里说,"他在学校从来没有担任过领导职务,我很惊讶他能取得这样的成就。"

尽管马斯克在学校没有亲密的朋友,但他古怪的兴趣的确令人印象深刻。据一个叫特得·伍德的男孩儿回忆,马斯克把自制的火箭模型带到学校,并在课间休息的时候将其点燃发射。这并不是展现他抱负的唯一迹象。在科学课的一场辩论会上,埃隆反对使用矿物燃料而支持推广太阳能,这引起了人们的注意——在一个致力于发掘地球自然资源的国家,这近乎一种亵渎神明的立场。伍德说:"他向来立场坚定。"特雷斯·本尼多年来一直与埃隆保持着联系,他声称埃隆在高中时代就幻想过在其他星球上建立殖民地了。

与埃隆的前程有关的另一个线索是:有一次,埃隆和金巴尔在课间休息时聊天,伍德打断了他们的谈话并询问他们在讨论什么。"他们回答说:'我们在聊金融业是否需要开设分支银行业务,以及是否会存在无纸化银行业务。'我当时心想,这种想法太荒谬了。但我回答道:'这个想法好极了。'"[①]

虽然马斯克不是班级里的尖子生,但他和其他几个中学生因为成绩优异和兴趣浓厚,被选中参加一项实验性的计算机学习计划。许多学校挑选出一些学生,把他们聚集在一起学习BASIC、COBOL和Pascal等编程语言。通过对科幻小说的热爱和天马行空的想象,马斯克对技术的

---

① 马斯克不记得这次对话了。"这些回忆半真半假吧,"他说,"这是有可能的。在高中的最后几年,我确实说过许多深奥的话,但我更关心通用技术,而不是银行业。"

偏好开始升温，他还着手创作关于龙和超自然的故事。他说："我想写个像《魔戒》那样的故事。"

梅耶从一位母亲的角度，见证了马斯克那些年的高中生活，并且讲述了大量他在学术上取得惊人成就的故事。她说：他开发的计算机游戏，给许多比他年长且经验丰富的技术人员留下了深刻的印象。他优异的数学成绩和他的年龄极不相称。他还有着超强的记忆力。他之所以没有从其他男孩儿中脱颖而出，仅仅是因为他对学校规定的科目不感兴趣。

在马斯克看来，"我只是考虑'对于需要掌握的科目，我应该取得什么样的成绩'。有一些必修科目，比如南非荷兰语，我完全不明白学它有什么意义。这看起来很荒唐。只要考试分数及格，我就满意了。但有些科目，比如物理和计算机，我会尽我所能取得最好的成绩。我取得的每一科成绩都是有原因的。我宁愿玩计算机游戏、写代码和读书，也不愿意去获得那些学科的 A 等成绩，我觉得这是没有意义的。记得在我四五年级时，我曾有几门功课不及格。然后，我母亲的男朋友告诉我，如果我没有通过考试就要留级。我当时并不知道只有这些科目的考试合格我才能升入下一个年级。从那以后，我的成绩是全班最好的"。

17 岁时，马斯克离开南非前往加拿大。他经常在媒体面前谈到这次旅程。对于为什么有这次旅程，他有两种不同的说法。第一个版本比较简短，即他可以凭借自己的加拿大血统，以加拿大为跳板，尽快前往美国；第二个版本是，他拥有非同一般的社会良知。南非当时要求公民必须服兵役。马斯克表示，当时他不想入伍，因为他不想被迫参与种族隔离运动。

在义无反顾地投身于这场非凡冒险行动的 5 个月前，马斯克进入比勒陀利亚大学学习物理学和工程学，但是他在学习方面所花的精力并不多，而且很快就辍学了。这件事很少被提及。马斯克表示，申请读大学只是为了充实等待加拿大签证的那段日子。他那时在学校里游手好闲，这是他人生中无关紧要的一部分,也是为了逃避服兵役。他一向自我标榜为深思熟虑又热爱冒险的青年,为了不破坏这一形象,他很少提及这段在比勒陀利亚大学的沉寂时光。

毫无疑问,为了去美国,马斯克已经深思熟虑了很长时间。他早期对于计算机和科技的兴趣使他对硅谷产生了强烈的向往,而他的那些海外之旅又令他深信美国是成事之地。相反,南非为创业者提供的机会少之又少。正如金巴尔所说:"南非对于埃隆这样的人来说就像监狱。"

马斯克逃离南非的机会终于来了。当时,加拿大法律经过调整,规定子女可以依法继承父母的加拿大国籍。马斯克立即开始研究办理这一手续所需要的文书。他花了大约一年时间,最终获得了加拿大政府的批准并拿到了加拿大护照。梅耶说:"当时埃隆说'我要去加拿大了'。"在互联网问世之前,马斯克在煎熬中等待了三个星期才拿到机票。一拿到机票,他便毫不犹豫地离开了家。

第三章　挺进加拿大
追寻太阳的人

马斯克真正突出的地方在于，他拥有将复杂的物理概念与商业计划相结合的能力。不仅如此，他还展现出将科研成果商业化的非凡才能。

马斯克的加拿大之行并没有经过深思熟虑。登机时，他只知道有一个远房表舅住在蒙特利尔，他希望自己未来诸事顺利。1989 年 6 月，他一踏上那片土地，就找到一个公用电话，试图通过查号服务联系舅舅，可惜未能如愿。随后他打电话给母亲，却从她那里听到了一个坏消息。梅耶在马斯克出发前给表兄写了一封信，而梅耶收到回复时，马斯克还在路上。原来舅舅搬去了美国明尼苏达州，这意味着马斯克将无处安身了，他只好提着行李去了青年旅馆。

马斯克花了几天时间来熟悉蒙特利尔，随即下定决心制订一个长期计划。梅耶的家族成员分散在加拿大各地，于是马斯克开始联系他们。值得欣慰的是，他只花了 100 美元就买到了一张全国通用、可以随上随下的公交车票。他一开始想前往萨斯喀彻温省，他外祖父的故居在那里。经历 1 900 英里的公交车程后，马斯克在一个只有 1.5 万人口的小镇——斯威夫特卡伦特镇下了车。然后在车站给一个远房表兄打了通电话，就搭便车去了那位亲戚家。

在之后的一年时间里，马斯克一直在加拿大各地打零工。他先在另一位表兄位于瓦尔德克镇的农场里帮助种植蔬菜和打扫粮仓。马斯克在那里庆祝了他的 18 岁生日，与几个刚结识的远房亲戚及陌生邻居分享了生日蛋糕。接着，马斯克又在不列颠哥伦比亚省的温哥华市学会了使用电锯锯原木。他去失业处询问哪种工作的待遇最好，但没想到这份工作竟然是清理木材厂的锅炉房，时薪 18 美元，这是他做过的最苦的差事。"我必须穿上防护服，钻过狭窄到几乎难以挤进的通道，"马斯克说，"你要用铁锹把滚烫的沙子、黏稠物和热气腾腾的残渣铲到洞口外面，然后你必须原路返回，因为没有逃生出口。旁边会有人把这些脏东西用独轮车运走。如果待在那里超过 30 分钟，你就会被热死。"最初一起工作的同事有 30 个。3 天过后，只有 5 个人留了下来。等到了那一周结束的时候，只剩下马斯克和另外两个男同事还在工作。

当马斯克在加拿大四处奔波之时，他的弟弟、妹妹和妈妈正在想办法前往加拿大。① 当金巴尔终于与埃隆在加拿大重聚时，他们任性顽皮的天性也得以释放。1989 年，埃隆终于进入位于安大略省金斯顿市的女王大学。（他选择女王大学而不是滑铁卢大学，是因为他认为女王大学有更多的美女。）² 学习之余，埃隆会和金巴尔一块儿看报纸，想要从中找出他们有兴趣结识的人，然后见上一面。埃隆和金巴尔会直接打自荐电话给这些人，问他们愿不愿意一起共进午餐。在被骚扰的众多人物之中，就有加拿大丰业银行的高管彼得·尼科尔森（Peter Nicholson），尼科尔森还兼任多伦多蓝鸟棒球队的营销主管及《环球邮报》的商业专栏作家。尼科尔森至今还清楚地记得埃隆和他弟弟打来的电话。"我不太习惯这种贸然的邀约，"尼科尔森表示，"但我还是被他们精心准备的说辞说服了，同意跟这两个锐意进取的年轻人共进午餐。"虽然这件事过了 6 个月才排上尼科尔森的日程，但也够有诚意了。马斯克兄弟坐了 3 个小时的火车，最终准时出现在他的面前。

马斯克兄弟的初次拜访令尼科尔森印象深刻，他们两人都表现良好，举止得体。埃隆虽然明显摆脱了怪咖的形象，但表现得稍显笨拙，而金巴尔则更有魅力。"他们越来越让我刮目相看，"尼科尔森称赞道，"他们的意志太坚定了。"尼科尔森最后给埃隆提供了一份暑期在银行实习的工作，埃隆之后成了他值得信赖的顾问。

初次见面后不久，埃隆便邀请彼得·尼科尔森的女儿克里斯蒂参加自己的生日聚会。克里斯蒂手捧着自制的柠檬酱来到梅耶位于多伦多的公寓，受到了埃隆和其他 15 位客人的欢迎。埃隆之前从未见过克里斯蒂，但他当时径直走过去带她到沙发边坐下。"当时我从他嘴里听到的第二

---

① 梅耶前往加拿大去寻找住所的时候，14 岁的托斯卡趁机把南非的家族房产卖掉了。"她还卖了我的车，还准备把我们的家具也卖掉，"梅耶说，"那时我回来问她这么做的原因，她表示，'别犹豫了，我们现在就离开这个地方'。"

句话便是，'我想了很多关于电动汽车的事情'，"克里斯蒂回忆道，"然后他对我说，'你觉得电动汽车怎么样？'"这段对话给现在已是一名科普作家的克里斯蒂留下了特别的印象：马斯克是一个相貌堂堂、平易近人的大书呆子。"莫名的，坐在沙发上的那一刻，我呆住了，"她说道，"他是如此与众不同，这令我十分着迷。"

克里斯蒂有着棱角分明的容貌和一头金发，符合马斯克的审美标准，所以马斯克在加拿大的时候，两人一直保持着联系。虽然两人从未正式交往过，但克里斯蒂觉得马斯克非常有趣，经常和他在电话里聊很长时间。"有一天晚上他告诉我：'如果有一种方法让我能更长时间工作但不许吃饭，那我宁愿不吃饭。我希望找到不用吃饭就可以直接摄取营养的方法。'他在那个年纪表现出来的工作狂性格和紧迫感引人注目。这是我听到过的最不可思议的事情之一。"

在加拿大的那段时光，马斯克和贾斯汀·威尔逊之间产生了另一段更加深厚的情缘。贾斯汀是马斯克在女王大学的同学，有着修长的双腿和一头棕色的秀发，浑身散发着浪漫而性感的气息。贾斯汀此前爱上了一个老男人，后来她抛弃他去上了大学。她的下一个征服目标是演员詹姆斯·迪恩那种穿着皮夹克、看起来有些颓废沉沦的男人。然而，外表干练、气质优雅的马斯克看上了贾斯汀，并迅速对她展开攻势。"她看起来太迷人了，"马斯克说道，"也非常聪明博学，有种边缘知识分子的感觉。她甚至还获得了跆拳道黑带。你懂的，她就是那种校园里抢手的辣妹。"马斯克采取的第一步行动是到她的宿舍外面假装偶遇，然后说起他们之前在某次派对上见过面。贾斯汀当时刚刚入学一个星期，便答应了与马斯克一起去吃冰激凌。而马斯克来宿舍接贾斯汀时，发现门上贴着一张纸条，他意识到自己被爽约了。马斯克回忆道："纸条上面写着她必须去参加一场考试所以没办法赴约，对此她表示很遗憾。"马斯克于是追着贾斯汀最好的朋友去调查贾斯汀通常学习的地点，以及她最喜欢哪种口味的冰激凌。有一次，贾斯汀躲在学生中心学习西班牙语，突然发现马斯克出现在她身后，手里还拿着两个快要融化的巧克力冰激凌。

贾斯汀曾经幻想和一名作家发生一段浪漫情缘。"我渴望拥有西尔维娅和特德那样的爱情故事。"她说。但她却爱上了一个冷酷无情且雄心勃勃的怪胎。两人同时选修了变态心理学的课程，还会互相比较学习成果。考试成绩出来后，贾斯汀得了97分，而马斯克得了98分。"于是他去找教授争辩丢掉的那2分，然后教授就给了他满分，"贾斯汀说，"好像我们总是在相互竞争。"不过马斯克也有浪漫的一面。有一次，他送给贾斯汀一束玫瑰花，每朵花上面都附带一张纸条。他还送过一本手抄本《先知》给她，里面满是他亲手写的情话。贾斯汀说："他赢得了我的芳心。"

在大学的那几年，两个年轻人分分合合，马斯克努力地维系着这段恋情。"贾斯汀的追求者众多，她挑选的约会对象是那些顶级帅哥，而她对埃隆不理不睬，"梅耶补充道，"所以埃隆很难过。"马斯克也追求过其他几个女孩儿，但他最后总是会回到贾斯汀身边。每当贾斯汀态度冷淡时，马斯克的一贯回应就是穷追不舍。"他会不断打电话过来，"贾斯汀表示，"一旦电话响个不停，肯定是埃隆打来的。这个男人不喜欢被人拒绝。你赶不走他。我的确把他当作'终结者'。只要他盯上某样东西，他就会宣告：'它必将属于我。'一点一滴，日积月累，他征服了我。"

大学生活很适合马斯克。他不再像以前一样表现得无所不知，还找到了一群尊重他学识的同道中人。大学同学不会嘲笑他关于能源、太空和其他感兴趣领域的独到见解。马斯克发现，这里的人肯定了他的雄心壮志，而不是一味地讥讽，所以他在这种环境中如鱼得水。

内瓦得·法鲁克是一个在日内瓦长大的加拿大人，1990年秋天，马斯克成为大一新生时,两人成了室友。他们俩都被安排在国际部的学生宿舍,在那里,每个加拿大学生都会与一个海外留学生搭配当室友。马斯克属于特例,尽管从理论上讲他算加拿大人,但他对周围的环境一无所知。"我有一个来自中国香港的室友,他真的很不错,"马斯克说,"他近乎虔诚地上完了每一堂课,这帮了我大忙,因为我总是让自己尽量少去上课。"有一段时间,马斯克在宿舍里卖电脑配件和电脑整机赚一些外快。"我可以根据人们的不同需求组装一些机器,比如配置豪华的游戏机,或者简单的文字处理器,这要比商店里的便宜很多。"马斯克表示,"如果他们的电脑无法正常启动或者中了病毒,我也能帮他们修好。我基本上能解决任何问题。"法鲁克和马斯克都有着海外生活的经历,而且喜欢战略棋盘游戏,因而结下了不解之缘。"我认为他不太擅长交朋友,但他对自己的朋友很忠诚。"法鲁克说。视频游戏《文明》刚刚问世,这两个大学死党就花了大把时间来打造自己的帝国,而法鲁克的女朋友则沮丧地独自待在另一个房间。"埃隆可以连续好几个小时沉浸在游戏当中。"法鲁克说道。他们还对自己独来独往的生活方式津津乐道。"我们属于那种即使在派对上孤身一人,也不会手足无措的人,"法鲁克表示,"我们对自己的社交障碍心安理得。"

比起高中时代,马斯克在大学时代更具雄心壮志。他学习了商业课程,参加了演讲比赛,他特有的专注和竞争力也始于那个时期,并一直延续至今。一次经济学考试过后,马斯克、法鲁克和其他几个同学回到宿舍,拿出笔记翻看,试图比较谁在考试中表现得更出彩。结果很快明朗,马斯克对知识的掌握比其他人更扎实。"这是一群卓越之人,但显然埃隆更为出类拔萃。"法鲁克补充道。在很长一段时间里,马斯克保持了一如既往的专注。"一旦埃隆专注于某件事,他就会付出比别人多得多的精力。这正是埃隆和其他人的不同之处。"

1992年,马斯克在女王大学待了两年,拿到奖学金后便转学到了美国宾夕法尼亚大学。马斯克希望这所常春藤名校可以帮他打开更多的机会之门，于是他修了双学位——第一学位是沃顿商学院的经济学学位，第二学位是物理学学位。而贾斯汀则仍待在女王大学，追寻着她的作家梦想，跟马斯克展开了异地恋。她时不时会去探望马斯克，两人会在纽约度过一个浪漫的周末。

马斯克在宾夕法尼亚大学更加如鱼得水，和那些物理系的同学相处甚欢。"在宾夕法尼亚大学，他遇到了跟他想法相似的人，"梅耶回忆道，"那里有一些书呆子，他很享受与他们相处的时光。我还记得有一次跟他们去吃午餐，他们热火朝天地讨论了关于 A 加 B 等于圆周率的平方之类的物理问题。其间他们会开怀大笑。看见他如此开心，简直太棒了。"但同样，马斯克并没有跟其他专业的学生交上朋友。我们很难找到当年对他有印象的学生，但是他的确结交了一位挚友——阿迪奥·雷西（Adeo Ressi）。雷西后来成为一名硅谷创业者，一直与埃隆保持着密切的关系。

雷西的身高超过 6 英尺，瘦高个儿，气质古怪。相比勤奋内敛的马斯克，他的性格更加多姿多彩且富有艺术气息。这两个年轻人都是转学生，甚至最后都被安排在脏兮兮的新生宿舍里。这种乏善可陈的社交场景没有达到雷西的期望，于是他跟马斯克商量去校外租一间大房子。他们最后以相对低廉的价格租下了一套有 10 个房间的大房子，这个房子之前是兄弟会开展活动的场地，所以没有租出去。马斯克和雷西平时学习功课，但到周末快来临的时候，雷西就会把房子布置成夜总会。他用垃圾袋挡住窗户让屋内变黑，并用亮色的颜料和任何能找到的物件来装饰墙面。"这是一个彻头彻尾、无照经营的地下酒吧，"雷西说，"前来此处的顾客多达 500 人，每个人只需要交 5 美元，就可以在这里任意享用酒水饮料——啤酒、果冻酒等。"

每到周五晚上，房子里就回荡着雷西超重低音音响里传出的音乐，连地面都随之颤抖。梅耶参加过其中一次派对，发现雷西正在往墙上钉东西，然后刷上在黑暗中闪闪发亮的涂料。后来，她在门口负责保管衣物和收取门票，手里抓着一把剪刀用来防身，因为装钱的鞋盒里面已经堆满了钞票。

第二幢房子里有14间客房，马斯克、雷西和另外一个人住在那里。他们将胶合板放在旧桶上做成桌子，还想出其他临时装修的点子。某天，马斯克回家后发现雷西把他的桌子钉在了墙上，还涂上了荧光粉。他不动声色地取下了桌子，将它漆回黑色，然后继续用来学习。雷西回忆道："我当时的反应是：'老兄，这是我们俱乐部的装饰品。'"雷西向马斯克提起这件事时，后者却实事求是地说："那是一张书桌。"

马斯克偶尔会喝伏特加兑健怡可乐，但他的酒量并不大，也不太喜欢酒的味道。"派对上必须有人保持清醒的头脑，"马斯克解释道，"我在大学里一直都是自力更生，一个晚上就可以赚回一整个月的房租。雷西负责把房间装饰得酷炫一点儿，而我则负责让派对继续下去。"谈到此处，雷西表示："埃隆是自制力极强的家伙。他绝不会把自己灌醉，他从未醉过。"只有当马斯克不分昼夜地玩电脑游戏的时候，雷西才不得不制止他。

马斯克对太阳能领域的长期兴趣和探索利用新能源的想法在到宾夕法尼亚大学后更加强烈。1994年12月，他需要为一门功课撰写一份商业计划书，题为"太阳能的重要性"。论文的开头体现了马斯克略带讽刺意味的幽默感。他在页面的顶部写道："'太阳明天会照常升起……'——小孤儿安妮论可再生能源。"接下来，这篇论文基于材料的改进和大型太阳能发电站的建设，预测太阳能技术将蓬勃发展。马斯克深入研究了太阳能电池的工作原理和如何有效利用太阳能。在论文的结论部分，他描绘了"能源站的未来"。他画了一对巨大的漂浮在太空中的太阳能帆板——每个宽度达4 000米——通过微波源源不断地向地球发射能量,而用来接收能量的天线的直径达7 000米。马斯克的论文获得了98分,他的教授认为这是一篇"妙趣横生、文笔不错的论文"。

他在第二篇论文中讨论了文档和书籍的电子扫描方法,首先进行光学字符识别,然后把所有信息存入一个单一的数据库——酷似今天的谷歌图书和谷歌学术的结合体。他的第三篇论文详细论述了他最喜欢的主题——超级电容器。在这份足足有44页的论文里,马斯克明确表达了自己对新型储能方式的喜悦之情,他认为这些技术未来可以应用到汽车、飞机和火箭上。他在论文中提到了硅谷一家实验室的最新研究,他指出:"最新研究结果表明,这是自蓄电池和燃料电池问世以来,又一种存储大量电能的新方法。此外,因为超级电容器保持了电容器的基本特性,它传送电能的速度可以比同等重量的电池快数百倍,但是两者的充电速度一样快。"马斯克的这篇论文拿到了97分,他也获誉"分析得一针见血"且具有"出色的财务知识"。

教授的评价非常中肯。马斯克的行文像逻辑学家那样清晰流畅、言简意赅,同时要点之间的切换非常精准。而马斯克真正突出的地方在于,他拥有将复杂的物理概念与商业计划相结合的能力。不仅如此,他还展现出将科研成果商业化的非凡才能。

当马斯克开始认真思考大学毕业后的选择时,他曾考虑进入视频游戏行业。他年少时就痴迷于游戏,还具有游戏行业的实习经历。但是,他又觉得这个追求不够宏大。"我真的很喜欢电脑游戏,但即使我做出了非常出色的电脑游戏,又能给世界带来多大影响呢?"他说道,"显然影响不大,虽然我发自内心地热爱游戏,但我不会把它当作我的职业。"

在接受采访的过程中,马斯克往往想让人们意识到,他怀抱着不少真正远大的抱负。正如他所说的,他在女王大学和宾夕法尼亚大学时经常思考未来世界的可能性,最后得出了一样的结论:互联网、可再生能源和太空探索这三个领域近年来正在发生巨变，而自己可以在这些领域有所作为。他郑重其事地说要同时进军这些领域。"我把这些想法告诉了我的前女友们和前妻，"他说道，"这听起来就像疯子在胡言乱语。"

马斯克坚持讲明自己初心的由来——关于电动汽车、太阳能和火箭，但很难令人信服，这反而给人感觉他似乎在强行塑造自己的人生经历。但对于马斯克来说，跌跌撞撞地闯进某个领域和有意为之是有明显区别的。长期以来，他一直想让世界知道，他有别于硅谷那些资质平平的创业者。他并不是在顺应潮流，也不是贪图富贵，而是在追求一个宏伟蓝图。"我的确在大学期间就开始思考这些事情，"他解释道，"这不是事后编造出来的故事。我不想被当成新手，说我在跟风和投机。我也算不上投资者，我只是喜欢让那些对未来世界真正重要和有价值的技术，以某些方式变成现实。"

第四章

第一次创业
征服网络世界

马斯克似乎从未离开过办公室。他通常在办公桌旁的睡袋里休息，跟狗没什么两样。"他几乎每天都这样，我7点半或者8点到办公室的时候，他还在睡袋里睡觉。"

1994年夏天，马斯克和弟弟金巴尔迈出了美国梦的第一步。他们开启了一场横跨美国的旅行。

金巴尔当时获得特许权，经营着一家"大学专业画家"画室，而且成效可观，算得上一家小型企业。他卖掉了该公司的部分专营权，加上马斯克手头的一些钱，买了一辆生产于20世纪70年代的宝马320i。那时候，加利福尼亚的天气持续升温，兄弟二人在8月开始了一段游历旧金山周边的旅程。他们的第一站是尼德尔斯，这是位于莫哈维沙漠旁边的一个城市。在近50℃的高温天气下，车里又没有空调，他们汗流浃背，一路上不得不把美国快餐连锁店卡乐星当作临时休息区，一待就是好几个小时。

他们一路上嬉笑打闹，和许多20岁的年轻人没什么两样，而这次旅行也让他们有足够的时间去做一场资本家的疯狂白日梦。随着像雅虎这样的门户网站不断问世，类似网景浏览器（Netscape）的系统工具层出不穷，万维网开始向公众开放。兄弟二人开始将目光转向互联网，思考如何成立一家公司，并在互联网上有所成就。从加利福尼亚州到科罗拉多州，再到怀俄明州、南达科他州和伊利诺伊州，马斯克兄弟轮流开车，其间谈天说地，不断地进行着头脑风暴。他们就这样一路向东开，好让马斯克回到学校赶上秋季开学。他们在旅行过程中想到的最好的点子是为医生建立一个网站。这并不是什么雄心勃勃的电子健康档案计划，而是一个供医生交流信息和协作的系统。"医疗行业似乎是一个可以被颠覆的行业，"金巴尔说，"我制订了一份商业计划书，后来还制订了销售和营销计划书，但我们后来对这个项目失去了兴趣，这个项目便不了了之。"

刚刚进入暑期，马斯克便在硅谷找了几份实习生的工作。白天，他在位于洛斯加托斯的品尼高研究所实习。这家创业公司被媒体大肆吹捧，一群科学家正在研制超级电容器，力图将其作为电动汽车和混合动力汽车的革命性燃料来源。马斯克的工作后来发生了变化——至少在理念上——转向了更加异乎寻常的领域。马斯克大谈特谈如何用超级电容器制作电影《星球大战》中的那些激光武器,以及如何将其应用在其他未来派的电影中。枪手手中的激光枪可以释放巨大的能量波,他们还可以在枪的底部更换超级电容器,就像更换弹匣一样,然后继续发起攻击。超级电容器在未来也有望给导弹提供能量。发射导弹时会产生机械压力,在这种情况下,超级电容器比电池更稳定,而且它可以长期稳定地储存电荷。在品尼高研究所,马斯克满怀热爱地对待这份工作,并开始以超级电容器为基础展开一系列的商业试验,尽情地做着他的实业家白日梦。

到了晚上,马斯克就来到位于帕洛阿尔托的火箭科学游戏公司。这是一家创业公司,致力于打造世界上最先进的电子游戏,并用光盘代替卡带,这样便可以存储更多信息。从理论上说,如果采用光盘,就可以在游戏中保留好莱坞式的叙事方式,还能保证产品的品质。该公司崭露头角的全明星团队由一群工程师和电影人组成,他们不遗余力地推进了先进电子游戏的研发。托尼·法德尔当时就在火箭科学游戏公司工作。后来他在苹果公司任职,并推动了 iPod 和 iPhone 的研发。这支团队中的某些成员日后帮助苹果开发了多媒体软件 QuickTime[①]。他们还招来了为电影《星球大战》制作特效的工业光魔公司的员工,以及在卢卡斯艺术娱乐公司的一批游戏开发员。马斯克在火箭科学游戏公司实习后,从人才和文化的角度感受到了硅谷的气息。这里一天 24 小时都有人在工作。马斯克每天下午 5 点钟才到公司,开始他的第二份暑期工作,这在这里的其他人眼里一点儿也不奇怪。"我们雇他是为了让他写一些无足轻重的基础代码,"公司早期的工程师彼得·巴雷特(Peter Barrett)说道,"他的思维很清晰,没过多久,我发现他已经不再需要别人的指导,

---

① 一款具有强大的多媒体技术的内置媒体播放器。——译者注

最后他完成了自己想做的所有项目的工作。"

具体来说，他们要求马斯克写一些驱动程序的代码，适用于研发可用电脑手柄和鼠标操作的各种游戏。将打印机或照相机与家用计算机连接起来需要安装一些文件，这常常令人厌烦。同样地，编写驱动程序的代码也是一项非常繁重的工作。作为一名自学成才的程序员，马斯克对于自己的编程能力十分自信，于是公司分配给了他一些难度更大的工作。"我试图找到执行多重任务的方法，这样当光盘读取视频资料时，游戏还可以运行。"马斯克说，"在同一时间，你需要在做这个或者做那个之间做出选择，这就是程序设计的复杂之处。"他必须直接向计算机的主微处理器发出指令，调试那些最基本的功能，以便让机器运行。苹果公司 QuickTime 项目的前首席工程师布鲁斯·里克（Bruce Leak）曾经负责招聘马斯克，并惊叹于马斯克通宵工作的能力。"他总是精力充沛，"里克说，"那时候的孩子不懂硬件及其工作原理，但他有着电脑黑客的背景，而且从来不畏惧解决问题。"

马斯克发现，硅谷就是他一直在寻找的沃土。这里充满了机会，距离他实现野心又近了一步。他连续两年夏天都来到这里，在宾夕法尼亚大学拿到双学位后，便一路向西来到这里并永久定居下来。他最初打算在斯坦福大学攻读材料科学和物理学博士学位，希望能够推进他在品尼高从事的关于超级电容器的工作。据说，马斯克在斯坦福大学待了两天就退学了，因为他无法抗拒互联网的诱惑。他还劝说金巴尔也搬到硅谷，这样他们就可以一起去征服网络世界。

马斯克的第一个可行的互联网项目其实在实习期间就已经有了头绪。一次，一个黄页推销员来到创业者的办公室，他试图向人们推销在线目录的点子，并说这是厚重的传统黄页的补充。这位推销员努力推销自己的产品，但他显然对互联网的本质，或者人们如何利用互联网从事商业活动知之甚少。这些站不住脚的说辞却引发了马斯克的思考，他找到金巴尔，第一次和他谈起了帮助企业上网的想法。

"埃隆说：'这些家伙并不知道自己在说什么，也许这就是我们可以做的。'"金巴尔说。那是在 1995 年，兄弟俩正着手建立名为 Global Link 的信息网站。这家创业公司最终更名为 Zip2 公司。（有关创立 Zip2 公司的争论及马斯克的学业成绩的细节见附录 1。）

Zip2 公司的这个点子有点儿异想天开。在 1995 年，了解互联网的小企业非常少。它们完全不知道如何登录互联网，也不了解互联网可以为它们创造价值，甚至连像制作公司黄页这样的想法都没有。马斯克和弟弟希望说服餐馆、服装店和理发店之类的小企业，让它们在互联网上发布业务信息，以增进公众对它们的了解。Zip2 网站会给这些企业创建一个可搜索的目录，并生成相应的地图。马斯克经常用比萨店来解释这个概念，他说每个人都应该知道离自己最近的比萨店的位置，并且能够获取到达那里的详细路线。这在今天看起来可能很平常——比如点评网站 Yelp 和谷歌地图的结合——但是在当时，甚至连瘾君子都没想象过这种服务。

马斯克兄弟俩在帕洛阿尔托谢尔曼街 430 号成立了 Zip2 公司。他们租了一间公寓大小的办公室——30 英尺长、20 英尺宽，并购置了一些简单的家具。这座三层小楼有些缺点。没有电梯，马桶经常坏掉。一名早期员工说："这是一个很糟糕的工作场所。"为了接入高速的互联网，马斯克和互联网服务供应商雷·吉鲁阿尔（Ray Girouard）达成了一项协议。吉鲁阿尔是一名企业家，他就在 Zip2 公司的办公室楼下运营着一家互联网服务公司。据吉鲁阿尔回忆，马斯克在 Zip2 公司大门旁边的石膏板上钻了一个洞，然后沿着楼梯将电缆接到网络服务供应商那里。吉鲁阿尔说："虽然他们有几次迟交了账单，但从来没有赖过账。"

马斯克独立编写完成了后台的所有原始代码，而更有亲和力的金巴尔则负责挨家挨户地进行推销。马斯克以低廉的价格获得了旧金山湾区一个企业上市数据库的访问许可证，这个数据库提供了企业的名称和地址。然后，他打电话给综合电子地图信息供应商 Navteq，这家公司花了数亿美元来打造数字地图和导航服务，可用于早期类似于 GPS（全球定位系统）的导航设备。马斯克和该供应商达成了一项非常划算的交易。金巴尔说："我们进行电话沟通后，他们表示愿意免费给予我们技术的使用权。"马斯克把两个数据库合并在一起，建立并运行了一个原始的系统。随着时间的推移，Zip2 公司的工程师们不得不扩大原始数据库，纳入更多的地图，以覆盖主要城市群以外的地区，提供自定义的导航服务，这些都能在家用计算机上流畅运作。

埃罗尔·马斯克向他的两个儿子资助了 28 000 美元，帮助他们度过创业初期。在租用办公室、获得软件许可及购买设备之后，他们手中的钱已经所剩无几。在 Zip2 公司成立后的前三个月，马斯克和弟弟住在办公室里。他们平常会到基督教青年会洗澡，并将换洗衣物存放在一个小衣柜里。"有时候，我们一日四餐都在 Jack in the Box[①] 吃，"金巴尔说，"这家快餐店 24 小时营业，符合我们的作息。有一次，我点了一杯冰沙，发现里面有脏东西。但我只是把它挑了出来，然后继续喝完。从那以后，我再也不敢去那里用餐了，但是我仍然背得出它的菜单。"

接下来，兄弟俩租了一套两居室的公寓。他们既没有钱也没有购买家具的意愿，只是在公寓的地板上放了两张床垫。马斯克承诺可免费提供住宿，才说服了一位年轻的韩国工程师来 Zip2 公司做实习生。"这个可怜的孩子还以为他在一家大公司找到工作了，"金巴尔说，"他最后和我们住在一起，全然不知眼前和将来的境地。"有一天，这个实习生开着马斯克破旧的宝马 320i 去上班，途中，车子的一个车轮脱落，车轴在佩奇米尔（Page Mill）路和国王大道（El Camino Real）交叉口的路面

---

① 美国连锁快餐店。——译者注

划出一道凹槽，那个凹槽几年后仍然清晰可见。

Zip2是一家面向信息时代的互联网公司，但它也需要结合传统的销售方式，即挨家挨户地上门推销，这十分接地气。推销员需要向企业宣传网络的优势，并劝说企业付费购买那些对它们而言很陌生的服务。1995年年底，马斯克兄弟俩开始进行第一次招聘，并组建了一支五花八门的销售团队。20多岁的杰夫·海尔曼（Jeff Heilman）是一个自由奔放的年轻人，他想弄清楚人生的意义。他成了Zip2公司的第一批员工中的一员。一天深夜，他和他父亲一起看电视，他看见屏幕上广告的底部有一行网址。"那是一个.com之类的东西，"海尔曼说，"我记得我坐在那儿，问父亲这是什么，他说他也不知道。那时我意识到自己得了解一下互联网了。"海尔曼花了好几周的时间与人聊天，想让他们解释一下什么是互联网。之后，他偶然在《圣荷西水星报》上看到了一则占有2英寸×2英寸版面的招聘广告。"诚征互联网销售人员！"当海尔曼读到这则广告时，他知道机会来了。他和其他几个销售人员一起加入了这家公司，以赚取佣金。

马斯克似乎从未离开过办公室。他通常在办公桌旁的睡袋里休息，跟狗没什么两样。"他几乎每天都这样。我7点半或者8点到办公室的时候，他还在睡袋里睡觉。"海尔曼说，"我想，或许他周末洗了澡吧。"马斯克向Zip2的第一批员工提出了一个要求：谁到了公司就踢醒他，这样他就可以继续投入工作。当马斯克沉迷于写代码时，金巴尔成了销售团队的领头羊。"金巴尔一直是个乐天派，他非常善于鼓舞人心，"海尔曼说，"我从没见过像他那样的人。"金巴尔把海尔曼派到了高档的斯坦福购物中心和大学路——这里是帕洛阿尔托人流聚集的地方。海尔曼需要劝说零售商们和Zip2公司合作，并告诉他们这样可以让其公司的名字出现在搜索结果的前列。最大的问题是，没有人吃这一套。一周接一周，海尔曼不断地上门拜访，然后回到办公室，但几乎没有带回什么好消息。海尔曼得到的最好的回答是，人们认为互联网广告是他们听过的最傻的事情。在大多数情况下，店主会直接让海尔曼离开，并叫他不要再上门打扰。午餐时间一到，马斯克兄弟俩就会打开一个雪茄盒，拿出一些现金，带着海尔曼出门，一边吃饭，一边听取令人郁闷的销售报告。

克雷格·莫尔（Craig Mohr）是另一名早期员工，他放弃了房地产销售的工作，全力推广Zip2公司的服务。他决定寻求汽车经销商的支持，因为他们总是会花很多钱打广告。他向这些汽车经销商谈及Zip2公司的官方网站——www.totalinfo.com，并试图说服他们，表示诸如www.totalinfo.com/toyotaofsiliconvalley这类线上商户目录的需求会很大。但由于该网站加载速度常常很慢，所以这招儿并非总能奏效。莫尔只能尽量说服客户展望Zip2公司的前景和潜力。"有一天，我带着一张900美元的支票回来，"莫尔说道，"我走进办公室，问他们这笔钱该怎么处理。敲击键盘的埃隆立马停了下来，从显示器后面探出头说道：'你竟然赚到钱了！这不可能。'"

马斯克对于Zip2公司软件的持续改进让员工士气高涨。这项服务已经从试验品发展成可以使用和演示的真实产品。相比于精明的营销策略，马斯克兄弟俩更加看重的是，赋予他们的产品一个物质实体，使其网络服务显得更具价值。马斯克做了一个标准电脑大小的箱子，并把它放到一个带轮子的底座上。当潜在投资人造访时，马斯克会为他们演示，把庞大的机器外壳打开，露出产品本身，就好像Zip2公司在一台微型超级计算机里面运行一样。金巴尔说："投资人对此印象深刻。"海尔曼也注意到，投资人对于马斯克的无私奉献精神表示认同。"当他还是一个满脸长着青春痘的大学生时，埃隆就满怀一腔热血——对任何事情，他都会全力以赴，不这样的话，他就会错失良机一样，"海尔曼说，"我认为风险投资人都看在眼里——埃隆愿意赌上身家性命去建立这个平台。"实际上，马斯克对一个风险投资人说过类似的话，他说："我具有武士精神。我宁愿切腹，也不要失败。"

在创立 Zip2 公司的早期，马斯克交到了一位重要的盟友，他的加入过程有点儿戏剧性。35 岁左右的格雷格·科里（Greg Kouri）是一位加拿大商人，他与马斯克兄弟俩是在多伦多认识的，他为 Zip2 公司早期的运营贡献了不少点子。一天早晨，马斯克兄弟俩出现在科里家门口，告诉科里他们要去加州大干一番。科里当时穿着一件红色浴袍，他听完后立即回到了屋里开始翻箱倒柜地找些什么，几分钟后，他手里握着一沓钱走了出来，总共有 6 000 美元。1996 年年初，他也搬到了加州，成为 Zip2 公司的联合创始人。

科里过去完成了大量的房地产交易，他不仅在商业实践与技能方面积累了丰富的经验，而且阅人无数，练就了一双知人识人的慧眼，他在 Zip2 公司起到了"稳定军心"的作用。这位加拿大人总是能像职业导师一样，用某种高超的技巧让马斯克在烦乱暴躁的时候平静下来，进入工作状态。"有时候，真正的智者并不明白，不是所有人都能跟上他们的思维和脚步，"风险投资人德里克·普罗蒂昂（Derek Proudian）说，他后来成了 Zip2 公司的 CEO，"除了格雷格，马斯克很少愿意倾听他人的长篇大论。"科里还曾在马斯克和金巴尔打架时充当调解员，当时他们就在办公室的中央挥拳相向。

"我从来不跟别人打架，但是埃隆和我都不擅长说服他人接受自己的观点。"金巴尔说。有一次，两人在做商业决定的时候大打出手，马斯克的拳头甚至擦破了皮，不得不去打破伤风针。最后还是科里出来收拾了残局。（科里因为投资马斯克的公司发了财。2012 年，科里因心脏病发作去世，享年仅 51 岁。马斯克出席了他的葬礼。金巴尔说："他为我们做了很多。"）

1996 年年初，Zip2 公司经历了一场巨变。风险投资公司莫尔达维多夫（Mohr Davidow）听闻这两个南非男孩儿打算做互联网黄页的消息，看准了他们的野心，便约见了兄弟俩。虽然马斯克缺乏演讲技巧，但已经足够打动这家公司，而且投资人对于马斯克展现出来的干劲印象深刻。莫尔达维多夫最后给 Zip2 投资了 300 万美元。[①] 拿到投资后，该公司正式从 Global Link 更名为 Zip2——快速移动到这里、快速移动到那里的意思。接下来他们搬到了位于帕洛阿尔托剑桥大道 390 号的一个大办公室，并且开始招募有才华的工程师。Zip2 还改变了其商业策略。当时，该公司已经开发了网络上最好的商户导航系统之一。公司团队准备继续推动这项技术的发展，并把只集中于旧金山湾区的服务扩展到全美。然而，该公司未来将走出一条全新的发展之路。相比于之前挨家挨户地进行推销，公司团队开发了一个软件包，将其出售给报业公司，而报业公司可以为房地产商、汽车经销商和各种分类广告建立目录。那些报业公司虽然后知后觉，但已经开始意识到互联网如何影响他们的业务，而 Zip2 公司的软件可以让他们迅速将业务接入互联网，而不必从零开始去开发任何技术。在这个领域，Zip2 可以追捕更大的猎物，并在覆盖全国的企业分类网络业务中分得一杯羹。

　　商业模式和公司结构发生转变之际，正是马斯克人生当中的一个开创性时刻。在风险投资人的大力支持下，马斯克担任了 Zip2 公司的首席技术官。这些投资人还聘请里奇·索尔金（Rich Sorkin）担任公司的 CEO，因为他们认为索尔金经验丰富，并且了解互联网。索尔金曾在音响设备制造商创新实验室（Creative Labs）工作，并在该公司领导业务

---

① 从这个方面来看，马斯克兄弟俩并不是最激进的商人。"我还记得他们商业计划书的内容，他们原本只想获得 1 万美元的投资，给予投资人 25% 的股份，"风险投资家史蒂夫·尤尔韦松（Steve Jurvetson）说，"这笔交易太划算了！当我听到投资变成 300 万美元的时候，我甚至怀疑莫尔达维多夫是否认真读过他们的商业计划。不管怎样，他们兄弟俩最终获得了一轮融资。"

拓展团队，指导过面向互联网初创企业的诸多投资项目。尽管马斯克向投资人表示同意公司对CEO一职的这一安排，但他对于失去Zip2的控制权仍有些不满。"我与他共事期间最遗憾的事情就是，他和莫尔达维多夫达成了这项魔鬼交易，"时任Zip2公司工程副总裁的吉姆·阿布拉斯（Jim Ambras）说，"埃隆没有担任任何运营职务，他想当CEO。"

阿布拉斯曾任职于惠普实验室和硅图公司，他是Zip2的第一批资金到位后，公司引进的高素质人才的典范。硅图公司是深受好莱坞喜爱的高端计算机制造商，作为当时最耀眼的明星公司，它拥有一大批硅谷精英极客。而阿布拉斯利用互联网财富的承诺，为Zip2挖来了一批硅图公司才华横溢的工程师。"我们的律师收到一封来自硅图公司的信，说我们是眼光独到的家伙，"阿布拉斯说，"埃隆觉得这实在太棒了。"

马斯克是一名自学成才的程序员，他的技术没有那些新员工熟练。他们看了一眼Zip2的代码，便开始重新改写软件的大部分内容。马斯克对他们的一些改动恼怒不已，但这些计算机科学家只需要编写一小部分代码便可完成目标，远远少于马斯克所编写的代码数量。他们习惯于把软件项目划分成模块，从而对各个部分进行修改和改善。而马斯克则遇到了自学成才型程序员的经典难题，写了很多代码开发者称为"毛球"（hairballs）的代码——这些代码庞杂混乱，很可能导致程序莫名其妙地崩溃。这些工程师改善了工程团队的工作结构，还设定了切实可行的工作周期。马斯克认为这是一个可喜的变化，因为之前他设定的截止期限总是过于乐观，导致工程师们必须不分昼夜地赶工才能实现目标。"如果你问埃隆做某件事情要多久，在他看来，没有任何一件事情会超过一个小时。"阿布拉斯说，"在他看来需要一个小时完成的事情，实际上需要一到两天；而如果埃隆说完成某件事要用一天的时间，那么我们通常会留出一到两周。"

马斯克创立了Zip2公司并看着它一步步成长起来，这让他逐渐充满自信。特伦斯·贝尼（Terence Beney）是马斯克高中时的朋友，他来加州探望马斯克时，看到了马斯克如何对付一个令人讨厌的房东，便很快注意到马斯克的性格变了。当时马斯克的母亲在城里租了一间公寓，而那个房东总是故意找麻烦。"他说：'如果你一定要找麻烦，就冲我来。'我当时大吃一惊。我们上次见面时，他还是一个古怪笨拙、易怒的男孩儿，总是千方百计地寻求事物的答案。但现在他非常自信，而且能够掌控局面。"马斯克也开始有意识地控制自己，避免批评别人。"埃隆不是那种会说'我理解你，我明白你的想法'这种话的人，"贾斯汀说，"因为他在这方面有所欠缺，对于别人来说再明显不过的事情，他却搞不清楚。他需要学着理解，一个20多岁的人不应该对年长者指手画脚，后来他学会了以某种方式改变自己的行为。我觉得他一直是靠策略和智慧在这个世界闯荡的。"他改变个性后取得了不同程度的成功。马斯克仍然会严格要求且直言不讳地鞭策年轻的工程师们疯狂工作。"我记得在一次头脑风暴会议上，大家激烈地讨论着一个新产品——一个新的汽车网站，"Zip2创意总监多丽丝·唐斯（Doris Downes）说，"有人抱怨说我们无法实现这项技术变革。埃隆拍案而起，说'我不想听你说这些废话'，然后径直离开了会议室。对埃隆而言，没有什么是不可能的，而他也期望身边的每个人都抱持相同的态度。"马斯克也会时不时地对上级管理人员发火。"你会看到有人从会议室出来后面露不悦，"销售人员莫尔说，"如果你一直当好人，就永远也无法取得埃隆现在这样的成就，他对于成功的决心和自信就是这么强烈。"

　　马斯克试着妥协于投资人提出的一些要求时，他也享受到了大量投资带来的额外收获。投资人帮助马斯克兄弟俩解决了签证问题，并且给他们每人3万美元用于购买新车。那时马斯克和金巴尔已经把他们那辆破旧的宝马换成了另一辆同样破旧的车，并喷上了波尔卡圆点来点缀车身。金巴尔买了一辆宝马3系轿车，而马斯克则买了一辆捷豹E型车。

"我的车经常抛锚,并且需要用一辆平板拖车把它运到办公室门口,"金巴尔说,"但埃隆总是能从大局着眼。"①

为了增强团队凝聚力,马斯克、阿布拉斯,以及其他几个同事和朋友在某个周末骑自行车穿越位于圣克鲁斯山的萨拉托加峡谷。大部分骑手都接受过专业的培训,能够适应炎热的环境。他们上山的速度非常之快。一个小时后,马斯克的表弟拉斯·赖夫(Russ Rive)到达了山顶,随即便开始呕吐,其他骑手也相继到达山顶。15 分钟后,大部队发现了马斯克,他脸色发紫,汗流浃背,但最终还是成功登顶。"我总是回想起那次骑行,他还没有真正进入状态,"阿布拉斯说,"换作别人肯定会推着自行车走上来,或者早就放弃了。在距离终点还有 100 英尺时,我看到了他脸上那痛苦的表情,心想:'这就是埃隆,不成功,便成仁,绝不放弃。'"

办公室里的马斯克像能量球一样精力充沛。当风险投资人或其他投资人到访时,他会把团队成员召集在一起,让他们都忙着打电话,营造一种忙碌的气氛。他还组建了一个电子游戏团队,并报名参加第一人称射击游戏"雷神之锤"的比赛。"我们参加的是第一届全美锦标赛,"马斯克说,"我们当中的一位顶级选手插显卡时用力过度,导致他的电脑崩溃了。所以我们与冠军失之交臂,获得了第二名,赢得了几千美元的奖金。"

在索尔金的领导下,Zip2 在新闻领域取得了巨大成功,它与纽约时报公司、奈特里德报业集团、赫斯特集团及其他媒体就相关服务签署了协议。其中一些公司为 Zip2 提供了 5 000 万美元的额外资金。类似克雷格列表(Craigslist)的免费在线分类广告服务刚出现时,报业公司便

---

① 马斯克也会向母亲梅耶和贾斯汀炫耀自己的新办公室。梅耶有时候会出席公司会议,她还提出在 Zip2 公司的地图上设置一个"反方向"按钮,以便人们可以旋转地图来查看旅游路线。这个按键最终成为所有地图服务中最受欢迎的一个功能。

意识到需要采取行动了。"报业公司清楚它们面临着互联网带来的挑战，其策略是尽可能多地与互联网公司签约。"阿布拉斯说，"他们想为房地产、汽车和娱乐活动提供分类广告和企业信息列表，并通过我们的平台提供这些在线服务。"Zip2为"我们助力媒体"这句广告语注册了商标。伴随着资金的大量涌入，Zip2得以迅速成长。公司总部很快变得异常拥挤，有张办公桌甚至摆到了女卫生间的门口。1997年，Zip2搬进了位于山景城卡斯特罗大街444号一处更华丽、更宽敞的办公区。

Zip2最终成为报纸行业的幕后玩家，但这却让马斯克懊恼不已。他认为公司可以直接向消费者提供有趣的服务，并鼓励购买域名city.com，希望把它变成一个面向消费者的目标市场。但是索尔金和公司董事在媒体公司的资金诱惑下保守行事，同时也担心马斯克将来会采取以消费者为导向的商业策略。

1998年4月，Zip2宣布了一项重大举措，以加大其战略实施力度。该公司将与其主要竞争对手"城市搜索"①合并，达成一项价值约3亿美元的交易。新公司将保留"城市搜索"的名称，并由索尔金负责管理该公司。从理论上讲，这次合并似乎是一次平等的强强联合。"城市搜索"已建立一套覆盖美国各城市的广泛分类目录，它也有一支非常强大的销售和营销团队，与Zip2的天才工程师们相得益彰。当时，这次合并的消息已经公布于各大媒体，似乎一切已成定局。

但对于接下来发生的事，双方产生了很大的分歧。受当时的形势所迫，两家公司需要互相检查对方的人员配置情况，并确定需要辞退的员工，以避免岗位重复。这一过程致使一些问题浮出水面，比如"城市搜索"的财务状况不太理想；Zip2的一些高管在新公司的职位明显被降级了，甚至被裁撤，这激起了他们的怒火。Zip2内部有一派人认为应该取

---

① "城市搜索"（CitySearch），美国本地搜索服务商。——译者注

消合并，而索尔金却坚持推进这个项目。马斯克最初支持合并，但最后也持反对意见。1998年5月，两家公司取消了合并计划。此时媒体开始小题大做，大肆渲染两家公司关系破裂的传闻。马斯克敦促董事会罢免索尔金，让自己重新担任Zip2的CEO。董事会拒绝了他的要求，而且剥夺了他的董事会主席职位，索尔金的职位则由莫尔达维多夫投资公司的风险投资家德里克·普罗蒂昂取而代之。索尔金认为马斯克在整个事件中的表现糟糕透顶，并指出董事会的反应和马斯克被降职的事实，以此证明董事会也看到了这一点。"在这个过程中，各方产生了强烈的抵触情绪并相互指责，"普罗蒂昂说，"埃隆想当CEO，但是我说：'这是你组建的第一家公司，我们可以找到一个买家，赚一些钱，这样你就可以创建你的第二、第三和第四家公司。'"

随着合并计划前功尽弃，Zip2也陷入困境，一度处于亏损状态。马斯克坚持走消费者的路线，但普罗蒂昂担心这样会占用过多的资金。微软已经开始大举进入这个市场，同时，地图、房地产和汽车创意领域的初创公司也在成倍增加。Zip2的工程师们有些气馁，担心他们无法在这场竞争中脱颖而出。1999年2月，个人计算机制造商康柏突然提出出资3.07亿美元收购Zip2。Zip2的前高管何艾迪（Ed Ho）说："这简直是天上掉馅饼的好事。"Zip2的董事会接受了这次收购要约，并租下帕洛阿尔托的一家餐厅，举办了一场盛大派对。莫尔达维多夫获得了其原始投资的20倍回报，而马斯克和金巴尔分别获得了2 200万美元和1 500万美元。马斯克从未想过要继续供职于康柏旗下的这家公司。普罗蒂昂说："当他得知公司收购已成定局时，他就把心思放在了下一个项目上。"从那时起，马斯克努力保持对公司的控制，力争CEO的职位。"我们感到不知所措，只是觉得这些家伙肯定知道自己在做什么，"金巴尔说，"事实却并非如此。我们与这些投资人相处得很愉快，但他们接管公司后变得鼠目寸光，公司的发展离公司的愿景越来越远。"

几年后，在马斯克反思 Zip2 的过往状况时，他认识到自己本可以用更好的方式来处理与员工之间的一些事情。"我从来没有真正管理过一个团队，"马斯克说，"我也从来没有担任过运动队或者其他团队的队长，我甚至没有管理过一个人。我不得不思考影响团队运作的因素有哪些。第一个假设是，其他人的行为举止会表现得像你一样。但事实并非如此，即使他们想表现得像你一样，他们也不一定拥有你大脑中的所有认知和信息。所以，如果我知道一些特定的事情，然后告诉我的替代者，但只与他沟通一半的信息，那么他就无法得出相同的结论。你必须设身处地想：'我如果是他们，会有什么想法？'"

Zip2 的员工们常常工作到晚上，在第二天回到办公室后，他们发现马斯克修改了他们的工作内容却没有告知他们。马斯克这种强硬的做事方式弊大于利。"Zip 的确有一些非常优秀的工程师，但我比他们更擅长写代码，所以我才动手修改了那些垃圾代码。"马斯克说，"等待他们写代码会令我很沮丧，所以我忍不住动手修改那些代码。我写的代码运行起来比他们的快 5 倍。有一个家伙在黑板上写了一个量子力学方程和量子概率，但他写错了。于是我说'你写错了'，然后就帮他改了过来。从那以后他就开始怨恨我。最后我意识到，我也许可以修改代码，但是这样会打击他人工作的积极性。这的确不是一个处理问题的好办法。"

作为互联网的弄潮儿，马斯克已经足够优秀和幸运了。他把创想变成了现实，并摆脱了互联网行业的混乱局面，赚得盆满钵满，这已经比他的很多同行好多了。但这个过程是痛苦的。马斯克曾经渴望成为一名领导，但周围的人却认为他无法胜任 CEO 这一职位。对于马斯克而言，他们都错了。他不仅证明了自己，还带来了更加戏剧化的结果。

第五章

贝宝黑帮大佬
发动国际金融革命

马斯克想建立一个提供全方位服务的网络金融服务机构：这家公司不但提供储蓄账户和支票账户服务，也从事经纪服务和保险业务。

康柏成功收购了 Zip2，这让埃隆·马斯克信心倍增。马斯克感觉自己就像他所钟爱的游戏角色那样，实现了自我升级。他已经破解了硅谷的难题并成为那个时代人人都想成为的那种人——互联网千万富翁。为了满足极速膨胀的野心，马斯克开始了第二次冒险。他开始寻找效率低下却资金充裕，并且可以利用互联网的行业。他想起了他在丰业银行实习的那段经历——他最大的收获就是银行家富有但愚蠢，他们没有发现那个领域蕴藏的巨大机遇。

20 世纪 90 年代初，在担任银行战略主管期间，马斯克奉命查看公司在第三世界国家的债务组合。这笔资金有一个令人沮丧的名字——"欠发达国家债务"，且丰业银行的几十亿美元也包含在内。整个南美和其他不发达地区此前都拖欠了丰业银行多年未履行的债务，迫使银行减记部分债务价值。马斯克的上司要求他进行一次学习实践，深入了解该银行所持有的这些债权，以及尝试判断这些债务的真实价值。

在项目执行的过程中，马斯克偶然发现了一个明摆着的商机。美国政府曾希望通过发行布雷迪债券为巴西和阿根廷这类国家做债务担保，帮助一些发展中国家减轻债务负担。马斯克则从中发现了一种套利的方法。"我计算了这些担保债券的价值，大约为 50 美分，然而实际的交易价格却是 25 美分，"马斯克补充道，"竟然没有人意识到这个千载难逢的机会。"马斯克一边按捺住激动的心情，一边致电证券市场上的主要交易商高盛集团，想一探究竟。他先是询问价格为 25 美分的巴西债务大致有多少。"电话那头的男人问：'你想要多少？'然后我说出了一个天文数字——100 亿美元。"马斯克说道。这个交易员一确认交易可行，马斯克就挂断了电话。"我当时心想这太疯狂了，因为你可以轻而易举地使钱翻倍。反正山姆大叔[①]担保了一切。这事要是成了，简直可以无

---

① 山姆大叔（Uncle Sam），指代美国或美国政府。——译者注

脑赚钱。"

当时，马斯克整个夏天都在打工，赚着 14 美元的时薪，还曾因为擅自使用高管的咖啡机及其他一些违规的事情遭到训斥。此时，他觉得自己一鸣惊人并大赚一笔的机会来了。马斯克冲进上司的办公室，兜售这个千载难逢的机会。他提议，"有一个点子可以让你白得数十亿美元"。上司要求他提交一份报告，这份报告很快便转交到该银行 CEO 手中，而后者却断然拒绝了这个提议，表示银行之前已经被巴西和阿根廷的债务弄得焦头烂额，不想再管这个烂摊子了。"我就想告诉他们，债务是谁的并不重要，"马斯克徐徐道来，"那些南美国家会怎么做其实也不重要。关键在于，这些债务的背后支持者是美国政府。除非你认为美国财政部会违约，否则你不可能遭受任何损失。不过他们最终还是拒绝了我的提议，我惊呆了。从那之后，每每遇到与银行竞争，我都会想起那一刻，这反倒给了我自信。所有的银行家都做着和其他人一样的事情。如果其他人去跳崖，这些人也会跟着去跳崖。如果房间中央有一大堆黄金没有人去捡，这些人也不会去捡。"

在随后的几年里，马斯克考虑开设网络银行，并于 1995 年在品尼高研究所实习期间公开讨论过这件事。年轻的马斯克面向科学家做了精彩的演讲，指出传统金融业向互联网金融的转变是不可避免的趋势。但他们却驳斥了马斯克的观点，表示网络安全问题的解决尚需时日，在此之前网络银行不可能赢得消费者的青睐。然而，马斯克仍然认为金融业可以实现巨大的升级改造，并且他可以仅仅投入少量资金就能对银行业产生巨大的影响。"如果在网上转账，需要传输的资料数量较少，"2003 年，他在斯坦福大学的一次演讲中这样描述自己的想法，"你无须通过改进大型基础设备去实现转账，只要把资料录入数据库即可。"

马斯克精心筹谋的实际规划异常宏大。就像品尼高的研究人员所说，人们只能勉强接受网上购书这种事情。他们或许会在网上输入信用卡卡号,但对大部分人而言,暴露自己的银行账号纯粹是天方夜谭。但那又怎样呢?马斯克想建立一个提供全方位服务的网络金融服务机构:这家公司不但提供储蓄账户和支票账户服务,也从事经纪服务和保险业务。从技术上讲,建立这样的金融服务机构是可行的,但是仔细审视当时整个监管体系的现状就会发现,即使对于乐观主义者来说,要从无到有地创建一家网络银行也相当棘手,所以更多的人视其为不可能完成的任务。这不同于规划比萨店的路线或者登记房屋出售广告,而是和人们的财产打交道,一旦失败,后果不堪设想。

马斯克毫不气馁,甚至在把 Zip2 卖掉之前,他就率先启动了这项新计划。他跟公司里那些最优秀的工程师攀谈,打探他们中有谁愿意加盟他的下一家公司。马斯克还向他在加拿大的银行工作期间的同事征求意见。1999 年 1 月,彼时 Zip2 的董事会正忙于寻找买家,马斯克也开始落实他的网络银行计划。次月,Zip2 正式宣布被康柏收购。3 月,马斯克注册成立了一家名字听起来有些色情的金融初创企业 X.com。

不到 10 年时间,马斯克从一个加拿大背包客成为年仅 27 岁的千万富翁。他坐拥 2 200 万美元资产,很快便从和三个室友同住的宿舍搬了出来,购买了一套总面积为 1 800 平方英尺、装饰一新的公寓。他还买了一辆价值 100 万美元的迈凯伦 F1 跑车和一架小型螺旋桨飞机,然后学习驾驶飞机。这位新晋互联网千万富翁在闲暇之余,还会去结交刚刚走红的名人。他曾邀请 CNN(美国有线电视新闻网)的记者早上 7 点到他公寓门口拍摄跑车交付的高光时刻。那天,一辆黑色的十八轮大卡车出现在他家门口,然后在街道上卸下一辆锃亮的银色迈凯伦,一旁的马斯克瞪大双眼凝视着这一场面,双手抱胸站在那里,呆若木鸡。"全世界仅有 62 辆迈凯伦 F1 跑车,而我拥有其中一辆。"他激动地告诉 CNN 的记者,"哇!我简直不敢相信它就出现在我面前。这太疯狂了,伙计。"

CNN 在马斯克的专访中插播了这段交付汽车的视频。在 CNN 的镜头之下，马斯克被大肆渲染成一个功成名就的工程师形象。他的头发显得有些稀疏，而且短到紧贴着头皮的发型更加突出了他的娃娃脸。他身穿一件肥大的棕色运动外套，在豪车里玩着手机，坐在一旁的是他漂亮的女朋友贾斯汀，而这一切似乎让他如痴如醉。马斯克说了一些引人发笑的富人专属台词，一开场就谈到 Zip2 的那笔交易："交易完成后收到的现金都是货真价实的钞票，我的意思是，那是大把大把的'富兰克林'（100 美元钞票上的头像是本杰明·富兰克林）。"接下来他说的是他的生活有多么精彩——"就是它，先生们，这可是世界上跑得最快的车"。再接下来，他谈到他惊人的野心："我本来可以去巴哈马买一个岛，把它变成我的私人领地，但我更想创立一家新公司。"摄制组跟随马斯克来到 X.com 的办公室，在那里他又自傲地吹嘘起来，这次更加耸人听闻："我不符合大家心目中银行家的固有形象"，"募集 5 000 万美元只需要打几个电话，然后钱就到位了"，"X.com 绝对能带来数十亿美元的财富"。

马斯克手里的这台迈凯伦跑车是从佛罗里达的一个经销商那里买的，当时著名的时尚设计师拉尔夫·劳伦（Ralph Lauren）也看上了它，不过最终拿下它的人却是马斯克。即使是像劳伦这般富有的人也会慎之又慎地使用迈凯伦，只用其来出席一些特殊场合，或者偶尔在星期天开出去兜兜风。但马斯克不这样，他开着这辆车满硅谷跑，然后把它停在 X.com 办公室旁边的大街上。他的朋友们惊恐地看到这样一件艺术品停在美国连锁超市西夫韦（Safeway）的停车场内，车身有时被厚厚的鸟粪覆盖着。某天，马斯克突然发了一封邮件给软件公司甲骨文的联合创始人拉里·埃里森（Larry Ellison）——一位同样拥有迈凯伦跑车的亿万富翁，问他愿不愿意去跑道上玩赛车。而另一个追求极速体验的亿万富翁吉姆·克拉克（Jim Clark）听说此事后，告诉朋友自己也要去当地的法拉利经销商那里买辆车来参加赛车比赛。那时，马斯克已经是兄弟帮俱乐部（big boys' club）的一员。"埃隆对参加赛车比赛兴奋不已，"马斯克的密友、风险投资人乔治·扎卡里（George Zachary）回忆道，"他把和拉里的通信内容拿给我看了。"第二年，他们开车去见一个投资人，行驶到沙山路（Sand Hill Road）时，马斯克转过头对车里的朋友显摆道："瞧瞧这招。"他一脚将油门踩到底，又换了一条车道，结果因为变道太猛而撞上了路基，车辆随即失控，被抛到半空中像飞盘一样旋转。车窗玻璃和轮胎都撞成了碎片，车身尽毁。马斯克竟然还再次转过头对他的朋友说："这还不算什么，最有趣的是，这辆车没买保险。"他俩只好拦了一辆车去和投资人见面。

马斯克只投入了他财富中的一部分来营造他花花公子的人设。实际上，他把从 Zip2 那里赚到的大部分钱都投进了 X.com。他之所以这么做，是基于一个很现实的原因：在税法政策下，投资者如果在几个月之内把意外获得的资金迅速投入一家新创企业，就可以减税或免税。但即使按照硅谷的高风险标准来评判，马斯克把新获得的巨额财富投入类似网络银行这种不太靠谱的项目，依旧称得上是惊人之举。马斯克向 X.com 投资了 1 200 万美元，纳完税以后自己只留下了 400 万美元。"这正是埃隆与寻常人不同的地方，"Zip2 的前高管、X.com 当时的联合创始人何艾迪说道，"他承担个人风险的意愿到了近乎疯狂的地步。要知道，一旦你踏出这一步，你要么能大获成功，要么最后一无所有。"

事后看来，马斯克当时决定向 X.com 投资巨额资金这一举措同样非同寻常。1999 年互联网企业的成功故事更多是这样的：先抓住一次机会证明自己的实力，然后将赚来的几百万资金积攒起来，接着借助这次成功经历从别人那里获得投资来创办自己的新企业。马斯克必然会继续仰仗外部投资者的帮助，但也会全身心投入这个项目。所以，尽管马斯克在电视上表达的言论看似与其他互联网时代的自大狂差不多，但他的行事作风更接近英特尔等硅谷早期公司的那些创始人，他们都愿意赌上自己的身家性命。

与 Zip2 公司清晰实用的理念不同，X.com 的承诺更像是掀起了一场重大变革。首次面对如此财力雄厚、内部关系盘根错节的行业及其所有从业者，马斯克就希望正面一举颠覆它。最初，马斯克进入了一个错综复杂的领域来打造自己的专属风格，即使对行业的细枝末节知之甚少，他也并不觉得困扰。因为他隐隐感觉那些银行家在金融领域所做的事情都是错的，而他可以比其他人做得更好。马斯克的自尊心和自信心逐步朝向另一个层面发展，有些人因此深受启发，而另一些人则觉得他言辞浮夸，态度过于狂妄。X.com 的创立或许不仅展现了马斯克的创造力、不懈的努力和强硬的作风，还暴露了他作为一个领袖的种种弱点。马斯克也可能再次体尝在自己公司被排挤的另一番滋味，甚至因宏愿未成而痛苦不已。

马斯克为 X.com 组建了一个全明星阵容。何艾迪曾担任硅图公司和 Zip2 公司的工程师，他的同行对他那出色的编码能力和团队管理能力赞叹不已。两个具有金融领域从业经验的加拿大人——哈里斯·弗里克（Harris Fricker）和克里斯托弗·佩恩（Christopher Payne）后来加盟了这支团队。马斯克与弗里克相识于丰业银行实习期间，两人一见如故。作为一名罗德奖学金获得者，弗里克为马斯克填补了 X.com 急需的银行领域专业知识，而佩恩则是弗里克在加拿大金融界的朋友。这四个人被认为是公司的联合创始人，马斯克因其巨额的前期投资而成为第一大股东。X.com 就这样成立了，与硅谷的许多家公司一样，这几位联合创始人先在一所住宅里进行头脑风暴，再搬到位于帕洛阿尔托市大学路 394 号一处相对正式的办公场所。

几个创始人从哲学的高度讨论指出，银行业的发展早就跟不上时代了。在互联网时代，去银行办事要跟柜员打交道的方式已经过时。这套雄辩无懈可击，四位创始人野心勃勃。唯一可以阻止他们的就是现实。

马斯克的银行从业经验不够丰富，为此他买了帮助理解银行业内部运作机制的书。几位联合创始人关于实施计划的思考越深入，就越意识到网络银行的监管问题是一道不可逾越的障碍。"四五个月过去了，我们仍然像在剥洋葱似的把问题一层层剥开。"何艾迪说道。[①]

一开始，几个创始人之间因为性格迥异而有过小摩擦。那时，马斯克已是硅谷的一颗初露锋芒的超级巨星，受到媒体的竞相追捧。弗里克对此稍感不安，他从加拿大搬到这里创立了 X.com 公司，就是想成就一番事业，成为一名举世瞩目的天才银行家。众人都表示弗里克倾向以较为传统的方式来管理 X.com。弗里克认为马斯克向媒体发表的那些关于反思整个银行系统的言论很愚蠢，因为公司当时举步维艰，他说的一切还只是镜花水月。"我们承诺给媒体太阳、月亮和星星。"弗里克说道，"埃隆会说，打造和运营网络银行的环境不同于普通的商业环境，你必须暂时摒弃常规的商业思维。他说：'山上有一座制造幸福气体的工厂，它在不断地给硅谷打气。'"虽然弗里克不是最后一个指责马斯克过分夸大产品和愚弄大众的人，但上述种种究竟是马斯克的缺点还是他的天才之处，仍然存在争议。

弗里克和马斯克之间的争论很快便以一场悲剧收尾。X.com 成立仅仅 5 个月，弗里克就发动了一场"政变"。"他表示，要么让他担任 CEO，要么他把公司里的人都带走，然后开一家属于自己的公司，"马斯克愤愤不平道，"我才不吃这一套呢。我回复他：'你赶紧去成立新公司。'于是他真的这么做了。"马斯克想劝说何艾迪与其他核心工程师留下来，但他们选择了与弗里克一起离开。到最后，马斯克的公司只剩下一具外壳和少数几位忠心的雇员。X.com 的早期员工朱莉·阿肯布兰特选择了

[①] 这些创始人一度认为，买下一家银行，然后对其进行改造，就是解决问题的最简单的方式。虽并未真的收购一家银行，但他们确实遇到了美国银行的一名财务主管，这名主管反过来事无巨细地向他们解释了贷款资金来源、汇款和保护客户的种种复杂之处。

留下,她回忆道:"一切尘埃落定之后,我坐在埃隆的办公室里。阻止创建类似 X.com 公司的法律条文多到数不清,但埃隆一点儿都不在乎。他只是看了看我,然后说:'我想我们该多招一些人了。'"①

马斯克一直在想尽办法为 X.com 筹集资金,他不得不向风险投资家们坦白一件事——自家公司的人才所剩无几。红杉资本的著名投资人迈克尔·莫里茨(Mike Moritz)决定在马斯克和他所剩无几的公司身上赌一把,无条件地支持 X.com。于是马斯克重新回到硅谷四处网罗人才,还对网络银行的未来蓝图进行了一系列富有激情的演讲,以此打动工程师加入他的公司。一位年轻的计算机科学家斯科特·亚历山大(Scott Alexander)因为看好这一领域的发展前景,于 1999 年 8 月 1 日加入 X.com,那时距离 X.com 的工程师集体出走仅几天。"当你回首往事时,你会发现这一切太不可思议了,"安德森表示,"我们的网站就像好莱坞电影那样虚无缥缈,获得风险投资的概率小得可怜。"

几周过去了,越来越多的工程师加入进来,公司的发展前景也日渐清晰。X.com 获得了银行牌照和共同基金许可证,还和巴克莱银行建立了合作关系。1999 年 11 月,X.com 的小型软件开发团队创建了世界上第一家网上银行,不但有联邦存款保险公司(FDIC)为银行账户做担保,还有三家共同基金供投资者们选择。马斯克自掏腰包,拿出 10 万美元供工程师进行性能测试。1999 年感恩节前夜,X.com 正式向公众开放。"我在公司待到半夜 2 点,"安德森回忆道,"然后我才回家准备感

---

① 弗里克驳斥了关于他想担任 CEO 的说法,他解释称,是其他员工怂恿他担此重任,因为马斯克此时无法让公司取得进展并为此感到苦恼。弗里克和马斯克曾交往甚密,仍旧对彼此没有好印象。"埃隆有自己的道德和荣誉标准,而且在非常努力地执行这套标准,"弗里克说道,"对他来说,商场即战场。"马斯克说:"哈里斯很聪明,但并不善良,他想要主导全局的欲望很强烈,而且妄图以极其荒谬的方式来领导公司。"弗里克后来担任加拿大金融服务公司 GMP 资本的首席执行官,这段职业生涯可谓非常成功。佩恩则在多伦多创办了一家私人资本公司。

恩节晚餐。几个小时后埃隆给我打电话，让我回到办公室接替其他工程师。为了确保一切顺利，埃隆在那里连续待了48个小时。"

马斯克指挥X.com尝试了一些激进的银行理念。客户只要注册这项服务，就能收到20美元的现金卡。如果将它成功推荐给朋友，客户还能额外收到10美元的优惠卡。马斯克还取消了各种零星的手续费和透支罚款。X.com开发了一套个人之间的支付系统，只需在网站上输入对方的电子邮箱地址，你就可以转账给他们——这是一项非常超前的革新。开发这套系统的目的是改变发展缓慢的银行体系——银行的大型电脑主机系统完成一个支付周期需要数天，以及创建一种灵活的银行账户——人们只需点击几下鼠标或发送一封电子邮件就能成功转账。这是一项极具革命性的技术创新，在这套系统运行的头几个月，就有20多万人接受了这个概念，并在X.com上注册了账户。

不久后，X.com迎来了一个主要竞争对手——康菲尼迪公司（Confinity）。两个聪明的年轻人马克斯·拉夫琴（Max Levchin）和彼得·蒂尔（Peter Thiel）创办了这家公司，用以开发他们自己的线上支付系统。这对拍档向X.com租了一间粉刷一新的杂物间，研究如何使设备主人能利用掌上电脑（Palm Pilot）的红外端口进行转账。这间位于大学路，同时夹在X.com和康菲尼迪中间的小小办公室，摇身一变成了互联网金融革命的热度中心。"大批年轻男性在这里卖力工作，"阿肯布兰特说道，"那里的气味简直让人快要窒息。我到现在还忘不了那种气味——吃剩的比萨散发出的气味、男人的体味和汗臭味混杂在一起。"

X.com和康菲尼迪之间的情谊很快便戛然而止。康菲尼迪的创始人把公司搬到了沿街的一间办公室里，同X.com一样，康菲尼迪也开始全力开发一项名为"贝宝"的网页和电子邮件付款服务。为了能在产品性能上与对方相匹敌，吸引更多的用户，两家公司展开了一场激烈的竞争，因为他们知道，只有规模更大、发展速度更快的企业才是最后的赢家。

双方的促销活动耗费了数千万美元，其间出现了大批黑客，他们把网上银行业务看作诈骗活动的新战场，所以这两家公司为了防御黑客攻击又花费了数百万美元。"这简直就像脱衣舞俱乐部疯狂撒钱的场景，不过是互联网版本，"杰里米·斯托普尔曼（Jeremy Stoppelman）评论道，"你最好赶快把钱花掉。"他曾是 X.com 的一名工程师，后来成为美国点评网站 Yelp 的 CEO。

作为这次网络支付角逐的胜利者，马斯克有了展示自己敏捷的思维和职业风范的机会。他不停地制订计划，削弱贝宝在易贝等拍卖网站上建立起来的优势，还带领 X.com 的员工们不择手段地执行这些竞争策略。"他并非温文尔雅之人，"阿肯布兰特解释道，"我们每天工作 20 个小时，而他更夸张，每天工作 23 个小时。"

2000 年 3 月，X.com 与康菲尼迪终于决定放过彼此，不再相互打压而是形成合力。康菲尼迪的贝宝看似市场火爆，但每天必须花费 10 万美元去奖励新用户，公司没有足够的现金储备来维持运营。而 X.com 恰恰相反，它拥有充足的现金储备和更加成熟的银行产品。马斯克牵头拟定了合并条款，他成为合并后新公司的最大股东，新公司的名字仍是 X.com。合并完成后不久，X.com 又从德意志银行和高盛集团等投资方那里获得了一亿美元的融资。此时，X.com 公然宣称自己的用户数量已经超过 100 万。[①]

两家公司在企业文化融合方面进展不顺，反响平平。尽管一批批的 X.com 员工将计算机显示器、桌椅和电源线一并打包，搬到街对面康菲尼迪的办公室，与新同事一起工作，但这两个团队却互相看对方不顺眼。

---

① X.com 的投资人解除了马斯克的首席执行官职务，他们希望由经验更丰富的经理人领导公司完成首次公开募股。1999 年 12 月，X.com 聘请金融软件制造商财捷集团的前首席执行官比尔·哈里斯（Bill Harris）担任新领导。合并后，公司上下突然开始把矛头对准哈里斯，于是董事会解除了他的职务，马斯克官复原职。

马斯克继续维护 X.com 这个品牌，而大多数员工更支持沿用贝宝。在公司技术基础设施的设计方面，双方产生了较多的分歧。拉夫琴领导的康菲尼迪团队更喜欢 Linux 这类开源软件，而马斯克对微软的数据中心软件青睐有加，认为它更能维持公司的高效运作。这样的争吵在外人看来可能很愚蠢，但对于工程师们来说堪比宗教战争，他们是在为自己的信仰而战。他们中的很多人都把微软称作落伍的"邪恶帝国"，认为 Linux 是更能服务于人类的现代软件。两家公司合并仅仅过去两个月，蒂尔就宣布辞职，拉夫琴也因为技术分歧，扬言要出走，只剩下马斯克一人独自运营这家支离破碎的公司。

X.com 面临的技术问题随着用户的激增而日益严峻。该公司的网站平均每周崩溃一次，相关负责人要求大多数工程师着手开发一个新的系统，这项任务分散了核心技术人员的精力，导致公司难以防控遭遇的网络诈骗活动。斯托普尔曼说道："那个时候，我们在大把大把地亏钱。"随着 X.com 越来越受欢迎，其交易量暴增，它所面临的问题也越发严重，比如网络诈骗活动频繁发生，银行和信用卡公司收取的担保费用增加，与其他初创公司之间的竞争日趋激烈。X.com 的商业模式缺乏团队凝聚力，不足以弥补这些问题引发的亏损，更无法将资金管理扭亏为盈。鲁洛夫·博塔（Roelof Botha）曾担任这家创业公司的首席财务官，现在则是红杉资本的一位风险投资大咖。他认为马斯克没有告知董事会 X.com 的真实情况，不仅如此，公司里越来越多的人开始质疑马斯克是否具备应对当前种种危机的决策能力。

接下来发生了一场漫长而著名的"政变"，堪称硅谷历史上最臭名昭著的企业夺权事件之一。在帕洛阿尔托一家现已不复存在的叫作芬妮与亚历山大（Fanny & Alexander）的酒吧里，一小群 X.com 员工聚集在一起，正千方百计想着如何推翻马斯克。他们决定怂恿董事会请蒂尔回来担任公司的 CEO。这群密谋者不打算跟马斯克直接交锋，而是暗地里背着马斯克偷偷行动。

马斯克与贾斯汀已于2000年1月完婚，但因为双方都太忙，便搁置了蜜月旅行。同年9月，他们计划了一场集商务和休闲于一体的筹款之旅，选择在奥运会的主办城市悉尼度过他们的蜜月。就在他们登机的当晚，那些对马斯克失去信心的高管向X.com的董事会递上了请愿信。一些忠于马斯克的人感觉情况不妙，但为时已晚。"那天晚上10点半我到了办公室，发现所有人都在那里，"阿肯布兰特无奈地说，"我简直不敢相信。我疯狂地给埃隆打电话，但他已经上了飞机。"飞机落地的时候，马斯克的职位已经被蒂尔取代。

马斯克一接到出事的消息，就立马搭乘下一班飞机回到帕洛阿尔托。"虽然这件事发生得令人措手不及，但我不得不承认马斯克将它处理得很好。"贾斯汀感叹道。一开始，马斯克试图反击，他极力主张董事会重新考虑这项决定。不过当他发现公司已经明显不理会自己的意见，并继续向前发展的时候，马斯克的态度便缓和了。"我跟莫里茨等人谈过，"马斯克解释道，"倒不是我多想当CEO，更确切的说法是：'嘿，我觉得有一些很重要的事情应该去做，如果我不是CEO，我不确定是否会有人去做这些事情。'然后我又去找马克斯和彼得谈了谈我的想法，但他们似乎对此很有把握。其实我想表达的是，当不成CEO不代表世界末日了。"

许多早在X.com就与马斯克长期共事的员工对眼前发生的事情表现得颇为不满。"这件事让我感到惊诧和愤怒，"斯托普尔曼说道，"在我眼里，埃隆就像摇滚明星一样闪耀。我虽然嘴上说这很荒谬，但我也深深明白，公司现在的发展态势就像腾空的火箭，一切运转良好，我没打算在这个时候离开。"当时，23岁的斯托普尔曼走进会议室，狠狠地数落了蒂尔和拉夫琴一顿。"他们让我把不满的情绪发泄出来，后来我留下来的部分原因是看到了他们对此的反应。"其他人对埃隆被夺权的事情仍然心怀怨念。Zip2 和 X.com 的工程师布兰登·斯派克斯（Branden Spikes）说："这种行为显得虚伪又懦弱。如果埃隆在会议室里，我毫无疑问会选择他。"

2001 年 6 月，马斯克在公司的影响力迅速衰退。当月，蒂尔就将 X.com 更名为贝宝。马斯克往往不会轻易放过这种事情，但这一次，他表现出了惊人的克制。他接受了作为公司顾问的安排，然后继续向公司投资来增加自己的份额，成了贝宝最大的股东。"你可以设身处地站在埃隆的角度想一想，他应该怀恨在心，但他没有，"博塔惊叹地说，"他甚至支持彼得（蒂尔），表现得就像王子一样大度从容。"

对马斯克而言，接下来的几个月将成为他未来保持成功的关键时期。互联网大潮迅速退去，人们都在想方设法套现走人。那时易贝的高管开始找贝宝商量收购的事宜，大多数人倾向于尽快卖掉贝宝。而马斯克和莫里茨则强烈要求董事会拒绝大部分的收购要约，先观望看看能否卖出更高的价格。毕竟贝宝每年有 2.4 亿美元的营收，很有可能作为一家独立公司上市。马斯克和莫里茨的坚持得到了回报，易贝果然提高了收购贝宝的价格。2002 年 7 月，易贝出价 15 亿美元收购贝宝，马斯克和董事会的其余成员接受了这个交易价格。马斯克从这次与易贝的交易中净赚约 2.5 亿美元，税后到手 1.8 亿美元，这笔钱足以支持马斯克去实现他那些疯狂的梦想。

贝宝的这段经历对马斯克来说可谓悲喜交加。那场交易后，他作为一个企业领袖却名誉扫地，而媒体第一次把矛头指向了他。2004 年，康菲尼迪的一名早期员工埃里克·杰克逊（Eric Jackson）写了一本书，名为《支付战争：互联网金融创世纪》，详细叙述了贝宝的动荡历程。这本书将马斯克描述成一个极端自私、故步自封的浑蛋，他在每一个紧要关头都会做出错误的决定，而书中的蒂尔和拉夫琴则是英雄般的天才人物。科技行业的小道消息网站硅谷闲话（Valleywag）也加入打击马斯克的行列。批评的声音接连出现，人们开始质疑一点——马斯克作为贝宝的联合创始人是否称职，还是他只是躲在蒂尔的燕尾服后面，浑浑噩噩等着领工资。2007年，马斯克被这本书连同那个博客网站的帖子气得忍无可忍，于是发了一封长达2 200字的邮件给硅谷闲话，直接表明了他对这些事情的看法，以正视听。

在这封邮件里，马斯克向公众展现了他的文学天赋及好斗的一面。他形容杰克逊为"只会拍马屁的蠢驴"，认为杰克逊的"能力只比实习生强上一点儿"，杰克逊甚至对公司高层的内幕一无所知。"埃里克找不到愿意资助这本书的出版商，是彼得出钱才得以出版，"马斯克写道，"埃里克崇拜彼得这点显而易见，所以他书中的彼得的形象就像电影《勇敢的心》的导演兼主演梅尔·吉布森那样高大，而我则扮演着无名小卒甚至是害群之马的角色。"随后，马斯克详细列举了7大原因，表明自己作为贝宝的联合创始人的地位实至名归，比如他是公司的第一大股东，给公司引入了顶尖人才，创造了数条企业成功的经营理念，以及在担任CEO期间使公司规模从60人扩大至几百人。

我采访过那些曾经就职于贝宝的人，几乎所有人都认可马斯克的看法。他们表示杰克逊的那本书的内容近乎天方夜谭，就是为了美化康菲尼迪团队而去贬低马斯克和X.com团队。"许多贝宝的老员工因为这段经历被扭曲而愤怒不已。"博塔回应道。

但也正是这群人达成了另一个共识——马斯克对品牌、基础技术和网络欺诈问题处理不力。"我认为如果埃隆再在CEO位置上待半年，公司就会完蛋，"博塔说道，"那时候，埃隆出的岔子增加了企业的风险。"（更多关于马斯克在贝宝时期的往事，见附录2。）

那些说马斯克算不上贝宝真正的联合创始人的言论，回想起来简直愚蠢至极。蒂尔、拉夫琴和其他贝宝的高管在易贝的那笔交易完成后也多次说过类似的话。这些指责唯一的效果就是引发马斯克在公开场合一次次进行疯狂的反击，这些举动显然反映出马斯克缺乏安全感，以及他很看重自己过往的地位。"马斯克对公关领域一直抱有这样的看法：任何不准确的东西都必须得到纠正，"贝宝前首席通讯官文斯·索利图（Vince Sollitto）说道，"这件事开了一个先例，此后每一个事关他名不副实的地方，马斯克必定以牙还牙，连一个逗号都不放过。他十分较真，经常动不动就向对方开战。"

在那段时间，马斯克甚至还遭遇了更恶劣的批评：他的成功主要是靠运气，而不是靠自己的实力。马斯克咄咄逼人的气势和自以为是的性格，在公司内部留下了深刻、持久的印象。尽管马斯克有意识地去修正自己的行为，但这些努力还不足以赢得投资者及那些经验丰富的高管的信任。Zip2 和贝宝的董事会一致认为马斯克"不是当 CEO 的料"。也有评论认为，马斯克就像一个夸张的推销员，总是对自己公司的技术自卖自夸。马斯克那些言辞最为激烈的诋毁者在公开和私下场合抛出了这些观点，其中有很多人跟我说过一些关于他品行的更恶劣的话语，指责马斯克缺乏商业道德，经常对人恶语相向，进行人身攻击。这些人普遍不愿我将这些评论署名公开，都声称自己害怕马斯克把他们告上法庭，或者毁了他们的生意。

这些批评言论对研究马斯克的成长足迹有负面影响。在消费互联网时代初期，马斯克展现了一种与生俱来的能力——洞察人心与技术发展趋势。当别人还围绕着互联网的各种可能性裹足不前时，马斯克已经着手制订了一套目标明确的实施计划。他设想的许多早期技术——结合分类目录、地图和网站的垂直整合技术，未来将成为互联网发展的支柱。人们刚习惯使用亚马逊和易贝进行购物不久，马斯克就在网络银行领域实现了飞跃，打造出一套成熟的网银系统。他上线了标准化金融工具，实现互联网金融行业的现代化，并且注入了很多新概念。此外，他还运用自己善于洞察人性的能力，帮助他的公司在营销、技术和财务各方面获得出色的表现。马斯克在创业这场游戏中已经达到了最高段位，他与媒体和投资者打交道的能力也无人能出其右。他到底有没有参与炒作和冒犯他人？答案是肯定的，甚至其水平已经达到炉火纯青的地步。

可以说，在很大程度上，正是因为有了马斯克的引导，贝宝才得以在互联网泡沫破灭后幸存下来，成为"9·11"事件后第一家重磅上市的公司，并在之后以天价出售给了易贝。而当时，整个科技行业正处在剧烈衰退的泥沼中，连生存都是问题，更不要说在乱世中成为赢家。

贝宝的创始团队堪称硅谷历史上商业奇才和工程天才的最伟大组合之一。无论是马斯克还是蒂尔，都有着发掘年轻有为的工程师的敏锐眼光，比如优兔（YouTube）、帕兰提尔科技（Palantir Technologies）、Yelp等新兴企业的创始人都曾在贝宝工作。此外，还有一批人，包括里德·霍夫曼（Reid Hoffman）、蒂尔和博塔，则成为科技行业的顶级投资人。贝宝的员工为打击网络诈骗而首创的技术也为美国中央情报局和美国联邦调查局追踪恐怖分子奠定了重要的技术基础，这些软件还可助力全球大型银行打击犯罪。这群才华横溢的员工被统称为贝宝黑帮（PayPal Mafia）——他们如今或多或少算得上硅谷的"统治阶层"，而马斯克是其中最功成名就的一员。

回想过去种种，马斯克天马行空的想象力比那些谨慎务实的Zip2和贝宝的高管要高明许多。如果Zip2按照马斯克的想法一直紧跟消费者市场，最后有可能发展成为地图和点评服务领域的中流砥柱。至于贝宝，我们可以得出这样的结论：投资方将公司出售得过早，应该听从马斯克的建议保持公司的独立发展，不加入其他公司。到2014年，贝宝的累计用户数已经达到1.53亿，如果作为一家独立公司，其估值将接近320亿美元。许多支持网络支付和银行业务的创业公司已经出现，比如移动支付公司Square、数字支付公司Stripe和数字银行Simple，它们只是众多名称以S开头的公司中的三家——这些公司希望能够实现X.com

最初的愿景。

如果当初 X.com 董事会更耐心地听取马斯克的建议，我们有充分的理由相信，马斯克会实现最初创立 X.com 时"网络银行一统天下"的理想。历史已经证明，马斯克设定的一系列目标在当时听起来可能荒谬无比，但只要给他足够的时间，他总能实现它们。"他看待现实的方式往往与其他人大相径庭，"阿肯布兰特赞叹道，"他就是那么与众不同。"

尽管 Zip2 和贝宝的业务起伏不定，但马斯克在自己的私人生活里享受了片刻的宁静。马斯克异地追求贾斯汀·威尔逊多年，往往只有周末才让她乘飞机前来相聚。有很长一段时间，马斯克繁忙的工作和他的室友使这段感情受阻。但是出售 Zip2 后，马斯克用赚到的钱买了一片属于自己的天地，还花了更多心思在贾斯汀身上。跟任何普通的情侣一样，他们的感情起起伏伏，但年轻时期的激情依然存在。"我们经常争吵，但是不吵架的时候，我们之间存在着一种很深的羁绊，这可以维系我们的感情。"贾斯汀说道。这对情侣会因为贾斯汀连续接到前男友的电话而吵上几天——"埃隆不喜欢这样"。例如，两人在 X.com 的办公室附近散步时发生过一次激烈的争吵。"我记得那时我想着我们也共同经历了很多戏剧性的事情，如果未来我能继续忍受这些，我们不妨结婚。我对他说，他应该直接向我求婚。"贾斯汀回忆道。马斯克用了好几分钟才冷静下来，然后他真的求婚了。几天后，在那条小路上相同的地点，马斯克将一枚戒指送到了贾斯汀的面前，像骑士一样单膝跪地向她求婚。

贾斯汀知晓马斯克童年所有的悲惨经历，以及他喜怒无常的性格。她浪漫且感性的一面胜过了自己内心对马斯克的过往经历及其性格的不安和担忧，而专注于他的自信。马斯克经常满含深情地谈论亚历山大大帝，而贾斯汀则把马斯克当作自己的盖世英雄。"他并不害怕承担责任，"她说道，"他不会临阵脱逃，他很早就想着要结婚生子了。"马斯克散发出的自信和激情，也让贾斯汀以为跟他在一起的生活会很美好。"他的目的不是赚钱,很显然,对他来说这只是顺便的事,"贾斯汀表示,"机会就摆在他面前,他知道自己能赚到钱。"

在他们的婚礼上,贾斯汀发现了这个征服者的另一面。当他们翩翩起舞时,马斯克竟然把贾斯汀拉到跟前告诉她:"我是这段关系的主导者。"[3] 两个月后,贾斯汀签署了一份婚后财产分配协议,这件事后来一直折磨着她,让她陷入了一场旷日持久的权利斗争。几年后,贾斯汀在写给《嘉人》(*Marie Claire*)杂志的一篇文章中这样描述道:"他总是指出我的缺点,于是我反复提醒他:'我是你的妻子,不是你的员工。'而他常常这么回复:'如果你是我的员工,我就会解雇你。'"

X.com上演的那场闹剧让这对新婚夫妇本就不平静的生活雪上加霜。他们本来就推迟了蜜月旅行,后来又因为那次"政变"不得不将它中止。直到2000年12月底,事情逐渐平息,马斯克才有机会享受他这几年来的第一个假期。他将为期两周的休假分为两部分,先去巴西,再去南非靠近莫桑比克边境的一个野生动物保护区。在非洲旅游期间,马斯克染上了最凶险的疟疾——热带疟疾(falciparum malaria),绝大多数疟疾患者会因其而死亡。

2001年1月,马斯克回到加州后病情开始加重,他起初略感不适,后来严重到卧病在床好几天。之后,贾斯汀带他去看了医生,医生赶紧叫救护车把马斯克送往位于红木城的红杉医院(Sequoia Hospital)[①]。

[①] 病了几天之后,马斯克去斯坦福医院看病,他告诉医生,自己从疟疾疫区回来,但医生看过检测报告后没有在其体内发现寄生虫。接着,医生给他做了脊椎抽液,诊断出他患有病毒性脑膜炎。"我很可能得了病毒性脑膜炎,他们针对这种病进行了治疗,病情也确实好转了。"马斯克说道。之后,医生让马斯克出院,并提醒他有些症状会复发。"几天之后,我开始感觉不舒服,情况越来越糟糕,"马斯克回忆道,"到最后,我连路都走不了。好吧,我的状态甚至比第一次更糟糕。"贾斯汀带着马斯克乘出租车去见全科医生,一到那里他就倒在医生办公室的地板上。"我脱水很严重,医生无法评估我的生命体征。"马斯克说道。然后医生叫来了救护车,将马斯克送往红木城的红杉医院。马斯克再度被误诊,这次被误诊的是疟疾的类型。医生拒绝对马斯克采用更加大胆的治疗手段,因为这种治疗方法的副作用非常严重,包括心悸和器官衰竭。

但那里的医生误诊了，错误的治疗方法让马斯克差点儿丧命。"恰好有另一家医院的访问医生也在这里，他遇见过很多疟疾病例。"马斯克说。那位医生仔细查看了马斯克的血液样本检测结果，马上吩咐以最大剂量给他注射某种抗生素。事后，医生告诉马斯克，如果他晚一天接受抗生素治疗，那么他的病情将回天乏力。

　　马斯克在重症监护病房住了10天，每天都在焦虑中度过。这段经历把贾斯汀吓坏了。"他本来壮得像坦克一样，"她说，"他的耐力和抗压能力无人能及。但我看见他躺在那里痛苦不堪的样子，就像是走进了另一个平行宇宙。"马斯克花了6个月才完全康复。他在生病期间体重减少了45磅，康复后整个衣柜的衣服都不合身了。"我那时候差点儿就死了，"马斯克说道，"我从度假中得到了一个教训：假期会害死你。"

第六章

太空召唤
建立 SpaceX 创新大军

他感觉大众似乎丧失了雄心壮志和对未来的希望……他希望激发大众的兴趣,让他们重拾对于科学、征服未知和技术创新的热情。

2001年6月,埃隆·马斯克步入而立之年,这个生日对他来说意义非凡。他半开玩笑地告诉贾斯汀:"我不再是一个神童了。"同月,X.com正式更名为贝宝,似乎再次提醒外界:该公司不再属于马斯克,而是由他人运营。马斯克曾用"凝望着深渊啃玻璃"[4]来描述自己的创业生活,但这段时光已然过去,而硅谷也与往日大不相同。马斯克好似置身于一个贸易展览会中,那里的人都在技术行业工作,整天谈论着融资、首次公开募股、追求丰厚的薪水的话题。他们喜欢吹嘘自己超长的工作时间,而贾斯汀听后只是笑了笑,因为她知道,马斯克在硅谷的生活方式比人们想象的更加极端。"我的一些朋友抱怨她们的丈夫晚上七八点才回家,"她说,"但埃隆晚上11点才回家,然后还要工作一会儿。为了实现今日的成就,他做出了很多牺牲,而人们通常看不到这些付出。"

其实,马斯克渴望远离这样收入丰厚但竞争激烈的工作环境,而且这种想法越来越强烈。他一生都在追逐更大的舞台,而帕洛阿尔托更像他的一块垫脚石,而非最终的目的地。于是马斯克夫妇决定举家南迁,在洛杉矶开启他们生活和工作的新篇章。

"他身上的某种特质与洛杉矶这座城市的风格、热闹和色彩很契合,"贾斯汀说,"埃隆喜欢待在风口浪尖。"马斯克的少数有着与其相似特质的朋友也跑到了洛杉矶,他们一起度过了疯狂的几年。

马斯克不仅为洛杉矶的浮华与大气所深深吸引,还有来自太空的召唤。在被排挤出贝宝之后,马斯克重温儿时关于火箭飞船和太空旅行的幻想,突然意识到自己除了创建互联网服务,还肩负着更加伟大的使命。贝宝的一些高管,以及他身边的一些好友很快便意识到马斯克态度和思想上的转变。他们在拉斯韦加斯度过了一个周末,庆祝公司取得的成功。"我们都在硬石咖啡馆内的小屋里闲逛,而埃隆却在一旁,读着一本晦涩的苏联火箭手册。那本手册都发霉了,似乎是从易贝上买的,"贝宝的早期投资人凯文·哈茨(Kevin Hartz)说,"他一边浏览那本手册,一边公开谈论太空旅行和改变世界的事儿。"

马斯克之所以选择洛杉矶,是因为这座城市让他有机会进军太空领域,或者说最起码让他接触了太空行业。自20世纪20年代洛克希德飞机公司在好莱坞设立工厂以来,南加州因其温和且平稳的天气成为备受航空业青睐的城市。霍华德·休斯、美国空军、美国国家航空航天局、波音公司和其他个人及组织在洛杉矶及其周围地区展开了大量的生产制造活动和尖端实验。今天,这座城市仍然是美国军事航空业和商业活动的中心。虽然马斯克对于自己要在太空领域完成什么项目并不明确,但是他认识到,只要留在洛杉矶,身边就不乏世界顶尖的航空业人士,他们可以帮助自己完善想法。此外,这里还会有很多高素质人才加入他的下一段创业旅程。

马斯克和航空界的首次互动,是他和一群不拘一格的太空爱好者见面。他们来自非营利组织"火星学会"(the Mars Society)。这一组织致力于火星探索和火星移民,并计划于2001年年中举办一场募捐活动。会场设在一位家境富裕的学会成员家中,他们向众多长期会员邮寄了邀请函,而参加这次活动的入场券价格为500美元。让协会负责人罗伯特·祖布林(Robert Zubrin)感到意外的是,他们收到了埃隆·马斯克的回函,但没人知道是谁邀请了他。"他给了我们一张5 000美元的支票,"祖布林说,"这引起了所有人的关注。"祖布林开始打听有关马斯克的一些情况,在确定他是个富翁之后,便在晚餐前邀请了他一起喝咖啡。"我希望他了解我们在做的项目。"祖布林说。为了模拟火星上的艰苦条件,该学会在北极圈建立了研究中心。祖布林向马斯克介绍了该研究中心,以及他们正在进行的一项名为"生命迁徙任务"的实验。在这项实验中,有一艘围绕地球旋转的太空舱,里面关着一些老鼠。祖布林向马斯克介绍道:"之所以让飞船绕地球旋转,是为了让其产生同火星上相同的重力,即在地球上重力的三分之一。那些老鼠就在飞船里生存并繁衍后代。"

在募捐晚宴上，祖布林安排马斯克坐在自己旁边的贵宾席位，同桌的还有著名导演及太空爱好者詹姆斯·卡梅隆，以及对火星有着浓厚兴趣的美国国家航空航天局的行星科学家卡罗尔·斯托克（Carol Stoker）。"埃隆本来就长得年轻，而那晚他就像个小男孩儿似的，"斯托克说，"卡梅隆很快跟他搭讪，邀请他投资自己的下一部电影，祖布林也试图说服他向火星学会捐助。"马斯克向他们讨教了许多想法并询问了一些人的联系方式，以此作为投资的回报。斯托克的丈夫曾是NASA的一名航天工程师，研究的项目是如何让飞机在火星上空滑翔，以寻找水源。这正是马斯克最感兴趣的话题。"他比其他富豪专注得多，"祖布林说，"虽然他不太了解太空，但他具有非常科学的思维方式。他想清楚地了解有关火星的计划，以及这些计划的意义。"马斯克立刻就加入了火星学会及其董事会。他还向火星学会捐献了10万美元，以支持其在沙漠建立科研工作站。

马斯克的朋友们当时并不确定该如何形容马斯克当时的精神状况。为了抗击疟疾，他瘦了许多，看起来骨瘦如柴。在没有任何征兆的情况下，马斯克会突然说起他的志向——用一生去完成一些有深远意义的事情。他的下一个目标是太阳能或者太空。"他说：'我的下一个目标是太阳能，但我不知道如何从中盈利。'"马斯克的投资人兼密友乔治·扎卡里回忆起他们的一次午餐聚会时说道，"然后他开始谈论太空，我以为他指的是房地产行业里的办公空间①。"实际上，马斯克思考问题的深度已经超越了火星学会的成员。与其将一群老鼠送入地球轨道，马斯克更想把它们送到火星上去。根据当时的粗略计算，这一火星之旅需要花费

---

① 房地产行业里的办公空间（office space）所用的"空间"（space）与"太空"（space）是同一个单词。——译者注

1 500万美元。"他问我是不是觉得那样很疯狂，"扎卡里说，"我反问他：'那些老鼠还能回来吗？我之所以这么问，是因为如果它们回不来，那么大多数人都会觉得这个想法很疯狂。'"结果他给出了肯定的回答，还说那些老鼠不仅要在火星和地球之间往返，还要在耗时几个月的旅途中繁衍后代。马斯克的另一位靠易贝网的生意暴富的朋友杰夫·斯科尔（Jeff Skoll）甚至还开玩笑说，这么长时间，这些老鼠越繁衍越多，要准备大量的奶酪，它们才能活着回来，他甚至还给马斯克买了一大块瑞士奶酪饼。

马斯克全然不介意朋友拿奶酪开他的玩笑。他对太空思考得越多，就越明白探索的重要性。他感觉大众似乎丧失了雄心壮志和对未来的希望。有些人觉得探索太空是一件浪费时间和精力的事，他们在与马斯克谈论这一话题时会不时地进行挖苦嘲讽，而马斯克却在认真地思索星际之旅。他希望激发大众的兴趣，让他们重拾对于科学、征服未知和技术创新的热情。

有一天，马斯克登录了NASA的网站，这让他更加担忧人类已经失去了开疆拓土的雄心壮志。他原以为能在网站上找到关于火星探索的详细计划，却一无所获。"一开始我想，我可能找错地方了，"马斯克在接受《连线》杂志记者的采访时说道，"怎么会一点儿计划和安排都没有？我没有找到任何想要的东西，太奇怪了。"马斯克坚信，美国人骨子里有着深植于人性的探索精神。大胆无畏的NASA以探索太空新领域为使命，却对火星探索毫无兴趣，对此他非常失望。人们已经不再推崇昭昭天命①的精神，甚至将其遗忘。

许多人都想要重振美国精神和为全人类带来希望，马斯克也不例

---

① Manifest Destiny 为一种惯用措辞，是19世纪美国民主党所持的一种信念，认为美国被赋予了向西扩张至横跨北美洲大陆的天命。——译者注

外，他的行动开始于酒店的一间会议室。此时，马斯克在航天业的人脉已初具规模，其中的一些顶尖人才受邀参加了他举办的一系列沙龙活动——有时在洛杉矶机场万丽酒店，有时在帕洛阿尔托的喜来登酒店。马斯克并没有制订正式的商业计划来供他们讨论，他所希望的是，他们能够帮助自己实现送老鼠上太空的想法或者至少提出一些类似的计划。他想要做一件震惊世界、轰动全人类的事情，让人们重新看待火星，思考人类的潜能。参加会议的科学家和权威人士需要构思出一种技术上可行的方案，并将预算控制在2 000万美元左右。马斯克辞去了火星学会的董事一职，并成立了自己的组织——火星生命基金会（the Life to Mars Foundation）。

2001年，马斯克邀请了许多业界精英参会。NASA喷气推进实验室（JPL）的科学家们应邀出席。詹姆斯·卡梅隆也出现了，使得该次会议声名大噪。迈克尔·格里芬（Michael Griffin）也参加了此次会议，他深厚的学术造诣涉及航天工程、电气工程、土木工程和应用物理学领域。格里芬曾工作于美国中央情报局的风险投资部门IQT和NASA的喷气推进实验室。之后他担任了卫星与航天器制造商——美国轨道科学公司（OSC）的首席技术官和航天系统集团的总经理，但在不久前他办理了离职手续。后来，他成了马斯克的智囊团中的领军人物。可以说，这个世界上没有谁比格里芬更了解怎么把物体送入太空。（4年后，即2005年，格里芬接任了NASA局长一职。）

专家们乐于看到又有一位富翁对他们的研究感兴趣，并资助他们进行有趣的太空探索。他们兴高采烈地讨论着将啮齿动物送出地球并观察它们交配的可行性和价值。然而，随着讨论的深入，大家一致同意开展一个新计划——"火星绿洲"。依据该计划，马斯克需要买下一枚火箭，并用它将一个全自动的温室发射到火星上去。一群科研人员已经在研究适用于太空的植物生长室了。科学家需要调整生长室的结构，使其短暂地开启，以采集火星表面的一些岩屑或土壤，用来培育植物。最后，植物会进行呼吸作用，在火星上产生第一批氧气。这一新计划既吸引眼球又切实可行，正对马斯克的胃口。

马斯克希望生长室装有一扇窗，以便拍摄其内部，并将视频传回地球，这样一来，人们就能观察到植物在火星上的长势。专家们还提倡向全美各地的学生发放配套的培养设备，让他们于同一时间在家里种下这些植物，然后观察它们的生长状况。比如，他们发现，在相同的时间里，火星上的植物可能会长到地球上植物的两倍高。"我们已经从很多方面了解到这一发现，"航天业资深人士戴夫·比尔登（Dave Bearden）在参加会议时说，"火星上将会有生物存在，而且是我们送到那儿的。我们希望告诉千千万万的少年，那里并不可怕。这样一来，他们可能会开始考虑'也许我们可以去火星'。"马斯克对这一想法的热情打动了团队，但他们大多数人都不太相信太空中会再次出现新奇事物。"他特别聪明，很有上进心，也非常自负。"比尔登说，"有一次，有人说他可能会入选《时代周刊》的'年度风云人物'，他立刻就面露喜色。他觉得自己是有能力改变世界的人。"

马斯克的预算让太空专家们十分头疼。在沙龙活动结束之后，马斯克意欲投入2 000万~3 000万美元来完成这一计划，但众所周知，仅一次火箭发射的费用就超出了这个预算。"在我看来，至少需要2亿美元才能做好这件事，"比尔登说，"但大家都不愿过早地说出实际情况，只是在心里打消了这个念头。"随后，他们又面临很多亟待解决的技术挑战。"在生长室开一扇窗确实是一项热力学上的挑战，"比尔登说道，"一旦开了一扇窗，生长室内的温度就很难维持植物的正常生长。"而通过生长室采集火星土壤不仅很难实现，还有可能是个馊主意，因为火星表面的岩屑或土壤可能有毒。之后，科学家们讨论在营养丰富的胶质中培养植物，但这有点儿自欺欺人，并且有可能功亏一篑。即使是在最乐观的条件下，结果也是个未知数。一位科学家发现了一些适应能力极强的芥菜籽，他认为这些种子在经过处理的火星土壤中有可能存活下来。"如果植物无法在火星上存活，那会是个很大的遗憾。"比尔登说，"我们费尽心思想把花园带到火星上，结果花园里的植物却没能存活下来。这不是我们想要的结果。"①

马斯克不想止步于此。他聘请了几名志愿参加的专家担任项目顾问，让他们负责植物生长室的设计工作。他还准备去一趟俄罗斯，以了解发射一次火箭的确切成本。马斯克打算从俄罗斯购买一枚翻新的洲际弹道导弹（ICBM），并将其用作运载火箭。为此，马斯克找到了吉姆·坎特雷尔（Jim Cantrell）。吉姆是个与众不同的人，他曾效力于美国和其他国家的政府，从事过各种各样的工作。在一桩卫星交易失败后，俄罗斯政府指控坎特雷尔犯有间谍罪，并于 1996 年将其软禁。正是这起事件使他声名远扬。"几个星期之后，当时的美国副总统艾伯特·戈尔来电斡旋，我才获得了自由。"坎特雷尔说道，"我再也不想和俄罗斯人打交道了。"马斯克不得不另辟蹊径。

7 月的一个酷热的夜晚，坎特雷尔开着他的敞篷车行驶在犹他州的公路上，这时，他接到一通电话。"那家伙的口音很奇怪，他对我说：'我是个亿万富翁。我最近想实施一项太空计划，所以得找你谈谈。'"坎特雷尔没听清谈话内容——以为对方的名字是伊恩·马斯克——于是回答说自己一到家就给他回电话。这两个人一开始并不信任对方。马斯克不肯给坎特雷尔自己的手机号码，而是选择用传真机给他打电话。坎特雷尔觉得马斯克挺有趣的，但有点儿过于急切。"他问我附近有没有机场，明天有没有时间见他，"坎特雷尔说，"于是我开始对他心存戒

---

① 祖布林和其他火星爱好者听到马斯克的植物计划时很沮丧。"这一点儿意义都没有，"祖布林说道，"完全只是表面功夫，而且生长室的门一旦打开，数百万的微生物就会跑出来，这违反了 NASA 关于污染控制的协议。"

备。"为了防止有人故意设局陷害自己,坎特雷尔约马斯克在盐湖城机场见面,他在那里租了一间会议室。"他经过安检后再跟我碰面,就不可能带着枪了。"坎特雷尔说。然而,两人在真正会面时一拍即合。马斯克滔滔不绝地向坎特雷尔阐述自己的想法——"人类应该成为一种跨行星物种",而坎特雷尔表示,如果马斯克是认真的,他愿意再去一次俄罗斯,帮他买一枚火箭回来。

2001年10月下旬,坎特雷尔、马斯克及马斯克大学时期的好友阿迪奥·雷西一同乘飞机前往莫斯科。雷西一直守护着马斯克,并试图弄清楚自己最好的朋友是否已经失去理智。雷西让马斯克看了一系列关于火箭爆炸的视频,还同其他朋友一起与之谈心,劝他不要再浪费钱了,但这些办法都没有见效。于是阿迪奥跟他一起去了俄罗斯,希望能够及时制止他。"阿迪奥会把我叫到一边,然后说道:'埃隆已经失去理智。难道他以为自己是在做慈善吗?他真是疯了。'"坎特雷尔说,"阿迪奥非常担心马斯克,同时对这次旅行十分失望。"当时俄罗斯正处于后苏联时代的巅峰时期,有钱人其实可以正大光明地在公开市场上购买运载火箭。

马斯克的团队规模日益扩大,后来迈克尔·格里芬也加入了团队。在4个多月的时间里,他们和俄罗斯人进行了三次会面。[①] 除此之外,他们还和其他几家公司碰了几次面,其中包括给俄罗斯联邦航天局制造过火星和金星探测器的拉沃契金科研生产联合体,以及商用火箭制造商 Kosmotras。所有的会面步骤都依照俄罗斯的传统习俗进行。俄罗斯人经常不吃早餐,他们一般提议上午11点左右在办公室见面,这样

---

① 关于马斯克这段时期的多数文章都指出他去过三次莫斯科。但是根据坎特雷尔的详细记录,事实并非如此。马斯克与俄罗斯人在莫斯科见了两次,还在加州的帕萨迪纳进行了一次会面。他也曾分别在巴黎和伦敦与亚利安太空公司(Arianespace)和萨里卫星技术公司(Surrey Satellite Technology)接洽,并对后者有收购意向。

就能早点儿吃午饭。然后，他们在会客的过程中就着三明治、香肠及伏特加，闲聊个把小时，甚至更久。这时，格里芬通常会变得不耐烦。"他无法忍受愚蠢的人，"坎特雷尔说，"他通常会环顾四周，心想：'该死的，我们什么时候才开始谈生意啊！'"但现实与他想的恰好相反。吃完午饭，俄罗斯人还要抽烟、喝咖啡，这又要花好长时间。等所有桌子都清理干净了，带头的俄罗斯人才问马斯克："你想买什么来着？"要是俄罗斯人对他的态度能认真一点儿，他也不至于那么生气。"他们打量着我们，就好像我们是一群不靠谱的人，"坎特雷尔说，"他们中的一位首席设计师轻蔑地看着我和埃隆，他觉得我们什么也不懂。"

交锋最激烈的一次会面，发生在莫斯科市中心附近的一幢被人遗忘的豪华大楼里。这幢楼是俄国十月革命前建造的。参会双方不停地推杯换盏，喝的还是伏特加，嘴里高呼"为了太空事业！""为了美国！"。马斯克打算以 2 000 万美元的价格购买三枚洲际弹道导弹（ICBM），将其改装之后重新发射到太空。借着酒劲儿，马斯克开门见山地问对方，买一枚导弹需要多少钱。对方回答说：每枚 800 万美元。然后马斯克还价，提出两枚导弹一共 800 万美元。"他们就坐在那儿，看着他，"坎特雷尔说，"说了类似于'小伙子，别闹了'这样的话。他们还暗讽他没那么多钱。"这时，马斯克觉得，这群俄罗斯人要么就是没有诚意做这笔买卖，要么就是想从他这个互联网大亨身上狠狠敲一笔。最后，他愤然离席。

马斯克一行人的情绪因此跌至低谷。当时是 2002 年 2 月底，他们出门叫了辆出租车直奔机场，机场地面上堆满了积雪和垃圾。在出租车上，大家一言不发。马斯克来俄罗斯的时候信心满满，想为全人类带来一场翻天覆地的变化，如今却铩羽而归，他对人性感到失望至极。以马斯克的预算，他们只买得起俄罗斯人的火箭。"当时感觉时间过得真慢，"坎特雷尔说，"我们静静地坐在那儿，看着俄罗斯农民冒雪出去采购。"

他们当中一直弥漫着忧郁的气氛，直到登机后飞机上的酒水车被推到他们面前。"每次飞机从莫斯科起飞，我的心情就特别舒畅，"坎特雷尔说，"那感觉就像：'天哪，我逃出来了。'所以，我和格里芬开始喝酒碰杯。"马斯克坐在他们前面一排，正在电脑上打字。"我们心想：'这个呆子，他现在还能干什么？'"这时马斯克突然转过身来，亮出了他制作的电子表格。"兄弟们，"他说，"我觉得我们可以自己造火箭。"

格里芬和坎特雷尔这时已经几杯酒下肚，对马斯克的白日梦再也提不起兴趣。他们听过很多这样的故事，一个个雄心勃勃的有钱人都认为自己能够征服太空，结果只是让自己的财富付诸东流。安德鲁·比尔（Andrew Beal）是得克萨斯州房地产和金融界的奇才，2001年，他投资在大型试验场的几百万美元都打了水漂，而后他关闭了自己的航空公司。"我们心想，'做你的春秋大梦去吧'，"坎特雷尔说，"但埃隆说：'不，我是认真的。你们看看这个表格。'"马斯克把他的笔记本电脑递给格里芬和坎特雷尔，他们惊呆了，表格里详细列明了建造、组装和发射一枚火箭所需的成本。根据马斯克的计算，他需要建造一枚大小适中的火箭，以满足那些搭载小型卫星和研究有效荷载的专门市场的需求，同时赢得行业内的竞争优势。他还在表格中列出了该火箭的性能特征，内容十分详细。"我说：'埃隆，你从哪里得到这些数据的？'"坎特雷尔疑惑地问。

马斯克花了几个月来研究航天工业及其背后的物理学原理。他从坎特雷尔和其他人那里借来了《火箭推进原理》（*Rocket Propulsion Elements*）、《天体动力学基础》（*Fundamentals of Astrodynamics*）、《燃气涡轮和火箭推进的空气动力学》（*Aerothermodynamics of Gas Turbine and Rocket Propulsion*），还有其他各种具有开创性的图书。马斯克仿佛又回到了童年时的状态，他努力吸收关于太空的一切知识，在苦思冥想之后，他意识到了一点：自己制造的火箭可以且也应该比俄罗斯人的更便宜。忘了老鼠计划吧。忘了可以回传生长影像的植物吧，它们有可能在火星上枯萎。马斯克想通过降低探索太空的成本，激发人们重新考虑遨游太空的想法。

马斯克的探索太空计划传遍了整个航天领域，但大家都对此不以为然。祖布林和其他人都听说过很多类似的故事。"不少亿万富翁都被工程师的花言巧语骗得晕头转向，"祖布林说，"比如说，我们可以合作，我出主意，你出钱，一起建造一艘火箭飞船，我们不仅可以大赚一笔，还能成为太空事业的领路人。但他们会在接下来的两年里拿着有钱人的资金到处忙活，直到有一天有钱人觉得没劲了，项目就画上了句号。至于埃隆，大家提到他时都是一声叹息，说道：'哎，他本来只需要花1 000万美元送老鼠上太空，但现在他却要花几亿美元，成不成功还说不准。'"

虽然马斯克知道成立一家火箭公司会面临多大的风险，但他身后一直有那么一个人，让他相信自己能在别人失败的地方爬起来。那个人就是汤姆·穆勒（Tom Mueller）。

穆勒出生在爱达荷州的圣玛丽小镇，其父是一名伐木工。他是小镇上有名的怪人。冬天，别的孩子都在树林里探险，而穆勒会一个人坐在暖和的图书馆里看书，或者待在家看《星际迷航》。他还会精修器件。上小学后的某一天，穆勒在一条小巷里发现了一座破旧的钟，他把它当成宝贝。他每天都会修理钟的几个零件，比如一个齿轮、一根弹簧，直到指针再次转动。类似的事情也发生在他家的割草机上。一天下午，穆勒在家门口的草坪上把割草机拆了。"父亲回家发现后，以为又得买一台新的割草机了，所以特别生气。"穆勒说道，"但我重新把它组装好了，它照样能正常使用。"之后，穆勒迷上了火箭。他开始邮购材料，根据说明书建造小型火箭。毕业后，他开始建造自己理想的火箭。年仅12岁的他制作了一架航天飞机模型，它可以搭载在火箭上，升空并滑翔回到地面。几年后，为了进行一个科学项目，穆勒向父亲借了一台气焊设备,用来制造火箭发动机的原理样机。穆勒将实验成品倒置在一个装满水的咖啡罐中来冷却。"我可以这样忙活一整天。"他还发明了同样创新的方法来测定实验成品的性能。这次实验成果让穆勒获得了许多地区性的科学竞赛奖,但他没能在国际赛事中脱颖而出。"这让我很受挫。"穆勒说。

穆勒是个高高瘦瘦、长着一张方形脸的小伙子。他为人随和,在大学里得过且过,没事儿就教朋友如何制造烟幕弹。最后他终于安定下来,成为一名优秀的机械工程专业的学生。大学毕业之后,他最开始去了休斯飞机公司,从事卫星研究。"那不是火箭,不过也差不多。"随后他又去了TRW空间电子设备公司(TRW Space & Electronics)。20世纪80年代中后期,罗纳德·里根的星球大战计划引起了太空爱好者们的极大兴趣,他们幻想着制造出各种动力学武器,以及可能引起的混乱局面。穆勒在TRW公司试验了各种推进剂,并负责TR-106型发动机的开发。这是一种以液氧和液氢作为燃料的大型设备。在业余时间,穆勒喜欢和来自反应研究学会的几百个业余火箭爱好者聚会。反应研究学会成立于1943年,致力于推动火箭的建造和发射。周末的时候,穆勒会和学会的其他成员一起去莫哈维沙漠,改进他们研制出来的非专业设备。作为学会的杰出成员之一,穆勒擅长制造一些实用的机器,还会实践一些大胆的设想,但这些并不为TRW公司的保守上司所认可。最让他引以为傲的是,他制造了一台重达80磅的火箭发动机,可以产生1.3万磅的推力,被誉为业余爱好者制造的世界上最大的液体燃料火箭发动机。穆勒说:"我把我设计的那些火箭都挂在了车库里。"

2002年1月,穆勒去约翰·加维(John Garvey)的车间转了转。加维已经从麦克唐纳·道格拉斯公司离职,准备自己制造火箭。加维的工厂位于亨廷顿海滩,他在那儿租了一间工业厂房,规模相当于可容纳6辆车的车库。当时他们俩正在捣鼓那台80磅的火箭发动机,然后加维说一个叫埃隆·马斯克的人可能会来车间看看。业余火箭爱好者的社交圈子的联系很紧密，是坎特雷尔建议马斯克去看看加维的车间和穆勒的设计的。一个周日，马斯克来到车间，他穿着一件时髦的黑色皮风衣，看起来像个身价不菲的杀手，同行的还有他已经怀孕的妻子贾斯汀。当马斯克开始发问的时候，穆勒正扛着那台重 80 磅的火箭发动机，准备把它放到一个支架上。"他问我，这玩意儿的推力有多大？"穆勒说，"他想知道我是否制造过更庞大的设备。我告诉他，我在 TRW 公司制造过一台可以产生 65 万磅推力的火箭发动机，每个细节我都一清二楚。"穆勒放下火箭发动机，准备好好回答马斯克的盘问。"制造这么大一个火箭发动机要花多少钱？"马斯克问道。穆勒告诉他，TRW 公司花了大约 1 200 万美元。马斯克又问："那如果让你自己制造的话，需要多少钱？"

穆勒和马斯克聊了好几个小时。他邀请马斯克下个周末到他家里做客，继续讨论之前的话题。马斯克意识到，他终于找到了一个对火箭制造了如指掌的人。在那之后，马斯克把穆勒介绍给了他团队中的其他专家，让穆勒参加他们的会议。穆勒对专家们的专业水平印象深刻，还拒绝了比尔宇航公司和其他崭露头角的航天巨头提供的职位，因为他们只是为了实现自己近乎疯狂的想法。相比之下，马斯克似乎明白自己在做什么，经过一次又一次的会议，他淘汰了那些唱反调的人，留下了一群志同道合的精英工程师。

穆勒在马斯克的表格中增加了新型低成本火箭在性能和成本方面的参数，并在其他团队成员的帮助之下，重新完善了这一设计火箭的构想。不同于波音公司、洛克希德公司、俄罗斯和其他国家发射的大型火箭，马斯克制造的火箭不会搭载大型卫星，而是瞄准低端卫星市场。借助于近年来迅速发展的计算机与电子技术，它最终将成为理想的小型荷载的新型火箭。他的火箭符合航天业的一大理论，即如果一家公司能够大幅降低每次发射火箭的成本并定期进行发射的话，将会为商业和有效荷载的研究打开一个全新市场。马斯克的想法走在航天新时代的最前沿，他对此十分得意，并努力成为这个时代的主力。当然，这些都仅仅是理论层面的，但很快就将付诸实践。贝宝已于当年2月上市，其股价暴涨了55%，马斯克知道易贝也想收购这家公司。在忙于构思如何制造火箭的同时，他的身家已经从几千万美元暴涨到几亿美元。2002年4月，马斯克不再满足于自己的想法仅仅是作为一个宣传噱头，他决定成立一家商业化的太空公司。他将坎特雷尔、格里芬、穆勒和波音公司的宇航工程师克里斯·汤普森（Chris Thompson）召集起来，对他们说："我想开一家太空公司，如果你们想入伙，那我们就开始干吧。"（格里芬本来想入伙，但马斯克拒绝了他住在东海岸的请求，因此格里芬婉拒了这一提议。而坎特雷尔在这次会议之后观望几个月就走了，他认为这家公司风险太大了。）

2002年6月，SpaceX在一个简陋的环境中成立。在洛杉矶郊区埃尔塞贡多格兰大道东1310号，马斯克租了一间旧仓库用于开创航空航天产业，这一带的航天工业比较繁荣。这幢建筑占地7.5万平方英尺，之前的租户是一家货运公司，他们把大楼的南侧用作物流站，改装后设置了几个接货口，供货运卡车装卸货。这对马斯克来说很方便，他可以直接开着他的银色迈凯伦进入大楼。除此之外，大楼的其他地方都很简陋，地面尘土飞扬，天花板离地面有40英尺高，上面的木梁和隔热层都暴露在外面，形成一个弧形屋顶，看上去像是个飞机库。大楼的北侧是办公区，有几个办公隔间，空间大约可以容纳50人。SpaceX刚刚成立的第一个星期，运货卡车在大楼里进进出出，送来戴尔笔记本电脑、打印机和折叠桌——公司的第一批办公桌。马斯克走到其中一个卸货区，打开卷帘门，亲自卸载设备。

马斯克很快就依据自己的风格重新改造了SpaceX的办公室：在水

泥地板上涂上一层环氧树脂涂层，墙上刷的是白色乳胶漆。整个工厂以白色为主，这样看起来既干净又敞亮。办公桌四散在工厂里，这样一来，毕业于常春藤盟校的计算机科学家们和工程师们与负责制造硬件的电焊工、机械师都可以坐在一起。这一安排在业内算是一个重大突破，因为传统的宇航公司会在房租便宜和劳动力成本低廉的地方设立工厂，工程师和机械师一般分开工作，而且往往相隔数千英里。

第一批员工入职时，SpaceX 的目标是成为"太空行业中的美国西南航空公司"。该公司能够自制火箭发动机，然后向供应商采购火箭的其他零件。其立足之本是制造质量更好、价格更低廉的火箭发动机，并优化装配过程。这样一来，他们制造的火箭速度就会比其他公司的更快，并且更省钱。SpaceX 还将研制一种移动式火箭发射装置，它可以到达不同的地点，还能将处于水平状态的火箭调整至垂直状态，并发射升空，一切都有条不紊。该公司打算尽快熟练掌握这一流程，每个月多发射几枚火箭，以便从中盈利，这样就不会成为一家依赖政府资金的大型承包商了。

SpaceX 将会开创美国火箭领域的新纪元，一切都将变得更加现代化。马斯克认为，太空产业在过去的 50 年内并没有获得真正的进步。航天公司之间少有竞争，尽管它们生产的产品性能极佳，但造价高昂。它们发射的每一枚火箭都和法拉利一样又贵又好，但有时候便宜一点儿的本田雅阁就能满足要求。相比之下，马斯克利用自己曾经在硅谷学到的新技术来经营 SpaceX，充分利用在过去几十年里迅速发展的计算机技术和材料科学，使整个公司运作得又快又好。作为一家私营企业，SpaceX 还可以避免像政府承包商那样的浪费和成本超支。马斯克宣布该公司的第一枚火箭名为"猎鹰 1 号"，这是向电影《星球大战》中的"千年隼"号和自己致敬——因为他将是精彩未来的缔造者。当时，发射一枚 550 磅有效荷载火箭的成本至少需要 3 000 万美元，但马斯克承诺，"猎鹰 1

号"将能够发射 1 400 磅的有效荷载，并且只需要花费 690 万美元。

秉持一贯的行事作风，马斯克为这一目标设置了近乎疯狂的时间表。SpaceX 最早的一份报告显示，该公司将在 2003 年的 5 月和 6 月分别制造出第一台和第二台火箭发动机，7 月完成火箭箭体结构的生产，8 月完成全箭总装测试，发射台将在 9 月准备完毕，并于同年 11 月进行首次发射，这距公司成立仅 15 个月。登陆火星的计划被延至 2010 年年底。这就是马斯克这个天真的、做事有逻辑的乐观主义者为员工制定的工作安排表。这是马斯克对自己和员工的最低期望，他幻想着员工们——有着各自不足的员工们——都能为实现这个目标而不懈地努力工作。

太空爱好者们听说了这家新公司之后，并不关心马斯克的火箭交付进度是否切合实际，他们只是很激动，因为终于有人决定采用价格低廉且快速的运作方法了。一些军方成员早就已经提议给武装部队配备更强大的太空装备，他们称之为"空间快速响应"。目前的模式下，完成卫星制造和部署需要 10 年。而军方希望，一旦冲突爆发，特制卫星能够迅速做出反应。要做到这一点，就要弃用目前的这种模式。军方需要的是价格更低廉、更小巧的卫星，能够通过软件进行重新配置，并在指令给出后立刻发射，就像一次性卫星一样。"如果我们能够做到这一点，一切就会大不一样，"退役空军上将皮特·沃登（Pete Worden）在美国国防部担任顾问时与马斯克结识，他说，"它会让我们在太空的响应速度和海陆空作战时一样快。"沃登的工作需要他随时关注尖端科技。他感觉自己遇到过的很多人只是在做白日梦，但马斯克脚踏实地、知识渊博且能力出众。"我曾经与射线枪和其他设备的制造者交谈过。很明显，埃隆的确与众不同。他真的了解火箭技术，而且很有远见，我对他印象很深刻。"

同军方一样，科学家们希望能在低成本、高速度的情况下进入太空，并发射试验设备，定期获得数据反馈。而一些医疗和消费品行业的公司同样对进入太空感兴趣，他们想要研究失重环境会对其产品性能产生怎样的影响。

虽然企业都乐意低价制造运载火箭，但一家民营公司制造的火箭是否真的能使用还是个未知数。如果你在视频网站优兔上简单搜索"火箭爆炸"，你会看到数千个视频，它们记录了美国和苏联几十年来发生的火箭发射事故。1957—1966 年，单单美国就尝试发射过 400 多枚火箭，其中大约有 100 枚坠毁并爆炸了。[5] 大多数运载火箭都是由导弹改造而成的，政府为此投入了数十亿美元，用于反复实验和改进。SpaceX 的优势在于它能够吸取过去的教训，它还拥有几名经验丰富的员工，他们都曾在波音和 TRW 之类的公司监管过火箭项目。但 SpaceX 的预算仅支持发射三四次火箭，若是多次失败，引起爆炸，便无法从头再来。"大家都觉得我们疯了，"穆勒说，"在 TRW，我有一支团队帮我的忙，还有政府的资金支持。但现在我们只有几个人，要制造一枚低成本的火箭，就要从头来过。几乎没有人相信我们会成功。"

2002 年 7 月，马斯克还沉浸在成立新公司的喜悦中。易贝已展开攻势，以 15 亿美元收购了贝宝。这笔交易让马斯克获得了一笔流动资金，他向 SpaceX 投入了 1 亿多美元。有了这么一大笔投资，再没有人能够像当初收购 Zip2 和贝宝那样从马斯克手中夺走 SpaceX 的控制权了。那些忠于马斯克的员工愿意和他一起完成这个看似不可能完成的任务，这笔投资对他们来说如同及时雨一般，至少提供了他们几年的工作保障。此次收购还增强了马斯克的自信和声誉，他因此得以与一些政府官员会面，让那些还不那么坚定的供应商对他心悦诚服。

但接下来突然发生了一件让马斯克猝不及防的事。他的妻子贾斯汀生下了一个男孩儿，取名为内瓦达·亚历山大·马斯克。就在易贝收购贝宝的消息公布时，刚刚出生 10 周的内瓦达夭折了。当时，夫妇俩给睡着的内瓦达掖好被子，让他平躺着睡觉——父母一般都是这么做的。

当他们再次查看孩子的时候，他已经没有了呼吸。医生称孩子死于婴儿猝死综合征，这是一种会导致婴儿死亡的意外事故。"当医务人员赶来为他急救时，他已经缺氧太久，被诊断为脑死亡。"贾斯汀在为《嘉人》撰写的文章中写道，"他在奥兰治县的一家医院里靠呼吸机维持生命，三天后我们决定摘下他的呼吸机，他就这么死在了我的怀里。埃隆明确表示他不想谈及内瓦达的死，我无法理解这一点，就像他无法理解我在人前的悲痛，他说我这是'被感情牵着鼻子走'。于是，我决定放下悲痛。不到两个月后，我第一次去诊所打算尝试试管婴儿。埃隆和我想要尽快再生一个孩子。在接下来的5年里，我生了双胞胎和三胞胎。"后来，贾斯汀把马斯克的反应归因于小时候的痛苦遭遇而形成的防御心理。"他害怕黑暗，"她接受《时尚先生》杂志采访时说道，"他一直不断向前，只有这样他才能继续生活下去。"

马斯克只向最好的朋友敞开心扉，诉说自己心底的伤痛。但大多数时候，贾斯汀都能理解她的丈夫。马斯克认为，将悲伤公之于众没有任何意义。"说起这件事只会让我更加心痛，"马斯克说，"我不明白为什么要说起这种伤心事。这对以后没什么好处。我已经有了其他的孩子，身上背负着责任，沉浸在悲痛中对身边的人都是不公平的。不过，我不知道自己该做点儿什么。"

内瓦达夭折之后，马斯克埋头于SpaceX的工作，并迅速扩大了公司的目标。他和航天承包商们讨论了公司将要开展的工作，但结果却让他很失望。他们都要价很高，但工作进度却很慢。与其将这些公司制造的零件整合在一起，不如自己动手在公司制造零件。"在总结了'阿波罗'号飞船、X-34/Fastrac型火箭和其他运载火箭项目的经验之后，SpaceX打算独立从事'猎鹰'号火箭的全部开发工作，包括两台火箭发动机、涡轮泵、低温贮箱结构和制导系统。"该公司在其网站上宣布："内部开发工作加大了研发难度，所需的资金也增加了，但为了降低进入太空的成本，我们别无选择。"

马斯克聘请的公司高管们可谓全明星阵容。穆勒很快就开始了制造两台发动机的工作，它们分别以两种猎鹰的名字命名，即灰背隼（Merlin）和茶隼（Kestrel）。克里斯·汤普森曾经是一名海军陆战队士兵，曾在波音公司担任运营副总裁，管理德尔塔火箭和大力神号火箭的生产。蒂姆·布扎（Tim Buzza）也来自波音公司，他是世界上最优秀的火箭测试专家之一。史蒂夫·约翰逊（Steve Johnson）曾经在喷气推进实验室和其他两家商业太空公司任职，目前担任SpaceX的高级机械工程师。航天工程师汉斯·科尼格斯曼（Hans Koenigsmann）负责航空电子技术、制导和控制系统的开发。马斯克还聘请了格温·肖特韦尔（Gwynne Shotwell），她在航天领域经验丰富。她作为SpaceX的第一位销售员，在数年后晋升为总裁，成为马斯克的得力助手。

随后，玛丽·贝思·布朗也加入了该团队，她如今是SpaceX和特斯拉的传奇人物，大家都叫她MB。作为马斯克的助手，她一直忠心耿耿，他们的关系好比电影《钢铁侠》中托尼·史塔克和佩珀·波茨。如果马斯克一天工作20个小时，布朗同样会如此。在过去的几年里，她给马斯克买饭、预订行程、安排他陪伴孩子的时间、为他挑衣服、响应媒体的要求，必要时她还会把马斯克拉出会议室，以保证他按时完成任务。她是连接马斯克和他所有利益的桥梁，也是公司团队里的一名骨干人员。

布朗在SpaceX的早期文化中发挥了关键作用。她时常会留意一些小细节，比如办公室里红色宇宙飞船形状的垃圾桶。她还会帮助调节办公室里的气氛。当发生和马斯克直接相关的事情时，她始终坚定地站在他这一边，淡定从容。平时，她脸上总是带着温暖灿烂的微笑，令人如沐春风。"她总是说：'亲爱的，还好吗？'"该公司的一名技术人员回忆道。布朗会将别人发给马斯克的一些奇奇怪怪的信收集起来，并给它们取名为"一周笑料",发给大家看,以供娱乐。曾经有一封信中画了一艘月球飞船的素描,页面上还有个红点。这个寄信人把这个红点圈了出来,并在旁边写道:"那是什么?血?"有些信件涉及制造永动机的计划,还有些信件提议制造一个巨大的充气式兔子,用来阻止石油泄漏。有一段时间,布朗负责管理公司的账目并在马斯克外出时处理公司业务。"这个公司基本是她说了算,"那位技术人员说,"她会回答'埃隆就是希望我这么做'。"

布朗十分了解马斯克的心理。在 SpaceX 和特斯拉的办公室里,布朗把办公桌安排在马斯克办公桌的前方几英尺处,这样一来,大家想见到马斯克必须经过她。要是有人想申请采购高价商品,他们会在布朗面前等一会儿,如果她点头,他们就可以进去找马斯克申请;如果她摇头,他们就会赶快离开,因为马斯克那天可能心情不佳。布朗事先所做的这些决定在马斯克内心矛盾、精神紧张的情况下尤其重要。

SpaceX 的普通工程师都是年轻的小伙子,他们在学校时成绩优异。马斯克会亲自到顶尖大学的航天学院打听优等生的情况。他经常会打电话到宿舍找这些学生并直接聘请他们到公司工作。迈克尔·科隆诺(Michael Colonno)在进入斯坦福大学时就收到过马斯克的邀请信。"我还以为这是个恶作剧,"他说,"我一开始并不相信他居然成立了一家火箭公司。"在网上搜索了马斯克的信息之后,学生们都愿意加入他的公司。近几年或者近几十年以来,对于渴望探索太空的年轻航天人才来说,这是第一次有机会进入一家有趣的公司设计火箭,甚至成为一名宇航员,而不需要加入一家官僚主义做派明显的政府机构。SpaceX 的雄心壮志传遍业界,许多喜欢应对挑战的顶级工程师纷纷从波音公司、洛克希德·马丁公司和轨道科学公司离职,来到这家行业新贵工作。

在 SpaceX 成立的第一年里,几乎每周都有一两名新员工入职。凯文·布罗根(Kevin Brogan)是公司的第 23 名员工,他来自 TRW 公司。

在 TRW，他受到了各种条条框框的限制，无法自由工作。"我管它叫乡村俱乐部，"他说，"在那儿根本没人干活儿。"布罗根在 SpaceX 面试后的第二天就开始工作了，他们让他在办公室里随便挑一台电脑用。"我去弗莱电子商场买了必需品，又去史泰博办公用品商场买了把椅子。"布罗根说。他买完东西感到头晕眼花，工作了 12 个小时后，他开车回家，睡了 10 个小时，然后又回到了工厂。"我累坏了，身心俱疲，"他说，"但我很快就爱上了这种工作方式，无法自拔。"

在 SpaceX 决定开发的第一批项目中，包括制造一台气体发生器，这是一种类似于小型火箭发动机的机器，能够产生热气。穆勒、布扎和一群年轻工程师在洛杉矶组装了这台气体发生器，把它装进一辆皮卡车，带到加州的莫哈维沙漠进行测试。莫哈维是距离洛杉矶约 100 英里的一座沙漠小镇，那里是缩尺复合体材料公司（Scaled Composites）、XCOR 航天公司和其他一些航天公司的测试中心。许多航天项目都在莫哈维机场周围进行。那些公司在那里建立了自己的工厂，以发射各种尖端飞行探测器和火箭。SpaceX 团队也来到这里，向 XCOR 借了一个试验台，它的大小正好可以放置那台气体发生器。首次点火测试在某天上午 11 点进行，90 秒后，气体发生器开始工作，释放出大量黑色浓烟。由于当天没有风，黑烟笼罩了机场控制塔的上空。机场管理人员冲到测试现场，把穆勒和布扎训斥了一顿。机场领导和 XCOR 的一些员工前来劝架，让 SpaceX 的工程师们不要紧张，并建议次日再测试一次。作为领导人物，布扎决定发挥 SpaceX 锲而不舍的精神，他叫来几辆卡车，运来了更多的燃料，并说服了机场管理人员，同意他们再测试一次。接下来的几天里，SpaceX 的工程师们完善了整个流程，一天能够进行好几次测试，这是其他公司在机场测试时从来没有做到的。经过两个星期的反复测试，他们终于把气体发生器调试到了理想的状态。

他们又去了几次莫哈维沙漠及其他的火箭发射场，包括爱德华兹空军基地的一个试验台和密西西比州的一个试验台。在这次全国火箭之旅中，SpaceX 的工程师们在得克萨斯州中心周围的小城市麦格雷戈意外发现了一个占地 300 英亩的试验场。他们对这里感到很满意，还建议马斯克把它买下来。多年前，海军曾在这里进行火箭测试，安德鲁·比尔在他的航天公司倒闭前也在这里做过试验。"比尔发现，开发一枚运载大型卫星的火箭需要 3 亿美元，于是他决定放弃，但他留下了很多实用的基础设施，现在正好能让 SpaceX 派上用场，比如一座三层混凝土三脚架，支架像红杉树干那样粗。"记者迈克尔·贝尔菲奥尔在《火箭专家》(Rocketeers)一书中写道。这本书记录了几家私营航天公司的崛起之路。

年轻的工程师杰里米·霍尔曼（Jeremy Hollman）就住在得克萨斯州，正好可以在那里的试验场工作。霍尔曼符合马斯克的招聘条件：他在美国艾奥瓦州立大学取得了航天工程学位，在南加州大学取得了航天工程硕士学位。他在波音公司做过几年测试工程师，负责喷气式飞机、火箭和航天器的测试。[①]

霍尔曼在波音公司工作过，但这家大型航天公司没有给他留下很深的印象。他第一天入职时，正值波音公司和麦克唐纳·道格拉斯公司合并，两家公司合并后成了一家大型的政府承包商。公司举办了一次野餐活动来鼓舞士气，结果连这么简单的活动都办得一塌糊涂。"一位部门主管发表了一场演讲，他表示这是一家有信念的公司，然后提到公司目前面临资金紧缺的窘境，"霍尔曼说道，"他要求所有人都勒紧裤腰带。"但公司之后的情况并没有好转。波音公司的每个项目都很庞杂，而且耗资巨大。因此，当马斯克以掀起行业巨变来游说时，霍尔曼马上抓住

---

① 布扎了解霍尔曼在波音的工作表现，并在 SpaceX 成立 6 个月之后，成功说服他到这家公司工作。

了这个机会。"我绝对不能错过这次机会。"霍尔曼说。当时的他23岁，是个年轻的单身小伙子，不沉迷于生活的假象，而是在SpaceX埋头工作，他还成了穆勒的副手。

穆勒已经为他想要制造的两台火箭发动机构建了三维计算机模型。"灰背隼"是"猎鹰1号"第一级所需的助推器，能够将"猎鹰1号"发射出去，使其离开地面；"茶隼"比它小一点儿，它是火箭第二级所需的助推器，用来提供动力，负责推进火箭在太空中继续飞行。霍尔曼和穆勒一起确定了发动机的哪些零件可以在工厂制造，哪些零件应该从外部采购。对于那些需要采购的零件，霍尔曼需要去不同的机械工厂了解报价和交付进度。总有一些机械师告诉霍尔曼，SpaceX的进度要求太过疯狂。还有些工厂比较懂得变通，它们愿意尝试对现有的产品做出调整，而不是完全从头开始制造，以满足SpaceX的要求。霍尔曼还发现，创新可以帮助他走得更远。比如，他发现只要更换一下现成的汽车排污阀的密封条，使其足够好，就能与火箭燃料一起投入使用了。

SpaceX在加州的工厂制成了第一台火箭发动机之后，霍尔曼把它和很多其他设备装进了一辆U型拖车里。他将拖车挂在一辆白色悍马H2的后部，载着这些重4 000磅的设备[①]，沿着10号州际公路从洛杉矶一路开到了得克萨斯州的试验场。把发动机送达得克萨斯州之后，SpaceX开始了有史以来最重要的一次团队合作。冒着被响尾蛇、火蚁攻击的危险，忍受着与世隔绝的孤独和酷热，布扎和穆勒带领的团队开始探索发动机的每一个细节。这是一项压力很大的工作，一不小心就会发生爆炸，工程师们很委婉地称之为"毫无预兆地快速解体"。这对工程师的努力和技术来说是一种考验。成功之后，SpaceX的员工们用纸杯喝了一瓶价值1 200美元的人头马干邑来庆祝，结束后纷纷开着悍马离开，路上

---

① 包括一枚重13 000磅的铜块。

还幸运地通过了酒驾测试，回到了公司的公寓。从那以后，从加州到试验场的这段艰苦跋涉被戏称为"得州牛车之旅"。SpaceX 的工程师们一般会连续工作 10 天，然后回加州过个周末，随后又回来继续工作。为了缓解长途颠簸之苦，马斯克有时会允许他们搭乘他的私人飞机。"他的私人飞机只够坐 6 个人，"穆勒说，"不过，如果有人愿意坐在卫生间里的话，就能坐 7 个人——这种情况经常发生。"

虽然海军和比尔遗留下一些试验装置，但 SpaceX 还是得大量制造定制设备，其中最大的设备是一座长约 30 英尺、宽约 15 英尺、高约 15 英尺的水平试车台，还有一座两层楼高的互补垂直试车台。发动机需要点火时，工程师们会把它绑在其中一座试车台上，配备几个传感器来收集数据，并通过几台摄像机进行监控。工程师们躲在一边的掩体内，掩体的一侧有一个土堤。如果哪里出错了，他们会通过网络摄像头查看反馈信息，或者缓慢打开掩体的一个舱口，寻找任何可能的线索。虽然附近农场的动物们似乎不太高兴，但镇上的本地人倒很少抱怨有噪声。"奶牛一出生就有防御机制，它们会聚集在一起，然后绕圈跑。"霍尔曼说道，"每次试验发动机时，奶牛群都会四散开来，形成一个圈，把幼崽保护在圈内。我们在那儿安装了一个摄像机用于观察它们。"

"茶隼"和"灰背隼"都遭遇了挑战，工程师们会交替对它们进行测试。"我们会持续运行'灰背隼'，直至我们耗尽硬件或遇到某种困难，"穆勒说道，"之后我们会运行'茶隼'，反正我们一直有的忙。"几个月以来，SpaceX 的工程师们每天早上 8 点到达试验场，进行 12 个小时的发动机测试，下班了就去澳拜客牛排馆吃饭。穆勒特别擅长查看测试数据，并找出发动机哪里发热、变冷或出现瑕疵。一旦发现问题，他就会给加州的工厂打电话，提出修改硬件的要求，工程师们便会重新设计零件，然后寄到得克萨斯州去。得克萨斯州的工人们会利用穆勒寄来的铣床和车床自行改装零件。"'茶隼'测试得差不多了，我们在车间里把网购来的材料变废为宝，我觉得很自豪。"穆勒说。一些在得克萨斯州的团队成员甚至能够在三天内制造出一台发动机。公司还要求这些员工熟悉软件。他们会通宵达旦地为发动机制造涡轮泵，然后在第二天晚上接着干活儿，重新装配一套应用程序来控制发动机。霍尔曼一直在做这种工作，他是个全才，但在这个行业里，头脑敏捷的年轻工程师很多。出于工作需要和冒险精神，他们个个都拥有跨学科的本领。"这一体验很有吸引力，"霍尔曼说道，"虽然我才二十四五岁，但他们很信任我，这令我充满了力量。"

为了达到升空的标准，"灰背隼"的发动机需要燃烧180秒。一开始，这对得克萨斯州的工程师们来说是不可能完成的任务，当时，发动机最多只能燃烧0.5秒，然后就会失灵。有时，"灰背隼"在试验时晃动得非常厉害；有时它无法适应新材料；它还有可能会发生破损，需要升级主要部件，比如把一根铝制歧管换成由铬镍铁合金制作的歧管，以适应极端的温度。有一次，一个燃料阀没能正确打开，导致整台发动机发生爆炸。还有一次测试出错，导致整个试验台都被烧毁。一般都是布扎和穆勒负责打电话给马斯克报告这些小缺陷。"埃隆很有耐心。"穆勒说道，"记得有一次，我们在两个试车台上分别进行测试，结果炸毁了两个试车台。我告诉埃隆，我们可以再试另一台发动机，但我当时真的很泄气，又累又抓狂，简直不想跟埃隆说话了。我对他说：'我们可以把另一个玩意儿放在那儿，但我今天已经受够了，太倒霉了。'他回答道：'没事的，冷静。我们明天重新再来。'"后来，埃尔塞贡多的同事对他们说，那天，在电话里听到穆勒受挫又苦恼的声音时，马斯克简直要哭了。

马斯克不能忍受的是，员工找借口推脱或者缺乏明确的工作计划。霍尔曼在领教过马斯克的标志性拷问后领悟到了这一点。"这是我接过的最糟糕的一通电话，"霍尔曼说道，"测试出了问题，埃隆问我要多久才能修好，我当时没有马上回答。他说：'你必须回答，这对我们公司很重要，这还关系到其他工作，你怎么能一无所知呢？'他不停地追问我。我以为早点儿让他知道发生了什么事才对，但从那以后我明白了，更重要的是全部了解之后再告诉他。"

有时，马斯克会直接参与试验过程。其中最难忘的一次经历是SpaceX试图完善发动机的冷却室。公司曾以7.5万美元的价格购买了几个冷却室，并向里面注水以测定其抗压能力。在最初的测试中，其中一个比较贵的冷却室破裂了。然后，第二个冷却室又在同样的部位裂开了。马斯克随即要求进行第三次测试，工程师们都在一旁战战兢兢地看着。他们认为问题大概是水压太大导致的，如果马斯克继续测试的话，会弄坏所有的重要设备。在第三个冷却室破裂后，马斯克将硬件送回加州，把它放在车间里，然后在几名工程师的帮助下把环氧树脂装进冷却室，观察冷却室的密封性是否有改变。"他一点儿都不怕脏。"穆勒说道，"他当时穿的衣服和鞋子都是意大利名牌，都被弄脏了。他们一整晚都在那儿做试验，但不管怎么做，冷却室都会破裂。"马斯克认为硬件存在缺陷，并验证了自己的假设，便迅速采取行动，要求工程师想出新的解决方案。

这些行动虽然只是尝试性的，但很有成效。那时，SpaceX形成了一种特有的团队氛围，就像一个亲密的大家庭，一起面对风风雨雨。2002年年底，该公司只拥有一座空仓库。一年后，这个仓库已经像个真正的火箭工厂了。"灰背隼"发动机从得克萨斯州运送过来，被放入装配线中，这样一来，机械师们就能把它们和火箭主体（即火箭的第一级）组装起来。随后，该公司建立了更多站点，将第一级和第二级的火箭连接起来。他们利用起重机把火箭部件吊起来，还铺设了蓝色的金属运输轨道，将火箭箭体从一个工作站运送到另一个工作站。此外，SpaceX还开始制造整流罩，以便在发射过程中保护火箭的有效荷载，然后像蛤蜊一样在太空打开并释放货物。

SpaceX 还接待了一个大客户。根据马斯克的计划，第一枚火箭将于"2004 年年初"在范登堡空军基地发射，为美国国防部运载一枚名为战术卫星 TacSat-1 的卫星。随着目标日期的临近，员工每天工作 12 个小时、每周工作 6 天已经成为常态，还有的甚至工作更长时间。他们只有在周日晚上 8 点左右才能休息一会儿，那时马斯克允许他们用工作电脑玩一会儿《雷神之锤 3：竞技场》和《反恐精英》之类的射击游戏。一到了休息时间，大约有 20 个员工玩枪战游戏，子弹上膛的声音在办公室里此起彼伏。马斯克在游戏中的名字是 Random 9，他总是能在游戏中取胜，还喜欢讲脏话来干扰对手，然后毫不留情地把自己的员工炸死。"CEO 总是用火箭弹和等离子枪打我们。"科隆诺说道，"最可怕的是，他对这种游戏很拿手，反应超级快。他了解所有的招数，还知道如何偷偷接近我们。"

即将发射的火箭激起了马斯克的销售员本能。他想向大众展示他勤奋的员工们的成果，为 SpaceX 赢得一些关注。马斯克决定在 2003 年 12 月向公众展示"猎鹰 1 号"的原型。他们准备用一台特制的设备将 7 层楼高的"猎鹰 1 号"和公司的移动发射系统运到美国联邦航空管理局总部的外面。随后他们将在华盛顿召开新闻发布会，昭示天下，他们已经制造出现代化、智能化且价格更低廉的火箭。

SpaceX 的工程师们对这种营销手段不感兴趣。他们每周工作 100 多个小时，就是为了制造能让公司站稳脚跟的商用火箭。马斯克把他们从得克萨斯州叫回来制作了一个漂亮的实物模型，他们用很短的时间就做好了。"在我看来，这是很无聊的事情，"霍尔曼说道，"这个模型毫无用处。但在埃隆看来，它会帮助我们从政界要人那里赢得很多支持。"

在制作火箭原型的时候，霍尔曼体会到了为马斯克工作所带来的喜怒哀乐。他的眼镜在几个星期前从脸上滑落，掉进得克萨斯州试验场的导流槽里了。因此霍尔曼只能戴上一副老式的护目镜①，但是，当他试着钻到发动机下面的时候，刮到了镜片，这副眼镜也坏了。由于没有时间去配眼镜，霍尔曼变得很急躁。工作时间长、眼镜被刮花、策划作秀，他觉得眼前的事情堆积如山。

一天晚上，他在工厂里发牢骚，没留意到马斯克就站在附近，还听到了一切。两个小时后，玛丽·贝思·布朗出现了，她拿了一张预约卡，让他去擅长 Lasik 疗法的眼科手术专家那儿看病。霍尔曼去看医生的时候，发现马斯克已经支付了手术费。霍尔曼说："埃隆对工作的要求很高，他也会帮助员工全身心投入工作。"深思熟虑之后，他接受了马斯克关于华盛顿计划的长远打算。霍尔曼说："他是想让公司看起来更真实一些。打个比方，要是你把一枚火箭放在大家眼前，那就是铁打的事实了。"

在华盛顿召开的新闻发布会取得了空前的成功。几个星期之后，SpaceX 就宣布了另一项令人震惊的决定。尽管此前 SpaceX 连一枚火箭都还没发射过，但它已经在筹备下一枚火箭了。他们一边制造"猎鹰 1 号"，一边想着制造"猎鹰 5 号"。从名字来看，这枚火箭将配置 5 台发动机，装载能力更强，可承受 9 200 磅的有效荷载，然后在低地球轨道上运行。最重要的是，"猎鹰 5 号"在理论上能够抵达国际空间站，完成补给任务，这将为 SpaceX 与 NASA 的合作带来更多机会。此外，马斯克非常重视安全问题，据说即便这枚火箭的 3 台发动机失灵，它也可以继续完成任务，这样的事情在过去几十年内闻所未闻。

完成这项计划的唯一方法，就是践行 SpaceX 成立之初的承诺，本着硅谷创业精神来做。马斯克一直在寻找头脑灵活的工程师，他们不仅

---

① 霍尔曼在回到埃尔塞贡多之前，用钻床移除了眼镜上的安全防护罩。他说："我可不想在乘飞机回家的路上看起来像个怪咖。"

要在学业上表现出色,还要能够发挥自己的聪明才智,做出一些特别的成就。一旦发现优质人才,他会使出浑身解数把其招至麾下。打个比方,在莫哈维机场飞机库举办的一场航天晚会上,马斯克仅仅和一个刚碰面的人聊了一下,便向他发出工作邀请,这个人就是布莱恩·加德纳(Bryan Gardner)。那时,加德纳的部分学术工作正受到美国军工企业诺斯罗普·格鲁曼(Northrop Grumman)的赞助。"埃隆告诉我'我们会帮你偿还赞助费',"加德纳说,"于是,我半夜两点半把简历发给他,30分钟内他就逐项回复了我邮件里的所有内容。他说:'希望你面试的时候能够具体谈谈你的工作细节,而不是空口说大话。'他愿意花时间做这些细枝末节的事,这件事深深地打动了我。"受聘之后,加德纳负责改进"灰背隼"发动机阀门的测试系统。然而,这种发动机需要测试的阀门有几十个,人工测试一个阀门往往要3~5个小时才能完成。6个月后,加德纳开发了一个自动化系统,它不仅能在短短数分钟内完成阀门测试,还可以追踪单个阀门的数据,这样一来,得克萨斯州的工程师就能了解某一特殊零件的阀门情况了。加德纳自豪地说:"没人愿意接手这个'烫手山芋',但我完成了,这让我在公司树立了威信。"

随着新员工陆续入职,除了原有的办公楼,SpaceX 在埃尔塞贡多的几栋大楼也都挤满了人。在那里,只有各办公室之间的网速足够快,工程师们才能一边运行复杂软件,一边传输大型图形文件,但大楼里的其他公司阻止了他们铺设光纤网络。与其花时间和其他公司争论,曾经和马斯克一起在 Zip2 和贝宝共事的互联网业务部门主管布兰登·斯派克斯另辟蹊径,想出了一个更快的解决方案。他在电话公司工作的朋友帮他画了一张示意图,展示了如何把网络线缆安全地夹在电线杆的电线、电缆和电话线中间。半夜2点,一群人蹑手蹑脚地开着车载升降台出现了,他们顺利地把光纤插进电线杆,直接将网线拉到了 SpaceX 的大楼里。"我们只用了一个星期就搞定了这件事,没必要浪费几个月去获得其他公司的许可。"斯派克斯说道,"我们总是会遇到一些看似无法克服的挑战,唯有团结起来才能战胜它。"回忆起马斯克团队的所有荒唐行为时,SpaceX办公场所的房东亚历克斯·利多(Alex Lidow)笑着说:"我知道这群人晚上在弄一些小把戏。他们很聪明,有一大堆事情需要处理,所以基本上没什么时间等城市许可审批下来。"

无论是在工作还是生活中,马斯克始终不遗余力地督促员工做得更多更好。斯派克斯有一项工作是在马斯克的家里安装他的专属游戏设备,这使计算机的运行能力达到了极限,需要在设备内部安装配套水管来降温。斯派克斯还发现,其中一台游戏设备老出故障,就是因为马斯克所住的公寓楼的电线太脏了,于是他在游戏室安装了一根专用电线解决了这个问题,但事情结束后,斯派克斯并没有得到优待。"有一次,SpaceX的邮件服务器崩溃了,埃隆咬牙切齿地说'不要让这种事再次发生',"斯派克斯说道,"他会一直瞪着你,直到你完全理解了他的意思。"

马斯克一直在寻找跟得上SpaceX的创造意识和步调的承包商。比起盲目地在航天领域撒网,他宁愿在不同领域寻找具有相似经验的供应商。一开始,SpaceX需要采购火箭的主体结构——燃料贮箱。于是马斯克在中西部找到了几家公司,它们制造过乳制品和食品加工行业使用的大型金属农用贮箱。这些供应商也尽力配合SpaceX的行程安排。马斯克总是飞往美国各地,拜访这些供应商。有时他会搞突然袭击,去查看承包商的工作进度。有一次,马斯克前去威斯康星州一家名为Spincraft的公司视察。马斯克和几名员工坐着他的私人飞机远道而来,他们晚上很晚才抵达目的地,原以为会看到一群工人加班加点地帮他们制造燃料贮箱。结果马斯克发现,Spincraft的工作进度远远落后于原定计划,然后他当着Spincraft的一名员工的面说道:"你们拖了我们的后腿,这让我很不爽。"Spincraft的总经理戴维·施米茨(David Schmitz)表示马斯克对工作进度是出了名的苛刻,他会亲自跟进项目完成情况。施米茨补充道:"如果埃隆不高兴了,你要明白,事情会变得很麻烦。"那次视察之后又过了几个月,SpaceX 在公司内部增设了焊接岗位,这样它就能抛弃 Spincraft,自己在埃尔塞贡多制造燃料贮箱了。

还有一次,一位销售员乘飞机来到 SpaceX,推销一些技术性基础设施。他采用了几个世纪以来业务员基于人际关系而形成的一套标准流程——先上门拜访、聊聊天、试探对方的态度,然后开始谈生意。不过,马斯克不吃这一套。"那个家伙进来后,埃隆问他见面的理由,"斯派克斯回忆道,"销售员答道:'为了拉拉关系。'埃隆回应说:'好吧,很高兴见到你。'他的潜台词是'滚出我的办公室'。这个家伙花了 4 个小时来这儿,结果才见两分钟面就离开了。埃隆对这种事毫无耐心。"不仅如此,埃隆对那些没有达到他标准的员工同样苛刻。"他总说:'如果想解雇某人,你就应该立刻执行,否则只会浪费彼此的时间。'"斯派克斯补充道。

SpaceX 的大多数员工都很渴望参与公司的冒险事业,也尽力让自己免受马斯克严格标准和苛刻行为的影响。但有些时候,马斯克做得太过火了。每次在新闻里看到马斯克声称"猎鹰"火箭是他自己设计的,工程师们都会特别愤怒。曾经有一段时间,马斯克还雇用了一个纪录片制作团队跟拍自己,这一行为明显激怒了公司里长期埋头苦干的员工。他们觉得马斯克过度自我膨胀,马斯克视 SpaceX 为整个航天产业的老大,但其实公司当时连一枚火箭都没有成功发射过。此外,有些员工注意到了"猎鹰 5 号"的设计缺陷或者提出让"猎鹰 1 号"更快完工的可行性建议,但马斯克总是无视他们的提醒,甚至态度更加恶劣。"他对待员工的这种态度肯定是阻碍公司长远发展的一个因素。"公司的某位工程师透露,"有很多优秀的工程师都被除管理层外的同事视为公司的重要资产,但他们却因为一些与己无关的事被迫离开了公司,或者被直接开除。这种必然导致公司失败的行为，证明埃隆已经跑偏了。"

2004 年年初，SpaceX 本来预计要发射火箭，但计划未能如期完成。穆勒及其团队制造的"灰背隼"发动机是有史以来最高效的火箭发动机。测试发动机所花的时间比马斯克的预期更久。直到 2004 年秋天，发动机才达到发射要求。这意味着穆勒和其团队终于能够松口气了，但与此同时，SpaceX 的其他员工要忙活起来了。穆勒负责的任务在 SpaceX 的地位可谓"关键路径"，他在马斯克的高压之下支撑着公司进入下一个阶段。"发动机准备好之后，就轮到大家开始恐慌了，"穆勒说道，"没人知道成为'关键路径'是怎样一番滋味。"

很快，大家发现发动机还是存在很多重大问题，包括导航、通信和火箭整体管理系统在内的航空电子设备都成了他们的噩梦。还有许多看起来无足轻重的琐碎问题，比如，能够与火箭主控计算机对话的闪存驱动器因为不明原因发生故障，管理火箭的软件也出了问题。"最后剩下的 10% 的工作就是组装整个火箭，但到那时你才发现这些设备无法一起运作，"穆勒说道，"这种情形持续了足足 6 个月。"2005 年 5 月，SpaceX 终于将火箭运送至距离工厂 180 英里处的范登堡空军基地进行试发射，在发射台完成了一次为时 5 秒的点火试验。

对 SpaceX 来说，去范登堡空军基地发射火箭十分便捷。那里靠近洛杉矶，还有几个发射台可供选择。然而，该公司却成了那里的不速之客。空军基地的人对 SpaceX 员工的到来表现得很冷淡，专门负责发射场的管理人员也没有向他们提供协助。当时，洛克希德公司和波音公司也在范登堡为军方发射价值 10 亿美元的间谍卫星，它们同样无视 SpaceX 的存在，一方面是因为 SpaceX 对它们的业务构成了威胁，另一方面是因为这家公司在它们的贵重物品附近转悠。从测试阶段到发射阶段，SpaceX 就被告知需要排队，估计要等上几个月才能轮到。"即使对方同意我们发射火箭，显然我们也等不到那个时候。"格温·肖特韦尔说道。

接下来，肖特韦尔和汉斯·科尼格斯曼又开始寻找新的发射场。他们考虑到赤道附近地球的自转速度比较快，能为火箭发射提供额外的推力，所以用墨卡托投影仪将世界地图投影在墙上，沿着赤道寻找合适的地点。第一个映入眼帘的名字便是夸贾林岛，亦称作夸贾林环礁，它是太平洋上位于关岛和夏威夷岛之间最大的一座环状珊瑚岛，属于马绍尔群岛共和国。这个地方之所以给肖特韦尔留下深刻印象，是因为美国军方几十年来一直将它作为导弹发射场。肖特韦尔查到了测试场中一位陆军上校的联系方式，于是给他发了一封邮件。三个星期后，肖特韦尔收到了军方的回电，他们表示愿意让 SpaceX 在岛上发射火箭。2005 年 6 月，SpaceX 的工程师把设备装进集装箱，成功运往那里。

夸贾林环礁由大约 100 座小岛组成。其中很多小岛的长度仅数百米，而宽度远远小于其长度。皮特·沃登担任国防部顾问时曾造访这里，他感慨道："从空中往下看，这个地方好像一根细绳上串着无数美丽的小珠子。"这里的人大多生活在一座名为埃贝耶（Ebeye）的小岛上。美国军方已经接管了位于最南面的夸贾林岛，把它变成了热带天堂兼邪恶博士的秘密巢穴。美国耗费了数年时间把洲际弹道导弹从加州发射至夸贾林岛，而且在部署"星球大战"计划期间，利用这座小岛进行了太空武器实验。他们从太空中将激光束瞄准夸贾林岛，检验它们是否能够精确敏锐地拦截射向这些岛屿的洲际弹道导弹。军队的驻扎使岛上建筑林立，包括高大的、没有窗户的梯形混凝土建筑，很明显，这是由某个靠与死神打交道谋生的人设计的。

为了抵达夸贾林岛，SpaceX 的员工们要么搭乘马斯克的私人飞机，要么从夏威夷转商务机。他们住在夸贾林岛上的一个两居室里，那里看起来不像酒店房间，更像是宿舍，屋内还摆放着军用的衣柜和书桌。工程师所需的全部材料都必须依靠外界，比较常见的情况是经由夏威夷或美国本土出发的船只运输，或是让马斯克的私人飞机送过来。每天，SpaceX 团队都会带齐装备坐 45 分钟的船到达奥麦利克岛（Omelek），他们要把这座占地只有 7 英亩、长满棕榈树和植被的小岛改造成自己的发射台。经过几个月的不懈努力，一小队人马将树木砍倒，灌注水泥来支撑发射台，并将一辆双宽拖车改造成办公室。这些工作十分消耗体力，那里空气潮湿，并且阳光很毒辣，能够透过 T 恤灼伤皮肤。到最后，有些工人宁愿睡在奥麦利克岛上，也不愿意坐船穿过汹涌的海面回到主岛。"有了床垫和折叠床后，办公室直接变成了卧室，"霍尔曼说道，"然后我们用船运来冰箱、烧烤架，还自己安装了淋浴器。我们试着让一切看起来不像是野营，而是正常的生活状态。"

这里每天早上 7 点日出，SpaceX 团队也是在这个时间开工。他们会先开几个会，确定要做些什么，然后讨论出解决问题的方案。大型设备抵达后，工人们将火箭机身水平地放在一个临时机库里，花好几个小时安装好所有的零件。"我们要处理的事情没完没了。"霍尔曼无奈地说，"如果发动机没出错，那么就轮到航电系统或软件有问题。"晚上 7 点，工程师们结束了一天的工作。"其中一两个人会主动做晚饭，他们会做牛排、马铃薯和意大利面。"霍尔曼补充道，"我们有一台 DVD（高密度数字视频光盘）播放器和很多电影光盘，还有人在码头钓鱼。"对于许多工程师来说，这是一段曲折又奇妙的经历。"在波音公司工作，你会过得很舒适，但在 SpaceX，这种情况绝不会发生。"SpaceX 的技术专家沃尔特·西姆斯（Walter Sims）待在夸贾林岛的时候利用空闲时间获得了潜水证书，他兴奋地说，"在岛上，每个人都是明星，他们经常举办关于无线电或火箭发动机的研讨会，这里真是一个充满活力的地方。"

工程师们总是为马斯克愿意投资哪些东西，不愿意投资哪些东西而苦恼。例如，总部曾有人提议购买一台价值 20 万美元的设备或一个对"猎鹰 1 号"来说必需的贵重零件，却遭到了马斯克的拒绝。不过，马斯克却很愿意花差不多的钱给工厂地板铺一层发光面，仅仅是因为这样地板看起来会更美观。在奥麦利克岛上，工人们希望在飞机库和发射台之间铺设一段 200 码①的小路，这样会更方便运输火箭，但马斯克没采纳他们的建议。于是工程师们只能采用古埃及人的方法搬运火箭及其支撑结构。他们在飞机库和发射台之间放置了许多块木板，让火箭在木板上滚动前进，然后把最末位的木板移到最前面，依次循环，直到火箭搬运完毕。

整件事情看起来十分荒唐可笑。一家刚刚起步的火箭公司居然试图在一个与世隔绝的地方完成一项人类已知最艰巨的工作。更为夸张的是，事实上只有一小部分 SpaceX 团队的成员知道如何发射火箭。他们经常把火箭放在发射台上，让其垂直竖立几天，然后在技术和安全检查时又会发现新问题。工程师们会待在火箭上连续长时间工作，直到精疲力竭才把火箭放平送回机库，以防空气中的盐分侵蚀火箭。数月前，那些在公司工厂从事推进系统、航电系统和软件工作的团队，全部聚集到这个岛上通力合作，每个人都被逼成了跨学科的人才。总的来说，他们在极端环境下学习和团建，使得一切就像一场错误的喜剧。"除了多出一枚火箭，这里简直像在拍电视剧《盖里甘的岛》②。"霍尔曼说。

2005 年 11 月，在他们初次登岛 6 个月后，SpaceX 团队一切准备就绪，只差发射火箭了。马斯克和他的弟弟金巴尔也来到了岛上，和其他团队成员一起住在夸贾林岛的宿舍里。11 月 26 日，一小拨人在凌晨 3 点就起床了，他们给火箭加注液氧，随后躲到了约 3 英里外的小岛上找掩体，而 SpaceX 团队的其他成员则在夸贾林岛上距离其 26 英里的控制室内监控发射系统。军方给了他们 6 个小时的发射窗口。所有人都希望第一

---

① 1 码约为 0.9 米。——编者注
② 《盖里甘的岛》是 20 世纪 60 年代的美国情景喜剧，讲述的是一群人被遗弃到岛上，开始时感觉愉快，但在等待救援的漫长时间里，他们一个个开始变得性格乖戾。——编者注

级能够成功升空，达到约 6 850 英里的时速，然后实现一二级火箭分离，后者将在空中点火并达到 1.7 万英里的时速。然而，在发射前检查阶段，工程师们发现了一个重大问题，火箭液氧贮箱上的一个阀门无法关闭，这导致液氧以每小时 500 加仑的速度蒸发到空气中。随后 SpaceX 团队赶紧修理了阀门，但火箭因损失了太多燃料，无法在规定时间内发射。

发射任务中止后，SpaceX 从夏威夷调来了液氧补给，准备在 12 月中旬进行第二次尝试。然而，大风、阀门故障及其他问题导致发射再次受阻。就在 SpaceX 准备进行下一次发射时，某个周六的晚上，工程师发现火箭的配电系统开始失灵，需要更换新的电容。周日早上，他们把火箭放平，分开一级和二级火箭，这样技师就能进入内部拆下电路板。有人注意到明尼苏达州一家电子产品供应商周日照常营业，于是他们派出一名员工乘飞机买了一些新的电容。周一的时候，那名员工在加州的 SpaceX 总部测试这些电容能否通过各项热测试和振动测试，之后他又飞回岛上。在不足 80 个小时内，电子设备成功恢复正常运转，且被重新装回火箭。SpaceX 的 30 人团队即使身处逆境，仍然一往无前，鼓舞了岛上每个人的士气。要知道，传统的 300 人火箭发射团队都不可能在这么短的时间内坐着飞机去解决问题。遗憾的是，SpaceX 团队的能量、智慧和资源依旧没能帮他们克服缺乏经验的劣势和困境，之后他们又遇到了更多麻烦，阻碍了发射进程。

2006 年 3 月 24 日，终于万事俱备。"猎鹰 1 号"矗立在方形发射台上，准备点火升空。它冲上云霄，下面的小岛变成了一个绿色的小点。马斯克穿着短裤、人字拖和 T 恤，在控制室内踱步，观看着发射过程。大约 25 秒后，他们发现发射并不顺利。"灰背隼"发动机的上方失火，本来垂直向上飞的火箭突然开始旋转，最后失控坠落到地面。"猎鹰 1 号"直接落到了发射场上，大多数残骸掉进了距发射台 250 英尺的暗礁中，火箭搭载的卫星设备把 SpaceX 的车间屋顶撞得粉碎，幸好卫星还算完整。一些工程师带上潜水管和潜水装置跳到水中回收火箭残骸，并把找到的所有残骸装进两个冰箱那么大的板条箱内。"值得注意的是，那些成功发射火箭的公司可能也是一路捡着残骸挺过来的。"马斯克在事后的分析报告中这样写道，"一个朋友告诉我，首枚'飞马座'火箭发射了9次，只有5次成功；'阿丽亚娜'火箭发射了5次，只有3次成功；'宇宙神'火箭发射了20次，只有9次成功；'联盟'号火箭发射了21次，只有9次成功；'质子'号火箭发射了18次，只有9次成功。亲身体验过让火箭进入轨道有多难之后，我对那些坚持制造火箭的人充满了敬佩之情，他们是当今航天事业中的中流砥柱。"马斯克在报告的结尾写道："SpaceX将坚持到底，无论上天入地，不成功誓不罢休。"

马斯克和SpaceX的其他高管把这次坠毁归咎于一名技师，但他们未透露其姓名。据他们表述，这名技师在发射前一天进行火箭检测工作时，没有拧紧燃料管上的一个配件，导致配件破裂。这个有问题的基础配件是一个铝制的B型螺母，通常用来连接两条管道。这名技师正是霍尔曼。火箭坠毁之后，霍尔曼飞回洛杉矶，与马斯克当面对质。他花了几年的时间，夜以继日地致力于"猎鹰1号"的生产，所以当马斯克把责任推到他和他的团队身上时，他感到异常愤怒。霍尔曼心里清楚，他肯定拧紧了那枚螺母，而且NASA的观察员也检查了他的工作。于是霍尔曼愤怒地冲进SpaceX的总部，玛丽·贝思·布朗试着劝他冷静下来，别去找马斯克，但霍尔曼根本不听劝阻，二人在马斯克的办公室里大吵起来。

对所有残骸进行分析后，结果表明，那枚B型螺母极有可能是因为连续数月暴露在夸贾林岛高含盐量的空气中被腐蚀了，所以才会破损。"火箭一侧的表面覆盖了一层盐，你必须把它刮掉，"穆勒补充道，"但我们3天前做过静态点火试验，一切表现正常。"为减轻50磅的重量，SpaceX决定用铝制零件代替不锈钢零件。原因有二：其一，当过海军的汤普森曾见到航空母舰上的直升机采用了铝制零件，而且能够正常运作；其二，穆勒曾看到停放在卡纳维拉尔角空军基地的飞机40年来依然完好无损，该飞机采用的也是铝制B型螺母。多年以后，一些SpaceX的高层依然为当年对霍尔曼和其团队做出的不当决定而深感愧疚。"他们是我们最棒的伙伴，归罪于他们，只是为了给世人一个交代，"穆勒说道，"那样对待他们真的太过分了。后来我们才发现，我们只是不太走运而已。"①

火箭坠毁之后，很多人都在主岛上的酒吧里借酒消愁。马斯克希望在6个月内进行第三次发射，但重新组装一枚新火箭的工作量十分庞大。虽然SpaceX在埃尔塞贡多还保留了一些可供使用的设备，但要想组装一枚随时可以发射的火箭，那些显然远远不够。工程师们一边喝酒，一边发誓，定要用一种更规范的方法制造下一枚火箭，而且要团结起来做得更好。沃登希望SpaceX的工程师们能表现得更好，他代表美国国防部观察了他们很久，他赞赏他们的干劲，但不赞同他们的做法。"他们做起事来就跟硅谷那群毛头小子开发软件时一样，"沃登说道，"他们会通宵达旦地试这试那。这样的操作我见多了，不下数百种，但我认为这没什么用。"第一次发射之前，沃登曾经试图提醒马斯克，他给马斯克和美国国防部高级研究计划局（DARPA）分别寄了一封信，明确表达了自己的观点。"埃隆没有采纳我的意见。他不屑地对我说：'你懂什么？你只是个天文学家。'"沃登回忆道。但经历了火箭爆炸之后，马斯克居然推荐沃登代表政府展开调查。"我必须为此事高度赞扬埃隆一番。"沃登解释道。

一年后，SpaceX准备好再次进行火箭发射。2007年3月15日，试

---

① 这次事件之后，霍尔曼于2007年11月离开SpaceX，之后又回来过一段时间帮助培训新人。在这本书中，许多接受采访的人都表示，霍尔曼是SpaceX成立初期非常重要的人物，当时他们担心如果少了他，这家公司可能会倒闭。

点火成功。3月21日,"猎鹰1号"终于升空,它从棕榈树环绕的发射台上一跃而起,冲向太空。起飞后的几分钟内,工程师们持续播报系统一切正常,处于极佳状态。3分钟后,火箭的第一级成功分离,然后从天空坠落而下,回到了地球。紧接着"茶隼"发动机按计划开始启动,准备将第二级送入轨道。看到此情此景,控制室内爆发出一阵欢呼声。接下来,在第4分钟的关口上,火箭上方的整流罩也按计划打开,然后分离。"一切都在按计划进行,"穆勒说道,"我就坐在埃隆旁边看着他:'我们做到了。'我们抱在一起,坚信火箭最终会进入轨道。但后来,火箭又开始摆动。"在那5分多钟的辉煌时刻,SpaceX的工程师们觉得他们所做的一切都是正确的。"猎鹰1号"上的一台摄像机指向下方,镜头内的地球正变得越来越小,火箭也有条不紊地进入太空。然而,随后穆勒便发现火箭由摇摆变成胡乱抖动,设备失控、解体,最后爆炸了。这一次,SpaceX的工程师们很快就查明了发生故障的原因。由于推进剂逐渐被消耗,燃料贮箱中剩下的燃料开始在内部来回晃动,就像红酒在酒杯里晃动一样。于是,晃动的推进剂连带着火箭发生摆动,达到某个临界点时,发动机露出了一个缺口,它吸入了大量的空气,导致它一下子就燃烧起来。

对SpaceX的工程师来说,这次失败又是一次致命的打击。有些人已经花了将近两年的时间往返于加州、夏威夷和夸贾林岛。等到SpaceX能进行下一次发射的时候,距离马斯克立下最初目标已经过去4年,而且马斯克通过互联网产业积累的财富很快就要花光了。马斯克曾信誓旦旦地告诉大众,不成功他决不罢休,但公司内外的人都知道,SpaceX的资金可能只够支撑一两次发射了。尽管财务状况让马斯克变得很焦躁,但他几乎从不把这一面展现在员工面前。"埃隆让员工不要担心资金问题,这一点他做得很好。"斯派克斯夸赞道,"他总是告诉我们精益求精和成功的重要性,但是他从来不会说'如果我们失败了,那就结束吧',他总是很乐观。"

发射火箭的数次失败经历似乎完全没有影响到马斯克对未来的展望，也没有令他质疑自己的能力。在诸事都陷入混乱的时候，马斯克带上沃登一起环游了周围的小岛。马斯克开始自言自语，说着如何将这些岛屿整合成一片陆地。他提议，在岛屿之间的通道上建造防护墙，然后学习荷兰人填海造陆的"精卫"精神将水抽干。同样因奇思妙想而闻名的沃登也不禁为马斯克的勇气所折服。"他想的这件事真是太酷了，"沃登感慨道，"从那以后，他还和我讨论了火星移民计划。他是个心怀壮志的人，这让我印象深刻。"

第七章

全电动汽车
技术前沿特斯拉

特斯拉第一次将硅谷变成了底特律真实存在的威胁，至少在理论上来说的确如此。

J. B. 斯特劳贝尔（J. B. Straubel）的左脸中间有一道两英寸长的伤疤。那是他高中时候的事儿了：在一次化学实验课上，斯特劳贝尔操作失误，不小心将几种化学溶液混合在一起，导致他手中紧握的烧杯发生爆炸，烧杯的玻璃碎片四处飞溅，其中一片划伤了他的脸。

童年时他常常与各种化学药品和机器设备为伴，因此，这道伤疤成了小发明家斯特劳贝尔的"荣誉勋章"。这个小男孩出生于威斯康星州，他在自家的地下室建造了一个大型化学实验室，里面有一个通风橱，还有各种订购、借用或盗窃得来的化学药品。13岁那年，斯特劳贝尔在垃圾堆里发现了一辆破旧的高尔夫球车，便把它带回家修理，为其重新装配了发动机。这样一来，这辆车又能上路了。斯特劳贝尔似乎每时每刻都在拆解一些物件，然后进行一番改进，再把它们组装回去。其实，他的这些习惯发扬了斯特劳贝尔家族一贯的传统——动手去做。19世纪90年代末，斯特劳贝尔的曾祖父创立了斯特劳贝尔机械公司，该公司建造了美国第一批内燃机，用于为船舶提供动力。

1994年，斯特劳贝尔因强烈的求知欲西行来到斯坦福大学，入学就读于这所学校。起初他希望自己能成为一名物理学家，但上过了最难的课程之后，他认为物理学专业并不适合自己，因为这个专业的高级课程太理论化了，而斯特劳贝尔更喜欢动手实践。于是他自创专业，并将其命名为能源系统与工程。"我想学习软件和电力学的相关课程，这样就能很好地支配能源了。"斯特劳贝尔说，"我其实就是想学计算机科学和电力电子技术方面的东西，这些都是我爱干的事。"

当时，清洁能源还没有引起广泛的关注和追捧，但是已经有公司开始在太阳能和电动汽车领域试水了，希望能为其寻找到一些新的用途。斯特劳贝尔开始一一造访这些创业公司，在他们的车库里闲逛，并时不时地设法结识那些公司的工程师。与此同时，他还在与五六个朋友合租的房子的车库里鼓捣着自己的发明。斯特劳贝尔花1 600美元买了一辆

"破烂不堪的保时捷",然后将它改装成一辆电动汽车。这意味着斯特劳贝尔不仅需要制作一个电动车控制器,从零开始制造一个充电装置,还得开发出用于驱动整台设备的软件系统。这辆车拥有卓越的加速性能,并创下了世界纪录——行驶四分之一英里仅用了 17.28 秒。"我从中学到了一点,现在的电子设备都非常棒,只需要一点点钱就足够给车加速,但是现有电池的性能特别差,"斯特劳贝尔说,"车子充一次电,只能行驶 30 英里。所以我认为电动汽车有一些局限性。"斯特劳贝尔为他的车装配了混合动力系统,并发明了一个由汽油驱动的设备,挂在汽车后方,用来给电池充电。这套系统已经足够好用——斯特劳贝尔能开着它往返于 400 英里外的洛杉矶。

2002 年,斯特劳贝尔搬到了洛杉矶。他已经取得斯坦福大学的硕士学位,并且换了几份工作,希望找到一些能够让他眼前一亮的东西。他先是去了罗森汽车公司,这家公司制造了世界上第一辆混合动力汽车。这款汽车装有飞轮和燃气涡轮,并配有电动机驱动车轮转动。该公司倒闭之后,斯特劳贝尔决定追随其公司创始人哈罗德·罗森(Harold Rosen),后者以发明地球同步卫星而闻名世界。俩人共同研发了一架电动飞机。"我是一名飞行员,而且热爱飞行,所以这件事对我来说简直太棒了。"斯特劳贝尔说,"我们的设想是,这架飞机能够在空中持续飞行两周,还能在某个指定地点的上空盘旋。以前,无人机和类似的产品是无法实现这些的。"为了实现这个目标,斯特劳贝尔还在晚上和周末为一家创业公司做一些电子方面的咨询工作,以维持自己的开支。

在斯特劳贝尔为项目辛勤忙碌的那段时间,他在斯坦福太阳能汽车团队的老朋友前来探望他。这是一群疯狂的工程师,他们数年如一日地研制太阳能汽车,其实验室是斯坦福的一间"二战"时期留下来的小屋——屋子里堆满了各种有毒的化学药品,甚至还有黑寡妇蜘蛛。当时,斯坦福试图阻止这些极端怪异、不切实际的极客项目。但要是换作现在,斯坦福校方肯定会毫不犹豫地抓住机会，大力支持此类项目。然而，这些学生最终证明了自己的能力。他们独立完成了项目，还参与了一场太阳能动力车越野赛。斯特劳贝尔在大学期间，甚至毕业之后，都曾参与太阳能汽车的制造工作，与新上任的工程师们关系融洽。这支工程师团队从 2 300 英里之外的芝加哥抵达洛杉矶不久后，斯特劳贝尔为这些精疲力竭、手头拮据的孩子提供了住处。有五六个学生来到斯特劳贝尔的家里，这些孩子洗了好多天以来的第一次澡，然后在地板上一个挨着一个地躺下了。大家围绕着一个话题聊到了深夜：他们意识到锂离子电池——比如团队的车子上配备的太阳能电池——比大多数人想象的要更加优质。许多消费类电子产品，比如笔记本电脑，使用的就是 18650 锂离子电池，它的外观和 AA 电池很像，并且可以被串联在一起。斯特劳贝尔说："我们想，如果把 10 000 块这样的电池串联起来会发生什么？我们计算了一下，发现这足够汽车行驶大约 1 000 英里。书呆子才会这么想吧。后来我们都睡着了，但是这个点子却一直萦绕在我脑海里。"

很快，斯特劳贝尔便缠上了太阳能车队，并试图说服他们制造一辆靠锂离子电池驱动的电动汽车。接下来，他乘飞机去帕洛阿尔托，在飞机上睡了一晚，然后骑自行车到斯坦福校园去推销产品，同时推进他们的太阳能汽车项目。斯特劳贝尔提出设计一辆超空气动力学汽车，其电池将占据全车 80% 的重量。它看上去有点儿像一个装有轮子的鱼雷。谁都不知道斯特劳贝尔对这款产品有什么长远的打算，他本人也不知道。他提出这个点子，与其说是为了组建一家汽车公司，倒不如说是为了打造一款概念车，让人们意识到锂离子电池的威力。或者，他们会参加一些比赛，碰碰运气。

这些斯坦福的学生最终同意加入斯特劳贝尔的项目，不过前提是他得筹集到一些资金。于是，斯特劳贝尔开始参加各种贸易展览会，派发关于自己想法的小册子，给所有的联系人发送电子邮件。他说："我的脸皮非常厚。"但问题在于，没有人对斯特劳贝尔所说的东西感兴趣。在接下来的几个月里，投资人一再拒绝了他。直到2003年秋天，他遇到了埃隆·马斯克。

哈罗德·罗森曾与埃隆·马斯克在SpaceX洛杉矶总部附近的一家海鲜餐馆共进午餐。为了详尽地讨论那个电动飞机的点子，罗森带上了斯特劳贝尔。斯特劳贝尔发现马斯克对此并没有太大兴趣，便向他展示了电动汽车的项目。这个疯狂的点子立刻引发了马斯克的共鸣——他多年来一直在探索电动汽车的潜在可能性。尽管马斯克一直专注于将超级电容应用于汽车，但听到锂离子电池这些年来的技术进步时，他感到既激动又惊讶。"其他人都觉得我疯了，但埃隆说这是一个好点子。"斯特劳贝尔说，"他说：'好啊，我会给你投资的。'"斯特劳贝尔需要的总资金为10万美元，马斯克承诺会向他投资1万美元。在那里，马斯克和斯特劳贝尔结下了深厚的友谊，这一点在接下来的十多年里也未曾改变。在这十多年的时间里，他们的命运起起伏伏，而他们所做的一切是为了改变这个世界。

结束与马斯克的会面后，斯特劳贝尔找到了他供职于AC推进器公司（AC Propulsion）的朋友。这家公司成立于1992年，总部位于洛杉矶，一直是电动汽车行业的领跑者。该公司生产的产品涉及各个领域，从行人用的中型快速代步车到运动型跑车。斯特劳贝尔想让马斯克看看tzero跑车——AC推进器公司目前最高端的原型车。这是一辆组装车，拥有玻璃纤维的车体和钢制的车骨架。在1997年首次亮相时，这款车从零加速到60千米每小时只需要4.9秒。斯特劳贝尔和AC推进器公司的员工打了几年交道，他让公司总裁汤姆·凯奇（Tom Gage）找来一辆tzero给马斯克试驾。马斯克立马就爱上了它，他认为这样一辆速度快到让人尖叫的电动车，能一改电动车在人们心目中无趣又笨重的形象，成为备受消费者追捧的产品。在接下来的几个月里，马斯克一直想要资助成立一个项目,欲将这辆原型组装车改造成商用车,但是他遭到了一次又一次的拒绝。斯特劳贝尔说:"这是一款想象而来的产品,我们需要将其变为现实,再推广出去。我爱死 AC 推进器公司的这帮人了,可是他们在做生意上一窍不通,还拒绝了我们改造车型的提议。他们一直试图向马斯克推销那辆名为 eBox 的汽车。那玩意儿性能不好,也没什么创意,简直糟糕透顶。"马斯克和 AC 推进器公司的会谈并没有达成交易,但却让他坚定地想要资助一些类似于斯特劳贝尔的科学项目。2004 年 2 月末,马斯克在一封发给凯奇的邮件里写道:"我想找到性能最好的原型汽车和电动动力系统,然后一头扎进这个领域。"

斯特劳贝尔不知道的是,几乎在同一时间,北加州的一些商业合伙人也开始对锂离子驱动电池的构想产生了兴趣。马丁·艾伯哈德(Martin Eberhard)和马克·塔彭宁(Marc Tarpenning)于 1997 年创办了新媒体公司(NuvoMedia),该公司研发的"火箭书"(the Rocket eBook)是世界上最早的专业电子书阅读器之一。在新媒体公司的工作经历让这两位创始人深入了解了尖端消费类电子产品,以及用于笔记本电脑和其他移动设备的改良版锂离子电池。尽管那个时代的"火箭书"前卫吸睛,但他们却并没有因此获得商业上的成功,不过这款大胆创新的产品引起了吉姆斯塔国际集团(Gemstar International Group)的关注,这家公司旗下拥有《电视指南》(*TV Guide*)杂志,掌握着电子节目指南技术。2000 年 3 月,吉姆斯塔国际集团以 1.87 亿美元的价格收购了新媒体公司。达成这笔交易后,两家公司的创始人彼此保持着密切的联系。他们都住在伍德赛德,这是硅谷最富有的小镇之一,他们经常一起商量下一步的项目安排。"我们想到了一些特别傻的点子。"塔彭宁说,"当时有一个项目,是开发优质的农田灌溉系统,给房屋安装智能水传感网络。但是我们对这些项目不感兴趣,我们关注了一些更重要的东西。"

艾伯哈德是一位才华横溢的工程师，具有高度的社会责任感。美国在中东频频挑起战乱，令他深受困扰。2000年左右，他像其他崇尚科学的人一样，将全球变暖视为即将到来的现实。也正因此，他开始寻求燃油汽车的替代品。起初，他研究了氢燃料电池，但是发现这类电池实在是太稀缺了。另外，他觉得去通用汽车公司租一辆EV1电动车没有什么意义。然而，艾伯哈德在网上看到AC推进器公司推出的纯电动汽车后，他的兴趣被激发出来。于是，艾伯哈德于2001年来到了洛杉矶，参观了AC推进器公司的生产车间。"那地方跟一座鬼城似的，看起来快要倒闭了。"艾伯哈德说，"我拿出50万美元帮这家公司渡过难关，并让他们为我制造一辆使用锂离子电池而不是铅酸电池的电动汽车。"同样，艾伯哈德也试图让AC推进器公司变成一家大型的商业公司，而不是像现在这种为业余爱好而生的小型车间。AC推进器公司拒绝了他的提案后，他决定创办自己的公司，探索锂离子电池真正的发展潜力。

艾伯哈德决定先在电子表格里画出一个电动车的技术模型，这样一来，他就可以对各个部件进行理论上的微调，并观察调整后对汽车的外形和性能产生的影响。通过调整车身的重量、电池的数量、轮胎和车身的阻力，他能够计算出不同的设计方案分别需要多少节电池。这些电动汽车的技术模型表明，当时很火的SUV及送货卡车之类的车型并不是理想的候选方案。相反，轻型的高档跑车似乎更加合适。这类车速度更快，能提供更有趣的驾驶体验，而且充满一次电的行驶里程远超大多数人的预期。当时，塔彭宁在做关于汽车的财务模型，而这些技术细节有助于完善他的一些构想。丰田汽车公司的普锐斯汽车已经在加州发售，而购买者大多是富有的环保主义先驱。"我们了解到，EV1的购买者的平均年收入为20万美元。"塔彭宁说。过去人们追捧雷克萨斯、宝马和凯迪拉克，将电动汽车和混合动力汽车视为一种与众不同的身份象征。这两位想到，他们可以为每年30亿美元的美国奢侈品汽车市场创造一些产品,让那些富人享受驾驶的乐趣,充满自信。"这款产品炫酷而富有魅力,更难以置信的是,它能在短时间内从起步加速到时速 60 千米,人们肯定乐意为它买单。"塔彭宁说。

2003 年 7 月 1 日,艾伯哈德和塔彭宁成立了他们的新公司。几个月前,艾伯哈德和妻子在迪士尼乐园约会时,就想到了"特斯拉"这个名字。之所以取这个名字,一方面是为了纪念伟大的发明家和电动机先驱尼古拉·特斯拉,另一方面则是因为它听上去很酷。两位创始人在一栋建于 20 世纪 60 年代的破旧建筑里租了一间办公室,地点位于门洛帕克橡树林大道 845 号。办公室里有三张书桌,两个房间。几个月后,伊安·莱特(Ian Wright)成了第三张桌子的主人。他是一位工程师,在新西兰的一座农场长大,在伍德赛德时和特斯拉的两位联合创始人是邻居。那时他努力锻炼口才,跟他们一起为一家网络初创公司做宣传,但这家公司无法从风险投资人那里筹得资金。莱特最后选择了加盟特斯拉。当这三人对他们的密友提起这项计划时,都毫无例外地遭到嘲讽。"我们在伍德赛德的一间酒吧见到了一位朋友,并告诉他我们最终决定制造电动汽车,"塔彭宁说,"她回答道:'你们开什么玩笑。'"

任何试图在美国创办汽车公司的人都会马上想到上一家成功的汽车公司——成立于 1925 年的克莱斯勒。从零开始设计并制造一辆原型车总是会面临诸多挑战,但是更大的困难在于,筹集大量资金和量产汽车。正是这些挑战挫败了过去人们成立新公司时所付出的努力。特斯拉的创始人很清楚这些现实情况。科学家尼古拉·特斯拉在一个世纪前发明了电动机。他们认为,只需要制造一个传动装置,就能将电动机提供的动力传至车轮来驱动车辆。理论上而言,这是可行的。但真正让人犯难的是,建造用于制造车体及相关部件的大型工厂。特斯拉的创始人越是深入地研究汽车产业,就越发意识到,那些大型汽车制造商甚至都不再自己生产汽车了。亨利·福特将原材料运往密歇根州,在他工厂的一端进行输入，然后在另一端产出汽车成品，这样的时代早已一去不复返了。"宝马车上的挡风玻璃、内饰及后视镜都不是自己公司生产的，"塔彭宁说，"这些大型汽车公司唯一保留的三个部门是内燃机研究中心、销售推广部和总装配部。我们曾天真地以为，我们也能找到同样的供应商，获得需要的零件。"

特斯拉的联合创始人提出了一个计划：从 AC 推进器公司取得 tzero 车型的相关技术授权，然后在车身部分采用路特斯 Elise 跑车的底盘。路特斯（Lotus）是一家英国汽车公司，于 1996 年发布了双门跑车 Elise。这款车型拥有时髦的外观、紧贴地面的车身，这些特性足够吸引高端跑车买家的眼球。在和众多汽车经销商交流之后，特斯拉团队决定不经过他们，而是直接面向消费者出售产品。在确定了这些初步计划之后，这三人于 2004 年 1 月开始寻求风险投资资金。

为了让他们的项目看起来更加可靠，特斯拉的创始人们从 AC 推进器公司借来了一辆 tzero 跑车，然后开着它来到位于沙丘路的风险投资一条街。与法拉利相比，这辆车起步加速更快，这种加速的感觉让投资人也兴奋了起来。但美中不足的是，一般的风险投资人的想象力并不丰富，除了这辆奢华跑车表面蹩脚的抛光漆，他们很难看到更深层次的东西。只有两家风险投资公司有意深入了解，它们是指南针技术伙伴公司（Compass Technology Partners）和 SDL 风险投资公司（SDL Ventures），但这两家公司的负责人看上去并不怎么兴奋。指南针技术伙伴公司的首席合伙人和新媒体公司之间的生意进展得很顺利，所以他对艾伯哈德和塔彭宁有一定的忠诚度。"他说：'这个想法太愚蠢了，但是我在过去 40 年里几乎投资过所有的汽车公司，多一次又何妨呢？'"塔彭宁说。特斯拉还需要一位主要投资人，以弥补剩下的 700 万美元的资金缺口，这样他们就可以造出第一辆"骡子"，也就是原型车。这会是他们的第一个里程碑，能够让他们有一些实实在在的可以炫耀的东西，除此之外，还能为下一轮融资打下基础。

一开始讨论找哪些主要投资人时，艾伯哈德和塔彭宁就将埃隆·马斯克考虑在内了。几年前，他们在斯坦福召开的火星学会会议上听过马斯克的演讲。在那场演讲中，马斯克展示了将老鼠送上太空的宏伟构想。正因如此，在他们的印象中，马斯克是那种拥有与众不同的想法的人，他或许会采纳电动汽车的这个想法。AC推进器公司的总裁汤姆·凯奇告诉艾伯哈德，马斯克最近有意投资电动汽车领域的项目。得知这一消息后，他们向马斯克推销项目的决心更加坚定了。艾伯哈德和莱特乘飞机来到洛杉矶，在周五与马斯克见了一面。在那个周末，马斯克向外出旅行的塔彭宁抛出了一大堆关于盈利模式的问题。"我只记得我在不停地回答、回答、再回答，"塔彭宁说，"接下来的周一，我和马丁再度乘飞机南下与他见了一面，然后他说：'那好，我决定加入你们。'"

特斯拉的联合创始人觉得自己很幸运，找到了一位完美的投资人。马斯克具有工程学方面的知识，因此他了解特斯拉正在建造的东西。他还有着与他们同样远大的目标——试图让美国摆脱对石油的依赖。"我们需要一位像他这样有信念的天使投资人，对他来说，这不仅仅是一次金钱交易，"塔彭宁说，"他想去改变这个国家的能源天平。"马斯克以650万美元的投资成了特斯拉的最大股东和董事长。之后，马斯克很好地运用了他手里的权力，与艾伯哈德竞争公司的控制权。"我犯了个错，"艾伯哈德说，"我本应该去找更多的投资人。但是，如果我能再次选择，我还是会先拿到他的钱。一鸟在手，胜过二鸟在林。我们很需要这笔钱。"

这次会面不久后，马斯克让斯特劳贝尔尽快与特斯拉团队见面。特斯拉位于门洛帕克的办公室离斯特劳贝尔的家只有大约半英里远。斯特劳贝尔对他们的故事很感兴趣，但却依然抱有一丝怀疑。没有人比斯特劳贝尔更加了解电动汽车领域的现状，因此他很难相信，一帮人能在这个项目上取得这么大的进展,而他却没有听到任何消息。2004年5月,斯特劳贝尔前往他们的办公室与之会面,即刻便以9.5万美元的年薪被聘用。"我告诉他们,在埃隆的资助下,我目前正忙于制造他们需要的电池组,"斯特劳贝尔说,"我们达成了合作关系,组建了这支'杂牌军'。"

如果当时有从汽车城底特律来的人前去特斯拉参观,他们一定会觉得很不可思议。这家公司的汽车专业人员屈指可数:一帮汽车爱好者,还有一个做了不少科学展项目的人,但在传统汽车行业的人看来,他们所依据的科技原理是很荒谬的。另外,创始团队里没有人打算去底特律那里寻求建立汽车公司的建议。相反,特斯拉会和之前成立的那些硅谷创业公司一样——雇用一些对新事物如饥似渴的年轻工程师,然后走一步看一步——不考虑硅谷湾区没有将这种模式运用于汽车领域的成功先例,也不介意建造一个复杂的实体和开发一款软件之间几乎没有任何相似之处。特斯拉员工相比于其他人的优势在于,他们最先发现了18650锂离子电池的技术潜力,这款电池的前景会越来越好。正是由于这一点,再结合他们的努力和智慧,这家公司便能拥有一片立足之地。

作为斯坦福大学的校友,斯特劳贝尔有一些直接渠道可以结识那些才华横溢且富有激情的工程师,并向他们介绍特斯拉。吉恩·博迪切夫斯基(Gene Berdichevsky)是斯坦福太阳能汽车团队的一名成员,当从斯特劳贝尔那里听到特斯拉的消息时,他马上变得异常兴奋。这个斯坦福的本科生表示愿意退学,免费去给特斯拉扫地——如果这是在特斯拉工作的前提。创始人们很赞赏他的这种精神,并在会面结束后聘用了他。博迪切夫斯基忐忑地给父母打了个电话——他的父母是俄罗斯移民,都是核潜艇工程师——告诉他们自己要从斯坦福退学,然后加入一家电动汽车初创公司。在成为特斯拉公司的第7位员工后,博迪切夫斯基有时在门洛帕克的办公室工作,有时待在斯特劳贝尔家的客厅,用计算机设计汽车动力系统的三维模型，并在车库制作电池模型。"直到这个时候，我才意识到我的决定有多疯狂。"博迪切夫斯基笑着说。

不久，特斯拉需要扩大办公场所的规模，以容纳日渐庞大的工程师队伍。他们还要建造一座工厂，用来打造他们的电动跑车 Roadster，现在人们称之为汽车。他们在圣卡洛斯商业大街 1050 号找到了一栋两层的工业厂房。这块 1 万平方英尺的场地其实并不大，但作为研发车间足够了，他们能够在这儿制造出一些原型车。厂房右侧有一些装配区域，还有两个大卷帘门，可供车辆进出。莱特将露天的楼层空间分为多个区域：发动机、电池、电力电子和总装配部门。厂房的左边是办公区——这里被之前承租的一家管道供应公司改造得很奇特。主会议室有一个带水槽的调酒台、一个天鹅嘴形状的水龙头，还有两个翅膀形状的旋钮，分别控制冷水和热水。某个星期天的晚上，博迪切夫斯基把整个办公室粉刷成白色。在接下来的一周里，员工集体外出去宜家买回了办公桌，然后在戴尔的网站上购买了电脑。特斯拉公司有一个工具箱，里面装满了锤子、钉子和其他基本的木工用具。马斯克偶尔会从洛杉矶来这里视察，他对车间里的状况习以为常，因为 SpaceX 也是在类似的环境里成长起来的。

最初的计划听上去很简单，只是生产一辆原型车。特斯拉可以将 AC 推进器公司的 tzero 动力系统装进路特斯 Elise 的车身。他们之前已经取得电动机的设计方案，并打算从美国或欧洲购买变速器，然后将其他的零件制造业务外包给亚洲的生产商。特斯拉的工程师们的主要任务是专注于研发电池系统，装配环绕车身的各种线路，以及切割并焊接各种金属材料，以便把所有部件整合在一起。工程师们痴迷于生产硬件。特斯拉团队把 Roadster 当作一个汽车改装项目——只需要两三名机械工程师，再加上几名装配人员就能完成。

原型车的核心制造团队由斯特劳贝尔、博迪切夫斯基和戴维·莱恩斯（David Lyons）组成。莱恩斯是一名非常聪明的机械工程师，有近10年的硅谷工作经历，是特斯拉的第12位员工。几年前他在一家7–11便利店结识了斯特劳贝尔，两人因斯特劳贝尔骑的一辆电动自行车聊了起来。莱恩斯曾聘请斯特劳贝尔担任某家人体核心体温测量仪制造商的顾问，以此帮助斯特劳贝尔维持生计。斯特劳贝尔认为，尽早让莱恩斯参与这个激动人心的项目是对他最好的回报。当然，特斯拉也从中获益良多。正如博迪切夫斯基所说："戴维·莱恩斯知道怎么把这摊子事儿搞定。"

为制造原型车，这帮工程师买了一台蓝色的升降机，并把它安装在厂房里。他们还买了一些机床、手持工具，还有方便他们晚上工作的照明灯。整栋楼被他们改造成一个开展研发活动的场地。电气工程师研究了路特斯汽车的基础软件系统，试图弄明白它是如何将踏板、仪表盘和其他机械装置联结成一个整体的，而那些真正精尖的技术集中在电池组的设计上。之前没有任何人尝试过将几百块锂离子电池并联在一起，所以从这个意义上来说，特斯拉处于电池技术的最前沿。

工程师们用强力黏合剂将70块电池粘成一块"电池砖"，以此来了解汽车的散热方式。之后，工程师们将10块电池砖组装在一起，测试不同气体和液体的冷却机制。当特斯拉团队成功研制出一个可用的电池组时，他们将这辆黄色路特斯汽车的底盘延展了5英寸，并用升降机将电池组安装到汽车后部，即发动机所处的位置。这些工程从2004年10月18号就如火如荼地展开了，4个月后，一款由18位工程师携手打造的新型汽车问世了，人们甚至可以直接开着它去兜风。那天，特斯拉召开了一次董事会议。坐在车里的马斯克非常兴奋，还满意地表示将继续投资这个项目。马斯克又投入了900万美元，特斯拉在此轮融资过程中总共筹得了1 300万美元。他们那时计划在2006年年初向消费者交付Roadster。

几个月后，当造出第二辆车的时候，特斯拉的工程师们不得不正视电动车模型的一个巨大的潜在故障。2005年7月4日,他们在艾伯哈德的伍德赛德的家中一起庆祝美国独立日。这些工程师认为在这个美好的时刻,就应该做些有趣的事情——比如,看看 Roadster 的电池被点燃之后会发生什么。其中一个人用胶带把20块电池绑在一起,还装了一条引信并把它点着了。"它像一组火箭一样飞了出去。"莱恩斯说。相比这20块电池,装在 Roadster 上的电池有将近7 000块。光是想象一下那种规模的爆炸场景,就使这些工程师吓出一身冷汗。相对于汽油车,电动车的一个优势是,它能让人们远离汽油这类易燃液体,以及因发动机过热而导致的爆炸。有钱人不会花高价买一种危险品。但之前有一位有名的富人因为这款车而葬身火海,这成了早期特斯拉员工的一个噩梦。"这就是那些让你喊出'噢,不'的时刻之一,"莱恩斯说,"当时我们每个人都清醒了。"

特斯拉成立了一个六人工作组去处理电池的问题。他们放下手中的其他事务,拿着公司提供的经费去做各种实验。第一场试爆在特斯拉总部进行,工程师用慢镜头拍下了实验的全过程。但是到了后来,理智占了上风,工作组将爆炸实验转移到变电站后方的一块试爆场地,这里平时是有消防员维护的。在一次又一次的试爆过后,工程师们对电池内部的工作原理有了更加充分的了解。他们发现了一种排列电池的好方法,这种方法能够阻止火焰从一块电池扩散至另一块。他们还掌握了一些防止爆炸的技术手段。在实验过程中,他们消耗了几千块电池,但这些努力是值得的。尽管特斯拉还处于早期阶段,但他们距离研发出一种全新的电池技术仅差一步之遥。未来,这项技术将成为这家公司最大的优势,帮助它战胜竞争对手,脱颖而出。

特斯拉团队成功地制造了两辆原型车,并在电池和其他部件的技术上取得关键性突破之后,所有人都信心大增。是时候在车上烙上特斯拉的印记了。"最初,我们想尽可能地将这款车的外观与路特斯汽车区分开,最好是电动的。"塔彭宁说,"在这个过程中,马斯克和其他董事会成员说:'你们只有一次机会,最后拿出来的东西必须得让顾客喜欢,而路特斯汽车在这方面做得还不够。'"

  Elise 的底盘,或者说车架,完美地符合特斯拉的工程目标,但是其车身在外形和功能上都存在严重的问题。Elise 的车门只有一英尺高,这意味着你要么跳进车内,要么掉进车内——具体选择哪种方式取决于你身体的灵活性和你的脸皮有多厚。另外,其车身还需要加长,以便安装特斯拉的电池组和后备厢。此外,特斯拉更倾向于采用碳纤维而不是玻璃纤维来制造 Roadster 跑车。在这些设计要点上,马斯克提出了许多自己的观点,发挥了十分重要的作用。他想要一辆能够让贾斯汀感觉舒适的汽车,同时要具备一定的实用性,并在董事会和设计审查会议上明确提出了这些观点。

  特斯拉聘请了几位设计师为 Roadster 跑车设计全新的外观,并选择了一款中意的造型。特斯拉先于 2005 年 1 月委托一家汽车模型生产商制作了一个 1∶4 的模型,又于同年 4 月制作了一个实物模型。这个过程给特斯拉的管理者们带来了一些新的启发。"他们用闪亮的聚酯薄膜包裹在模型外面,然后抽尽里面的空气,这时就能看清整个车身的轮廓,还有光影。"塔彭宁说。这个银色的模型之后被相应地转化为数据模型,以便工程师们在电脑上进行操作。一家英国公司利用这个数据模型建造了一个塑料版的 Roadster 汽车模型,叫作"宇航巴克"(aero buck),用于空气动力学方面的测试。"他们将它放在一艘船上运送给我们,然后我们把它带去了火人节[1]"。他指的是在内华达沙漠举办的年度反传统狂欢艺术节。

---

[1] 火人节始于 1986 年,其基本宗旨是提倡社区观念、包容、创造性、时尚,以及反消费主义。火人节是由美国的一个名为"Black Rock City,LLC"的组织发起的反传统狂欢节。——编者注

过了一年左右，经过大量的调整和完善，特斯拉的工程终于要告一段落了。那是 2006 年 5 月，该公司的员工已经增长到 100 人。这个团队制造了一辆黑色的 Roadster，称为 EP1 或 "一号工程原型机"。"这辆车的诞生表明'我们现在知道自己要制造什么样的产品了'，"塔彭宁说，"你能够真实地感受到它的存在，这是一辆货真价实的汽车，真的很震撼。"EP1 的诞生让现有的投资人清楚了资金的去向，并吸引更广泛的投资人募集更多的资金。EP1 给风险投资人留下了深刻的印象，以至于他们都忽略了一个事实——工程师们有时候得在两次试驾的间隙手动为车子散热。投资人意识到特斯拉长远的发展前景，马斯克再次为特斯拉投资了 1 200 万美元，其他许多投资人也投了钱，包括德丰杰风险投资公司、优点资本、J. P. 摩根、指南针技术伙伴公司、尼克·普瑞兹克、拉里·佩奇和谢尔盖·布林，总数加起来有 4 000 万美元①。

2006 年 7 月，特斯拉决定向全世界宣布其要做的事情。公司的工程师成功造出另一辆红色原型车 EP2，作为黑色版本的补充。这两辆车同时在圣莫尼卡的一场展示会上亮相。媒体闻讯蜂拥而至，尽兴而归。Roadsters 太赞了，它是一辆双座敞篷跑车，从起步加速到时速 60 英里只需要 4 秒。"在今天之前，"马斯克在会上说，"所有的电动汽车都糟糕透了。"[6]

时任州长阿诺德·施瓦辛格、迪士尼前 CEO 迈克尔·艾斯纳（Michael Eisner）等名流都出席了这次活动，他们之中的许多人都亲自试乘了这辆 Roadsters 跑车。然而，这辆汽车实在是有些娇贵，只有斯特劳贝尔和一些熟手才知道如何驾驶它。试驾人员每 5 分钟就要更换一

---

① 在宣布这轮融资的新闻稿中，马斯克并未被列为特斯拉的创始人。在"关于特斯拉汽车公司"的栏目下，写着"特斯拉汽车于 2003 年 6 月由马丁·艾伯哈德和马克·塔彭宁创立，旨在为热爱驾驶的人制造高效的电动汽车"。马斯克和艾伯哈德后来因马斯克的创始人身份而陷入争吵。

辆汽车，以避免车体过热。特斯拉公布，每辆 Roadster 汽车的售价为 9 万美元，一次充电能续航 250 英里。该公司表示，当天有 30 个人承诺购买 Roadster 汽车，其中包括谷歌的联合创始人布林和佩奇，还有许多科技领域的亿万富翁。马斯克承诺，特斯拉将会在 3 年内推出一款更便宜的、四座四门的车型，其售价预计低于 5 万美元。

在举办这场发布会的同时，特斯拉完成了它在媒体上的初次亮相，《纽约时报》刊登了一小段关于特斯拉的商业报道。艾伯哈德宣布，乐观估计，第一批 Roadster 将在 2007 年年中交货，而不是之前计划的 2006 年年初。同时，他宣布了特斯拉的商业策略：从少量高价的产品入手，然后提高核心技术水平和制造能力，逐渐向实惠亲民的车型过渡。马斯克和艾伯哈德了解到，许多电子设备公司都成功地运用了该项商业策略，因此对它持支持态度。"手机、冰箱、彩电，最初并不是为大众设计的低端产品，"艾伯哈德在接受媒体采访时说道，"以前虽然有人买得起这些，但在当时也算比较贵的了。"[7] 尽管这篇报道对于特斯拉来说是一次很棒的宣传，但是马斯克却对这篇文章忽视他的存在而耿耿于怀。"我们尝试向媒体强调他的重要性，并一次又一次地向媒体介绍他，但是他们对公司董事会不感兴趣。"塔彭宁说，"埃隆非常生气，脸色特别难看。"

你或许能够理解为什么马斯克希望特斯拉的光环能够笼罩他。特斯拉汽车现在已经成为汽车世界的明星话题。电动汽车很容易在支持者和反对者团体中引发过激反应。更何况，一辆帅气的高速电动跑车更容易点燃每个人心中的激情。特斯拉第一次将硅谷变成了底特律真实存在的威胁，至少在理论上来说的确如此。圣莫尼卡展览结束之后，著名的"加州卵石湾汽车巡展"开幕了，这是一场著名的关于异国情调的汽车的展览。特斯拉在人群中引发的话题实在是太火爆了，以至于会议主办方都恳请特斯拉能派出一辆 Roadster 来参展，并且承诺免除其全部的参展费。于是特斯拉在会场内搭了一个展台，成群结队的人出现在展台前面，签下一张又一张 10 万美元的支票预订 Roadster 汽车。"这发生在众筹网站 Kickstarter 出现之前，我们那时压根儿没有想到要这样做，"塔彭宁说，"但是后来我们就开始参加类似的展会，并从中获得了几百万美元的资金。"风险投资人、社会名流，还有特斯拉员工的朋友们开始试着购买预订汽车的名额。一些富裕的硅谷精英甚至直接找到了特斯拉总部，提出想买一辆车。企业家康斯坦丁·奥斯莫（Konstantin Othmer）和布鲁斯·里克就做了这样的事。马斯克还在火箭科学游戏公司实习的时候，这两位就认识他了。他们最后获得了一次长达数小时的自驾出行机会，用的是马斯克和艾伯哈德的车。"最后我们说'我们决定买一辆'，"奥斯莫说，"他们还没正式开始销售呢，于是我们花 10 万美元加入了他们的俱乐部，还因为会员身份免费得到了一辆车。"

随着特斯拉的重心从营销推广回到研发领域，技术上的一些发展趋势对他们很有利。计算机技术不断进步，使得小型汽车公司能够在某些方面和传统汽车巨头相媲美。几年前，汽车制造商需要斥资配备一支车队用于碰撞测试。特斯拉承担不起这样的成本，也没必要承担。第三辆 Roadster 工程原型车采用了大型汽车公司使用的撞击测试装置，这使得特斯拉有机会接触到顶级的高速摄像机和其他成像设备。此外，其他数千项测试都是交给专门从事计算机模拟的第三方机构去完成的，因此特斯拉节省了一大笔测试用车的成本。特斯拉还有机会使用测试汽车耐久度的赛道，这种赛道由鹅卵石和混有金属物体的水泥铺成，能够模拟汽车行驶 10 万英里和使用 10 年后的磨损程度。

有些时候，特斯拉的工程师会把他们的硅谷作风带到传统汽车制造商出没的地方。在瑞典北部靠近北极圈的地方，有一条专门用于测试汽车制动和牵引力的赛道，在那里，车子会在大块的冰面上接受检修和调整。通常的做法是，在这里花三天左右测试汽车，然后等待数据，再返回公司总部，花数周的时间开会讨论如何对汽车进行改造。相反，特斯拉派遣工程师来到了当地，一边测试汽车，一边进行数据分析。当汽车的某些设置需要改动时，工程师们会当场调整一些代码，然后再将车子送回冰上继续接受检测。"如果是宝马的话，他们会召集三四家相关公司开个会议，然后相互指责对方，"塔彭宁说，"我们是自己动手解决问题。"另一个检测项目需要将 Roadster 置于一个特制的冷却室中，以便测试汽车在寒冷环境中的表现。特斯拉的工程师们不愿意支付高昂的冷却室使用费，就租用了一辆带有大型冷冻车厢的冰激凌车。在某个人把 Roadster 开进冰激凌车厢之后，工程师们就会穿上派克大衣，然后开始进行他们的研究工作。

在底特律工作打拼的时候，特斯拉都会感受到这座曾经辉煌的城市如何背离了它的实干精神。特斯拉试图在底特律租一间小办公室。相比于硅谷的房子，底特律的房租成本低得令人难以置信，但这座城市的官僚体制使得租用一个基本的办公场所都成了一项艰巨的任务。这栋楼的业主要求查看特斯拉 7 年来的账目明细，而特斯拉那时还是一家私有企业。在此之后，业主又要求特斯拉预付两年的租金——特斯拉的银行账户里有将近 5 000 万美元，他们可以马上买下这栋楼。"在硅谷，只要说明有风险投资人支持你，商谈就可以结束了，"塔彭宁说，"但是在底特律，所有事情都不一样。要是我们收到一份联邦快递，我们甚至都不知道让谁来签收。"

在最初的几年里，工程师们都很欣赏艾伯哈德迅速而果断的行事风格。特斯拉很少浪费时间去过度分析某个问题。该公司选择一项策略后，要是这项策略在某些方面失利，团队会迅速接受失败的局面，然后迅速做出调整并更换一项新的策略。真正拖延 Roadster 的研发进度的，是马斯克想要实现的种种改动。马斯克要求对座椅和车门做出调整，让车子具有更高的舒适度。他提出给车身使用碳纤维材料，然后要求在车门上安装电子传感器，这样一来，人们便可以通过手指触摸而不是拉动手柄去解锁。艾伯哈德抱怨说这些功能会拖慢整个公司的研发进度，许多工程师也认同这一点。"有时候，我们觉得埃隆就像一股无理取闹的邪恶力量，"博迪切夫斯基说，"整个团队都很同情马丁，因为他一直都在公司工作，我们都觉得这款车应该早点儿上市。"

到 2007 年年中，特斯拉的员工人数已经增长到了 260 名。他们似乎正在完成一项不可能完成的任务——几乎从零开始生产出了世界上速度最快、造型最优美的电动车。他们接下来要做的就是实现原型车的量产，但这个过程几乎让公司走到了破产的边缘。

特斯拉的高管们在早期犯下的最大错误是，他们对 Roadster 的变速系统做出了错误的假设。他们的目标一直都是尽量让汽车在最短的时间内从起步加速到时速 60 英里，希望 Roadster 在速度方面吸引更多的关注，让驾驶体验变得更有趣。为了做到这一点，特斯拉的工程师决定采用一种双速变速箱，这是将动力从发动机传送到轮胎的汽车基本变速系统。第一挡的变速齿轮能够让汽车在 4 秒内从零起步加速到时速 60 英里，而第二挡的变速齿轮能继续使车子加速到时速 130 英里。特斯拉将这个部件的生产任务委托给英国一家专业设计变速系统的公司 Xtrac，这将会是 Roadster 的生产进程中相对比较顺利的环节。"自罗伯特·富尔顿开始研究蒸汽机以来，人们就已经开始制造变速系统了。"比尔·柯里（Bill Currie）说。[8] 他是一名资深的硅谷工程师，是特斯拉的第 86 名员工。他说："我们的想法是，直接买一个就行了。但是我们的第一个变速箱仅仅运行了 40 秒。"最初，变速箱的变速齿轮无法适应从第一挡到第二挡的落差，他们担心第二挡的变速齿轮在高速状态下无法与发动机同步工作，并对车子造成灾难性的损坏。

莱恩斯和其他工程师迅速着手解决这个问题。他们找到其他的承包商来设计替代品，并寄希望于这些经验丰富的变速系统专家，期待他们能够轻松地制造出一些实用的产品。然而，事实证明，这些供应商不会为了硅谷的一家小型创业公司去动用他们的顶尖团队。新的变速系统并没有比旧系统好到哪里去。在测试过程中，特斯拉的工程师发现，有时候变速系统在行驶了 150 英里后就会出现故障，相邻两次故障间的距离大概为 2 000 英里。来自底特律的技术团队对变速系统进行了根本原因分析，发现了 14 个不同的问题，它们都有可能导致系统出现故障。特斯拉原本希望在 2007 年 11 月之前交付 Roadster，但变速系统的问题迟迟无法解决。到 2008 年 1 月，特斯拉不得不再次从零开始着手解决变速系统的问题。

与此同时，特斯拉也面临着国外的一些麻烦。该公司决定派一批最年轻、最有活力的工程师去泰国，在那里成立一家电池工厂。当时，特斯拉与一家十分热情但能力欠佳的生产商合作。特斯拉的工程师们原以为自己会去管理泰国最先进的电池工厂，然而他们看到的并不是一个工厂，而是一块由柱子支撑起来的混凝土地板。这栋建筑距曼谷市区有 3 小时车程，由于天气炎热，厂房大多数时间是敞开的，大部分的工厂都是如此。其他生产作业，比如制造炉子、轮胎、日用品等，就是在这样的温度条件下进行的。但是，特斯拉有敏感的电池和其他电子器件，就像"猎鹰 1 号"运载火箭的零部件那样，它们在碱性、潮湿的环境中会被腐蚀。最终，特斯拉的合作方支付了 7.5 万美元，为这家工厂建起了干燥的墙壁，在地面上刷了一层涂料，还建造了几间可控温的储藏室。特斯拉的工程师们努力培训泰国工人，教他们怎样妥善处理电子元件，经历了一段令人抓狂的时期。曾经发展迅猛的电池技术，现在也慢了下来，匍匐着艰难前进。

电池工厂是特斯拉全球供应链的一部分，因此，Roadster 的生产成本和时间成本也相应增加了。该车的车身面板由法国制造，而其发动机产于中国台湾。特斯拉还打算在中国购买单块电池，然后运到泰国组装成电池组。不过，电池组必须要妥善保存，他们要在最短的时间内将其运送到英国去清关，以防发生降解。特斯拉计划由路特斯汽车公司生产车身，安装电池设备，再将所有的 Roadster 装船，经由好望角运送至洛杉矶。当时，特斯拉早已为 Roadster 投入大量资金，还要等 6~9 个月后才能拿到销售收入。"我们的想法是去亚洲，这样办事很快，成本还低，然后靠车子赚钱。"被派去泰国的工程师福里斯特·诺斯（Forrest North）说道，"但我们发现，对于非常复杂的事情，在美国做会更省钱，还能减少延误，避免麻烦。"当新员工入职时，他们会震惊地发现特斯拉的计划有多么随意。瑞安·波普尔（Ryan Popple）在军队里待过 4 年，获得了哈佛大学的工商管理学硕士学位（MBA），之后他来到特斯拉，担任财务总监，主要任务是为公司上市做准备。在仔细审阅完公司的账本后，波普尔向生产部主管询问，汽车到底是怎样生产出来的。"他回答说：'我们决定要批量生产了，然后奇迹就会出现，替我们搞定一切。'"波普尔说。

当得知生产过程出现了问题时，马斯克开始担忧艾伯哈德管理公司的方式。于是他让一个中间人介入此事，处理当时的状况。Valor Equity 是一家位于芝加哥的投资公司，也是特斯拉的投资人之一，致力于优化企业的生产方案。这家公司对特斯拉的电池和动力系统颇有兴趣。他们盘算着，即使特斯拉没能卖出大量的汽车，那些传统的汽车巨头也依然愿意购买特斯拉手中的知识产权。为了保障投资，Valor Equity 派来了公司的运营管理总监蒂姆·沃特金斯（Tim Watkins）。不久之后，他就得出了一些令人震惊的结论。

沃特金斯是英国人，拥有工业机器人和电子工程学位。作为问题解决大师，他可谓远近闻名。比如，在瑞士工作期间，沃特金斯发现有一种方法，能够摆脱当地劳工法案的严格约束。他建造了一个 24 小时工作的自动化金属冲压工厂，而竞争对手的工厂每天只能运转 16 个小时。

沃特金斯的出名与他的穿戴也有很大关系——他总是用一条黑色发带把马尾辫整整齐齐地缠好，平时穿着黑色皮夹克，随身携带一个黑色腰包。这个腰包里有他的护照、支票簿、耳塞、防晒霜、食物，以及其他各种个人必需品。"腰包里装满了我每天的生活必需品，"沃特金斯说，"只要这个腰包不在我身旁，我就会想哪里有什么不对劲。"尽管他有点儿古怪，但沃特金斯做事非常缜密，他花了好几周的时间和员工交谈，然后调查特斯拉的供应链的每个环节，以确定生产一辆 Roadster 的成本。

特斯拉在控制员工成本方面做得还不错。他们宁愿选择雇用年薪 4.5 万美元的斯坦福大学应届毕业生，也不考虑那些已经混出了点儿名堂的人，因为这些人即使拿到 12 万美元的年薪，也不会认真工作。但在设备和原材料方面，特斯拉有一笔巨大的开销。大家都不怎么喜欢使用公司的记账软件，真正使用它的人并不多。那些使用记账软件的人经常会犯一个严重的错误：他们会用原型车的某个部件的单价去预估大量购入该部件时的折扣，而不是通过与卖方商谈来争取一个理想的价格。有一次，这个记账软件显示，每辆 Roadster 的成本大约为 6.8 万美元，也就是说，特斯拉每销售一辆汽车就能赚到 3 万美元。每个人都知道这个数字是错误的，但他们视而不见，依然将数据汇报给了董事会。

大约在 2007 年年中的时候，沃特金斯带着他的调查结果找到了马斯克。马斯克对这个天文数字早已做好了心理准备，但他坚信，在不久的将来，随着生产计划步入正轨和销量不断提高，汽车的成本会慢慢降低。马斯克表示："蒂姆带来的这个消息，无异于晴天霹雳。"生产一辆特斯拉跑车的成本估计高达 20 万美元，而它预期的售价只有 8.5 万美元。"哪怕进行全线生产，其成本也将接近 17 万美元或者某个疯狂的数字，"马斯克说，"当然，这还不算什么，因为起码有 1/3 的汽车根本无法使用。"

艾伯哈德尽了最大的努力，想要把他的团队从这泥沼中拯救出来。

有一次，他去听了著名风险投资家约翰·杜尔（John Doerr）的一场演讲。在此次演讲中，杜尔向大家宣布，他会把自己全部的时间和金钱投入环保事业，拯救陷入全球变暖危机中的地球，因为这是他亏欠自己孩子的。也正如他所言，杜尔后来成了环保科技公司的主要投资人。演讲结束后，艾伯哈德迅速赶回特斯拉大楼，发表了一次相似的演讲。当着约100名员工的面，艾伯哈德将他小女儿的照片用投影仪投射在主车间的墙上，随后向特斯拉的工程师们提问他放这张图片的原因。其中有一人猜测，是因为像他女儿这样的人会喜欢开特斯拉。艾伯哈德回答道："不，我们现在之所以要制造这辆汽车，就是因为等我女儿到了可以开车的年龄，她对汽车的认知会和我们现在的认知完全不同，就像现在我们认为电话不应该接一根电话线挂在墙上一样。可以说，未来就在你们手中。"语毕，艾伯哈德当着众人的面感谢了几位核心工程师，赞扬了他们付出的不懈努力。那时，很多工程师经常彻夜不眠地工作，因此艾伯哈德的演讲很能鼓舞士气。"我们都坚持工作到精疲力竭，"特斯拉的前发言人戴维·威斯普瑞米（David Vespremi）说道，"然后我们就迎来了这个时刻，他提醒了我们，造车并不是为了让公司上市或者把车卖给那些有钱人，而是因为我们的工作也许能改变汽车的本质。"

艾伯哈德的演讲虽然鼓舞了士气，却并不足以打消员工的顾虑，许多特斯拉的工程师都隐约感觉——艾伯哈德作为一名CEO，已经江郎才尽了。公司元老一直很欣赏艾伯哈德在工程方面的才能，现在依然如此。事实上，艾伯哈德确实将特斯拉变成了一个狂热崇拜工程师精神的团体。可惜的是，公司的其他方面似乎被忽略了。人们开始质疑艾伯哈德是否有能力将公司从研发阶段转入生产阶段。高到离谱的汽车制造成本、变速器不可用，以及效率低下的供应商，上述种种问题都严重影响了公司的正常运作。随着特斯拉开始延迟发货日期，之前那些疯狂的、一次性预付了大笔款项的客户们，开始找上特斯拉和艾伯哈德。"我们看到墙上写的字了，"莱恩斯说道，"世人皆知，公司的创始人或许并不适合领导公司的长期发展，但不论谁在什么时候遇上这样的情况，都不好过。"

艾伯哈德和马斯克在汽车的设计细节上争论了数年，但大部分情况下他们相处得还不错，毕竟两人都无法忍受笨蛋，而且他们对电池技术及其对世界的意义有着许多共同展望。然而，在沃特金斯揭露了特斯拉跑车的真实成本之后，艾伯哈德和马斯克之间的关系便破裂了。马斯克认为，艾伯哈德在管理工作上失职了，竟然允许成本飙升到如此之高，而且他还试图对董事会隐瞒事态的严重性，这无疑是在欺骗公司。在前往洛杉矶汽车媒体联合会（Motor Press Guild）发表演说的路上，艾伯哈德接到了马斯克打来的电话，经过一番简短的、极其尴尬的沟通，艾伯哈德才得知自己CEO的位子将被撤换。

2007年8月，艾伯哈德被降职为技术总监，但这只是让事态更加恶化而已。"马丁对这个决定十分不满，他到处捣乱。"斯特劳贝尔回忆道，"我记得他在公司四处煽动大家的不满情绪。那时我们快要结束汽车的研发工作，资金也所剩无几，一切都被逼到了悬崖边上。"但艾伯哈德却认为，公司的其他人想强迫他使用一个不靠谱儿的记账软件，把追踪成本这项工作复杂化了。他坦言道，汽车生产延误和成本增加在某种程度上是管理团队其他成员的要求所致，他早就将这些问题与董事会开诚布公地谈过。此外，他觉得真实情况没有沃特金斯说得那么糟糕，毕竟硅谷的创业公司对乱糟糟的公司运营状况已是见怪不怪。"维拉习惯和传统行业的公司打交道，"艾伯哈德解释道，"他们有点儿不适应看到混乱的场景。不过对于创业公司而言，这种混乱在所难免。"除了这些，艾伯哈德此前也向特斯拉董事会提出，要找一个在生产制造方面经验更丰富的人来代替他担任CEO。

几个月过去，艾伯哈德还没消气。许多特斯拉的员工觉得他们自己仿佛是一群面对家长正在闹离婚的孩子，不得不选择跟爸爸还是妈妈——站在艾伯哈德一边，还是站在马斯克一边。12月的时候，事态已经到了不可挽回的地步，于是艾伯哈德彻底离开了特斯拉。后来，该公司在一份声明中指出，他们愿意在顾问委员会给艾伯哈德提供一个职位，但是他拒绝了。"我与特斯拉汽车公司不再有任何关系了——无论是董事会成员，还是其他任何形式的职位。"当时，艾伯哈德也以声明回应，"我不满意我得到的待遇。"马斯克给硅谷的一份报纸这样写道："我很抱歉，事情发展到这一步，是所有人都不愿意看到的。这与我们俩之间的性格差异无关，因为马丁调任顾问的决定是董事会一致通过的。特斯拉还有许多运营方面的问题需要解决，如果董事会认为马丁能解决一部分麻烦，那么他现在仍然是公司的员工。"[9] 这几份声明拉开了两人之间长达数年之久的公开"战争"的序幕，而且这场战争以种种形式一直延续至今。

从2007年开始，特斯拉就一直面临着各种问题。比如，碳纤维的车身固然很具有观赏性，但难的是在上面喷漆。特斯拉不得不循环往复于几家候选公司挑挑选选，以便找出一家能很好地完成这项任务的公司。还有一连串的小麻烦，包括电池组有时会发生故障，电动机时不时地会短路，汽车面板之间有肉眼可见的缝隙。另外，公司还不得不面对一个现实——两挡变速器的方案不可行。特斯拉的工程师们为了使特斯拉跑车能以单速变速器从零起步快速提速到60英里，不得不重新设计汽车的发动机和变频器，还要减轻车身重量。"我们基本上要重头来过，"马斯克无奈地说道，"真是太糟糕了。"

艾伯哈德被撤职后，特斯拉的董事会任命迈克尔·马克斯（Michael Marks）为公司临时首席执行官。马克斯担任过大型电子产品供应商伟创力（Flextronics）的首席执行官，在处理复杂的制造业务和物流问题方面经验丰富。马克斯开始逐个盘查公司内部人员遇到的问题，旨在优先解决困扰特斯拉跑车研发生产的问题。他还制定了一些基本的规章制度来确保生产力,比如要求每个员工在同一个时间出现在办公室,而这项要求在时时处处皆可工作的硅谷文化中很难达成。马克斯将所有计划实施的举措都列在了待办事项清单里。这项计划的期限为100天,共10项举措,包括清理电池组的所有故障,保证车身各部件之间的间隙小于40毫米,以及提前预订相关的配套服务。"马丁太没有条理了,缺乏成为一个管理者必备的纪律性。"斯特劳贝尔说道,"现在迈克尔来了,他分析了现状,省掉了那些没用的废话。他并没有站队支持任何一位员工,而是对员工们说:'我不在乎你们到底说了什么,又想了什么。我只在乎我们手头上应该做的事。'"马克斯的策略很快奏效,团队的工程师们果然没有再受到办公室政治的干扰,继续集中精力制造跑车。但好景不长,后来马克斯在公司的愿景方面与马斯克产生了分歧。

此时,特斯拉已经搬进一个更大的工厂,它位于圣卡洛斯冰大道(Bing Street)1050号。这样公司就有足够大的空间可以将电池业务从亚洲搬回总部,顺便接手特斯拉跑车的部分生产工作,以缓解供应链的压力。如此一来,尽管特斯拉"野孩子"一般的创业公司的内核没有改变,但它已逐步向一家成熟的汽车公司迈进。一天,马克斯在工厂闲逛,突然看到升降机上放着一辆戴姆勒(Daimler)Smart轿车。原来马斯克和斯特劳贝尔有一个关于Smart的编外小项目,他们想知道如果把它变成一辆电动汽车会是什么样子。后来这项Smart计划促使戴姆勒买下特斯拉10%的股份。"迈克尔事先并不知情,他当时的第一反应是:'谁才是这里的CEO?'"莱恩斯表示。

马克斯想将特斯拉打包成一个实体资产,方便卖给大型汽车公司。这项计划当然合情合理,完美无缺。马克斯在管理伟创力期间,曾负责监管一个庞大的全球供应链项目,这段经历让他深知制造业未来的发展困难重重,所以特斯拉十有八九会陷入崩溃的边缘,毕竟它现在连唯一的产品都做不好,资金会随时跟不上,以至于错过了一系列的交货期限。

在这种糟糕的情况下，特斯拉的工程师们竟然还有精力做一些与产品无关的实验。此时，最理性的做法就是尽可能让特斯拉在外人看起来还不错，然后帮它找一个好买家。

在一般情况下，人们会对像马克斯这样行事果断、保证公司的投资者免受重大损失的行动计划表示感谢。遗憾的是，马斯克却对美化公司形象，然后使公司待价而沽毫无兴趣。他创立公司的初衷是引起汽车行业的关注，迫使人们重新审视电动汽车。硅谷的行事风格偏向提出创意然后转化落地，但马斯克并未止步于此，他想要做得更多。"我们的产品错过了指定的交货期限，而且实际需求的资金还大大超出了预算，一切都乱套了。但是埃隆从未想过卖掉整个公司，也不想为了达成合作而失去公司的控制权。"斯特劳贝尔解释道，"所以，埃隆最终决定加大赌注。"

2007年12月3日，泽夫·德罗里（Ze'ev Drori）取代马克斯出任特斯拉的CEO，他曾在硅谷创办了一家生产电脑内存的公司，之后将它出售给芯片制造商超微半导体公司（AMD）。德罗里其实并不是马斯克心目中的第一人选，他能上位，仅仅是因为原先那位首选对象为了想不从东海岸搬过来而回绝了这份工作。德罗里的到来没有激起特斯拉员工们的工作热情，他比最年轻的工程师要年长15岁，并且和这些共患难的伙伴没有任何交集，简直就像是马斯克安排的傀儡CEO。

为了平息媒体对特斯拉的各种负面报道，马斯克开始频频出镜。他接连发表声明，接受采访，并向客户承诺特斯拉跑车将会在2008年年初交货。除此之外，马斯克还提到公司会新建工厂来生产一辆代号为"白星"（特斯拉跑车的代号为"暗星"）的房车——售价大约为5万美元。"考虑到近期管理层发生变动，我们需要给大家吃下一颗定心丸，让人们对我们的未来有信心。"马斯克在一篇博客文章中这样写道，"短期内，我们的目标十分简单明确：明年客户将收到一辆超赞的跑车，他们肯定会爱上它。我们的车辆识别号（VIN）1批次的产品已经在英国完成生产，只剩下进口前的准备工作了。"随后，特斯拉在市政大厅举行了一系列的见面会，把产品存在的问题公之于众，同时着手为这台电动汽车建造展示厅。贝宝前高管文斯·索利图前来参观了位于门洛帕克的展厅，他发现马斯克虽然不满现阶段出现的公关问题，但对特斯拉即将发售的产品信心十足。索利图表示："我们一走进发动机展厅，他整个人的神态就都变了。"只见马斯克身穿皮夹克和休闲裤，他先是对着发动机的性能侃侃而谈，似乎觉得光靠说还不够，竟然举起了这个重达100磅的发动机，展示了一通足以媲美狂欢节上大力士的表演。"他两只手牢牢地抓住那个发动机，将它举了起来。"索利图震惊地说，"他抱着那个东西，浑身都在颤抖，额头上冒出了汗珠。这绝不是为了展示他个人的力量，而是以肉体展现他们的产品之美。"自那以后，虽然客户们很不满特斯拉延时发货，但他们似乎感受到了马斯克对于产品的满腔热情，最后只有极少数客户要回了预付款。

马斯克在SpaceX的一贯行事作风，特斯拉的员工很快就领教了。例如，跑车的碳纤维车身突然出现问题，马斯克就会亲自出面解决此事。他先是坐上私人飞机前往英国搜集适合车身面板的新原料，然后将其送到法国的工厂，避免耽误产品的生产进度。另外，特斯拉跑车的成本不可控制的日子也过去了。"埃隆勃然大怒，让我们立刻执行成本削减计划。"波普尔回忆道，"他发表了一场演讲，提出员工们双休日也应该日夜赶工，平时只能睡在桌子底下，直到计划完成。员工中有人表示反对，他们认为大家都为了这辆车忙里忙外，十分辛苦，他们也需要时间放松，陪陪家人。但埃隆不这么看，他表示：'我真想告诉那些人，公司破产之后，他们陪家人的时间会更多。'听完后，我脑海里突然冒出一句'天啊'，但我知道他是什么意思。我是从军队出来的，有时候我们为达目的，就必须有所牺牲。"此外，员工们被勒令每周四早晨7点开会，审阅最新的原材料账单,因为他们必须了解每个零件的价格,才能拟订有效降低成本的计划。假定一台发电机在 12 月底的售价为 6 500 美元,马斯克希望它的成本在次年 4 月能降到 3 800 美元。公司每个月都会分析和规划这些零件的成本。"如果你掉队了,你将为此付出惨重的代价。"波普尔解释道,"如果有谁没有完成预定的任务,他就会被炒鱿鱼,而且是在众目睽睽之下。埃隆的大脑就像一台高速运转的计算器,哪怕投影仪上出现一个不合理的数字,他都会注意到。他不会放过任何一个细节。"波普尔发现马斯克虽然行事有些咄咄逼人,但具备一种十分吸引人的特质:他愿意耐心听取那些言之有理、逻辑清晰的观点,甚至只要你给出的理由合情合理,他就会改变想法。"有些人认为埃隆的态度过于强硬或脾气暴躁,简直是个不折不扣的暴君,"波普尔说道,"但这都是因为那时我们处境艰难,熟知公司具体现状的人对此其实心知肚明。他没有粉饰太平,这一点我很欣赏。"

对于社会舆论,马斯克每天都会用谷歌搜索有关特斯拉的最新资讯。如果他看到了负面消息,即便特斯拉的公关人员改变不了那篇报道,他也会指定一个人去"更正它"。有一次,一名员工因为孩子出生,错过了公司的大型活动。事后,马斯克通知他:"这根本就不是理由。我太失望了。你需要弄清楚,什么对你来说更重要。我们正在改变世界甚至改变历史,如果你不打算全力以赴,就趁早走人吧。"[1]

除了那些营销人员会因为发了带语法错误的电子邮件,被下令卷铺盖走人,同样地,如果谁最近没有做出足够出彩的业绩,公司也不会留他。"有时候,马斯克做得太过火了,但其实他并不知道自己有多可怕。"一位特斯拉的前高管说道,"我们经常在开会前赌谁会挨骂。如果你告

---

[1] 马斯克否认他做过此事。不过,这名员工还记起马斯克曾这样告诉他:"你应该提前想好要做什么,我希望你每天都能拼命思考,哪怕想到头疼欲裂,甚至在每晚睡觉的时候,都不要松懈。"

诉他，自己做出某项决定纯粹是因为'按照惯例'，他会马上把你从会议室踢出去，并说'别再让我听到这句话。我们必须做到全力以赴，绝不允许半途而废'。他会不断挑战你的极限，如果你经受得住，他就会考虑你是否值得信任。而他信任你的条件就是，你和他一样疯狂。"公司上下都理解他的这种价值取向，而且大家马上就意识到马斯克是认真的。

尽管有时候斯特劳贝尔也免不了受到马斯克的批评，但他仍很欣赏马斯克雷厉风行的作风。虽然每天工作得特别辛苦，但斯特劳贝尔还是很享受待在特斯拉的那段时光。一晃5年过去，无论是在专业能力还是沟通技巧方面，他都经历了巨大的蜕变。他从当年那个安静的、低着头穿梭于工厂的出色年轻工程师，蜕变成为公司技术团队的核心成员。在技术上，斯特劳贝尔对电池和电动变速器的了解，公司内无出其右。另外，他还成了员工和马斯克之间沟通的桥梁。斯特劳贝尔凭借自己的工程智慧和职业道德赢得了马斯克的尊重，慢慢地，他注意到自己可以替员工们向马斯克汇报一些棘手的信息。除此之外，斯特劳贝尔也十分乐意提醒马斯克记得平时收敛一下自己的戾气。当然，在接下来的几年，斯特劳贝尔也是这么做的。斯特劳贝尔心里十分清楚，目前最要紧的就是将特斯拉跑车和后续研发的房车推向市场，然后实现电动汽车的普及，而马斯克则是促成此事的最佳人选。

其他员工虽然也很享受过去5年里这种富有挑战性的工作，但是他们的身心已经严重透支。莱特看不到这款面向大众的电动汽车成功实现普及的希望，于是离开了特斯拉，转身创立了一家制造电动卡车的企业。接下来轮到博迪切夫斯基，他年轻有为，原本是特斯拉重要的全能型工程师。那时公司的团队已经扩大至近300人，他觉得自己没有什么发挥的空间，而且也不想为新车上市再熬5年。他离开特斯拉以后，先是在斯坦福大学拿下了几个学位，随后成为一家初创公司的联合创始人，专门生产一种革命性的新型电池,适用于电动汽车。另外,塔彭宁的心态也发生了变化,艾伯哈德的离开让他觉得特斯拉不像以前那么有趣,而且他和德罗里意见相左,同样不希望自己为了那辆轿车再受折磨。莱恩斯待的时间稍长一些,这已经算是个少有的奇迹。他经历了特斯拉跑车的各个研发阶段,也是他牵头开发了跑车背后大部分的核心技术,包括电池组、发动机、电力电子元件及变速器。也就是说,这5年来,莱恩斯一直是特斯拉最能干的员工,也是那个最容易受到指责的对象,因为一旦某项业务进度落后,就会拖累其他工作的进展。对此,他必须忍受马斯克的脏话连篇——要么是针对他本人,要么是针对那些让特斯拉失望的供应商,辱骂的内容往往不堪入耳。他还目睹了疲惫不堪、精神紧绷的马斯克仅仅因为咖啡是冷的,就把它吐到会议室的桌子上,然后马上命令员工更加努力工作,多做事,少犯错。和其他了解事情内幕的人一样,他实在无法继续忍受马斯克的性格,所以选择离开,但是他极其敬佩马斯克的眼界和执行力。"那个时候,我们在特斯拉工作,就像身处电影《现代启示录》里的库尔兹上校统治的王国一样。"莱恩斯说道,"事情怎么做,能不能成功,这些都不重要,你只需要完成自己手头的工作就好。这番话出自埃隆之口。他会倾听他人的意见,再抛出一针见血的问题,然后很快就能看穿事情的真相。"

虽然那些早期员工离开了,但是特斯拉抗得住一部分人才流失的损失,其强大的品牌效应足以吸引源源不断的顶尖人才前来入职,比如说那些出身传统大型汽车企业的人才,他们知道如何应对将特斯拉跑车交付到客户手中之前所面临的终极挑战。不过等到那时候,特斯拉要解决的主要问题就无关努力、工程技术或聪明的营销策略了。到2008年,公司用光了所有的资金。特斯拉跑车的研发成本耗资约1.4亿美元,远远超过2004年商业计划书估算的2 500万美元。一般情况下,特斯拉所做的一切已经足够让其筹集到更多的资金,然而2008年绝非寻常年份。美国的大型汽车制造商们遇上了自大萧条以来最严重的金融危机，它们各个濒临破产。面对此情形，马斯克还需要说服特斯拉的投资者额外提供数千万美元的资金，同时这些投资者也不得不向它们的支持者解释这么做的原因。正如马斯克所说："试着想象一下，假如你打算投资一家电动汽车公司，但你了解到所有关于这家汽车公司的消息都糟糕透顶，你还会投资吗？更何况现在整个大环境都处于经济衰退期，没有人愿意购买汽车。"事到如今，马斯克如果想要将特斯拉从这个泥沼中解救出来，就只能孤注一掷，哪怕要冒着失去全部身家的风险，甚至是精神崩溃。

第八章 痛苦、磨难与新生

钢铁侠的商业版图

"经历过那种压力的人大多数会变得更加保守，而且之后做出的决策会频频出错。"安东尼奥·格莱西亚斯（Antonio Gracias）表示，"但是马斯克不同，他反而变得更加理性，依旧能制定出清晰的战略和远大的目标。压力越大，他做得越好。任何知道他所有经历的人都会更加尊敬他。我从未见过比他更坚毅的人。"

2007年年初，导演乔恩·费儒（Jon Favreau）为了拍摄电影《钢铁侠》，特地向美国休斯飞机公司租用了其位于洛杉矶的一片建筑群。80年前，霍华德·休斯创立了该公司，它曾是美国主要的航天与国防供应商。这片建筑群由一排排连接在一起的机库组成，充当这部电影的制片室，它给饰演《钢铁侠》中主人公托尼·史塔克的演员小罗伯特·唐尼带来了许多灵感。唐尼看着其中一个较大的机库因年久失修而显得破败不堪，不免有些伤感。然而，就在不久之前，这些建筑承载了一个大人物的宏伟构想。这个人特立独行，令业界震撼。

唐尼听说有一位名叫埃隆·马斯克的人，能够比肩休斯，还在10英里外建立了属于自己的现代工业王国。唐尼认为，与其凭空想象休斯的经历，不如索性切身体会体会马斯克的人生。于是，2007年3月，他动身前往SpaceX位于埃尔塞贡多的总部，并最终在马斯克本人的陪同下参观了那里。"我不属于那种很容易被撼动的人，但是这家伙和这地方让我大开眼界。"唐尼由衷感叹道。

唐尼眼中的SpaceX，就像一个巨大而新奇的五金店。热情洋溢的员工们在工厂里不停穿梭，忙着摆弄各种机器。年轻的白领工程师和流水线上的蓝领工人合作紧密，他们看起来发自内心地热爱自己的岗位，对工作充满激情。唐尼直言道："你能感受到这是一家不同凡响的创业公司。"于是他在第一次参观结束后高兴地离去，然后向导演提议影片中休斯工厂的布景可以参照SpaceX的工厂搭建。唐尼表示："那里的一切让人觉得十分协调。"

除了参观工厂寻找灵感，唐尼更希望能够一探马斯克的内心世界。于是唐尼跟着马斯克巡视了工厂，接着到他的办公室坐了一会儿，他们还一起共进午餐。唐尼非常欣赏马斯克，因为他不是一个臭气冲天、焦躁不安的编程狂人。更有意思的是，唐尼反倒觉得马斯克的"怪癖"是可以理解的——他并不是那种自命不凡的人，他可以和员工一起并肩作战。在唐尼看来，影片中的主人公史塔克和马斯克是一类人，他们"一旦抓住某个一闪而过的创意，就会为自己的想法倾其所有"，一秒都不会浪费。

唐尼返回《钢铁侠》的拍摄地后，特别要求费儒在史塔克的工作室里放一辆特斯拉跑车。从表面上看，这辆车意味着史塔克走在潮流尖端且人脉广阔——因为他能够在开售前就得到一辆特斯拉跑车。从更深层的角度而言，这辆跑车被摆放在距离史塔克桌子最近的位置，象征着电影演员、电影角色和马斯克之间的某种特殊联系。"与埃隆深入接触后，我希望史塔克的工作室里能有一丝他的影子。"唐尼解释道，"他们要是属于同一个时代，埃隆可能会和托尼成为好友，两人一起参加派对或者去丛林徒步旅行，甚至喝下萨满巫师特制的饮品。"

《钢铁侠》上映后，费儒大肆吹捧马斯克，称他为唐尼诠释托尼·史塔克这个角色提供了许多灵感。这其实有点儿夸大马斯克的形象，因为马斯克不是那种会在阿富汗的军事护送行动中，坐在悍马后座喝苏格兰威士忌的人。然而媒体却对这个说法照单全收，于是马斯克在公众面前的曝光率不断攀升。渐渐地，马斯克在人们心目中的形象由"创建贝宝的那个家伙"，慢慢转变为站在 SpaceX 和特斯拉背后的一位特立独行的富商。

马斯克十分享受自己在众人心中形象的转变，这既满足了他的自尊心，又带来了许多乐趣。他和妻子贾斯汀在贝莱尔买下了一栋房子。他们的邻居包括音乐制作人昆西·琼斯（Quincy Jones），以及节目《狂野女孩》（*Girls Gone Wild*）臭名昭著的制作人乔·弗朗西斯（Joe Francis）。马斯克和几位贝宝的前任高管冰释前嫌，在统一多方意见后，共同制作了电影《感谢你抽烟》（*Thank You For Smoking*），电影里还用到了马斯克的私人飞机。马斯克并不酗酒，但他依然积极活跃于好莱坞的夜生活和社交场所中。"那里总是有无数派对等着你去参加，"

马斯克的好友比尔·李说道,"埃隆不仅和两位不温不火的明星做邻居,还和朋友们拍了电影。这两个圈子的人混在一起,每天晚上都有找不完的乐子。"马斯克在一次采访中提到,在生活中,他作为工程师的身份占90%,而剩下的10%就是当一名花花公子。[10] "我们有5个佣人。白天,我们家会变成办公室。"贾斯汀在杂志文章中写道,"我们会参加高端的慈善晚宴,坐的是好莱坞高端夜总会里最好的位置——帕丽斯·希尔顿和莱昂纳多·迪卡普里奥就在隔壁狂欢。再比如,谷歌的创始人拉里·佩奇在理查德·布兰森的加勒比私人小岛上举行婚礼,我们也在现场,那时我们在度假酒店和约翰·库萨克(John Cusack)一起享受悠闲时光,在婚礼的帐篷外,看着 U2 乐队的波诺(Bono)与成群的美女合影。"

比起马斯克,贾斯汀看上去更沉醉于他们当下的生活状态。作为一个科幻小说作家,贾斯汀开了一个博客,详细记录他们的家庭生活及他们在城里的各种奇妙经历。她在博客中提到了《阿奇漫画》(*Archie Comics*)里的贝蒂和维罗尼卡,说马斯克更喜欢维罗尼卡,他还希望有机会可以去查克芝士餐厅(Chuck E. Cheese)吃一次饭。而她在另一篇文章中写道,自己在俱乐部里遇到过莱昂纳多·迪卡普里奥,不过她拒绝了他想要免费拿一辆特斯拉跑车的请求。贾斯汀还给博客里常出现的人物取了各种稀奇古怪的绰号。譬如,比尔·李变成了"比尔酒店佬",就因为他在多米尼加共和国有一家酒店;乔·弗朗西斯则变成了"讨厌的邻居"。一般人很难想象得到,马斯克跟弗朗西斯这样浮夸的人打交道,是一种怎样的情景,但他们相处得还不错。马斯克受邀参加过弗朗西斯在游乐场举办的生日派对,派对结束后,他又跟着去了弗朗西斯家中继续狂欢。贾斯汀补充道:"埃隆虽然在那里待了好一会儿,但他发现有点儿无聊。他去过好多次弗朗西斯别墅里的派对,到后来只觉得浑身不自在。埃隆表示:'派对里总是有一群好色之徒,在人群中穿梭猎艳。我可不想被别人当作他们之中的一员。'"还有一次，弗朗西斯想买一辆特斯拉跑车，于是他直接到马斯克的家里递给他一个装着 10 万美元现金的黄色信封。

贾斯汀的博客一度变得广受欢迎，因为人们能从中瞥见马斯克这位与众不同的 CEO 在私下的生活状态。马斯克看起来魅力十足。大家从博客中知道了很多他的生活琐事，比如他为贾斯汀买了一本 19 世纪出版的《傲慢与偏见》，马斯克的密友们给他起外号叫"天才埃隆"，以及他总喜欢出一美元和别人打赌，而打赌的内容一般是他有把握赢的事情：你会在大堡礁感染疱疹吗？能不能用一根牙签使两把叉子保持平衡？贾斯汀讲述了马斯克同托尼·布莱尔（Tony Blair）和理查德·布兰森一起去英属维京群岛内克岛旅行的故事。在媒体曝光的三人合影中，马斯克看上去有些心不在焉。"埃隆的表情就像在说：我在思考一个关于火箭的问题。不过我敢肯定，他绝对是刚收到了几封招人厌的工作邮件，然后完全忘了有人在一旁拍照，"贾斯汀写道，"这就是为什么我这么喜欢这张照片。事实上，昨天晚上我的丈夫也和照片中表现得一样。那时，我在走廊里看到他，他也是双手抱胸，眉头紧皱。"然而，没人能想到，贾斯汀的博客公开的私人生活却是对后面一系列事件的预警信号，它很快演变成为马斯克的噩梦。

媒体已经很久没有遇到像马斯克一样的家伙了。贝宝公司的成功令这位互联网百万富翁看起来光彩夺目，而马斯克自带的神秘感，更是为他增色不少。他奇怪的名字，以及他不惜重金投资制造宇宙飞船和电动汽车的大胆超前行为，让所有人感到震惊并为之折服。2007 年，一位英国记者的报道引起了轰动："有人形容埃隆·马斯克为'一半花花公子，一半宇宙牛仔'。而他名下的汽车令这一形象更加深入人心，包括一辆保时捷 911（涡轮增压）、一辆 1967 年款捷豹、一辆哈曼改装的宝马 M5，还有一辆迈凯伦 F1 跑车——马斯克曾经开着它在一条私人飞机跑道上飙到时速215英里。他甚至还有一架苏联L-39教练机，不过他在为人父之后就将它卖掉了。"媒体发现马斯克总是喜欢夸夸其谈，尽管他的承诺往往只是空头支票，但媒体依旧十分喜爱马斯克，而且很乐意卖他面子，因为他所谈论的话题比其他人的要宏大得多。特斯拉成了硅谷博主们的宠儿，他们时刻关注着特斯拉的动向，任何风吹草动都能让他们激动不已。同样，追踪SpaceX的记者们也无比兴奋，因为这家年轻、充满活力的公司触及波音、洛克希德乃至NASA的利益，令它们愤怒不已。而这一切不过是因为马斯克将他投资的诸多创意推向了市场。

尽管马斯克在公众和媒体面前做足了秀，但他接下来还要为自己的事业发愁。SpaceX的第二次火箭发射又失败了，特斯拉的财务报告也越来越不尽如人意。这两个项目刚开始时，马斯克拥有近2亿美元的资产，结果这笔资产消耗了一大半，两个项目还是没有取得明显的进展。随着特斯拉一次次延期交货，引发了一系列公关危机，马斯克身上的光环也慢慢消失殆尽。硅谷到处充斥着那笔巨额投资打水漂的言论，几个月前还对马斯克赞不绝口的记者开始处处针对他。《纽约时报》大肆报道特斯拉变速器的问题，汽车网站嘲讽特斯拉跑车永远也出不了厂。到2007年年末，事态变得更加严重。硅谷著名的八卦博客《硅谷闲话》开始爆料马斯克的丑闻。网站的首席作者欧文·托马斯（Owen Thomas）挖掘出Zip2和贝宝公司的诸多史料，将马斯克作为CEO曾经被公司驱逐的细节恶意夸大，严重损害了马斯克作为企业家的形象。欧文笔下的马斯克成了滥用他人资产的职业操盘手，他在博客中这样写道："马斯克能实现部分童年幻想固然是一件值得高兴的事，但事实上，他为了不向现实妥协，正一步步亲手毁掉自己的梦想。"更过分的是，《硅谷闲话》还将特斯拉跑车评为2007年科技公司最失败的项目。

马斯克先是遭遇了事业危机和个人名誉受损，接着他的家庭生活也开始亮起红灯。格里芬和泽维尔出生之后，马斯克夫妇在2006年年底又迎来了三胞胎——凯、达米安和萨克逊。马斯克表示，贾斯汀在生完三胞胎后患上了严重的产后抑郁症。"2007年春天，我们的婚姻开始出现裂痕，夫妻关系变得岌岌可危。"马斯克回忆道。贾斯汀那段时间发的博客也证实了他的说法。在贾斯汀的博客中，马斯克变得不再浪漫迷人，而且贾斯汀的字里行间都透露着一种观点，大家都认为她只是一个没有内涵的花瓶，而不是一位作家或者和丈夫地位相同的人。在一次前往圣巴特岛旅行的途中，马斯克夫妇和许多有钱有势的夫妇共进晚餐。贾斯汀在餐桌上表达了自己的政治观点，却遭到了在场一位男士的嘲讽，因为他觉得贾斯汀太固执。"埃隆听后只是笑了笑，然后就像在抚慰孩子一般拍了拍我的手。"事后，贾斯汀在博客上记下了马斯克的反应。从那之后，贾斯汀要求马斯克向众人介绍自己是一位出版过小说的作家，而不只是他的妻子或是他孩子的母亲。结果呢？"埃隆在后来的旅途中不停地向别人说：'贾斯汀想让我转告你，她出过几本小说。'结果可想而知，别人只能冲我敷衍地笑一笑，然后觉得我这个人真是太可爱了，我的处境没有因此发生任何改变。"贾斯汀在博客中写道。

时间轴从2007年转到2008年，马斯克的生活变得更加不平静。特斯拉基本上必须从头开始做跑车项目，与此同时，而SpaceX还有许多人住在夸贾林岛等待下一次发射"猎鹰1号"。马斯克的资金被这些项目迅速榨干，于是他不得不变卖自己的迈凯伦F1跑车和其他私人财产来筹集更多资金。为了不妨碍公司的正常运转，马斯克会尽量避免员工受到财务状况的影响，他亲自监管公司里的每一笔大额支出，时不时鼓励员工们好好工作。除此之外，马斯克也开始锻炼雇员们学会在金钱和效率之间做取舍。对许多SpaceX的员工来说，这个命题很新奇，因为传统的航天公司往往能从政府那里得到大笔资助，不会面临这样紧迫的生存压力。SpaceX早期的工程师凯文·布罗根表示："埃隆周日也来上班，在我们聊天的时候，他会讲自己的哲学理念。在他看来，我们办事效率的快慢决定了资金消耗的速度，而我们每天会花掉10万美元。这种硅谷式的创新想法十分超前，所以洛杉矶的航天工程师不太适应。有时候，马斯克会拒绝购买一个2 000美元的配件，因为他希望你能找到更便宜的配件或者自己发明出更省钱的方法，但他又愿意为了节省一天的工作时间，甚至不惜花费9万美元来租一架飞机将东西送往夸贾林岛。马斯克把时间问题放在首位，他预期10年后，公司的日营收可以达到1 000万美元。因此我们的进度每拖延一天，就相当于损失了1 000万美元。"

因为事态紧急，马斯克把全部的精力都放在了特斯拉和SpaceX上，这无疑让本就岌岌可危的婚姻雪上加霜。马斯克夫妇虽然请了专业的保姆团队负责照顾孩子，但是埃隆却由于工作经常缺席亲子教育。他一周工作7天，并且常常在洛杉矶和旧金山两地来回奔波。贾斯汀迫切地想要改变现状，每每审视自己的生活状态时，她都会感到无比厌倦，甚至觉得自己就是个名义上的妻子。她渴望能够重新回到二人相互陪伴的日子，找回日子还没有变得如此令人疲惫不堪之前的激情。没有人清楚马斯克向贾斯汀坦白了多少自己的经济状况，贾斯汀声称她一直被蒙在鼓里。马斯克从不向她透露任何关于这方面的信息，但马斯克的部分挚友却无意中了解到他的财政状况每况愈下。2008年上半年，Valor Equity的创始人兼CEO安东尼奥·格莱西亚斯曾和马斯克一起共进晚餐。格莱西亚斯是特斯拉的投资人之一，与马斯克是关系很好的朋友和合作伙伴，他察觉到马斯克正在为自己的未来苦苦挣扎。格莱西亚斯说："贾斯汀的生活越来越艰难，不过那时他们夫妻还没分开。那次聚餐时，埃隆表示：'哪怕只剩下最后一分钱，我也要把它花在公司上，即使这么做的后果是，我们全家人得搬进贾斯汀父母的地下室。'"

2008年6月16日，那个搬进地下室的想法也破灭了，因为马斯克在这天办理了离婚手续。马斯克夫妇没有选择立即公开离婚的消息，不过从贾斯汀更新的博客中还是能看出些蛛丝马迹。6月底，贾斯汀接连发了好几篇博客，她一开始突然没头没尾地引用了音乐人莫比（Moby）的一句话："世界上从来没有完美到在任何场所都收放自如的公众人物。如果他们是完美的，那么他们就不会想成为公众人物。"接下来，贾斯汀发文表示，她正和莎朗·斯通（Sharon Stone）一起找房子，不过没有透露搬家的具体原因。后来，她又陆陆续续提到自己最近陷入了"一场大纷争"。直到9月，贾斯汀终于正式发表了第一篇关于离婚的博文，她写道："我们有过一段美好时光。我们在年轻的时候就结为伴侣，相依走过了漫漫长路，而现在我们走到了尽头。"贾斯汀爆出这样惊人的消息，媒体自然不会放过，于是《硅谷闲话》一路跟踪他们的离婚后续。经过数次观察，这家媒体注意到马斯克曾约会一位20多岁的女演员。

经历了离婚及媒体报道的事件，贾斯汀决定放飞自我，更加自由地在博客上记录自己的生活。在接下来的博客中，她详细还原了这段婚姻的始末、他们之间的离婚细节，以及她对马斯克的新女友和未来妻子的看法。这也是公众第一次听闻马斯克令人生厌的一面，人们得以通过第一手资料——尽管是通过他的前妻——了解他私下的强硬作风。贾斯汀的文笔也许有些偏激，但是它确实让人们从另一个角度了解了马斯克的所作所为。这里选取一部分她对离婚过程的描述：

对我来说，离婚这个选项是自己无路可走时才会引爆的炸弹。那时，我们刚刚处在婚姻咨询阶段（总共三个阶段），我还没有放弃"交涉"这个选项，所以我并没有签署离婚协议。但是埃隆想按照他的方式解决问题，这是他一贯的作风，于是他给我下了最后通牒："如果我们今天解决不了（婚姻问题），那么我们明天就离婚。"

说出这番话的当天晚上及第二天早上,他又问我到底想做什么。我反复向他强调,我还没有准备好离婚,我希望我们能再试着相处一周。埃隆听完后没说什么,只是点头同意,又拍了拍我的头,就转身离开了。结果就在这天上午,我付款时发现埃隆停掉了我的信用卡,也是在那种情况下,我才知晓他已经先行一步签署了离婚协议。(他没有亲口告诉我这一事实,而是让别人转达给我。)

那段时间,贾斯汀发布的每一篇博客都会给马斯克引来公关危机,所以他的公司面临着无穷无尽的麻烦。他多年来苦心经营的形象和事业一起轰然倒塌,一切都变成了灾难。

不久,马斯克夫妇的离婚案变得更加引人注目。主流媒体效仿《硅谷闲话》,开始跟踪报道他们离婚后的法院判决,尤其是针对贾斯汀想要争取更多赡养费一事。在马斯克经营贝宝期间,贾斯汀曾经签署一份婚后协议,但是她现在为自己辩护,称当时并没有足够的时间和想法好好研究这份协议中的条款。对此,贾斯汀发表了一篇名为"掘金者"的博文,并且扬言她正在争取离婚后应得的财产,包括他们之前住过的房子、赡养费、孩子的抚养费、600万美元现金、马斯克持有的特斯拉股份中的10%、SpaceX 股份中的5%及一辆特斯拉跑车。贾斯汀甚至还现身美国消费者新闻与商业频道(CNBC)的节目《离婚大战》(*Divorce wars*),并且为女性杂志《嘉人》撰写了一篇文章,题为"我曾是一个创业者的妻子:美国最混乱的离婚内情"。

在这起情节十分波折的离婚纠纷案中,公众更愿意站在贾斯汀这边,毕竟他们无法理解为什么一个亿万富翁要拒绝妻子那些看似合理的请求。当然,众人并不清楚,马斯克难就难在,他大部分的资产都注入了特斯拉和 SpaceX 的股票,所以很难套现。最终,这对夫妇达成和解,贾斯汀得到房产、200万美元现金(不包括律师费)、每个月8万美元的赡养费、17年的儿童抚养费及一辆特斯拉跑车。①

在离婚案尘埃落定后的几年里，贾斯汀依旧无法正常谈论她和马斯克之间的关系。我们有过一次采访，其间她数次落泪并需要时间平复心情。贾斯汀表示，马斯克在那段婚姻生活中向她隐瞒了很多事情，最后临到离婚的时候，马斯克也把她当作商业对手看待，试图征服她。"有段时间我们的关系就像敌人，但如果你的对手是埃隆，那么战争会变得非常残酷。"贾斯汀回忆道。离婚后过了好一阵子，贾斯汀还是经常发一些关于马斯克的博文，她写到了莱莉，甚至还点评了马斯克的育儿方式。其中有一篇博客的内容让马斯克十分难堪，贾斯汀称双胞胎7岁时，马斯克禁止他们在家里摆放任何毛绒玩具。提起这件事时贾斯汀说道："埃隆非常强硬。他在严厉的家庭和社会环境中长大，所以性格十分要强。因为只有这样，他才能够变得强大，然后改变甚至征服世界。他不希望过分溺爱孩子，更不希望他们没有人生目标。"贾斯汀的评论似乎说明了她仍旧欣赏或是理解马斯克的强势。②

---

① 在离婚期间，马斯克希望能够为自己正名，于是他在《赫芬顿邮报》（the Huffington Post）上发表了一篇1 500字的文章。马斯克表示，签订婚前协议是双方经过长达两个月的商谈后做出的决定。这份协议规定了双方的财产权是独立的，这样马斯克就可以从自己的公司中获利，而贾斯汀可以从自己出版的书中获益。"1999年年中，贾斯汀对我说，如果我向她求婚她就会答应。"马斯克写道，"那时候，我刚刚将自己的第一家公司Zip2卖给康柏，下一步就要创立贝宝了，所以我的朋友和家人都建议我将双方的财产分开，无论这场婚姻是因为爱还是金钱。"一切尘埃落定后，马斯克让阿里安娜·赫芬顿（Arianna Huffington）将自己的文章从网站上删除。"我不希望永远活在过去的阴影里，"马斯克说，"人们总是能从网上找到许多东西，所以文章并不是消失了，只是很难被找到而已。"

② 马斯克夫妇在孩子的教育问题上长期存在分歧。在很长一段时间里，马斯克都不直接和贾斯汀沟通他和孩子们的行程，而是通过他的助理玛丽·贝思·布朗来处理。"我很不满他的处理方式。"贾斯汀说道。谈到不同教育环境对孩子成长的利弊时，贾斯汀泣不成声。孩子们从小在一个不同寻常的环境中长大，去观看"超级碗"比赛或者去西班牙游玩都可以乘坐私人飞机，还能够在特斯拉的工厂里玩耍。"我知道孩子们都很崇拜马斯克，"贾斯汀说道，"他会带着他们到处参观，增长见识。而作为孩子的母亲，我则是为了给他们增添一丝真实感，因为我所能给予他们的就是最日常的生活。他们有着一个不同寻常的父亲，家庭情况也很特殊。他们和我在一起时，过的是更加平淡真实的生活。我和马斯克有着不同的价值观。我给予孩子们的更多是情感。"

2008年6月中旬，也就是马斯克签完离婚协议后接下来的数周，马斯克一直精神紧绷，时不时陷入一种焦虑、恐惧和担忧的状态中。一旁的好友比尔·李不由地开始担心马斯克的精神状况，性格爽朗的他希望自己能做些什么，鼓励马斯克振作起来。这个时候正好适合度假旅游，于是马斯克和现在是投资人的李决定来一场工作和娱乐两不误的海外旅行。7月初，他们便马不停蹄地一同飞往伦敦。

　　缓解压力的旅行一开始进展得并不顺利。马斯克和李一起拜访了阿斯顿·马丁（Aston Martin）汽车公司的总部，在该公司CEO的陪同下，他们在工厂内部参观了一圈。这位CEO对待他们的态度很一般，认为马斯克只是汽车制造的业余爱好者，说话语气嚣张，一副高人一等的样子，好像他才是世界上最懂电动汽车的人。"他给我们浇了一大桶冷水。"李这样形容当时的场景，于是两人匆匆返回伦敦市中心的住处。在回程的路上，马斯克的胃疼更加厉害了。当时，李想到了自己的妻子莎拉·戈尔（Sarah Gore），前副总统艾伯特·戈尔的女儿，曾经在医学院读书，于是他电话打给莎拉寻求帮助。他们商量了一下，猜测马斯克可能得了阑尾炎，于是李便带着马斯克去了一家大型购物中心的诊所进行检查。李看到检查结果显示马斯克并无大碍，便想晚上带他出去散散心。"埃隆那时候不想出门，其实我也一样，"李说道，"但是我对马斯克说：'别这样，一起出来玩吧。我们都到这了。'"

　　李将马斯克哄骗进梅菲尔区（伦敦顶级富人区）一家名为"威士忌之雾"的俱乐部。舞厅内人潮拥挤，个个都在疯狂地跳舞，马斯克进去不到10分钟就想离开。人脉甚广的李见状立即发短信给自己的一个朋友，那人将马斯克领进了贵宾区，又喊来了他那些样貌出众的朋友，其中就包括22岁的新人演员妲露拉·莱莉。莱莉和她的两位漂亮朋友刚从一个慈善晚宴回来，她们身上都还穿着修长飘逸的礼服。"妲露拉当时穿着公主裙登场，宛如童话里的灰姑娘。"李说道。莱莉光彩夺目的美貌惊艳到了马斯克,他不由自主地振奋起来,两人又在众人的撺掇之下相互介绍,很快便熟络起来。

刚开始,马斯克、莱莉还跟各自的朋友们坐在一起,但不一会儿,他们的眼中就只剩下对方。莱莉刚刚在电影《傲慢与偏见》里出演了玛丽·班内特,自诩小有成绩。在她面前,年长的马斯克成了说话慢声细语的工程师。马斯克拿出手机给莱莉展示了"猎鹰1号"和特斯拉跑车的照片,但莱莉看过后却以为马斯克只是参与了这些项目,完全没有想到马斯克是运作这两个项目的公司老板。"那时我心想,这家伙应该没怎么和女演员讲过话,因为他看起来很紧张。"莱莉回忆道,"于是我决定顺着他点儿,让他度过一个难忘的夜晚。我压根儿不知道他之前见过的漂亮姑娘不计其数。"① 马斯克和莱莉交谈得越多,李越是在一旁起哄,有意撮合他们俩,因为这是几周以来马斯克第一次露出开心的表情。"马斯克的胃不疼了,他也不再垂头丧气,真是令人高兴。"李说道。尽管莱莉穿得像童话故事里的公主,但事情的发展并不像童话里的故事情节那样,她没有对马斯克一见钟情。不过,夜越深,莱莉发现马斯克越发有趣,尤其是当她看到俱乐部经理给马斯克介绍了一个漂亮模特时,他只是礼貌地说了声"你好"便坐回了莱莉身边。"我当时想,至少他性格没那么糟糕。"莱莉说。也许是出于这样的心理,后来马斯克把手放在了莱莉的膝盖上,她什么也没说,甚至欣然接受了马斯克邀请她第二天共进晚餐的请求。

莱莉有着曼妙的身材、迷人的双眼和得体的举止,尽管是正当红的电影新星,但她身上却没有丝毫高人一等的傲慢。莱莉在诗画般的英国乡村长大,毕业于顶尖院校,直到她和马斯克见面的前一周,她还和父母住在一块儿。在俱乐部度过那一晚后,莱莉打电话告诉家人她遇到了一个制

---

① 马斯克后来回忆起自己和莱莉初次见面的场景时说道:"她确实很美,不过我那时心里不以为然,只把她当成模特中的一员。你也知道,你无法和大多数模特交谈,因为你们并没有什么共同话题。但是妲露拉不一样,她可以与我畅谈火箭和电动汽车的话题,所以我立刻就对她产生了兴趣。"

造火箭和汽车的家伙，为人十分有趣。莱莉的父亲曾经在英国国家犯罪小组（NCS）工作，他听后立刻打开电脑调查了马斯克的背景，发现马斯克不仅已婚，育有5个孩子，还是个出了名的花花公子。莱莉的父亲怒斥女儿被人蒙骗了，但是莱莉并不这么想，她觉得这其中或许有些误会，她相信马斯克能够解释这一切，于是第二天她还是按时赴约了。

这次聚餐，双方也都带上了各自的朋友，马斯克带上了李，莱莉则带上了同样是美女演员的朋友塔姆欣·伊格顿（Tamsin Egerton）。晚餐的气氛有些压抑，因为餐厅里除了他们几乎没有其他人。莱莉暗自期待马斯克能主动解释一下他的婚姻问题，果然，马斯克提起了他的5个儿子及还在走司法程序的离婚诉讼。对莱莉来说，马斯克主动向她坦白，交代自己的真实情况，已经足够证明他的真心，所以她决定继续观望。晚饭后，马斯克和莱莉一起离开了。他们散步到索霍区，向来滴酒不沾的莱莉在波希米亚咖啡馆喝了杯苹果汁。马斯克成功引起了莱莉的兴趣，他们的爱情始于对彼此的坦诚。

接下来的一天，马斯克和莱莉又共进午餐，参观了现代艺术馆白立方画廊（White Cube），随后他们一起返回马斯克下榻的酒店。出于一种原始的冲动，马斯克告诉莱莉，他想给她看看自己公司制造的火箭。"我起初心里还存有一丝怀疑，但他真的给我放了几段火箭的视频。"莱莉回忆道。在马斯克返回美国后的几周时间里[①]，他们一直互相发邮件保持联系。不久，莱莉便买了前往洛杉矶的机票。"我当时完全没有想过要当他的女朋友，"莱莉解释道，"我只是觉得和他相处很有趣。"

马斯克却已经萌生了其他念头。虽然莱莉只在加州待了短短5天，但是当他们一起躺在比弗利山庄半岛酒店的床上聊天时，马斯克决定让他们的关系更进一步。"他说：'我舍不得你离开，我希望你嫁给我。'

[①] 马斯克问莱莉要不要和他一起去美国，莱莉拒绝了。

我记得我当时笑出了声。然后,他说:'我是认真的,只是很抱歉我现在没有戒指。'于是我回答道:'如果你愿意,我们可以先进行口头约定。'于是我们真的这么做了。我记不清自己当时到底是怎么想的,只能说那时候我还年轻,才22岁。"莱莉回忆起当时的场景时这样说道。

莱莉从小到大都是爸妈眼中的"模范女儿",从来不需要父母为她操心。她在学校里表现出色,在表演方面也取得了非同凡响的成绩,加上她性格温柔可爱,朋友们都形容她是现实版的白雪公主。然而,此刻莱莉正站在酒店的阳台上,打电话通知父母,她要嫁给一个比她大14岁、刚和前妻离婚、要养5个孩子、有两家公司的男人,而他们只认识了短短几周,她连自己是否爱他都无法确定。"我估计我妈妈听到消息时都要崩溃了,"莱莉说道,"但我倒不觉得有什么奇怪,因为我一直以来都是浪漫主义者。"紧接着,莱莉匆匆飞回英国收拾自己的行李,然后带上父母一起去美国跟马斯克见面,马斯克这时才后知后觉地请求莱莉父亲的同意。马斯克没有自己的房子,于是他们只好搬进了马斯克的朋友、亿万富翁杰夫·斯科尔名下的一栋房子里。"我在那里住了大概一周,然后某天有个陌生人走进来。"莱莉回忆道,"我问他:'你是哪位?'他反问我:'我是这个房子的主人,你又是谁?'我告诉他我的身份后,他就一声不响地走开了。"不久后,马斯克在斯科尔的别墅的阳台上用一枚巨大的钻戒向莱莉求婚了。(马斯克前后共买过三枚订婚戒指给莱莉,包括一枚求婚用的大钻戒,一枚适合日常佩戴的戒指,以及一枚由马斯克自己设计、寓意特殊的钻石戒指,周围镶嵌着10颗蓝宝石。)"我记得他当时对我说:'和我在一起意味着你选择了一条无比艰难的路。'我当时没能理解这句话的意思,但现在我懂了。这条路确实很艰辛,还很疯狂。"莱莉感叹道。

莱莉经历了一场火焰般炙热的爱情洗礼。闪婚过后,莱莉才意识到自己嫁给了一个出手阔绰、征服世界的亿万富翁。从理论上说,这是对的,但现实却不容乐观。随着7月逐渐步入尾声,马斯克发觉自己的现金只够勉强撑到年底。SpaceX 和特斯拉都到了需要资金注入才付得起员工工资的节点,但当时的世界金融市场一片狼藉,所有的投资都被迫搁置,没有人知道这些钱该从哪里来。如果公司的项目进展顺利,马斯克就更有信心筹集到足够的资金,但现实往往不尽如人意。"他每天回家后都会带回一些不好的消息,"莱莉说,"他当时肩上扛着来自四面八方的压力。那真是可怕的回忆。"

SpaceX 在夸贾林岛的第三次发射成了马斯克最头疼的问题。为了再次发射"猎鹰 1 号",他的工程师们已经在岛上滞留了许久。正常的公司都会着眼于当前最紧迫的任务,但 SpaceX 并没有这么做。那年 4 月,马斯克将"猎鹰 1 号"和一队工程师送到了夸贾林岛,然后让另一队工程师着手开发"猎鹰 9 号"——一枚配有 9 台发动机的火箭,能够取代"猎鹰 5 号"及即将退役的航天飞机。那时,SpaceX 还不能保证自己可以成功发射"猎鹰 9 号",但马斯克为了能够得到 NASA 的高价合约,在不断宣传这款火箭的优势。①

---

① 当时,马斯克在航天航空领域已经是出了名的难相处。在"猎鹰 9 号"完成前,马斯克决定启动一个名叫"大猎鹰火箭"的项目,并希望这枚火箭能拥有史上最大的发动机。马斯克大胆、超前的想法让 SpaceX 的一些供应商感到荒唐、震憾,但也印象深刻,这其中包括以科罗拉多州为基地制造火箭涡轮泵发动机及其他航天航空设备的巴伯·尼科斯公司(Barber-Nichols Inc.),马斯克偶尔会向它寻求帮助。巴伯·尼科斯公司的三位高管罗伯特·林登(Robert Linden)、加里·弗雷(Gary Frey)和麦克·弗沙(Mike Forsha)讲述了他们在 2002 年第一次与马斯克见面及后续发生的故事,下面是其中一个片段:
"埃隆和汤姆·穆勒一起现身,先是谈论他希望能以更低的成本将火箭送上太空,完成我们的航天梦。我们知道汤姆是比较可靠的,但是我们不确定应不应该接受埃隆的想法。紧接着,他们开始要求我们完成一项不可能完成的任务:他们想把成本控制在 100 万美元以内,用一年的时间建造一个涡轮泵。波音公司完成同样的项目花了大概 5 年的时间,成本约为 1 亿美元。但是汤姆让我们尽力而为,最终我们竟然在 13 个月内就完成了。快速地学习并做出实物是埃隆的工作哲学,降低成本也是他一贯的作风。无论我们以白纸黑字向他展示设计及其所需的材料的价格是多少,埃隆总是一而再再而三地要求降低成本,因为这是他的商业模式的一部分。如果你与他共事,你可能会非常恼火,因为他总有自己独到的见解且决不妥协。我们觉得没有人能和他一起开心地工作。话虽如此,但埃隆一直忠于自己的商业计划,也实实在在地降低了航天工程的成本。波音、洛克希德及其他公司都因为过分谨慎而花了太多钱,足见 SpaceX 确实胆量惊人。"

2008年7月30日,"猎鹰9号"成功在得克萨斯州完成一次启动测试,9台发动机全部被点燃并产生了85万磅的推力。3天后,SpaceX的工程师们在夸贾林岛给"猎鹰1号"加注燃料,然后祈祷发射成功。"猎鹰1号"火箭搭载了空军的卫星和NASA的几台实验设备,共计375磅。

自上一次发射失败后,SpaceX对火箭进行了重要的改造。传统宇航公司为了降低风险不会轻易改变设计,但马斯克坚信,尽管SpaceX应该全力保证火箭的成功发射,但是不断革新技术同样重要。"猎鹰1号"的最大变化就是更换了新版的、调整过冷却系统的"灰背隼1号"发动机。

2008年8月2日,第一次发射试验在倒计时的最后一秒被临时终止。SpaceX立即重新部署,准备当天再次尝试发射。一切看起来都非常顺利,"猎鹰1号"在没有任何问题的情况下成功升上天空。远在加州的SpaceX员工通过网络直播观看了发射全程,大家激动得欢呼起来。然而,在一级火箭和二级火箭即将分离的那一刻,火箭突然发生故障。事后人们分析发现,新的发动机在分离的过程中突然产生了意想不到的巨大推力,导致一级火箭和二级火箭相撞,造成火箭的头部和发动机损毁。①

这次发射失败导致SpaceX军心大乱。"我亲眼看见人们的情绪在短短30秒内发生180度大转变,那一刻,我终生难忘,"SpaceX的招聘

---

① 为了证明自己十分了解火箭,6年后,马斯克解释了此次发射失败的原因:"那次发射失败就是因为我们将灰背隼发动机升级成了再生冷却式发动机,结果发动机的推力瞬间增大了。其实,发动机只增加了1%的推力,延长了1.5秒的时间,而且燃烧室的压力也只有10PSI(磅/平方英寸),是整个燃烧室压力的1%——小于海平面的气压。起初测试的时候,我们并没有注意到任何不妥,以为正式发射也会像测试时一样不会出现什么问题,但事实上,两次发射有着十分细微的差别。测试期间,外围的海平面气压比发射时高,大约为15PSI,这掩盖了可能存在的问题。这些额外的推力导致第一级火箭在分离后继续向前冲,然后撞上了第二级火箭;接着第二级火箭启动了级间的发动机,导致等离子体回流将二级火箭也毁坏了。"

第八章 痛苦、磨难与新生　　钢铁侠的商业版图　　　　　　　　　　　　179

负责人多莉·辛格（Dolly Singh）细细描述道，"大家仿佛看到了世界末日。成年人一般不轻易哭泣，但是那天他们都开始呜咽。所有人都疲惫不堪，心碎了一地。"马斯克立刻赶来安慰员工，鼓励他们回到岗位继续工作。"他说：'听我说，我们必须完成它。不要害怕，一切都会好起来的。'"辛格回忆道，"他的话好像具有神奇的魔力，所有人听过后都冷静了下来，开始分析刚才发射失败的原因，想办法解决它。大家又重新燃起斗志，内心不再绝望，而是充满了希望。"随后，马斯克在公众面前做了回应，其发言也充满了正能量，他表示 SpaceX 接下来计划用另一枚火箭尝试第四次发射，第五次发射也在紧密进行中。"我目前也在着手建造第六枚火箭，"他说，"当然，'猎鹰 9 号'的研制工作毫无疑问也会继续下去。"

话虽如此，但现实情况却不容乐观，第三次发射失败带来了一连串的问题。其实，这一次第二级火箭没有正常启动，所以 SpaceX 无法确认他们是否真正解决了影响第二次发射成功的燃料晃动问题。SpaceX 的工程师们之所以信心满满，是因为他们认为自己已经解决了燃料晃动的问题，都迫切地期待着第四次发射，所以哪怕第三次发射出现了推力问题，他们也相信这个问题在后面很容易被解释清楚。但之于马斯克，情况要严峻得多，他心里清楚，SpaceX 已经没有足够的资金进行第五次发射了。"我当时非常压抑，"马斯克说道，"如果我们没有解决第二次发射的燃料问题，又或者发射过程中出现其他我们之前没有预料到的问题，一切就都完了。"马斯克之前投入了一亿美元的资金，并且因为特斯拉，他手上拿不出任何多余的经费。他无奈地说："第四次发射是背水一战。"如果 SpaceX 能够在第四次发射成功，他们或许可以取得美国政府和潜在商业客户的信任，"猎鹰 9 号"和更多雄伟的计划才有机会被提上议程。

在第三次火箭发射的筹备期间，马斯克继续时刻保持着投入到极致的状态。任何耽误发射的人员都会进入马斯克的黑名单,马斯克会训斥他们,要求他们为延期负责。但更多的时候,他会尽己所能去解决问题。"有一次我延误了发射,结果埃隆要求我每天至少向他汇报两次具体进度,"凯文·布罗根说,"但是埃隆之后也会问我:'公司里有500人可以帮忙,你到底需要什么?'"布罗根十分确定,他和马斯克的通话至少有一次发生在马斯克追求莱莉期间,因为他记得马斯克有一次从伦敦俱乐部的浴室里打来电话,为的是询问火箭某个部分的焊接工作完成的情况如何。还有一次通话发生在半夜,那时马斯克正睡在莱莉身边,所以他只能轻声细语地呵斥工程师们。"他说话的声音就像在枕边细语,所以我们所有人都得围着扩音器听他说:'你们几个都给我认真点儿。'"布罗根回忆道。

到第四次发射前夕,人们受到各种命令和紧张情绪的影响,开始手忙脚乱,犯了一些低级错误。通常情况下,"猎鹰1号"的箭体需要通过驳船运输到夸贾林岛上。但这一次马斯克和其他工程师们心情急切,没有耐心等待漫长的海上运输。于是马斯克租了一架军用运输机,打算将火箭先从洛杉矶运送到夏威夷,再送达夸贾林岛。本来这个想法是好的,但是SpaceX的工程师们忘了考量舱压会对不足1/8英尺厚的箭体造成什么样的影响,结果飞机准备在夏威夷降落时,机舱内的人听到货物在窸窣作响。"我一回头,发现火箭的表面都变皱了,"SpaceX航天电子设备部门的前主管布伦特·阿尔坦(Bulent Altan)补充道,"我让飞行员立刻将飞机升高,他照做了。"箭体就像飞机上的空水瓶,两侧的气压不断把它越挤越扁。据阿尔坦估算,飞机被迫降落前,他们只有大约30分钟的时间来解决这个问题。于是他们先摸出口袋里的小折刀,赶紧将箭体外侧的热缩包装割开,接着他们又在飞机上搜到一个维修工具包,便用扳手拧开火箭上一部分螺丝,好让其内部气压与飞机的尽量保持一致。飞机降落后,SpaceX的工程师们立刻打电话给公司高层，告知他们运货过程中发生的这起灾难性事件。那时正值洛杉矶时间凌晨3点，一位高管主动向马斯克传达了这个噩耗。当时，他们得知火箭有几处出现凹陷，燃料箱里用来防止燃料晃动的隔板也断裂了，还面临着其他一系列问题，所以大家认为需要三个月才能将火箭修好。收到消息后不久，马斯克就下令队伍继续前往夸贾林岛，同时派出携带修理配件的增援团队。又过了两周，火箭竟然在临时搭建的机库里被修好了。"当时的场景就像所有人在同一个战壕里并肩作战，"阿尔坦感慨道，"没有谁打退堂鼓。在最后成功修理好火箭的那一刻，所有人都开心得激动不已。"

2008年9月28日，SpaceX第四次启动发射，当时有人预测这有可能是它最后一次发射火箭。在此之前，SpaceX的员工们已经日夜轮流值班连续6周了，他们赌上了自己作为工程师的骄傲、希望与梦想。"那些没能来到发射现场，只能在工厂里观看直播的员工都尽力控制自己，保持镇定。"SpaceX的机械师詹姆斯·麦克劳里（James McLaury）回忆道。尽管之前的发射都失败了，但是夸贾林岛上的工程师们依然对这次发射信心十足。他们之中有许多人在岛上工作了好几年，体验过人类历史上极具超现实主义色彩的工程活动。他们接受公司的安排，被流放到这个狭小拥挤的发射场，甚至不得不远离自己的家人，顶着酷热的天气，还要随时面临着食物不足的风险，只为了静静等待发射窗口时段的到来，以及处理发射中止后的问题。如果这次发射成功，那么他们经受的煎熬与流出的汗水也是值得的。

28日下午，SpaceX团队将"猎鹰1号"推上了发射台。它高高耸立，周围的棕榈树随风摇摆，湛蓝的天空飘过几缕云朵，画面中的"猎鹰1号"看起来就像来自小岛部落的某件奇特的艺术品。此外，SpaceX还预先完善了网络直播系统，准备将此后的每次发射过程都展示给公众。火箭发射前，两位市场部高管又用了20分钟将此前发射过程中遇到的大大小小的技术问题全部介绍了一遍。这一次，"猎鹰 1 号"没有搭载任何真实荷载，毕竟无论是公司还是军方都不希望再有东西爆炸或掉入海中，所以火箭上面只有 360 磅的虚拟有效荷载。

虽然员工们仅仅完成了一次发射表演，而非一次发射任务，但这并没有挫伤他们的热情。当火箭节节攀升，SpaceX 总部的员工爆发出了热烈的欢呼声。接下来每一个重要的飞行时刻——驶离小岛地面、发动机检测显示一切正常——都伴随着欣喜若狂的口哨声和喝彩声。在一级箭体脱离后，二级箭体在起飞约 90 秒后开始工作，员工彻底陷入狂喜之中，整个网络直播室充满了他们兴高采烈的叫喊声。"太好了。"一位发言人欢呼道。二级箭体的发动机"茶隼"闪着红光，而且持续了 6 分钟。"二级箭体离开地面后，我才松开屏住的呼吸，膝盖也突然不抖了。"麦克劳里说。

火箭发射约 3 分钟后，整流罩开始打开，接着落回地面。最终，经历 9 分钟的飞行，"猎鹰 1 号"按原计划关闭发动机，然后进入轨道。这是世界上第一枚私人建造的火箭，并且圆满地完成了火箭升空的任务，实现了世界性的零突破。500 个人花费了 6 年时间——比马斯克原来计划的时间多了四年半，终于创造了这个现代科学和商业的奇迹。

马斯克的精神压力日益增加。为了分散自己的注意力，他在发射的这一天和弟弟金巴尔及孩子们一起去了迪士尼游玩。然后，为了赶上下午 4 点的发射，马斯克匆忙赶回公司，在发射前两分钟才踏进 SpaceX 的控制室。"发射成功后，每个人都流出了激动的泪水，"金巴尔说，"那是我人生中最激动人心的一天。"马斯克走出控制室，在工厂的走廊上受到了大家的热烈欢迎，就像摇滚明星出场一般。"那感觉真是太棒了，"马斯克微笑着说，"有许多人，不，有很多很多人说我们不可能成功，但就算这样，老话说得好啊，'事不过三'，不是吗？世界上没有几个国家做到了这一点，而且这种项目一般是由国家来完成的，而不是某家公司……我的脑子有点儿累了，不知道说点儿什么好了，但是，天啊！这绝对是我人生中最棒的一天！我想公司的大部分人都是这样想的吧。我们终于可以告诉所有人我们做到了！未来的路还很长……我今晚要举办一场盛大的派对，你们说呢……"接着，玛丽·贝思·布朗拍了拍马斯克的肩膀，把他拉去参加另一场会议。

庆功派对结束后，这场胜利所带来的激情与喜悦渐渐褪去，接踵而至的是 SpaceX 严重的财务危机。该公司为"猎鹰 9 号"项目提供了更多支持，还开始将"龙"飞船投入生产。按照公司的计划，"龙"飞船未来将用于向国际空间站运输物资，甚至在某天把人类送上太空。根据以往的经验，这两个项目的成本都在 10 亿美元以上，但是出于实际考虑，SpaceX 必须将两个项目的总成本降到最低。该公司大幅提高了员工的效率，并且公司搬到了位于加州霍索恩的总部，那里规模更大。公司已经签署一份商业合同——为马来西亚政府发射一颗卫星，但是发射和收款都得到 2009 年年中才能完成。在这之前，公司还得为支付员工薪水而苦苦挣扎。

媒体不清楚马斯克的经济状况，但是他们清楚特斯拉岌岌可危的财政状况，所以媒体会每日调侃它不稳定的财务状况，并把这当作一种乐趣。"汽车探秘"（the Truth About Cars）网站于 2008 年 5 月开设了一个名为"特斯拉死亡倒计时"的栏目，并且发布了一系列文章。这些博文拒绝承认马斯克是公司的创始人和一位天才工程师，而是将他描述为从艾伯哈德手中偷走了特斯拉的投资人兼董事长。当艾伯哈德在博客上谈论成为特斯拉客户的利与弊时，得到了这个网站的大力支持。英国著名电视节目《英国疯狂汽车秀》将特斯拉跑车批评得一无是处，说它看上去好像还没上路就已经没电了。"人们像是看笑话一样关注'特斯拉死亡倒计时'，但那其实非常残酷，"金巴尔·马斯克说，"有一天甚至同时出现了 50 篇谈论特斯拉会如何灭亡的文章。"

2008年10月，SpaceX发射成功数周后，《硅谷闲话》重出江湖。它首先讽刺了马斯克代替德罗里正式出任特斯拉CEO一事，理由是它认为马斯克过去的成功仅仅是因为好运。紧接着它公布了一封特斯拉员工写的邮件，该邮件的目标读者是广大民众。这封邮件显示，特斯拉刚经历一轮裁员风波，关闭了其在底特律的办公室，公司的账户里只剩下900万美元。"我们有1 200多份订单，也就是说，我们从顾客手里获得了几千万现金，但现在已经用光了。"这名特斯拉员工写道，"同时，我们只交付了不到50辆汽车。其实，我曾经说服一位好友花6万美元购买Roadster，我没法儿再昧着良心做一个旁观者，任由我的公司继续欺骗广大群众和亲爱的顾客。特斯拉能有今天，离不开这些顾客和群众的支持，他们不应该被欺骗。"[1]

当然，绝大部分的负面消息是特斯拉理应承受的。不过，马斯克觉得，这一年人们在仇视银行家和富人的心理作用下，将他视为众矢之的。"我简直是被手枪轮番扫射，"马斯克说，"有很多人在幸灾乐祸，我从各个方面都受到了影响。贾斯汀通过媒体来折磨我，媒体中总是出现特斯拉的负面新闻，以及公司第三次发射失败的报道，这对我来说是很大的伤害，我甚至怀疑自己没法儿继续生活下去，汽车也做不下去，我还得打离婚官司，事情简直太多了。我感觉自己一无是处。我觉得我们撑不下去了，说不定一切就这么完了。"

当马斯克浏览SpaceX和特斯拉的财政状况时，发现仅存的资金只能支持其中一家公司的运营。"我只能二者选其一，或者将资金一分为二，"马斯克说，"这是一个艰难的决定。如果我将资金分开，可能两家

---

[1] 马斯克之后巧妙地发现了这名员工的身份。他将这封信的文本复制到Word文档中，从而得知了文件的大小。接着他将文件发送到打印机，然后在打印机的活动日志里找到了大小相同的文件。就是这样，他找到了打印原文件的员工。后来，这名员工写了封道歉信后主动辞职了。

公司都没法儿活下来。如果我将资金全都分给其中一家公司，它生存的概率就会更高，但同时另一家公司就要倒闭了。我为此翻来覆去思考了许久。"就在马斯克苦苦思索的时候，美国的经济环境急剧恶化，马斯克的财政状况也变得更加艰难。随着2008年的结束，马斯克也用光了所有的资金。

莱莉开始将马斯克的人生看成一出莎士比亚悲剧。有时候，马斯克会对她敞开心扉，但有时他又退回到自己的世界。马斯克阅读电子邮件时，莱莉会悄悄地观察他。当收到坏消息时，他就一脸愁容地发着呆。"我几乎能看到他的心理斗争，"莱莉说，"看见自己爱的人如此煎熬，真的是一件很痛苦的事。"由于长时间工作及不规律的饮食，马斯克的体重忽上忽下。他的眼睛下面开始出现眼袋，面容疲惫不堪，整个人看起来就像是经历了超长马拉松后的运动员。"他一点儿生气也没有，"莱莉说，"就像个快断气的人，我以为这家伙会心脏病发作，突然就没气了。"马斯克经常半夜做噩梦，大喊大叫。"他正在承受心理上的煎熬，"莱莉说，"他睡着的时候，会突然爬到我的身上，然后放声大叫。"现实所迫，这对夫妇不得不向马斯克的好友斯科尔借了几十万美元，莱莉的父母也提出再次抵押他们的房子。马斯克不再使用他的私人飞机来往于洛杉矶和硅谷，而是开始乘坐西南航空（美国廉价航空公司）。

特斯拉每个月的开销在400万美元左右，因此需要完成新一轮融资才能挺过这一年。为了给员工们支付每周的薪水，马斯克一边与投资人周旋，一边寻求朋友的支持。但凡有一点点钱的朋友，只要他能想得到，都无一例外地向他们发出了真诚的请求。比尔·李给特斯拉投资了200万美元，谢尔盖·布林投资了50万美元。"为了维持公司的运营，许多特斯拉的员工都去开了支票，"特斯拉的业务副总裁迪尔米德·奥康奈尔（Diarmuid O'Connell）说，"他们现在都成了投资人，但是在当时，谁也不知道这些钱能不能回本。当时公司就快倒闭了，仿佛天都要塌了。"

金巴尔在美国金融危机中损失了大部分资产，但他还是决定卖掉自己所剩无几的财产，用来投资特斯拉。金巴尔说："我当时快要破产了。"特斯拉向预定特斯拉跑车的顾客收取了预付款，而马斯克需要用这些钱让公司继续运转，但是很快，这些资金也用完了。公司的这种财政策略令金巴尔深感担忧："我相信埃隆一定能让一切走上正轨，但是他确实挪用了他人的财产，这可是冒着坐牢的风险啊！"

2008年12月，马斯克同时开展了几项活动，试图挽救公司。他听到一则传闻：NASA即将向国际空间站签订一份补给合约。SpaceX的第四次发射圆满成功，所以也有机会赢得这份据称超过10亿美元的合约。马斯克动用关系提前接触了华盛顿方面，发现SpaceX可能是这份合约的头号候选人。于是，他不惜一切，试图向所有人证明——他的公司有足够的能力克服困难，将太空舱送至国际空间站。至于特斯拉公司，马斯克只能再次去请求他现有的投资人，希望他们能在圣诞节前夕再筹集一轮资金，不然公司就要宣告破产了。为了给投资人一些信心，马斯克竭尽所能地将仅剩的个人资金全部投入公司。在得到NASA的许可后，他从SpaceX申请了一笔贷款，以资助特斯拉。马斯克前往次级市场，试图卖出自己手上太阳城公司的股份。他还在戴尔收购数据中心软件公司Everdream时赚了1 500万美元。Everdream由他的表弟创办，马斯克自己也参与了投资。"这听起来像是黑客帝国，"马斯克谈起自己的财政策略时说道，"Everdream的这笔买卖帮了我大忙。"

马斯克筹集了2 000万美元，并要求特斯拉现有的投资人——因为没有新客户愿意投资——也拿出同样多的资金。投资者们答应了他的要求。2008年12月3日，当他们最终确认这轮融资文书时，马斯克却发现了一个问题。创投机构Vantage Point签署了所有的文件，但却没有在最重要的一页签字。马斯克立即致电Vantage Point的联合创始人及管理者艾伦·萨尔兹曼（Alan Salzman）询问情况。萨尔兹曼表示，其公司对这轮融资仍存在疑问，因为他们不太看好特斯拉的价值。"于是我说：'我有一个很好的解决办法，但我已经赌上了全部身家，而且真的很难筹到钱。现在公司银行账户里的资金只够支付下周的薪水。如果你没意见的话，能不能适当投资一点儿，或者推动这轮融资，以免我们的公司破产呢？'"萨尔兹曼犹豫不决，他让马斯克下周早上 7 点向 Vantage Point 的高层解释。等不及一周，马斯克请求第二天就去，但萨尔兹曼拒绝了他的请求，于是马斯克只能继续靠贷款度日。"萨尔兹曼将会议设在自己的办公室，就是方便我跪下来，求他给钱，这样他就可以趾高气扬地对我说'不'，"马斯克说，"真是个浑蛋。"

在那段时间，Vantage Point 拒绝谈论这件事，但马斯克表示，萨尔兹曼的计策是为了搞垮特斯拉，直到它破产。马斯克担心的是，这家投资公司想要罢免他的职务，重组资产，一跃成为特斯拉的最大股东。接着他们就可以将公司卖给底特律的汽车制造商或者专注于销售电动传动系统和电池组，而不是制造什么电动汽车。从商业视角来看，马斯克的推理是十分合理的，但不符合他为特斯拉设定的目标。"马斯克是一个怀有远大梦想的企业家，而 Vantage Point 正在逼迫这样的一个人，"德丰杰的合伙人及特斯拉投资人史蒂夫·尤尔韦松说，"也许他们习惯了用这招儿，想让 CEO 低头，但埃隆不吃这一套。"相反，马斯克选择了冒更大的险。特斯拉将这轮融资从股东权益融资变为债务融资，因为 Vantage Point 无法干涉债务融资。但棘手的是，德丰杰这类风险投资机构并不做债务融资交易。那时，特斯拉可能在几天之内就会倒闭破产。说服投资人和银行改变投资策略成了一项非常艰巨的任务。深谙商业之道的马斯克决定虚张声势。他告诉投资人，他可以再次从 SpaceX 借 4 000 万美元来完成这轮融资。结果他的战略奏效了。"如果机会少了，那么人们就会自然而然地变得贪婪，兴趣也会更加浓烈，"尤尔韦松说，"这样的话，我们就能回到公司说：'现在的情况就是这样，投还是不投？'"这轮融资最终在圣诞夜结束，要是再晚几个小时，特斯拉可能就要宣布破产了。当时马斯克只剩下几十万美元，甚至无法在第二天给员工支付薪水。最终，马斯克为这轮融资贡献了1 200万美元，其余的资金都由投资公司提供。对于萨尔兹曼的行为，马斯克说："他应该为此感到羞愧。"

与此同时，在SpaceX，马斯克和高管们战战兢兢地度过了12月。根据媒体的报道，作为补给合约的头号候选者，SpaceX突然失去了NASA的青睐。迈克尔·格里芬是NASA的老大，他曾经与SpaceX联合创始人的职位失之交臂，如今处处针对马斯克。格里芬丝毫不关心马斯克激进的商业策略，他认为马斯克的行为不符合商业道德。而其他人则认为，格里芬是眼红马斯克和SpaceX的发展。[1]然而，2008年12月23日，SpaceX却收到了一个巨大的喜讯。NASA的工作人员一直大力地支持SpaceX，并最终成功帮助这家公司成为国际空间站的供应商。国际空间站向该公司预定了12次货运补给的服务，因此公司收到了16亿美元的款项。当时，马斯克正和金巴尔一起在科罗拉多州的博尔德度假。听闻SpaceX和特斯拉的交易一切顺利时，马斯克激动地流下了眼泪。"我之前甚至都没有机会为妲露拉买件圣诞礼物，"马斯克说，"我立马跑到博尔德的街上，那里只有一家卖杂七杂八的小玩意儿的商店还开着，但当时它也快打烊了。我在那儿只能挑到一些有椰子装饰的塑料玩具猴——那些三不猴玩具（三只一组的玩具猴子，一只捂眼睛，一只捂耳朵，一只捂嘴巴）。"

格莱西亚斯是特斯拉和SpaceX的投资者。对格莱西亚斯来说，2008年让他充分了解了马斯克的性格。他见证了马斯克的心酸经历：赤

---

[1] 格里芬渴望制造一架大型的宇宙飞船，从而巩固自己在这个行业的地位。但是随着奥巴马在2008年的美国总统选举中成功当选，受布什任命的格里芬清楚，他担任NASA局长的日子即将结束，而SpaceX似乎已经准备好制造最新奇、最领先的机器。

手空拳来到美国打拼，失去了一个孩子，被记者和前妻在媒体上狠狠羞辱，耗尽毕生心血的公司陷入破产危机。"他比我认识的任何人都更加刻苦，而且能够承受更多的压力。"格莱西亚斯说，"他在2008年吃了很多苦，要是换作其他人早就崩溃了。他不仅生存了下来，还持续专注于他的工作。"马斯克身处危机之中，仍然能专注于工作，这让他在其他管理人员和竞争者中脱颖而出。"经历过那种压力的人大多数会变得更加保守，而且之后做出的决策会频频出错。"安东尼奥·格莱西亚斯表示，"但是马斯克不同，他反而变得更加理性，依旧能制定出清晰的战略和远大的目标。压力越大，他做得越好。任何知道他所有经历的人都会更加尊敬他。我从未见过比他更坚毅的人。"

第九章

腾飞
被颠覆的航天业

在 SpaceX，工作原则是拥抱你的工作，并努力把它做好。那些等待指导或详细指示的人将举步维艰，习惯得到反馈意见的员工也是一样。员工在工作中犯的最严重错误，就是向马斯克表示他的要求无法实现。

经历重重磨难,"猎鹰9号"一跃成为SpaceX的主力运载火箭。说实在话,这枚火箭表面上看起来就像一个巨大的、白色男性生殖器,主体部分高度为224.4英尺、宽约12英尺、重达110万磅,由9台发动机推动,其中一台发动机立在正中央,另外8台环绕着它,呈八边形排列。每台发动机连接着一级火箭,即上面画着蓝色SpaceX徽章和美国国旗的火箭主体。而身形较短的二级火箭,也就是最终会飞上太空完成任务的那部分,则处在一级火箭上方,配备了一个用于携带卫星或者载人飞船的圆柱形整流罩。从设计上看,"猎鹰9号"的外形并不浮夸。可以说,它称得上航天领域的"苹果笔记本电脑"或者"博朗电水壶",不仅外形优雅,而且功能明确,通体没有丝毫造作和浪费。

有时,SpaceX会在位于南加州的范登堡空军基地进行"猎鹰9号"火箭的发射。那处基地紧靠太平洋,延绵数英里,基地内开阔的陆地上长满了灌木,零星点缀着几座翠绿的丘陵,还有几个发射台散落在海岸边的一个丘陵上,如果它不是归军方所有,或许会成为一个度假胜地。到了发射火箭的那几天,众人可以看到白色的"猎鹰9号"直入云霄,将蓝色和绿色的风景线留在身后,一往无前地飞往目的地。

发射前大约4小时,工程师们开始向"猎鹰9号"加注液氧和火箭级煤油。在等待发射期间,由于温度极低,一些液氧与金属和空气接触后发生了汽化,从通风口泄漏出来,产生的白色气雾顺着火箭侧身流下来,所以"猎鹰9号"看上去就像在为发射做准备一样,不停地深呼吸。在SpaceX的任务控制中心内部,工程师们忙着监控各个燃料系统及所有其他部件的状态,他们通过耳机和话筒保持通话,然后开始逐一检查发射清单上的项目。众人轮流确认检查项目是否通过,甚至陷入了癫狂状态——业内人士称之为"发烧"(加班越狠,成绩就越佳)。发射前10分钟,所有人员撤离,剩下的步骤由自动化机器完成。周围的一切都安静下来,直到"猎鹰9号"打破寂静,轰鸣升空,只留下所有人紧张的喘息声。

先是白色的网格状支撑结构从箭体脱离,接着众人开始倒计时 10 秒钟。之后 6 秒钟内什么都没发生。但数到 3 时,发动机点燃了,计算机开始进行最后一次快速检查。4 个巨大的金属夹子夹住火箭,与此同时,计算机系统评估全部发动机的具体状况,计算是否具有足够的向下压力。倒计时到 0 的那一刹那,前期工作全部完成,火箭迎来了完成使命的时刻,夹子松开了。火箭开始抵抗惯性,它的基部环绕着熊熊燃烧的火焰,周围的空气中弥漫着液氧产生的白色雾气,像厚厚的积雪,然后瞬间离开地面。目击如此庞然大物又直又稳地悬停在半空中,所有人不禁大脑停止思考,心里升起一股陌生又令人费解的情绪。火箭升空后大约 20 秒,"猎鹰 9 号"的轰鸣声传到了几英里外受到妥善安置的观众那里。这是一种独特的声音,就像化学物质发生剧烈反应时发出的那样,连续不断地噼啪作响。"猎鹰 9 号"的喷气产生了声爆,强大的冲击波竟然使现场观众的裤脚也随之震动。白色的火箭升得越来越高,后劲十足,令人惊叹。大约过了一分钟,它变成了天空中的一个红点,然后消失于天际。除了那些愤世嫉俗的傻瓜,所有人看见此情此景都会忍不住为这次人类完成的壮举而感叹。

埃隆·马斯克对这种场面早已习惯,不再稀奇,毕竟 SpaceX 早就成功蜕变,从航天业的笑柄华丽转身为该领域最稳定的运营商之一。SpaceX 大约每月发射一次火箭,为某家公司或者某个国家发射卫星,或为国际空间站运送补给。如果说彼时在夸贾林岛使"猎鹰 1 号"成功发射升空的 SpaceX 还只是一家小小的初创公司,那么,此时当"猎鹰 9 号"从范登堡空军基地升空时,SpaceX 已经可以称得上航天业的巨头。要知道,SpaceX 竟然能以不可思议的低价格胜过美国市场的竞争对手——波音公司、洛克希德·马丁公司和轨道科学公司。此外,它还能向美国客户提供其他竞争对手无法给予的安全感——这些竞争对手过去都依赖从俄罗斯和其他外国供应商进口产品，而 SpaceX 的所有机器零件都是在美国从无到有生产出来的。得益于其低廉的成本，SpaceX 帮助美国重返国际商用发射市场的舞台。SpaceX 每次的发射费用为 6 000 万美元，远远低于欧洲和日本的收费标准，甚至比俄罗斯和中国的收费还要低，尤其是后两个国家还兼具额外的竞争优势：两国政府数十年来一直向航天项目投入大笔的资金和廉价劳动力。

虽然美国一如既往地自豪于本国的波音公司，因其足可抗衡空中客车公司等国外飞机制造商。不过基于某种原因，政府领导人和公众却愿意把商用发射市场拱手相让，这样的表现显得目光短浅，令人痛心。卫星制造及其相关服务，和将卫星送入太空的火箭发射服务市场，在过去 10 年间呈现爆炸式增长，市场规模从每年 600 多亿美元增至 2 000 多亿美元。[11] 很多国家花钱将各自的侦察卫星、通信卫星和气象卫星送入太空；一些公司则转向太空领域，提供电视、网络、广播、气象、导航和成像服务。这些太空设备为现代生活搭建了基础框架，而且它们在未来将迅速成长，其功能将更加强大，也更有趣。一家全新的卫星制造商正冉冉升起，为我们解答涉及地球的诸多问题，就像谷歌搜索那样，比如这些卫星可以迅速定位到艾奥瓦州并放大那里的玉米田，还能确定玉米田产量达到峰值的时期以做好收割准备；也可以计算出加州所有沃尔玛停车场内的汽车数量，甚至以此算出节日期间的购物需求。新兴的卫星制造商如果想要将卫星送入太空，往往需要向俄罗斯人求助，而 SpaceX 的崛起将会改变这种状况。

航天工业中最赚钱的部分，当属制造卫星及提供与其配套的系统和服务，美国在这方面长期保持着竞争优势。每年，美国制造的卫星大约占全世界的 1/3，卫星营收占全球的 60% 左右，这笔收入的绝大部分来自与美国政府相关的业务，而剩下 40% 的卫星和发射营收几乎全部由中国、欧洲和俄罗斯三大市场瓜分，中国在航天领域的重要性将逐渐增强；与此同时，俄罗斯也宣誓要投入 500 亿美元振兴太空项目。面对这种状况，美国不得不在太空领域和它最不喜欢的两个国家打交道，而且无处借力。举个例子，航天飞机的退役迫使美国完全依赖俄罗斯将宇航员送入国际空间站，这样俄罗斯每送一位美国宇航员前往该站就会收取 7 000 万美元的费用；并且一旦双方发生政治冲突，它会找到合适的时机将美国剔除在外。目前，SpaceX 似乎成了打破这个怪圈、让美国重获载人航天能力的希望所在。

  SpaceX 逐渐朝自由激进分子的风格发展，开始不顾风险，追求颠覆传统航天产业的一切。按照 SpaceX 当前的情况，每年发射几次火箭或者依赖政府的合同生存，满足不了马斯克的野心。于是他立下了更宏伟的目标：在不久的将来，公司能通过突破制造业的局限和优化发射台技术，来大幅度降低太空发射成本。最重要的是，他一直在测试可重复使用的火箭，即火箭先完成把有效荷载运上太空的任务，然后返回地球时必须极为精准地降落在漂浮的海上平台上，甚至落回原来的发射台。为了不让火箭坠海损毁，SpaceX 打算采用反推发动机，使火箭缓缓下落，然后回收。SpaceX 预计，其未来几年内的产品及服务的价格将降至对手的 1/10，这正是依靠火箭可回收这一方案，并以此来打造自己强大的竞争优势。试想一下，在同等条件下，一家航空公司可以多次利用同一架飞机执行飞行任务，而竞争对手的飞机每次飞行结束就报废了。[①] 凭借其成本优势，SpaceX 有望承揽全世界大部分的商用发射任务，而且有证据表明，SpaceX 正在朝这个目标挺进。迄今为止，它已为加拿大、

[①] 这里需要说明一下，在太空产业里有许多人质疑制造可重复性火箭的可行性，很大部分是基于机械和金属在发射期间所经受的压力。由于火箭发射本身就具备高风险，所以目前仍不清楚最大的客户是否会考虑发射重复使用的太空船。这是其他国家和企业尚未寻求这项技术的一大理由。有一派太空专家认为，马斯克明显是在浪费时间，工程计算已经证明重复使用火箭纯粹是白费力气。

欧洲和亚洲的客户完成共计 24 次卫星发射任务。现在，SpaceX 的发射计划已经排到了若干年以后，预计会执行超过 50 次的发射任务，总价值超过 50 亿美元。公司选择继续保持私有状态，马斯克是最大的股东，同时有若干外部投资者，包括创始人基金和德丰杰之类的风险投资公司。于是 SpaceX 就拥有了其他对手所不具备的竞争优势，公司高层会倾注所有的精力去工作，因为公司的一切资产都是他们的，利润也都归他们所有，这可能是任何公有制企业都无法给予职业经理人的。经历过 2008 年那场几乎快到倒闭的事件后，现在 SpaceX 已经恢复元气，开始盈利，其现在的估值约为 120 亿美元。

　　Zip2、贝宝、特斯拉和太阳城公司，都展现了马斯克本人各方面的能力，而 SpaceX 则是对马斯克实力最好的证明，它的成败直接取决于他。其中有两方面原因。一方面是因为马斯克对细节的把控到了近乎偏执的地步，并亲自参与 SpaceX 的每一次尝试。他凡事亲力亲为的程度过于夸张，足以让美国著名杂志《花花公子》的主编及首席创意官休·海夫纳（Hugh Hefner）都感到无所适从。另一方面是因为 SpaceX 内部把马斯克神化了——有的员工或畏惧或崇拜马斯克，甚至愿意为马斯克献出生命，当中也有不少人三者兼备。

　　马斯克严苛的管理风格之所以能够在公司内部一路顺风顺水，离不开他超凡脱俗的企业愿景。当航天领域的其他人满足于现状，不断将 20 世纪 60 年代制造的"老古董"送入太空时，SpaceX 却做着截然相反的事情，它研发的可回收火箭和可回收宇宙飞船似乎才是真正属于 21 世纪的机器。这些现代化的设备不仅仅是为了作秀，它们也是对 SpaceX 为了不断完善技术和革新航天产业所付出努力的肯定。马斯克想要的不仅仅是降低发射卫星和空间站供给的成本，他还希望通过降低发射成本，使人类能够以更加经济实惠的方式无数次向火星运送补给，甚至在那里开辟新的家园。马斯克的终极目标是征服太阳系，如果这也是你的梦想，目前而言，这家公司是你唯一的去处。

说起来匪夷所思，但业内的其他人士正把神秘莫测的太空变得乏味无比。俄罗斯虽然在发射卫星和载人航天业务中占据重要地位，却还在沿用几十年前的旧设备。他们用于前往国际空间站的"联盟"号载人飞船，体积狭小，内置的机械旋钮和电脑屏幕自 1966 年首次飞行以来就从未更换过。新加入太空竞赛的国家居然也亦步亦趋地模仿和应用了俄罗斯和美国的旧设备。进入航天领域的年轻人看到业内的现状啼笑皆非，因为他们实际的工作环境就是与那些 20 世纪 60 年代传下来的古板陈旧的机器共处，简直令人大倒胃口。长久以来，那些名校毕业生不得不在慢节奏的军工承包商和有趣但缺乏影响力的初创企业之间做出艰难抉择。

马斯克想方设法地消除这些航天产业的不良因素，将它们转变成 SpaceX 的累累硕果。据他描述，SpaceX 和传统的航天承包商完全不同，它既追求时髦又极具远见，为保守的航天产业带来了硅谷创业公司的精华——酸奶冰激凌、股票期权、快速决策和扁平化的公司结构。了解马斯克的人都认为，他比起 CEO 更像是一位将军，这个比喻现在看来恰如其分。他几乎将 SpaceX 必需的所有行业精英纳入旗下，并打造出了一支工程师大军。

SpaceX 虽然主要招聘顶尖院校的尖子生，但更看重那些在日常生活中表现出 A 型人格特质（脾气火爆、有闯劲儿、遇事容易急躁、不善克制、喜欢竞争、好斗、爱显示自己的才华、对人常存戒心等）的工程师。公司的招聘人员往往会在机器人比赛中搜寻那些表现优异的人，或是能制造出独特汽车的赛车爱好者——目的是找出充满热情、具有团队协作精神及动手能力强的候选者。"即便你的工作是编写代码，你也需要懂得机械的工作原理，"曾在 SpaceX 担任了 5 年招聘经理的多莉·辛格补充道，"我们看中的是那些从小就喜欢动手做一些物件的人。"

这些人有时会毛遂自荐，其他时候则需要辛格运用一些特殊的小技巧来找到他们。比方说，通过搜索学术论文寻找具有某种特定技能的工程师就是辛格的拿手好戏；她还时不时地打电话给实验室里的研究员推销自家公司，或是把学校里的工程技术人才挖走。SpaceX为了吸引人才，也会召开一系列的行业展会和研讨会。公司的招聘人员就像间谍一样，秘密地拉拢他们感兴趣的候选人，他们会将装有邀请函的信封亲手交给那些人，邀请函上写明了初试的时间与地点，通常是在会场附近的酒吧或餐厅。如果候选人到场后环顾四周，发现他们正属于极个别被选中的幸运儿，当即就会因为受到此种特殊对待而喜从心来。

众多高科技公司往往会对前来应聘的对象制定层层面试和考试，SpaceX也不例外。有些面试是随意的聊天，目的是增进双方的了解；还有一些面试则设置了一系列的题目且难度极大。业务员和销售人员虽然也要饱经折磨才能突出重围，但工程师们却必须经历最严苛的考验。那些只想依照标准解题方式通关的程序员，会被不留情面地泼冷水。常见的企业面试题目会要求软件工程师现场写十几行代码来解决问题，而SpaceX面试题目的标准则更高，工程师需要写出500行甚至更多的代码。那些进入最终面试环节的候选人，会被分配另一项任务：给马斯克写一篇文章，说明自己为什么想来SpaceX工作。

对于那些一路过五关斩六将，最终呈上一篇好文章的候选者来说，他们获得的奖励就是有机会和马斯克面谈。SpaceX最初的1 000名员工，甚至包括门卫和技工，几乎都由马斯克亲自面试。哪怕后来公司员工队伍不断壮大，他仍然坚持亲自面试工程师。在正式与马斯克面谈之前，每位候选人都会被告知此次面试时间持续30秒至15分钟不等，并且会有人郑重地提醒他们以下内容：

面试刚开始的时候，埃隆有可能正忙着写邮件和在工作，不会讲太多话，不要惊慌，那很正常。面试快要结束时，他会转过椅子面对着你，即使这样，他也不一定会与你有眼神交流，或和你打招呼，不要惊慌，那很正常，因为他会在恰当的时候和你对话。

接下来，工程师很可能会在与马斯克的谈话过程中，内心经历一个巨大的转变，从最初的困惑不解到后来的连连赞叹。马斯克可能会问一个或若干个问题，不过可以肯定的是，他一定会问到这个问题："假设你站在地球表面，往南走 1 英里，往西走 1 英里，再往北走 1 英里，刚好回到原点，请问你在哪里？"其实这道题目有两个答案，其中一个答案就是北极，大多数工程师很快就答出来了。然后马斯克会接着问："还有可能在哪儿？"另一个答案是在南极附近。如果你从那里向南走 1 英里，地球的周长就变成了 1 英里。能给出这个答案的工程师寥寥无几，不过无论最后他们是否能回答出来，马斯克都会愉悦地和他们讲解这个题目，而且讲解的过程中会引用所有相关公式。他其实不怎么在乎对方是否可以给出正确答案，他更关注那些候选人描述问题的方式和解决问题的方法。

候选人通过马斯克的面谈后，还会经历一次对话，由辛格负责。辛格会为他们的加入加油打气，不过也会开门见山地告诉他们 SpaceX 和马斯克的工作标准。"SpaceX 招聘的是一支特种部队，"她坦言道，"如果你愿意接受最高难度的挑战，那太好了。如果不能面对挑战，你不应该来这里。"新员工入职后，立刻便会发现他们是否真的勇于面对重重挑战。他们中的很多人在入职几个月后就选择离开，有一些是因为这里工作强度太大，每周工作时间超过 90 个小时，而另一些人离开则是因为他们无法接受马斯克和其他高层在会议中过于露骨的言辞。"埃隆不了解你，而且他也不在乎一些话是否会伤害到你，"辛格解释道，"他只知道需要搞定这些事情，如果不能适应他的说话风格，你往往会感到无所适从。"

在人们的印象中，SpaceX的高层人员流动频繁，所以公司内部无疑经历了多次换血。不过，出乎意料的是，大多数初创阶段的关键管理人员在这家公司坚持了10年甚至更久。而普通工程师中的大多数人也都至少干满了5年，这不仅仅是为了拿到他们的股票期权，他们也想等到自己的项目彻底完成再离开，这种情况在科技公司较为常见。此外，马斯克似乎为整个SpaceX激发了一种超乎寻常的忠诚，他麾下的"军队"散发着史蒂夫·乔布斯式的狂热。"他立下的愿景清晰明了，"辛格说道，"他几乎可以催眠你，让你眼冒金星，然后他会这样说道：'没错，我们可以去火星。'"不仅如此，为马斯克工作会让你感到痛并快乐着。本书中的大量采访对象，不约而同地抨击了SpaceX超长的工作时间、马斯克粗鲁的沟通风格，以及他时而荒谬的期望。然而，几乎所有人，甚至包括那些被解雇的员工，都无一例外地崇拜着马斯克，甚至言语之间将其奉为超级英雄或者神灵一般的形象。

与位于埃尔塞贡多的总部大楼旧址相比，SpaceX在霍索恩的新址更具吸引力，是时尚年轻人的理想工作场所。总部新址位于火箭路1号，毗邻机场，附近还有几家模具公司和制造企业。尽管SpaceX的建筑在规模和外形上与附近其他公司的建筑相仿，但通体白色的外观使它看上去超群绝伦，就像一个巨大的长方形冰川，矗立在荒凉的洛杉矶外围。

前来访问SpaceX的客人需要先经过安检，然后穿过一个专供公司高层使用的小型停车场，沿路可以看到马斯克的那辆黑色Model S停在建筑入口的侧面。公司总部的前门是反光的，外人根本看不到里面，而进去之后，你会发现里面的白色更突出。大厅的墙壁是白色的，等候区有一张现代感十足的白色桌子，白色的前台上摆放着两个白色的花盆，里面种着兰花。访客完成登记之后，会拿到一个名牌，然后由接待员领到SpaceX的主要办公区域。马斯克超大的工作间就在右边，墙上贴着几幅《航空周刊》杂志封面，巨大的液晶显示器旁边罗列着他孩子们的照片，桌子上还摆着各种各样的小物件，包括一个回旋飞镖、一些书、一瓶红酒和一把巨型武士刀。那把武士刀最为显眼，名为维瓦慕斯夫人（Lady Vivamus），是马斯克荣获海因莱茵奖时获得的奖品，这个奖项只颁发给那些在商业领域颇有建树的人物。放眼望去，办公区大而开阔，数百人在隔间里的电脑上噼里啪啦地敲击键盘，他们大多是管理者、工程师、软件开发者和销售人员。员工办公桌周围的会议室都以太空主题命名，比如"阿波罗"和"沃纳·冯·布劳恩"（Wernher Von Braun，20世纪火箭工业奠基人），而门上的铭牌则注明了此名称的意义。最大的一间会议室里配备了超现代的椅子，那些光滑的红色高靠背椅绕着大玻璃桌围成一圈，墙上挂着"猎鹰1号"从夸贾林岛升空时抓拍的照片，还有"龙"飞船停靠在国际空间站时的全景照片。

除去与火箭相关的物件和武士刀，SpaceX的这个核心办公区看上去和普通的硅谷公司总部没什么两样。不过，一旦访客穿过中间的那道双层门，到达SpaceX的核心工厂，眼前的一切将颠覆他们之前的认知。

工厂车间占地55万平方英尺，大得难以让人将眼前一切尽收眼底。这个完整的空间就像一座小型城市，地上铺着浅灰色的环氧树脂地板，四周的墙壁和支柱均为白色，许多员工和机器忙碌其间，耳边还伴有阵阵噪声。抬头看，入口附近的天花板上悬挂着一个"龙"飞船，它曾为国际空间站运送补给，然后又重新返回地球，舱室的侧面还留有黑色的烧痕。视线往下移，舱室正下方的地面上放着一对长约25英尺的着陆支撑架，SpaceX之所以建造这个装置，就是为了帮助"猎鹰"火箭在发射升空后平稳着陆，实现可重复利用。入口区域的左侧是厨房，右侧是任务控制室。控制室是一个封闭的空间，配有落地玻璃窗，正前方的墙面上布满了大大小小的屏幕，用来追踪火箭的发射状况，里面摆了4排桌子，每排约有10台计算机，供任务控制中心的工作人员使用。再往工厂深处走，访客便可看到几个生产车间被随意地隔开——有的用蓝线在地上划出一个区域，有的则用蓝色的工作台围出一块块正方形的空间。在这里，常常可以见到这样的画面：一台"灰背隼"发动机悬在某个作业区的半空中，五六个工程师围着它布线并做些零星调整。

　　作业区的后方是一个用玻璃围住的正方形空间，大到足以装下两艘"龙"飞船。这是个无尘车间，工作人员必须穿戴实验服和防尘帽，以免污染飞船。车间左侧约 40 英尺处，依序摆放着几枚上过漆的"猎鹰 9 号"火箭，正等着被运走。此外，蓝墙之间还隔着一些区域，用布盖住了，属于最高机密区，因为 SpaceX 的团队可能会在这里制造新奇独特的宇航服或火箭部件，所以必须对访客和不相关的员工保密。旁边留有一片非常大的区域，公司所有电子器件的制作都在这里完成，而且这片区域内部也划出了两块，一块负责制造专用复合材料，另一块用来制造裹在卫星外面、公交车大小的整流罩。数百人同时在工厂里走动，既有性格坚毅、绑着头巾、身上刻着刺青的技师，也有充满朝气的白领工程师。整栋建筑里弥漫着汗味，就像男孩儿刚从运动场上下来，透露出这里无间断工作状态的一丝线索。

　　整个工厂到处都体现了马斯克的个人风格。这从很多小细节可以看出，比如沐浴在蓝光中的数据中心，充满了科幻气息；灯光下冰箱大小的计算机贴有全部大写的印刷体字母，看上去就像是赛博坦系统公司（电影《终结者》中虚构的公司）的产品。另外，马斯克还在靠近电梯的地方，摆了一个锃亮、真人大小的钢铁侠雕像。当然，工厂内最具马斯克风格的地方是一个办公区，它不偏不倚恰好建在工厂的正中央。这是一座矗立在各种焊接区和施工区之间的玻璃建筑，有三层楼高，里面配有会议室和办公桌。这样一座透明的办公建筑耸立在蜂巢般的工厂中心，看上去有些格格不入。然而，马斯克建造它的目的就是让团队的工程师随时都能看到机器作业的状况，确保他们可以步行穿过工厂，而且在回到自己办公桌前的路上能顺便和技师们沟通。

这座工厂像是 SpaceX 的神庙，供奉着被视为其在火箭竞赛中的撒手锏——自制产品。SpaceX 自行完成了 80%~90% 的产品制造工作，包括火箭、发动机、电子设备和其他部件。这项策略让 SpaceX 的对手瞠目结舌，以美国联合发射联盟（ULA）为例，它曾公开吹嘘自己有 1 200 多个供应商来协助制造最终成品。美国联合发射联盟是洛克希德·马丁公司和波音公司的合营公司，自诩为创造就业机会的强大引擎，而非效率低下的代表。

典型的航天公司会事先列出发射系统所需的零件清单，然后把产品的设计规格交给一大批第三方制造商，由它们负责制造。而 SpaceX 倾向于尽可能减少外部采购，一方面是为了省钱，另一方面则是因为它认为依赖供应商，尤其是外国供应商，是一大缺点。这个做法乍一看不那么明智，毕竟其他公司制造如无线电设备和配电系统这样的产品已有数十年，全盘重新生产火箭上的每一台计算设备和机器，可能会增加出错的概率，往往会白白浪费时间，但自制所需产品这个策略对 SpaceX 却意外奏效。除了制造自家专用的发动机、火箭箭体和飞船，SpaceX 还自行设计主板、电路、探测振动的传感器、飞行计算机和太阳能板。举个例子，SpaceX 的工程师发现仅仅是精简一个无线电装置，就可以将该设备的重量减少 20%。除此之外，自产无线电节省的成本更是令人惊奇，其他航天公司使用的工业等级设备需要花费 5 万 ~10 万美元，而 SpaceX 将其缩减到了 5 000 美元。

这样巨大的价格差一开始让人难以置信，但是事实如此，SpaceX 确实在几十乃至上百个项目中节省了大量成本。不同于业内其他公司所采用的"宇航级"设备，SpaceX 的设备往往由现成的消费电子产品制成。SpaceX 努力了多年才向 NASA 证明，常规的电子设备已经足够优秀，丝毫不逊色于过去那些饱受信赖但价格更贵的专业设备。"传统航天业一直遵循惯例做事，而且长时间没有改变。"SpaceX 前工程师德鲁·埃尔丁（Drew Eldeen）说道，"我们遇到过最大的挑战就是说服 NASA 给新生事物一个机会，需要提前整理书面记录来证实那些部件的质量足够好。"为了向 NASA 和公司上下证明决策的正确性，SpaceX 的工程师有时会同时在火箭上使用业界标准设备和自己设计的原型设备来进行发射测试，然后比较两种设备的运行性能。一旦 SpaceX 的某项设计的性能等同或优于业界标准设备，它就会成为公司采用设备的标配。

除了上述这些，SpaceX 还对非常复杂的硬件系统做了很多具有开拓性的改进。工厂里一个看上去颇为古怪的小发明就是一个典型案例。那是一个两层楼高的机器，专门用于搅拌摩擦焊接。SpaceX 可以用这台机器按流程将巨型金属板自动焊接成"猎鹰"火箭所需的箭体。操作期间，这台机器的一只机械臂会举起火箭箭体的一块金属板，将其与另一块金属板对齐，然后把它们焊接在一起，最终焊接长度可达 20 英尺或更长。航天公司通常会尽量避免焊缝，因为这会对金属板的受力性能产生不利影响，但也限制了他们可使用的金属板尺寸，造成了其他设计方面的不便。从 SpaceX 创立初期起，马斯克就要求公司掌握搅拌摩擦焊接技术。这项技术是指利用一个高速旋转的焊头摩擦两块金属板的连接处，使它们的晶状结构融合在一起，这就好比你先把两片铝箔加热，然后再用拇指按压接缝处，将两片铝箔接在一起。比起传统焊接，这种焊接技术能使焊缝更为坚固。虽然很多公司都采用过搅拌摩擦焊接技术，但是它们从未将该技术用于火箭箭体这样庞大的物件上，而且其掌握该技术的水平也远不如 SpaceX。经历了无数实验和失败之后，SpaceX 现在可以焊接又大又薄的金属片，将其变成质地更轻的合金，无须再使用铆钉、紧固件和其他提供支撑的零件，这使得"猎鹰"火箭的重量减轻了数百磅。SpaceX 后续也会把一些设备和技术转移给特斯拉，帮助特斯拉加快打造出更轻、更坚固的汽车。或许在不久的将来，马斯克在汽车行业里的竞争对手也不得不采用相同的手段。

事实证明，这项技术极具价值，SpaceX的对手也开始竞相效仿，甚至想要挖走公司内部一些负责该领域的专家。杰夫·贝佐斯悄悄创建的火箭公司蓝色起源（Blue Origin），就曾经明目张胆地挖走了世界顶尖搅拌摩擦焊接专家雷·米耶科塔（Ray Miryekta）。这件事就此拉开了贝佐斯与马斯克纷争的序幕。马斯克不屑地说道："蓝色起源精准打击这些专业领域人才①的命脉，比如开出双倍工资这样的条件。我认为这完全是多此一举，而且手段太粗鲁。"SpaceX内部戏称蓝色起源为B.O.（body odour，意为狐臭），公司甚至设置了邮件过滤器，过滤掉所有带有"blue"和"origin"字眼的邮件，以此来杜绝其挖墙脚的行径。此后，马斯克和贝佐斯的关系进一步恶化，他们再也不一起聊登陆火星的共同梦想了。"我的确认为贝佐斯妄想成为国王，"马斯克说道，"虽然他有着坚韧不拔的工作热情和称霸电子商务领域的雄心，但说实话，他真是个无趣的家伙。"②

　　SpaceX成立之初，马斯克对于制造火箭所需的机器设备一无所知，也不了解制造火箭所需的繁重工作有多少，所以他曾经多次回绝手下那群工程师购买专用模具设备的申请，除非自己亲耳听到他们解释清楚需要该设备的原因。而且那个时候，马斯克还无法熟练运用那些后来使他声名远扬却也留有恶名的管理技巧。

　　随着SpaceX日渐成熟，马斯克也成长为一名真正的CEO和火箭专家。创办Zip2和贝宝的时候，他尚可以自信地坚持自己的想法并管理

---

① 蓝色起源还从SpaceX抢走了一大批火箭推进系统团队的成员。
② 马斯克也反对蓝色起源和贝佐斯申请可重复使用的火箭技术专利。"他的专利申请根本就是无稽之谈，"马斯克说道，"人们提出使火箭在海上平台着陆的想法已经长达半个世纪，这个专利根本就不成立，因为过去50年间，人们就以小说和非小说的形式提出了6种实现方法。这就像苏斯博士的《绿鸡蛋和火腿》中所说，人们用了各种方式提出这个建议。解决问题的方法就是把它做出来，就像实实在在地创造一枚可以实现那个构想的火箭一样。"

程序员团队。然而，到了 SpaceX 开启"猎鹰 1 号"的征程时，马斯克这名干劲十足的软件公司 CEO 不得不卖力地在一个完全不同的领域学习基础知识，甚至边做边学。起初，他主要从书本上学习火箭知识，但后来看到 SpaceX 聘请了一个又一个的天才，马斯克意识到这些人的知识可以为己所用。他会随机在自家工厂拦住一个工程师，然后追问他有关阀门或某特殊材料的问题。"刚开始我以为马斯克在考我，看我知不知道自己在做什么，"公司的早期工程师凯文·布罗根回忆道，"后来我才发现他想要学那方面的知识，所以他才不停地问我问题，直到掌握了我所学知识的 90%。"那些和马斯克长期共事的人都可以证实，他拥有近乎完美的记忆力，学习能力出色到令人钦佩甚至令人心生畏惧。孩童时期的马斯克就可以快速掌握书本中的知识，而现在这项技能比之童年时期毫不逊色。经营了 SpaceX 几年后，马斯克终于成长为一名航天专家，鲜有技术公司的 CEO 能在所属领域的专业程度达到他那样的水准。布罗根佩服地说道："他教给我们领悟时间的价值，然后从我们那里学会火箭知识。"

至于时间管理，马斯克表现得比历史上任何一位高管还要激进，他常常为那些制造难度极高的产品设定提前交付日期。无论是他的员工还是普通大众，都很难在这一点上理解马斯克。"埃隆一向乐观，"布罗根说道，"这是好听的说法。实际上，一旦涉及完工时间，他就会变成一个彻头彻尾的疯子。他会事先认定一切顺利，制定出他能想到工作强度最高的时间表，然后假设人人都可以更加勤奋地工作来加快生产进度。"

长久以来，马斯克因为设定交付时间过早却无法按时交货，不断受到媒体的冷嘲热讽。这也是在 SpaceX 和特斯拉试图将它们第一款产品打入市场时，给他惹来最多麻烦的一个问题。为此，马斯克不得不经常公开露面，用一个又一个的新借口拖延交付日期。曾有一次，马斯克听到别人提醒他"猎鹰 1 号"要在 2003 年发射时，他整个人都呆住了。他先是一愣，问道："你是认真的吗？"等到反应过来，他也只能无奈地表示："我们说过这样的话吗？好吧，那太愚蠢了。我估计我当时都不知道自己在说什么。我那时候只有设计软件的经验，毕竟一年内做出一堆软件并使一个网站上线，当然没有任何问题。而制造火箭和设计软件是不一样的。"马斯克无非是管不住自己。因为他生性乐观，所以每当计算完成某项计划需要多长时间时，他会假设每一步都能顺利完成，而且团队里的每位成员跟他一样拥有超强的工作能力和责任感。布罗根曾开玩笑说，马斯克或许会计算出编写一行代码所需要的时间，然后乘以他预期中最终软件的代码行数，以此预测完成一个软件项目所需要的确切时间。或许这个比喻并不贴切，但似乎与马斯克的世界观也相去不远。"他做什么都很快，"布罗根表示，"他进卫生间小便3秒就出来。他才是真正的来去匆匆。"

问及马斯克的做法时，他回复道，

我当然不会设定不可能完成的目标，而且这样的目标会打消员工的积极性，就像你不可能要求别人拿脑袋撞开一堵墙一样。我从来不会故意设定不可能实现的目标，但我承认自己总是对设定的时间表持乐观态度。我正在尝试做出调整，让自己变得更现实一点儿。

我也没有做出同时会有100个像我这样的员工在工作或是诸如此类的假设。我是指在SpaceX成立初期，我们并不了解制造一枚火箭都需要什么。那时候我的规划大概偏离了正常轨道200%，不过我相信，即便公司未来的项目存在偏差，也会在25%~50%的波动区间，不会再到200%了。

回到时间表这个话题，我认为，一般情况下你的确需要有这么一个东西，以根据你所知道的列出所有事项。虽然你设定了这个时间表，也朝着这个方向努力了，但它其实充满了不确定性，毕竟生活中总是会发生各种意料之外的事情，导致你的目标日期延后。这也并不是说你从一开始就不应该这样设置时间表，因为如果设定其他目标，只会令拖延时间的情况变得不可控。

"好吧，那你向人们承诺什么？"这个问题是另外一回事。因为即便你为自己立下的交货进度留有余地，但是为了达成向外保证的进度，你必须制定一个更加严苛的内部进度表。而且有时候即使这样做了，你也不一定能兑现对外许诺的进度。

顺便说一下，延迟现象在航天领域屡见不鲜，SpaceX 也不是唯一一家。延迟不是问题，问题在于延迟多久。我认为，血腥的"二战"结束之后，没有一项航天计划是按时完成的。

此外，马斯克还经常要求员工提供内容详尽、流程清晰的计划书。为了应付无比紧迫的进度表和满足马斯克的高期待，SpaceX 的工程师逐渐摸索出各种花式生存技巧。员工已经学会了绝不按月和周来制定任务时间表，就因为马斯克想要以天，有时甚至是以小时为单位来制定时间表，而且延误任务时间表的后果异常严重。"就连去洗手间都要报备，"布罗根说，"我真的很想告诉他：'埃隆，有时候人们需要上个大号。'"其实，有不少工作计划制订出来是显然无法按时完成的，它们所起的作用不过是 SpaceX 的高管们拿来取悦马斯克的。如果那些任务时间表没有对外公布的话，也许情况还不至于那么糟糕。然而，马斯克往往会按照这些"假"表上的安排通知客户，无意间给了客户不切实际的期望。通常情况下，收拾烂摊子的工作就会落到 SpaceX 总裁格温·肖特韦尔的头上。她必须打电话给客户，告知对方一个更可行的时间表，或是找一大堆借口解释延迟的原因。"可怜的格温，"布罗根说，"光是听她给客户打电话都让人觉得痛苦。"

毫无疑问，在充分发挥员工价值方面，马斯克是当之无愧的大师。

30多位接受采访的SpaceX工程师，竟然每个人都能举出一项马斯克用来让员工如期完成任务的管理技巧。以布罗根为例，通常情况下，经理负责给员工设置完成期限，而马斯克则引导他手底下的工程师掌控交付日期。"他不会直接说：'你必须在周五下午2点前完成这项任务。'而是这样表达：'我需要这项艰巨的任务在周五下午2点前完成，你能做到吗？'"布罗根回忆道，"接下来，如果你回答'能做到'，那么你勤奋工作的原因就不再是基于他的要求，而是为了你自己。然后，你可以深深体会到这其中的区别，这表示你为自己的工作写下了保证书。"SpaceX招来了数百位聪明且有上进心的员工，每个人的潜力都能在这里得到淋漓尽致地发挥。这里的员工一天工作16个小时，比其他公司两个人每人工作8小时的效率更高。因为一个人不需要开会、不需要与谁达成共识，也不需要为了加快项目进度去帮助其他人，他只需要持续地工作、工作、再工作。SpaceX心目中理想的员工，就是像自家公司的高级项目总监史蒂夫·戴维斯（Steve Davis）这样的人。布罗根说："这么多年以来，他一直坚持每天工作16个小时，而且他一个人完成的工作量比11个人加起来的还要多。"

当初能挖掘到戴维斯这个人才，离不开马斯克的功劳。当时，马斯克先给斯坦福大学航天系的一名助教[①]打电话，问他系里有没有勤奋、聪明，而且还未结婚生子的研究生和博士生。那名助教向马斯克隆重推荐了戴维斯，说他已经获得金融学、机械工程学和量子物理学学位，正在攻读航天工程硕士学位。马斯克在某个周三给戴维斯打了电话，过了两天就给他发了一份工作邀请。戴维斯是SpaceX聘请的第22名员工，如今已成为公司排名第12位的资深员工，到2014年，他也才35岁。

戴维斯在夸贾林岛兢兢业业地履行着自己的使命，将那段时光视为

---

① 这名助教就是迈克尔·科隆诺。

他人生中最有意义的一段时光。他回忆道:"每天晚上,你要么住在火箭旁边爬满壁虎的帐篷里,要么忍受一小时的晕船之苦,坐船回到主岛。一到晚上,我就必须在炎热和疲惫之间做出选择,不得不两害相权取其轻。那段经历,我至今想起来仍觉得不可思议。"完成"猎鹰1号"的任务之后,戴维斯还继续参与了"猎鹰9号"和"龙"飞船项目的研发工作。

SpaceX仅仅花了4年的时间就完成了"龙"飞船的设计,这可能是航天史上同类项目中耗时最短的。该项目最初由马斯克和几个工程师(他们中的大多数人不满30岁)一起开展,巅峰时期团队规模达到100人。[①]他们借鉴了过去制造宇宙飞船的经验,甚至翻遍了NASA和其他航天机构发表的所有论文,只要涉及类似"双子座"和"阿波罗"号宇宙飞船的文章,他们一概不放过。戴维斯说:"只要你去搜索有关'阿波罗'号再入制导算法这类的内容,那些庞大的数据库就会直接弹出答案。"接下来,SpaceX的工程师们必须弄清楚如何将这些项目逐一更新换代,保证宇宙飞船能够与时俱进。有些项目比较容易找出需要改进的地方,而且对工程师们来说也能轻松完成,但是还有一些项目需要他们充分发挥创造力。"土星5号"和"阿波罗"号虽然拥有庞大的运算设备,但它们的运算能力只有如今电脑(比如iPad)的一个零头。SpaceX的工程师们注意到了这一点,打算换上功能更强大的计算设备来提高其运算能力,这会为飞船节省很多空间。尽管工程师们设计的"龙"飞船的外观看起来与"阿波罗"号十分相似,但实际上前者的侧壁角度更加陡峭,这一不同之处就是为了给装备和宇航员留出更多空间。通过和

---

① 根据马斯克的说法:"'龙'飞船首个版本的初期作业,只有我和另外三四名工程师参与,当时我们手里的资金勉强够用,也不确定NASA会不会与我们签约。我参与过'神龙'号(Magic Dragon)项目,而且没有NASA的条件限制,所以从技术层面上来说,研究'龙'飞船会简单很多。先前参与'神龙'号制作的,也就只有我和英国一些研究高空气球的家伙。"

NASA 达成协议，SpaceX 还获得了酚醛浸渍碳烧蚀体①的生产工艺。随后，SpaceX 的工程师找到了降低制成酚醛浸渍碳烧蚀体材料成本的方法，改进了基础配方，所以"龙"飞船从一开始就能承受住从火星返回、进入地球大气层时因摩擦产生的热量。② 最后算下来，"龙"飞船的总成本是 3 亿美元，而其他公司的宇宙飞船项目的成本比它高了 10~30 倍。"我们自己采购金属原材料，将它碾平、焊接，然后制成可供使用的配件，"戴维斯解释道，"几乎所有的配件都由公司内部生产加工，所以我们的成本能降下来。"

与包括布罗根在内的很多 SpaceX 的工程师一样，戴维斯也收到过马斯克布置下来的一些看似无法完成的任务。戴维斯最引以为豪的任务要追溯到 2004 年。那个时候，SpaceX 需要一个可以触发万向行动（用来控制"猎鹰 1 号"的上一级设备）的致动器。戴维斯此前从未制造过硬件，所以自然而然就去找了一些可以帮他制造电力致动器的供应商，其中一位报价 12 万美元。戴维斯回忆道："埃隆听完后哈哈大笑，然后表示：'那个部件还没有车库门的开关复杂。你的预算是 5 000 美元，去搞定它。'"于是戴维斯花了 9 个月制造那台致动器。完成最后一步之后，他又花了 3 个小时给马斯克写了一封长长的电子邮件，详尽地描述了自己如何设计这台设备及其优缺点，他做出各种选择的原因及所耗费的金额。就在按下发送键的那一刻，戴维斯突然感到一股焦虑感涌上心头，因为他知道自己用了近一年的时间全力以赴，做了其他航天公司的工程师试都不会试的事情，最终结果此刻即将揭晓。对于他之前付出的所有辛劳和焦虑，马斯克给出的奖赏只是一个标准回复："不错。"戴维斯设

---

① 酚醛浸渍碳烧蚀体（PICA），即 Phenolic Impregnated Carbon Ablator 的缩写，它是 NASA 星际探索项目中目前最重要的热防护材料之一。——译者注
② NASA 派人研究"龙"飞船设计的时候，注意到这艘宇宙飞船有许多功能似乎从一开始就是为了登陆火星而设计的。相关人士之后发表了几篇文章，分析说明了 NASA 赞助"龙"飞船前往火星收集标本然后返回地球的计划，具有较高的可行性。

计的致动器的最终成本是 3 900 美元，后来它随着"猎鹰 1 号"飞上了太空。"我将所有的研制过程统统写进那封邮件里，一分钟后就收到了这个简短的回应，"戴维斯补充道，"公司里人人都有类似的经历。我最欣赏埃隆的一点，就是他面临大事能够迅速做出决策。即使现在也是如此。"

凯文·华生（Kevin Watson）也可以证明这一点。他曾在 NASA 的喷气推进实验室待了 24 年，2008 年，他加入 SpaceX。华生在喷气推进实验室工作期间参与过很多不同的项目，包括建造和测试可以抵御太空恶劣条件的计算系统。喷气推进实验室买来的加强版计算机往往过于昂贵，这让华生感到沮丧，所以他天天想着打造出具有同样功能但价格更便宜的计算机。接受马斯克面试的时候，华生得知 SpaceX 恰恰就需要他这样的思考方式。比如，马斯克希望火箭的主体计算系统花费不超过 1 万美元。以航天领域的标准来看，这个数字相当疯狂，因为火箭的航天电子系统的造价通常会超过 1 000 万美元。华生指出："如果在传统航天企业，光是准备讨论航天电子设备的会议所需的食物就要花费不止 1 万美元。"

华生曾在工作面试过程中向马斯克承诺，自己愿意接下这项看似不可能完成的任务——交付成本为 1 万美元的航天电子系统，于是他到任后立刻着手设计"龙"飞船的运算系统。华生首个完成的系统叫作 CUCU，发音为"咕咕"（与英文的"杜鹃"同音），这个通信装置将被送入国际空间站，用来与"龙"飞船通信。NASA 有不少成员戏称 SpaceX 的工程师为"修车工"，还纷纷质疑这家初创公司的各项能力，认为他们根本造不出这类仪器。但 SpaceX 非但研制出了这台通信计算机，还刷新了制作这类仪器的最快纪录，并让其最终成为首个一次性通过 NASA 协议测试的计算机。结果 NASA 的官员不得不一次又一次地在会议中提到"咕咕"——这也算是 SpaceX 为了折磨 NASA 而开的小玩笑。几个月后，华生和其他工程师建成了"龙"飞船完整的计算系统，随后根据"猎鹰9号"的需求做了技术上的调整。他们的最终成果是一个备用的航天电子平台，目的是确保系统出现故障或错误时还能维持正常运转。它结合了现有的计算设备和公司内部生产的产品，虽然成本略高于马斯克原先定下的1万美元目标，但也相差不多。

喷气推进实验室的高层放任科研经费浪费的态度，以及四处充斥的官僚主义作风让华生心灰意冷，而SpaceX则使他焕发了新的活力。每一笔超过1万美元的开支都需要经过马斯克批准。"既然我们花的是他的钱，那他对此上心就天经地义了，"华生解释道，"他得确保没有蠢事发生。"在每周的例会上，马斯克都能迅速制定各项决策，然后得到公司上下的一致认同。"人们接受会议决定的速度快得令人惊叹，"华生说道，"整艘船可以立即进行90度转向，就算是洛克希德·马丁公司也做不到这样。"华生继续说道：

埃隆无疑是个天才。他凡事必定亲自参与，而且闻一知十。如果他向你提问，你很快会发现，只要是回答他的问题就必须细细思考，因为他想要的答案必须符合物理学基本定律。而且你最好搞清楚一点，他对火箭的物理原理了如指掌，几乎无人能出其右。除此之外，我还见识过他的心算能力，简直不可思议。毫不夸张地说，他可以同时参与两个讨论，一个关于卫星发射，另一个关于我们能否将"龙"飞船送入正确的轨道并送达目的地，然后立刻在脑子里算出所有方程式的答案。他长年累月积累下来的那些丰富的知识，足以令世人震惊。我永远也不想成为那个不得不与埃隆竞争的人。如果你目前身处这个行业，而且未来有可能和他为敌，我在这里奉劝你一句，你不妨离开这个行业，做些别的有趣的事情。因为他比你更有谋略、更有智慧，而且他的执行力也远胜于你。

华生最重要的一项新发明,是位于霍索恩工厂三楼的金属测试台,那里存放着SpaceX为制造火箭的所有硬件和电子设备的测试版本。实际上,它从头到尾复制了火箭的内部结构,允许员工们模拟成千上万次飞行实验。比如,一个人可以先在电脑上"发射"火箭,然后用传感器监测每一个机械和计算机硬件的运行状况。有时候,工程师会在那里测试打开闸门的指令,然后检查闸门是否开启、打开的速度有多快,以及流向它的电流大小。SpaceX的工程师可以用这个测试仪器提前演练,然后观测火箭实际发射时可能遇到的种种情形,其余工作人员再根据测试过程中"猎鹰"或"龙"飞船出现的各类异常情况,做出相应的调整。正是凭借这套系统,SpaceX做了数不清的实时改动,因而顺利解决了不少难题。其中一个案例是:有一次在发射前几小时,某位工作人员突然发现了一个软件系统内部出错了,于是SpaceX的工程师当即修改了该文件,直到检查出它对硬件测试不产生影响后,才将文件传给在发射台上等待启动的"猎鹰9号",整个过程耗时不到30分钟。华生表示:"NASA不习惯这套做事流程,如果宇宙飞船有地方出了纰漏,每个人都只会听从安排等上3周,之后再试着重新发射。"[12]

马斯克会时不时地向全公司发送电子邮件,要么是推行新的规定,要么是让大家知道他正受到某件事情的困扰。2010年5月,他向全公司发出了一封后来广为流传的邮件,主题是"首字母缩略词真恶心"。

最近,我注意到使用自创缩略词的趋势正在公司内部蔓延。请各位明白一点,公司壮大的同时保持良好的沟通极为重要,而过度使用缩略词会严重阻碍彼此之间的交流。如果只有个别缩略词出现,情况或许没有那么糟糕,但是如果1 000人都在创造缩略词,其结果就是随着时间的推移,我们将不得不为每位新员工发放一份巨大的词汇表。实际上,没有人能够记住所有的缩略词,而且将来人们为了不让自己在会议中看上去像个笨蛋，他们只会沉默地坐在那里，对正在讨论的内容一无所知。这对新员工适应公司环境尤为不便。

这种做法必须立刻停止，否则我将采取严厉的措施。再次提醒各位，多年来我已经给出足够多的警告。除非得到我的允许，否则新出现的缩略词一律不准纳入 SpaceX 的词汇表。此外，如果现有的缩略词无法被证明是合理的，则要按照我过去的标准通通删除。

例如，试验台不应该出现"HTS"（horizontal test stand，水平试验台）或"VTS"（vertical test stand，垂直试验台）这样的缩写版本。因为它们包含了不必要的词，所以显得格外愚蠢。我们测试站摆放的"台"（stand）明显就是为了"实验"（test）用的。更何况 VTS–3 有四个音节，而"Tripod"（三脚架）不过两个音节，所以这讨厌的缩写版本事实上比原词更令人费解！

衡量一个缩略词是否值得保留，关键看它到底是有助于交流还是阻碍了交流。例如 GUI，除了 SpaceX 的内部员工，其他大多数工程师也知道这个缩略词，那它就可以用。偶尔造几个缩略词或者简写也是可以的。例如，假设在我已经批准的情况下，你们用 MVac 替代"灰背隼"1C– 真空（Merlin 1C-Vacuum）或用 M9 表示"灰背隼"1C– 海平面（Merlin 1C-Sea Level），这没有任何问题，但最好还是少用。

这封电子邮件的语气简单粗暴，一眼就能看出是典型的马斯克风格，但他的要求合乎情理、有理有据，因为他只是为了尽可能高效地完成工作。旁人可能会认为他太过于关注那些琐碎的小事，但是他这么做确实有几分道理。马斯克希望所有缩略词的使用都要经过他的批准，这点确实有些滑稽，但这恰恰就是他的管理风格。无论是在 SpaceX 还是在特斯拉，马斯克都会亲自过问每件事，而且收到的成效也很好。从那以后，员工将缩略词政策称为"ASS 规定"（ASS Rule，狗屁规定）。

在SpaceX，工作原则是拥抱你的工作，并努力把它做好。那些等待指导或详细指示的人将举步维艰，习惯得到反馈意见的员工也是一样。员工在工作中犯的最严重错误，就是向马斯克表示他的要求无法实现。例如，如果有人告诉马斯克，致动器的成本绝对不可能降到他的心理价位，或者无法在他规定的截止日期前造出某个部件。"埃隆会直接通知你：'好吧，你现在被踢出这个项目了，即刻起我就是它的第一执行者。接下来，我会一边担任两家公司的CEO，一边负责你的工作内容，而且我可以如期搞定它。'"布罗根感叹道，"最疯狂的是马斯克真的这么做了。每次他解雇了某个人，他都会接替那个人的工作，而且无论是什么项目，他都能完成。"

一旦SpaceX与那些比较权威的官方机构发生文化冲突，诸如NASA、美国空军或美国联邦航空管理局，双方就都很难堪。早在夸贾林岛双方合作期间，它们之间的摩擦就已初见端倪。有些政府官员认为SpaceX的员工对发射火箭流程的态度不够严谨，时常质疑他们的能力。所以之后好几次，当SpaceX的工程师想对发射程序做出一些调整时，他们都需要提交大量的书面文件。例如，SpaceX此前已经将替换过滤器需要的操作全流程记录在案，包括戴上手套、佩戴安全护目镜、移除一个螺母等。SpaceX如果后期想要更改这个流程，或者换一种型号的过滤器，竟然需要等上一个星期，直到美国联邦航空管理局审查完新的流程，工程师们才能动手更换火箭上的过滤器，这种拖延令工程师和马斯克觉得可笑。后来此类事情再度发生，马斯克在SpaceX和NASA的电话会议中狠狠斥责了美国联邦航空管理局的一位官员。布罗根回忆道："现场变得火药味十足，他对那家伙进行了将近10分钟的人身攻击。"

马斯克表示他对于此事已经没有什么印象了，但还记得与美国联邦航空管理局有过其他几次不愉快的经历。有一次，他整理了一份清单出来，那份清单上完整记录了美国联邦航空管理局某位官员在一次会议上发表的所有愚蠢言论，然后马斯克把它发给了那家伙的上司。"结果他那个笨蛋上司给我回了一封长长的邮件，就为了告诉我那个家伙是如何参与航天项目，负责过20次火箭发射之类的事迹，还质问我怎么敢指责那家伙做错了。"马斯克说道，"我只好告诉他：'不只是那个家伙错了，你也错了。他犯错的地方，我这里再重申一遍，你的问题也一样。'从那以后，他好像再也没给我发过邮件。我们正拼尽全力变革航天产业，如果原有的行业规则让你裹足不前，那么你就必须打破它。"

"当前的监管机构存在一个根本性的弊端。如果一个监管机构同意调整某项规则，结果后期出了问题，负责监管的工作人员很可能会因此丢掉工作。反之，即便因为改变规则而产生了好的结果，他们也得不到回报。这样的待遇对他们而言是非常不公平的。所以，我们也就不难理解监管机构为什么拒绝改变规则了。做对了没有奖励，但做错了必定受到重罚。面对这种情况，理性的人会如何选择，不用我多说了吧？"

2009年年中，SpaceX聘请美国前宇航员肯·鲍尔索克斯（Ken Bowersox）出任宇航员安全与任务保障部门的副总裁。鲍尔索克斯属于传统航天公司备受青睐的那种人，不仅拥有美国海军学院的航天工程学位，还曾担任空军试飞员，有过多次乘坐航天飞机的经验。SpaceX内部有很多人都认为他的到来是件好事，觉得他为人既勤奋又严谨，还可以从不同角度审视SpaceX的工作流程，这样就能确保公司上下可以安全、规范地完成各项工作。然而，现实情况是，鲍尔索克斯到了SpaceX后，整个人却陷入内心的拉锯战，不断在追求效率和遵守传统流程之间徘徊。日子一天天过去，他和马斯克的分歧越来越多，鲍尔索克斯开始察觉到自己发表的意见慢慢不受重视了。特别是在一起突发事件中，公司工厂原本在例行检查时就应该把一个存在重大缺陷的部件（一位工程师形容这个缺陷好比一个缺了底的咖啡杯）筛选出来，结果不知怎么就出现了纰漏，直到上了试验台它才被发现。据旁观者称，鲍尔索克斯建议 SpaceX 回溯整个流程，找到问题的根源，然后从根源上解决问题，但马斯克认定自己已经找出问题的根源，没有必要按他的建议去做，随后还辞退了当时已经在公司工作了两年的鲍尔索克斯。（后来，鲍尔索克斯拒绝公开谈论自己在 SpaceX 任职期间发生的事情。）鲍尔索克斯事件自此成为公司众人心目中的一个典型案例，证实了马斯克会用强硬手段破坏必要程序，但马斯克对此有着截然不同的看法，并影射鲍尔索克斯的专业知识未能达到 SpaceX 的技术要求。

有几位政府要员尽管愿意向我透露他们各自对马斯克的看法，但也提出了匿名的请求。其中一位表示，即便面对的是空军将领及其同级别的军官这样的人物，马斯克采取的沟通方式依然让人大跌眼镜。几乎所有人都知道马斯克的这种特点，一旦认定别人在某件事上大错特错，他就会毫无顾忌地驳斥他，哪怕对方是政府高级官员。而另一个人则直接表达了自己对马斯克这种行为的不可置信，他点明马斯克总是将非常聪明的人称作蠢货。"你所能想到的最糟糕的表达方式实际上也就是那样的，"这位人士描述道，"与天才埃隆一起相处，就如同一对非常亲密的夫妻之间的相处。他有时会对你十分温柔体贴、专一忠诚，有时又变得格外粗暴。"一位政府前官员指出，如果未来几年 SpaceX 想要继续讨好军方和政府机构，击败现有的竞争对手获得官方合约，那么马斯克需要好好控制自己的脾气。这位官员还补充了一句："他最大的敌人就是他自己，以及他对待别人的方式。"

正因为马斯克常常冒犯别人，所以肖特韦尔往往需要使出浑身解数才能平息事端。其实，肖特韦尔的性格同马斯克一样，脾气火爆、毒舌，但是她愿意扮演调解人的角色。肖特韦尔会利用自己的沟通技巧来处理 SpaceX 的日常业务，让马斯克可以专注于公司的整体战略、产品设计、营销和员工激励。像所有马斯克最信任的副手一样，肖特韦尔愿意待在幕后，兢兢业业地沉浸在自己的工作中，一心一意管理公司的业务。

肖特韦尔在芝加哥的郊区长大，母亲是艺术家，父亲是神经外科医生。她是个聪明、漂亮的女孩儿，各科学习成绩优异，还加入了校园啦啦队。肖特韦尔并没有从小就表现出对科学的浓厚兴趣，可以说，她对工程师的了解仅限于火车司机。但是种种迹象表明，她确实有点儿与众不同。她虽是女孩儿，却会主动修剪草坪，帮忙安装家里的篮球架。小学三年级的时候，她曾一度对汽车发动机产生兴趣，她的母亲还因此给她买了详细讲解汽车发动机工作原理的书。高中时的某个周六下午，肖特韦尔的母亲强迫她参加了伊利诺伊理工大学举办的讲座。听讲座时，肖特韦尔迷上了一位50多岁的女机械工程师。"那时她穿着一身漂亮的衣服，其中我最喜欢的当属她的套装和鞋子，"肖特韦尔补充道，"她身材高挑，完美地驾驭了那双鞋。"讲座结束之后，肖特韦尔同那个工程师聊了会儿，顺便打听了她的工作内容。她坦言道："从那天起，我立志成为一名机械工程师。"

接下来，肖特韦尔先后从美国西北大学获得机械工程本科学位和应用数学硕士学位。完成学业后，她主动前往美国著名的汽车公司克莱斯勒谋职，参与了该公司举办的一个管理培训项目，该项目专为前途无量且具有领导潜质的应届毕业生准备。肖特韦尔最先去了汽车技术学校进修——"我喜欢这种状态"，接着从一个部门跳到另一个部门。肖特韦尔研究发动机的时候，留意到有两台非常昂贵的克雷（Cray）超级计算机始终处于闲置状态，因为没有一个老员工知道如何使用它们。没过多久，她就自己登录了那两台超级计算机，还试着针对计算流体动力学进行设置，来模拟阀门和其他部件的性能。一直以来，她都对这项工作十分感兴趣，但是周遭环境逐渐让她感到不快。公司里到处都是条条框框，其中工会制度甚至明确规定了固定操作某些机器的具体员工。"有一次，我只不过动了一个工具，上面就给我开了个书面警告。"她无奈地说,"还有一次,我开了一罐液氧,又被书面警告。所以我忍不住思考,这份工作或许不是我原本想的那样。"

肖特韦尔最终放弃继续参与克莱斯勒的培训项目,回到家重新整理思绪。此后她曾攻读应用数学博士学位,但没持续多长时间。重返母校就学期间,有位导师介绍她去美国航空航天公司(the Aerospace Corporation)试试。这家赫赫有名的公司成立于 1960 年,总部设在埃尔塞贡多,是一个中立的非营利组织,专为美国空军、NASA 及其他联邦机构提供太空方面的服务。虽然公司内部有些官僚主义,但这些年来,它在研究活动、控制支出等方面成效显著。1988 年 10 月,肖特韦尔正式加入美国航空航天公司,参与了诸多项目。她在其中一个项目中负责开发热模型,用于描述航天飞机货舱中的温度波动会如何影响所负载设备的性能。她在该公司担任系统工程师近 10 年之久,其间她的专业技能得到了精细打磨,不过到最后,肖特韦尔再次被航空业的缓慢发展激怒。"我实在搞不明白为什么制造一枚军事卫星需要 15 年,"她说道,"任谁都看得出来,我对此越来越提不起兴趣。"

在之后的 4 年里,肖特韦尔又辗转到一家距离航空航天公司仅一步之遥的初创公司微宇宙(Microcosm),担任航天系统和业务开发部门的主管。集智慧、自信、坦率和美貌于一身的肖特韦尔,慢慢赢得了销售达人的美誉。2002 年,她的同事汉斯·科尼格斯曼决定辞去现在的职位,加入 SpaceX。出于同事情谊,肖特韦尔请他吃了一顿告别午餐,顺便开车把他送到 SpaceX 当时还很破旧的总部。"汉斯让我进去见见埃隆,"肖特韦尔补充道,"我去了。那时我直接告诉他'你还差一名优秀的业务开发人员'。"隔天,玛丽·贝思·布朗就打电话给肖特韦尔,告诉她马斯克想请她来面试新业务开发副总裁一职。就这样肖特韦尔成为 SpaceX 的第 7 号员工。她感慨道:"我提前 3 周提交了离职申请,还重新装修了我的浴室,因为我知道接受这份工作之后,我不会再有自己的生活了。"

在SpaceX刚成立的那几年，肖特韦尔完成了白手起家的惊人壮举。尽管公司第一次成功发射的时间远超预期，一路上经历的失败让人难以启齿，业务也因此受损，但肖特韦尔还是设法在SpaceX将第一枚"猎鹰1号"送入轨道前，与政府和商业客户签订了十几份火箭发射的合同。可以说，在SpaceX最艰难的那段时期，正是她凭借着过硬的业务能力拿下了NASA提供的一系列巨额合同，公司才得以存活。其中有一份价值2.78亿美元的合同是她在2006年8月签订的，合同内容要求SpaceX制造可以运送物资到国际空间站的飞船。肖特韦尔取得的一系列惊人成就，赢得了马斯克的高度欣赏，她也因此成为马斯克在SpaceX的头号亲密知己。2008年年底，她成为公司的总裁兼首席运营官。

肖特韦尔的职责还包括完善SpaceX的企业文化，因为随着公司规模的不断扩大，企业内部开始变得越来越像他们曾经嘲笑的那些传统航天巨头。肖特韦尔可以营造一种温馨的氛围，比如开会时向全公司发表演说，或者向一群新雇员点明他们应该拼命工作的原因。某次与实习生开会的时候，肖特韦尔将大约100名新人带到餐厅的角落。彼时，她穿着黑色高跟皮靴、紧身牛仔裤、褐色的夹克，披着一条围巾，一对大大的环型耳环在她齐肩的金发旁晃来晃去。她在众人面前来回踱步，手里拿着麦克风，要求他们报出自己的毕业院校和各自在SpaceX负责的项目。实习生们一个个轮流上前回答，一个学生来自康奈尔大学，参与了"龙"飞船项目；下一个学生来自南加州大学，参与设计了火箭推进系统；下下一个学生来自伊利诺伊大学，参与了空气动力学部门的工作。房间里所有人大约用了30分钟才介绍完，至少从他们的学业成就和炽热的眼神中可以看出，在场的学生是世界上年轻人中的佼佼者。随后，学生们向肖特韦尔抛出一个个问题，包括她人生中最美好的时刻、她对取得成功的建议、SpaceX面临的竞争危机等，她也真诚地一一回答了这些问题，还给予他们精神上的鼓励。在回答问题的过程中，肖特韦尔不忘特意强调，SpaceX 在精益创新方面远胜于那些传统航天公司。肖特韦尔告诉那批实习生："我们的对手都被我们吓到了，其他航天巨头往后与我们竞争也必须费尽心思，而我们所要做的就是跨过它们的尸体，笑到最后。"

　　肖特韦尔表示，SpaceX 最主要的目标就是尽可能提高发射频率。公司从不指望单靠一次发射大赚一笔，它宁愿每一次发射只赚一点儿，也要利用多次发射形成良性循环。"猎鹰 9 号"的单次飞行成本高达 6 000 万美元，公司希望通过规模效益和改进发射技术将这一成本降至约 2 000 万美元。包括将 4 艘"龙"飞船送到国际空间站，SpaceX 还执行了 9 次"猎鹰 9 号"和 5 次"猎鹰 1 号"的发射任务，这几个项目合计花费大约 25 亿美元。SpaceX 每次发射火箭的价格都低得超出了同行业中其他公司的理解范畴，它们只能望尘莫及。"我不知道同行把钱花到哪里去了，"肖特韦尔说，"它们在烧钱。对此我真的一无所知。"肖特韦尔认为，许多新兴国家对于火箭发射兴致勃勃，将通信技术视为重要产业，既是为了发展经济，也是为了追赶发达国家的脚步。SpaceX 计划制定低廉的发射价格，以此吸引大批新的客户群体，力求提高公司的业务额。此外，SpaceX 还希望加入载人航天这一不断扩张的市场当中。SpaceX 对诸如维珍银河公司和 XCOR 宇航公司推出的 5 分钟地球"亚轨道旅行"向来不感兴趣。然而，它的确有能力把研究人员送入由毕格罗宇航公司建造的轨道舱和各个国家建造的轨道太空实验室。SpaceX 也开始建造自己的卫星，努力成为一站式太空商店。要达成这些目标，SpaceX 就必须完成每月的飞行计划，并完成 50 亿美元的发射订单。"我们的大多数客户很早就签约了，他们希望得到足够的支持，拿到优惠的价格。"她说，"我们目前要做的就是，按时发射飞船，还要不断提高发射'龙'飞船的效率。"

有一段时间，肖特韦尔与实习生的关系陷入了僵局，这在一定程度上影响了公司的运营。SpaceX的设施都是租赁的，还没有能力建设诸如大型停车场之类的设施，为公司的3 000位员工带来便利。肖特韦尔承诺，硅谷的科技初创公司将为员工建造大量的停车场、卫生间，并提供一些免费的赠品。"我期待能有一家托儿所。"她说。

只要谈及SpaceX的宏伟愿景，肖特韦尔就满怀期待，畅所欲言，这也激发了实习生们的热情。他们中的一些人明确表示了自己的梦想——成为一名宇航员。肖特韦尔说，NASA目前已经精简了宇航员的队伍，在SpaceX工作正是进入太空的最佳机会。马斯克给自己设定的首要任务是，设计出拥有酷炫外观，看上去不再像"棉花糖宝宝"的宇航服。"宇航服应该轻便美观，"肖特韦尔说，"你还能做得更好。"至于宇航员们想去的地方，则有太空站、月球，当然还有火星等。SpaceX已经开始测试一种名为"重型猎鹰"（Falcon Heavy）的巨型火箭，它的射程比"猎鹰9号"更远；还有另一艘更大的太空飞船正在建造中。"我们的'重型猎鹰'火箭没法儿把一大帮人都送上火星，"她说，"所以在'重型猎鹰'之后，还会有其他的新产品出现，我们正在努力中。"为了研制出类似"重型猎鹰"的火箭，SpaceX的员工需要高效、积极地工作。"每个人都要做到高产出。"肖特韦尔说，"如果我们在你前进的道路上扔了一堆屎，你就必须另找出路！别的公司可能不会这样，但这里是SpaceX。"这些道理或许不大中听，但每个人都得接受。肖特韦尔认为，商业太空竞赛已经变成SpaceX和中国公司之间的比赛。从大局来看，这场竞赛关系到人类的生死存亡。"如果你憎恨人类，觉得人类灭亡没什么大不了的，那你就等着吧，"肖特韦尔说，"你没必要去太空了。反过来，如果你认为人类应该去冒险，寻找第二块生存之地，你就应该关注这个领域，并适当投资。我敢肯定，NASA会指定我们公司，将着陆器和探测器投放到火星。我们的第一项火星任务将会是投放一大批物资，一旦人们到达那里，就有地方住，有东西吃，有事情做了。"

这样的言论让航空航天业的人们激动不已。长期以来，他们一直期待着能有一家公司带来太空旅行的革命。航空专家们指出，莱特兄弟飞行试验后的20年左右，航空旅行已经成为常态。而相比之下，火箭发射领域的发展却停滞不前。我们虽然去过月球，将探测车送入火星，还探索过太阳系，但这些仍然是造价高昂的一次性项目。NASA的行星科学家卡罗尔·斯托克说："根据现有的火箭方程，太空旅行的成本还是很高的。"在NASA等政府部门的军事和政府合同的保障下，航空航天业一直拥有大量预算，并试图建造可靠的大型机器。为了达到要求，航天承包商们只能努力实现机器性能的最优化。假设你为美国政府发射一颗价值10亿美元的军事卫星，而又无法承担卫星炸毁的责任，这一战略就显示出了它的合理之处。但总的来说，这种做法不仅打击了行业发展的积极性，也导致组织机构臃肿和过度支出，并令商业航天业一蹶不振。

除SpaceX外，美国其他火箭发射供应商在其他国家的同行面前不再具有竞争力。它们的发射能力有限，目标也不够坚定。SpaceX在美国国内军用卫星和其他大型荷载领域的主要竞争者是美国联合发射联盟，它成立于2006年，是波音公司和洛克希德·马丁公司的合资企业。当时政府无法提供足够的业务支持，而波音公司和洛克希德·马丁公司在研发和制造方面的合作可以降低发射成本，提高安全性，因此就有了这个强强联合的设想。在过去几十年，美国联合发射联盟一直借鉴波音公司的"德尔塔"（Delta）和洛克希德·马丁公司的"宇宙神"（Atlas）运载火箭，成功发射了数十枚火箭，成为行业内可靠的模范公司。但无论是合资企业，还是提供商业服务的波音公司或者洛克希德·马丁公司，都无法在价格上与SpaceX、俄罗斯和中国的公司竞争。"在大多数情况下，全球航天商业市场由欧洲的阿丽亚娜航天公司、中国的'长征'系列火箭以及俄罗斯的运载火箭所垄断，"航空公司民用和商业项目总经理戴夫·比尔登说,"它们之间的差别只是劳动生产率和建造方式不同。"

说得更直白些,美国联合发射联盟已经把美国推向了一个尴尬的境地。2014年3月,美国联合发射联盟时任CEO迈克尔·盖斯(Michael Gass)在国会听证会上与马斯克对峙。当时SpaceX提出请求,希望能够与政府签订一些年度的发射订单。在听证会上,一组幻灯片展示了波音公司和洛克希德·马丁公司从双寡头变成独家垄断以来,政府的发射支出是如何飙升的。根据马斯克在听证会上展示的数字,美国联合发射联盟为每次发射收取3.8亿美元,而SpaceX只收取9 000万美元。(这9 000万美元高于SpaceX 6 000万美元的标准发射价格,这是因为政府有一些基于敏感性的额外要求。)马斯克指出,只要挑选SpaceX作为发射供应商,政府就可以省下一大笔钱,用于购买火箭运载的卫星。盖斯并没有真正反驳马斯克,而是声称马斯克公布的美国联合发射联盟的价格是不准确的,但他拒绝提供其公司的数据。在听证会召开之际,由于俄罗斯在乌克兰的军事行动,美国和俄罗斯之间的紧张局势正在加剧。马斯克恰逢其时地指出,美国很快就会对俄罗斯实施制裁,这一举动有可能涉及航天设备。恰巧美国联合发射联盟当时将"宇宙神5号"火箭中敏感的美国军事装备送入太空,而这艘火箭装备了俄罗斯制造的发动机。"我们的'猎鹰9号'和'重型猎鹰'运载火箭是真正的'美国制造',"马斯克说,"我们在加利福尼亚州和得克萨斯州设计和制造火箭。"但盖斯面无表情地反驳道,美国联合发射联盟已经买下了俄罗斯火箭发动机两年的供应权,并购买了该发动机的设计图,还把它从俄语翻译成了英语。(听证会结束几个月之后,美国联合发射联盟另选他人接替了盖斯的CEO职位,并与蓝色起源公司签署了研发美国制造火箭的协议。)

在听证会上,当亚拉巴马州参议员理查德·谢尔比(Richard Shelby)拿起话筒提问时,全场鸦雀无声,沮丧不已。美国联合发射联盟在亚拉巴马州建有生产基地,而谢尔比与这家公司有着密切的关系。谢尔比觉得自己有必要推动家乡企业的发展，因此他反复强调美国联合发射联盟已经成功完成 68 次发射任务，并询问马斯克如何看待这些成就。航天业是谢尔比得到最大资助的产业之一，所以当谈论到太空发射时，谢尔比倾向于支持官僚主义，反对行业竞争，这出乎大多数人的意料。"通常情况下，竞争会带来品质更好、价格更低的合同——但火箭发射市场比较特殊，"谢尔比说，"这个市场受到政府和产业政策的约束，需求十分有限。"谢尔比在 3 月的听证会上发表了这些声明，结果证明这是一个骗局。政府已经同意将其 14 次敏感的发射任务进行投标，而不是直接交付给美国联合发射联盟。马斯克在听证会上陈述了自己的立场，表示 SpaceX 具有雄厚的实力，能够完美地完成政府的发射任务。但在听证会结束的第二天，美国空军就把原本用来竞标的 14 次发射任务改为 1 至 7 次。一个月后，SpaceX 向美国空军提起诉讼，要求一个争取发射业务的机会。SpaceX 在自由发射（freedomtolaunch.com）网站上写道："我们公司不是为了抢政府发射任务的订单，只是想争取公平竞争的权利。"[1]

在完成国际空间站补给任务和发射商业卫星方面，SpaceX 的主要竞争对手是轨道科学公司。这家公司 1982 年于弗吉尼亚州成立，起初和 SpaceX 并没什么不同，都是通过外部募集资金，专注于将小型卫星送入近地轨道。尽管机器类型有限，轨道科学公司的经验却更胜一筹。

---

[1] 太空商业中的政治活动可能会变得相当恶劣。NASA 前副局长洛里·贾维尔（Lori Garver）花了数年时间争取放开 NASA 合同的限制，以便私有企业可以参与为国际空间站提供补给的这类项目竞标。她致力于加强 NASA 和私人部门之间的联系，最终获得了胜利，但也付出了一定的代价。"我被亡命之徒恐吓过，也收到过假炭疽病毒。"她说道。贾维尔也遇到过 SpaceX 的竞争对手，他们试图散布有关该公司和马斯克的流言蜚语。"他们声称马斯克在南非违反了税法，他在那里还有个秘密家庭。我说：'你就编吧。'像埃隆、杰夫·贝佐斯和罗伯特·毕格罗（以他的名字命名的航空公司的创始人）这样的人眼光很长远，他们能成为富翁，我们应该高兴才对。只有疯子才会去丑化埃隆。马斯克可能不太会说话，但有些时候，你没法儿讨好所有人。"

但轨道科学公司在火箭发动机和火箭箭体方面，依赖于俄罗斯和乌克兰的供应商，这使得它更像一家航天器的组装公司，而不是像 SpaceX 那样的制造商。除此之外，轨道科学公司的飞船没法儿像 SpaceX 那样从国际空间站返回地球，也就无法将实验设备和其他物品带回来。2014 年 10 月，轨道科学公司的一枚火箭在发射台上爆炸。由于调查期间发射搁置，轨道科学公司找到 SpaceX 寻求帮助，想看看马斯克能否有余力为轨道科学公司的客户提供服务。轨道科学公司也表示，以后将不再使用俄罗斯制造的火箭发动机。

在载人航天领域，在 NASA 一场长达 4 年的将宇航员送入国际空间站的竞标中，SpaceX 和波音公司双双获胜，并将共同接手该任务。到 2017 年，SpaceX 将获得 26 亿美元，波音公司将获得 42 亿美元。波音公司计划将这笔资金用于开发太空舱，并将人类送入国际空间站。实际上，这两家公司将取代过去的航天飞机，并恢复美国在载人航天领域的地位。"波音公司和我们公司在满足 NASA 相同要求的情况下，用的技术更差，却获得了两倍于我们的资金，但我并不介意这个。"马斯克说，"两家公司都参与进来，载人航天事业会发展得更好。"

专精航天领域的 SpaceX 也曾让人觉得江郎才尽。该公司最初的主力军是小型的"猎鹰 1 号"，平均发射成本为 600 万至 1 200 万美元，价格远低于其他将物品送入太空的其他运载工具，这让许多业内人士兴奋不已。2007 年，谷歌公司向全世界发起"谷歌月球 X 大奖赛"（GLXP），将机器送上月球的人为获胜者，能够赢得 3 000 万美元的奖金。当时许多提交方案的科学家都不约而同地选择"猎鹰 1 号"作为他们首选的运载火箭，因为就控制发射成本而言，这是将机器送入太空的最佳选择。世界上的许多科学家都对这个项目投注了极大的热情，认为终于有一种经济实惠的方法可以将实验设备送入轨道了。然而，业界对于"猎鹰 1 号"的热切关注并没有转化成实际的订单。"很明显，人们对'猎鹰1号'有着巨大的需求,但他们没有足够的钱。"肖特韦尔说,"'猎鹰1号'火箭每年的订单只有三枚左右,算不上市场,很难做生意。""猎鹰1号"的最近一次发射是在2009年7月,发射地点在太平洋南部夸贾林岛,当时SpaceX受马来西亚政府委托,负责将一颗卫星送入轨道。从那以后,航天业的人们议论纷纷。肖特韦尔说:"我们很看好'猎鹰1号'。对于这个结果,我们既激动又失望。我本以为会有大量订单,但8年过去了,我期待的迟迟没有出现。"

此后,SpaceX以惊人的速度提高了其发射能力,有望重新经营价值1 200万美元的发射业务。2010年6月,"猎鹰9号"成功发射并顺利环绕地球轨道飞行。2010年12月,SpaceX成功证明"猎鹰9号"能够运载"龙"飞船进入太空,并能成功回收降落至海面的飞船。[①]SpaceX成为有史以来第一家完成这一壮举的商业公司。之后,在2012年5月,SpaceX经历了公司历史上自夸贾林岛首次发射成功以来的最重要时刻。

2012年5月22日凌晨3时44分,一枚"猎鹰9号"火箭在佛罗里达州卡纳维拉尔角的肯尼迪航天中心发射升空。火箭直接把"龙"飞船推向太空,直到飞船脱离。随后,飞船展开太阳能帆板,依靠着自带的18枚天龙座推进器(小型火箭发动机)继续向国际空间站进发,整个过程需要3天,SpaceX的工程师们在此期间夜以继日地轮番工作,有的甚至睡在工厂的帆布床上。他们大部分时间都在监控"龙"飞船的飞行状态,检查其传感器是否能够探测到国际空间站。按照原定计划,"龙"飞船将在25日凌晨4点停泊在国际空间站,但当飞船靠近空间站的时候,一道意想不到的闪光持续地干扰着激光探测器,导致飞船与空间站之间的距离测算出现误差。肖特韦尔说:"我记得我们折腾了两个半小

---

① 在这次飞行中,SpaceX偷偷在"龙"飞船里放了一大块奶酪,正是当年送老鼠上火星计划时期斯科尔送给马斯克的那块奶酪。

时。"工程师们紧张地处理着这突如其来的故障,而夜色渐深,肖特韦尔身上的 UGG 雪地靴、渔网毛衣和紧身裤已经被她穿出了睡衣的困顿感。SpaceX 的员工一直忧心忡忡,担心这次任务会就此失败。情急之下,工程师们不得不改变策略,向"龙"飞船上传一些新的软件,减少视觉传感器使用的图像帧数,从而消除太阳光对机器的影响。第二天早上还没到 7 点,"龙"飞船终于足够靠近国际空间站,宇航员唐·佩蒂特用 58 英尺长的机械臂抓到了应急补给舱。佩蒂特呼叫道:"报告总部,这里是国际空间站,我们好像抓到'龙'飞船的尾巴了。"[13]

肖特韦尔说:"整夜我都在提心吊胆,早上 6 点就起来了,还喝了香槟。""龙"飞船与国际空间站对接的时候,控制室里大约有 30 名员工。之后的几个小时,工作人员陆续涌入公司,共同沉浸在成功的喜悦之中。SpaceX 又完成了一个史无前例的壮举——成为第一个完成国际空间站对接的私有企业。几个月后,SpaceX 收到了来自 NASA 的 4.4 亿美元的拨款,用于将"龙"飞船打造成载人飞船。"埃隆在改变整个航空航天业的商业模式,"NASA 的斯托克说,"他在降低运作成本的同时保证了安全性。他把科技行业的优势集中在一起,比如开放的办公空间、畅通的沟通方式、人机互动的模式,而传统航天领域的做法与这些截然相反,目的只是拿出符合要求的文件,完成项目审查。"

2014 年 5 月,马斯克邀请媒体前往 SpaceX 的总部,向他们展示 NASA 的投资带来的成效。在媒体大会上,他揭开了第二代"龙"飞船(Dragon V2)的面纱。大多数高层领导喜欢在展会或者白天的活动上推出产品,而马斯克不同,他更倾向于精心策划好莱坞式的夜间酒会,并在酒会上发布新品。成百上千的宾客会聚在霍索恩总部,尽情享用美酒美食,一直到晚上七点半展会开始。马斯克穿着紫色天鹅绒夹克登场,像方兹①那样用拳头击开太空舱的舱门，里面的东西令人叹为观止。以前那个狭窄的舱室结构不复存在，取而代之的是7把纤细、结实、线条流畅的座椅，其中有4把座椅靠近主控制台，另外3把位于后面一排。马斯克在舱内四处走动，向人们展示宽敞的空间，然后猛地坐在中间机长的座位上。他伸手按动解锁键，由4块屏幕组成的主控制台随之优雅地徐徐落下，刚好停在前排座位的正前方。② 控制台的正中央有一个操纵杆，用于驾驶飞机，还有几个实现基本功能的物理按钮，供宇航员在紧急情况或者触摸屏发生故障时使用。飞船内部材质明亮，其表面是金属质地。时隔多年，一款符合科学家和电影制作人梦想的宇宙飞船终于问世。

第二代"龙"飞船可称得上独具一格，它能够自动与国际空间站或其他太空栖息地对接，而不再依赖机械臂。第二代"龙"飞船还将使用超级天龙座发动机——有史以来第一个完全采用3D打印技术制造出来的航天发动机。这辆发动机由一台计算机控制的器械直接打印而成，材料采用了高强度的镍铬铁合金，不需要经过人工焊接，所以其强度和性能均达到了前所未有的水平。然而，最不可思议的是，马斯克透露，通过利用超级天龙座发动机和推力器，第二代"龙"飞船能够平稳地降落在计算机设定好的任何地方，不再需要降落在海面上，也不再造成飞船的废弃。马斯克说："这就是21世纪飞船的着陆方式。只要注满了火箭的推进剂，就能够再次起飞。如果我们习惯了抛弃火箭和飞船，就不可能真正地探索到太空的奥秘。"

第二代"龙"飞船不过是SpaceX生产线上同时研发的诸多产品之

---

① 方兹（Fonz），20世纪80年代美国著名情景剧里的人物。——译者注
② 马斯克用他独有的方式向我解释了主控制台的外观："我选择了与Model S类似的风格（Model S因为太空操作系统而升级，这个控制台就采用了与Model S相同的屏幕）。我没有遮盖铝格栅，是为了让外观更有异域情调。"

一，该公司的下一个里程碑是"重型猎鹰"火箭的首次飞行，从设计角度来说，它将成为世界上最强大的火箭。①SpaceX 已经找到将 3 枚"猎鹰 9 号"火箭组合成一枚火箭的方法，组合后的新火箭拥有 27 台"灰背隼"发动机，能够把超过 53 吨重的物品送入轨道。马斯克和穆勒的设计有一个巧妙之处：从"猎鹰 1 号"到"重型猎鹰"，所有型号的火箭都可以使用相同的发动机，从而节省成本和时间。穆勒说："我们自主生产燃油室、涡轮泵、气体发生器、喷射器和主阀门，我们对成品有绝对的控制权。我们还有自己的试验基地，所以工时减少了一半，与生产材料相关的工作量也减少了一半。但是绝大多数竞争对手使用的是政府的试验基地。4 年前，我们一年能制造两枚火箭，现在我们一年能制造 20 枚。"SpaceX 员工自豪地表示，"重型猎鹰"的运载能力是同类竞争产品波音和美国联合发射联盟的德尔塔 4 号重型运载火箭的两倍，然而前者的造价仅仅是后者的三分之一。SpaceX 还忙于在得克萨斯州布朗斯维尔建设一个全新的航天港，旨在通过自动化管理完成火箭就位、加注燃料和发射升空，实现每小时发射数枚火箭的目标。

　　SpaceX 一如既往地通过实际发射来试验新的产品，但很多同行对这种方式望而却步。SpaceX 常常宣布采用新的发动机或着陆脚架，并在发射前的预热宣传中就反复强调这些改进。当然，SpaceX 并不是事

---

① 疯狂的是，NASA 正在建造下一代巨型宇宙飞船，希望有朝一日能登陆火星，而 SpaceX 也在独立建造同一类型的飞船——"重型猎鹰"飞船。NASA 的项目预算为 180 亿美元，而政府研究表明，这个预算已经相当保守。亿万富翁安德鲁·比尔是一位风险投资人，也曾是商业领域的航天企业家。"NASA 的这个项目纯属胡闹，"他说道，"整个航天飞机系统一团糟。他们哪里懂什么？哪个有脑子的人会采用大型的助推火箭，还是需要动力密封的那种？他们可真走运，助推火箭只发生了一次严重故障。"比尔的犀利评论源自他多年来目睹的一切——政府通过贴钱资助宇宙飞船的建造和发射，与私人太空公司进行竞争。由于政府不停地资助参与竞争的火箭制造商，导致他的比尔航空航天公司（Beal Aerospace）退出该领域。"世界各国的政府花了十多亿美元试图做埃隆正在做的事，但它们都失败了，"他说道，"我们需要政府，但是由政府出面跟企业去竞争真是瞎折腾。"

无巨细地将信息公之于众，它也常常在执行发射任务的过程中秘密进行一些测试。马斯克一般要求员工在完成不可能的任务之外，还要达到不可能实现的目标。SpaceX 的一位前高管用"永动机"来形容公司当时的工作氛围，这台"永动机"永不满足，永远怀着希望，因此能产生源源不断的动能来运转。"打个比方，马斯克要求大家用一年的时间造出一辆车，它从洛杉矶开到纽约只能用一箱油。一年之后，准备将车开往纽约进行测试的时候，所有人都觉得这辆车最多只能开到拉斯韦加斯，但最后却开到了新墨西哥州，比人们预期的距离多了一倍。尽管如此，埃隆还是很生气。他想让员工发挥两倍的潜力。"

对于任何事，马斯克都有着极高的期待值。2010 年 12 月的那次发射就是一个最好的证明。SpaceX 的"龙"飞船成功发射，绕地球一周并安全返回，可以说是公司历史上的一个巨大成就，许多人为此倾注了大量的时间和心血。12 月 16 日，SpaceX 总部举行了圣诞派对，在派对开始前 90 分钟，马斯克把所有高层召集起来开会，包括穆勒在内的 6 位高管盛装出席，准备庆祝圣诞节和"龙"飞船的凯旋。在这样的场合，马斯克却为一枚新型火箭的桁架结构的进度延误而大动肝火，训斥了他们足足一个小时。布罗根说："他们的妻子分别坐在三个办公隔间里，等着马斯克训斥完他们。"类似这样的事情在日常工作中时常出现。有一次，由 30 名员工组成的公司团队在 NASA 的一个难度极大的项目上做出了贡献，马斯克拿出额外的股票期权奖励他们。许多员工为了眼前的现实利益，要求换成现金奖励。SpaceX 前工程师德鲁·埃尔丁说："他指责我们没有对公司股票进行估值。他说：'从长远来看，这些股票比 1 000 美元现金要值钱多了！'他并没有对我们大吼大叫，但明显对我们失望了，听到他说那番话真的很不好受。"

对 SpaceX 的许多员工来说，何时能看到他们的劳动回报是一个在所难免的问题。尽管 SpaceX 员工的薪酬并不算低，但也绝对不算很高，他们当中很多人都盼望着公司上市的那一天,这样他们便可以通过卖出公司股票赚钱。但马斯克近期并不打算将公司上市,其原因显而易见。首先,要向投资人讲明白火星计划是一件很困难的事情,因为没有现成的移民其他星球的商业模式可以借鉴。当知道马斯克近期没有上市的想法,并且在火星计划不明朗的前提下不会考虑上市时,员工们就开始抱怨。马斯克意识到员工们的这些负面情绪后,便给他们写了一封邮件,阐述了他这么做的理由。这封邮件有助于他们理解他的思维模式,以及与其他 CEO 相比,他的思维方式有多么不同寻常(完整的电子邮件见附录 3)。

关于上市

正如我最近的评论,我越来越担心我们公司在火星运输系统就位之前就上市的问题。我们的根本目标一直是创造在火星生活所需的技术。如果成为一家上市公司就会降低创造这种技术的可能性,那么我们会在确定火星计划以后再选择上市。上市议题当然是可供讨论的,但根据我在特斯拉和太阳城的经验,特别是鉴于 SpaceX 的长期使命,我在犹豫到底要不要让公司上市。

有些员工没有在上市公司工作过,他们可能会认为,公司上市肯定会带来好处。事实却并非如此。尤其是在涉及技术的重大变革时,上市公司的股票价格会由于内部运营和外部经济而剧烈波动。这会让人们因为股票价格涨跌而分心,影响新产品的开发。

有些员工自认为比公共市场的投资者更加聪明,能够在"适当的时机"卖掉公司的股票。但我想告诉你们,如果你真的比大多数对冲基金经理还要聪明,那你就没必要担心你持有的公司股票,因为你可以投资其他上市公司的股票,在市场上赚个几十亿美元。

埃隆
2013 年 6 月 7 日

第十章 电动汽车的复仇
最好的时机

Model S 打败了包括保时捷、宝马、雷克萨斯、斯巴鲁等在内的 11 家劲敌，并被《汽车族》称为"美国仍然具有伟大创造力的有力证明"。该杂志将 Model S 评选为有史以来第一个获此殊荣的非内燃机引擎车，赞扬它的操控感就像赛车，平稳感堪比劳斯莱斯，控制力比肩雪佛兰 Equinox，节能性媲美丰田普锐斯。

当下，汽车和卡车的电视广告铺天盖地，多到让人麻木，继而让人忽视了广告里的一切内容。对于那些没有多少实质意义的广告，人们视而不见是理所当然的。厂商们指望广告劝服消费者相信他们生产的汽车举世无双，可看看他们的广告——那些在广告上下了少许功夫的厂商几十年来反反复复地吆喝着：汽车的空间更宽敞了，每加仑行使的里程更多了，驾驶体验更好了或者多了一个杯座。而那些找不到任何有趣卖点的厂商干脆使用老掉牙的广告：衣着露骨的女人、有着英国口音的男人，甚至穿着燕尾服跳舞的老鼠。当你真的观看汽车广告时，会发现大众汽车"即签即卖"的销售策略已成为"让购车体验没那么遭罪"的代名词时，从而意识到汽车行业堕落的程度。

2012年年中，特斯拉汽车的出现震惊了汽车行业里自鸣得意的同行。特斯拉目前已开始发售Model S轿车。这辆全电力驱动的豪华座驾，每次充满电可跑300多英里，而且从0到60英里时速的加速时间低至4.2秒。假如放倒车内的第二排儿童座椅，整辆车甚至可以容纳7个人。另外，车内配有两个行李箱，一个是位于尾部的标准行李箱，还有一个被特斯拉称为前置行李箱，位于传统汽车发动机的位置。Model S的一个电池组被置于底盘上，在两个后轮之间还有一个西瓜大小的电动机，免去了发动机和其他机械的轰鸣声，这样Model S跑起来的时候很安静。在原始速度、里程数、操控感、内置空间等方面，Model S优于大多数豪华轿车，品质优越。

除了上述特性，特斯拉的门把手也有精巧的设计。当车主携带车钥匙靠近车身时，隐藏在车门内的银色把手会自动弹出，车门随即打开。当人进入车内，把手则会自动收缩，与车身融为一体。车内配有17英寸的触摸屏，用于操控车内大多数的功能，只需在触控板上轻轻一划，就可实现音量调节①、天窗闭合等功能。大多数汽车都安装了巨大的仪表盘，以容纳多个显示屏与按钮（部分用于降噪），而 Model S 节省了大量的空间，使车内空间更为宽敞。此外，Model S 可随时随地接入互联网，驾驶员可以通过触屏听音乐或使用谷歌地图进行导航。与此同时，在启动车辆时，驾驶员无须转动钥匙，甚至无须按下点火按钮，驾驶座上的重力感应器与形似迷你版特斯拉的感应钥匙在进行识别后便可自动启动车辆。全车由轻质铝合金制造而成，被列入最高安全级别的汽车榜单。目前，Model S 可在全美高速公路沿线的特斯拉充电站享受免费充电服务，根据特斯拉公司的计划，这些充电站未来会遍布全球。

无论是对于工程师还是对于环保人士来说，Model S 都是效率的典范。传统汽车与混合动力汽车有成千上万个活动部件。发动机为了提供持续稳定的动力，必须使用活塞、曲轴、机油过滤器、交流发电机、风扇、配电盘、阀门、线圈和气缸，这些都是常见的机械部件。然后，发动机产生动力，其动力通过离合器传递到齿轮与传动轴来驱动车轮转动，这个过程中产生的废气需要由排气系统进行净化处理。在将汽油转化成推动力的过程中，普通内燃机车辆只能将燃料效能的 10%~20% 转化为动力，而大部分能量（约 70%）以热辐射、对抗风阻、制动摩擦等其他机械功能耗散掉了。Model S 与之不同，它的一系列活动部件和电池组相互配合，可以持续不断地将能量输出给西瓜大小的发动机来驱动车辆，电能利用率可达 60%，剩余能量大部分以热损耗的形式散掉了，Model S 的性能相当于每加仑汽油可行驶 100 英里的传统汽车。②

与此同时，购买与持有特斯拉是另一种特别的体验。你不需要到经

---

① 音响系统的音量被自动设为 11，这是马斯克幽默感的体现，也是他对英国摇滚乐团刺脊乐队（Spinal Tap）的一份敬意。
② Model S 或其他电动汽车不仅能源效率比内燃车高两到三倍，它们还可以利用发电厂或太阳能电池板以集中有效的方式生产电力。

销商那儿与步步紧逼的销售员讨价还价。你可以直接通过特斯拉的官方网站与专卖店购买 Model S。通常情况下，你能在富裕的郊区或高档商场里找到特斯拉的专卖店，而且这些店面离苹果专卖店不远。（特斯拉的专卖店以苹果专卖店为设计灵感。）顾客走进特斯拉专卖店，会看见店中央有一辆 Model S。再往店内走，可以看到一个裸露的汽车底盘，主要是展示其上的电池组与电机。特斯拉专卖店内配有大量的触摸屏，顾客可以在上面计算驾驶全电动汽车节省下来的油费，也可以为自己心中理想的汽车配置不同的外观与配件。配置完毕后，顾客只需用力划动屏幕，他的理想车型就会出现在店面中央的一块更大的屏幕上。如果你想体验一下展示的汽车，销售员会向内拉动一根靠近驾驶座门的红色天鹅绒绳，车门会自动开启，你随即可入座。这些销售员没有赚取销售佣金的压力，所以他们不会劝说你购买一套套的附加设备或服务。如果你最终决定购买 Model S，无论在线上还是在门店购买，Model S 都将以礼宾服务的方式将车送到指定地点，例如你的家、办公室或是任何你指定的地点。公司还为顾客提供了其他的提车选择，你可以直接从硅谷的工厂提车。此外，你还有机会带着家人、朋友免费游览特斯拉工厂。传统汽车在内燃机上安装了各种烦琐的标准机械，而 Model S 只保留了少数几个彼此配合的活动部件。所以在提车后的数月里，你无须更换机油或者调整任何汽车部件。如果车子确实出现问题，特斯拉公司会上门提车送修，并在维修期间临时借给你一辆车。

　　特斯拉 Model S 的售后服务完全不同于传统的汽车厂商。Model S 早期的车主曾抱怨车子的一些小问题，比如门把手不能自如地弹出，雨刷运动速度异常，等等。顾客购买如此昂贵的汽车，当然不愿意忍受这些小毛病。而特斯拉公司却用巧妙的方式加以应对——特斯拉的工程师们会趁车主睡觉时，通过网络连接到问题车辆，并下载更新软件。这样一来，车主早晨开车出门时，就会发现车辆运行一切正常，甚至会好奇是否有精灵来过。因此，特斯拉在售后服务方面展现出了软件技术，而不是弥补过失的能力。特斯拉还推出了一款智能手机应用程序，以便车主远程控制车内空调或暖气，还可以在地图上查阅车辆的停放位置。特斯拉也会及时为Model S更新软件，增加新的功能。有可能一夜之间，Model S便会配备在丘陵和公路行驶时的牵引力控制系统，或者它的充电速度变得更快，又或者它拥有更强大的语音操控功能——特斯拉让你的汽车变成了一种有趣的物件，或者说一种持续升级的装置。克莱格·文特尔是Model S早期车主之一，也是第一个破译人类DNA（脱氧核糖核酸）的科学家。他说："Model S改变了一切交通，它是一台装着轮子的计算机。"

第一批注意到特斯拉的人是硅谷的一群技术爱好者。硅谷这片土地聚集着一批新兴技术尝鲜者，他们热衷于购买各种最新的小玩意儿，而且愿意接受它们的种种不完美。通常来说，这股尝鲜劲儿会让他们在计算机设备上花费100~2 000美元。但是这一次，他们不仅愿意花费10万美元来购买一款可能无法正常使用的产品，而且乐意将自身福祉托付于一家初创企业。特斯拉在产品研发初期需要这种信心支持，也确实得到了这样的支持。Model S上市后的几个月里，你每天都可以在旧金山或周边城市的街道上看到一两辆Model S。之后，你每天可以看到5~10辆Model S。没过几天，你会感觉特斯拉已经成为帕洛阿尔托或山景城这两个硅谷中心城市最常见的车型。Model S如今成为富有的技术爱好者的身份象征。这辆最新潮的汽车让他们可以有所炫耀，也是他们声称为环保尽力的绝好证明。因此，Model S的热潮从硅谷开始，途经洛杉矶，席卷西海岸，还一路吹到了东海岸的华盛顿和纽约（虽然它在东海岸的普及程度没西海岸那么高）。

起初，传统汽车制造商认为Model S只是个小儿科，其激增的销量额也只是一时的狂潮。然而，这种情绪很快就转变成了恐慌。2012年

11月，也就是在特斯拉正式上市的数月后，Model S 被《汽车族》杂志列为"年度最佳汽车"，这是该杂志第一次全票通过评选出来的结果。Model S 打败了包括保时捷、宝马、雷克萨斯、斯巴鲁等在内的 11 家劲敌，并被《汽车族》称为"美国仍然具有伟大创造力的有力证明"。该杂志将 Model S 评选为有史以来第一个获此殊荣的非内燃机引擎车，赞扬它的操控感就像赛车，平稳感堪比劳斯莱斯，控制力比肩雪佛兰 Equinox，节能性媲美丰田普锐斯。几个月之后，《消费者报告》杂志给 Model S 评出历史最高分——99 分（满分 100 分），称其为有史以来最棒的汽车。自那时起，Model S 的销量与股价一路飙升。与此同时，包括通用汽车在内的其他汽车制造商也组建了一个研究团队，探索 Model S、特斯拉公司与埃隆·马斯克的创新方式。

特斯拉一路走来所获的成就，值得众人深思。马斯克一开始就下决心要制造一款面面俱到的电动汽车，他确实做到了。他以一种企业家的柔道策略，颠覆了数十年来外界对电动汽车的批评。Model S 不仅仅是最好的电动汽车，也是最好的汽车、人们最渴望的汽车。自 1925 年克莱斯勒成立以来，美国就再没有出现过成功的汽车公司，整个硅谷在汽车产业上也投入甚少。在特斯拉以前，马斯克从没有运营汽车工厂的经验，曾一度被底特律的汽车厂商指责为既傲慢又业余。但是仅在 Model S 面市一年后，特斯拉公司就实现了盈利，每季度收入达到 5.62 亿美元，远超销售预期，达到了马自达汽车的市值水平。马斯克成功打造了汽车界的"苹果手机"。而底特律、日本与德国的汽车公司高管们只能一边望着公司糟糕的广告哀叹，一边困惑于特斯拉为何会如此成功。

传统汽车制造商对行业发生的变革后知后觉也是情有可原的。因为在过去数年里，特斯拉看上去就是一家彻头彻尾的失败的公司，没做成一件事情。直到 2009 年年初，特斯拉才大展拳脚，推出了电动敞篷跑车 Roadster，解决了跑车生产的系列难题。正当这家公司尝试利用

Roadster乘胜追击之时，马斯克向全体顾客发了一封邮件，宣布该车即将涨价：从原先的9.2万美元上涨至10.9万美元。在这封电子邮件里，马斯克指出，有400名顾客已经预付定金但尚未拿到Roadster，他们首当其冲，要承受价格变化的冲击，需要交纳额外的费用。马斯克试图安慰顾客，表明公司没有其他选择，只能涨价——因为Roadster的制造成本远远高于公司最初的预期，而特斯拉需要用Roadster实现盈利，以增加从政府获得大笔贷款的机会，这样一来，该公司才能有资金用于生产Model S，并且他们已经承诺Model S将于2011年交付。"我坚信，在早期消费者的公平性和维持特斯拉公司的生存之间，这个计划做出了合理的权衡，也极大地保护了所有顾客的利益。"马斯克在电子邮件中写道，"在特斯拉成立之初，我就定下目标，要生产面向大众的电动汽车。我不想做任何有损于这个目标的事情，特斯拉的大多数顾客也不会让我们这么做。"虽然有些特斯拉的消费者对此表示不满，但马斯克对大部分客户的解读是正确的，他们几乎都支持他做出的决定。

在涨价事件之后，特斯拉还进行了一次安全召回。原因是路特斯汽车公司在流水线上组装Roadster的底盘时未能将螺丝拧紧。好在特斯拉当时只发售了345辆Roadster，因此汽车召回与问题修复在可控范围之内。但坏处是，安全召回车辆其实是一家汽车创业公司最不想做的事情，即使特斯拉声称召回不过是一种积极应对可能问题的策略。就在发生召回事件的第二年，特斯拉又进行了一轮召回，这是因为它收到了一份报告。该报告称电线摩擦Roadster的车身，可能会引起车内电线短路并引发车辆冒烟。这一次特斯拉召回了439辆Roadster。特斯拉对外表示自己会积极应对此事，并派专人上门提取问题车辆再送回工厂检修。自此，马斯克都会亲自处理每一次公关危机，力图展现公司无微不至的售后服务。而这一策略也每每奏效。

除了Roadster的几次偶然事件，特斯拉也深受舆论带来的困扰。

2009年6月，马丁·艾伯哈德前往小镇，控告马斯克，在一份诉状中详述了当年马斯克将他逐出公司的经历。艾伯哈德指控马斯克诽谤并违约。在这份诉状中，马斯克被描述成一位盛气凌人的投资人，他将艾伯哈德这位尽心尽力的创始人赶出了公司。他还指控马斯克捏造其在特斯拉创立时所发挥的作用。马斯克则写了一篇博客，温和地对此做出回应，详细阐述了艾伯哈德的缺点，并对他自己不是特斯拉的创始人的说法表示不满。不久，两人达成和解，约定不再诋毁对方。艾伯哈德在一份公开声明中指出："作为特斯拉公司的联合创始人，埃隆做出了卓越的贡献。"（让艾伯哈德白纸黑字地写下那份声明实在是勉为其难，而这份声明也彰显了马斯克强硬的谈判风格。）时至今日，两人私下仍互相看不起，但艾伯哈德对特斯拉公司的积怨已经消除，他持有的特斯拉股票现在已经非常值钱。艾伯哈德目前仍开着那辆Roadster，而他的夫人则开着一辆Model S。

特斯拉刚成立的时候，总是阴差阳错地陷入媒体的旋涡。新闻界与汽车界视其为一家爱耍噱头的公司。他们很喜欢这家公司的肥皂剧——马斯克与艾伯哈德及其他怨声载道的特斯拉前员工的争吵，并对此津津乐道。在硅谷，马斯克未被视作举世闻名的成功企业家，甚至有不少人认为他是一位粗暴的吹牛大王。有些人不看好马斯克，认为特斯拉公司总有一天会崩溃，马斯克会得到应有的报应，Roadster也会走向电动汽车的坟墓。底特律将会证明，它在汽车创新方面的能力比硅谷更强，在他们看来这就是自然规律，而自然规律不可能被改变。

然而，有意思的事情发生了。特斯拉安然渡过了这场危机。2008年至2012年，特斯拉一共卖出了2 500辆Roadster，达到了马斯克最初想要达成的目标。[①] 这证明驾驶电动汽车可以成为一件非常有趣的事情，

[①] 当第一辆Roadster跑车运抵时，它被装在一个巨大的胶合板板条箱里。特斯拉的工程师们疯狂地拆开箱子，安装电池组，让马斯克开着它兜了一圈。大约20名特斯拉工程师跳进原型车里，组成车队，跟在马斯克后面绕着帕洛阿尔托和斯坦福兜了一圈。

而电动车也能够成为人们渴求的对象。有了 Roadster，特斯拉让电动汽车进入了大众的视野，而且是在美国汽车制造业与全球金融市场崩溃的背景之下实现的。至于马斯克是否为特斯拉公司真正意义上的创始人，已经无关紧要。如果没有马斯克的资金、营销头脑、销售技能、工程方面的卓越能力、不屈不挠的工作精神，那就不会有今天的特斯拉公司。实际上，特斯拉的存在反映了马斯克的个性。正如英特尔、微软、苹果公司反映了其各自创始人的个性一样。马克·塔彭宁是特斯拉公司的另一位联合创始人，他在评价马斯克对于公司的意义时说道："埃隆对于特斯拉公司的推动作用，远远超乎了我们的想象。"

制造 Roadster 是个艰难的过程，但这个过程也极大地激励了马斯克，他想要从零开始在汽车行业打拼出一片天地。正如特斯拉研究新一代产品——代号为"白星"（WhiteStar）的电动汽车时，不再基于任何公司制造的电动汽车进行升级改造，而是从零开始进行研发与设计，采用最前沿的电动汽车技术来打造。比如，在 Roadster 中，由于受到路特斯汽车公司制造的底盘的承重限制，电池组要放置在车辆的后部，这样的设计并不理想。而在"白星"（也就是 Model S 的前身）的设计过程中，马斯克与特斯拉的工程师从一开始便清楚，他们将在底盘上安装重达 1 300 磅的电池。这样一来，车身的重心降低了，便会带来极致的驾驶体验。该设计也让 Model S 拥有了低惯性力矩，可使车辆免于翻转。在理想情况下，顾客都希望引擎这类重型部件接近车子的重心，这也是为什么赛车的引擎会设计在接近车身中部的位置。传统汽车的设计——将笨重的引擎放在前面，乘客在中部，油箱在后面——很糟糕。对 Model S 而言，汽车内部的重型零件非常接近车子的重心，这带来了一系列优质的驾驶体验、汽车性能与较高的安全系数。

马斯克对 Model S 的要求当然不仅局限于内在美，他想让这款车的外形工艺同样一鸣惊人，让 Model S 成为所有轿车当中最具魅力的一款。

这就要求 Model S 不但要提供舒适和奢华的驾驶体验，还要在工艺上趋于完美，达到当时 Roadster 系列不能企及的高度。为了打造这款内外兼修的豪华座驾，马斯克特意聘请了丹麦知名汽车设计师亨利克·菲斯克（Henrik Fisker），菲斯克曾效力于阿斯顿·马丁公司，从事汽车的外观设计工作，而且成就斐然。

特斯拉早在 2007 年便向菲斯克提出制造 Model S 的计划，并让他设计一款造型优雅的四门轿车，平均造价为 5 万~7 万美元。其实，当时特斯拉公司还没有生产 Roadster 系列的能力，也不知道其纯电动汽车动力系统能否经得起时间的考验。但马斯克雷厉风行的性格是无法忍受无谓等待的，他心中早已打好算盘，计划让 Model S 系列在 2009 年年底或 2010 年年初上市，这样的工作安排要求初来乍到的设计师菲斯克马上投入高效的工作状态。设计师菲斯克在业内颇负盛名，擅长富有戏剧性的外观设计。在过去 10 年里，他设计的惊艳作品层出不穷。他不仅为阿斯顿·马丁汽车集团设计了令人惊叹的汽车，也曾受宝马和奔驰公司青睐，为其从事特殊限量版汽车的设计。

菲斯克在加州奥兰治县有一个设计工作室，马斯克和其他特斯拉集团的高层常前往那里讨论 Model S 的设计方案。他们不断更改设计方案，但每一次都比前一次更差。菲斯克交出的设计方案实在平庸笨拙，令人大跌眼镜，这一点让特斯拉员工大感不解。特斯拉"白星"项目前副总裁罗恩·洛伊德（Ron Lloyd）回忆道："一些早期的设计图看上去就像个硕大的鸡蛋，糟糕透了。"马斯克将设计方案推翻，而菲斯克则把原因归结于 Model S 本身的结构，抱怨车子在结构方面的限制过多，导致他无法实现轻盈美观的设计。洛伊德说："他一直说是他们的问题，这才设计不出一款别致迷人的汽车。"菲斯克继而改变了几种不同的设计方式，交出一系列塑料模型让马斯克和他的团队研究结构，但这一切努力都白费功夫。洛伊德说："我们一再告诉他，这些都不是我们想要的。"

　　大师如此有失水准的发挥一直让人费解，直到后来大家才惊觉，菲斯克可能在为自己谋后路，把一些最好的设计留给自己。而事实证实了这样的猜测，在特斯拉公司的这些会议召开不久后，菲斯克创立了菲斯克汽车集团，并在 2008 年推出了菲斯克·卡玛（Fisker Karma）混合动力汽车。这款奢华轿车看起来派头十足，蝙蝠侠假如周末要自驾出行，想必也会选择这款座驾代步。菲斯克的卡玛系列汽车的外观设计颇有独创之处，从舒展的细长线条到分明的棱角，每处细节都吸引眼球，令人叹为观止。洛伊德说："很快真相大白，他一直在暗中和我们较劲。"马斯克对此事进行了深入调查，发现菲斯克早已秘密地推进他的创业计划，到处游说硅谷投资者为菲斯克汽车投资。菲斯克有可能因为分身乏术而怠慢了特斯拉的工作进度，也有可能是在故意拖延特斯拉的发展，以便成就自己的创业雄心。硅谷叱咤风云的风险投资大户凯鹏华盈（KPCB）本来有意向投资特斯拉公司，后来却转而倾心菲斯克汽车公司。马斯克终于忍无可忍，他于 2008 年对菲斯克提起法律诉讼，控告他偷窃特斯拉的创意，将特斯拉 87.5 万美元的设计资金用于帮助其竞争对手公司的前期开发。（菲斯克最终赢得了这场官司，法官认为特斯拉的指控毫无根据，判令特斯拉向菲斯克赔付诉讼费。）

　　特斯拉曾经考虑像菲斯克一样制造混合动力汽车，当电池电量耗尽时，汽车将发动汽油引擎为电池充电。此类混合动力汽车充满电可行驶 50~80 英里，还能够在无处不在的加油站实现电池供电，消除人们对电动汽车行驶距离方面的顾虑。经过建模、成本核算和性能指标分析，特斯拉的工程师们发现制造混合动力汽车要付出高昂的代价。"这样一来，这款车的成本太高了，但其性能远不及纯电动汽车，"J. B. 斯特劳贝尔说，"我们还需要专门组建一支团队，去和全世界所有的汽车公司竞争。我们会全力以赴地实现目标，比如开发电力电子技术和优化电池。"J. B.

斯特劳贝尔和特斯拉内部成员达成这样的共识之后，对菲斯克的怒火也减轻了不少，因为他们相信菲斯克这样投机取巧的做法难成大器，并将自食其果。

一家大型汽车公司常常动辄投入 10 亿美元，动用上千人来开发和销售新车型，而特斯拉在创造 Model S 的时候却没有这样丰厚的资源。洛伊德表示，特斯拉的初期目标是每年生产 1 万辆 Model S，规划的预算为 1.3 亿美元，其中包括汽车设计费用和制造车身器械的花销。"埃隆给每个人都施加了压力，要求他们尽可能地解决公司出现的问题。"特斯拉通过招聘绝顶聪明的员工来弥补研发资金上的短板。与绝大多数汽车公司依赖的第三方服务商相比，这些员工在敬业程度或聪明才智上都更胜一筹。洛伊德说："我们相信，在工程师里面，一个佼佼者远胜于三个平庸之辈。"

特斯拉的几位工程师组成了一支小分队，开始探索和构思 Model S 内部的工作原理，他们探索之旅的第一站便是当地的奔驰代理商。他们当场试驾了一辆 CLS 系列的四门跑车和一辆 E 级轿车，这两辆车的共同点是使用相同的底盘。工程师们对每辆座驾的每个部分都进行了仔细测量和记录，并分析利弊，最后总结认为 CLS 系列略胜一筹，并以此作为设计 Model S 的基准点。

于是，特斯拉的工程队购入了一辆奔驰 CLS 跑车，并把它完全拆解了。工程小组把 Roadster 原来四四方方的电池块改成了扁平状，并切开 CLS 跑车的底盘，放入新版的电池块。接着他们把连接整个系统的电子线路放进车尾厢，然后将车的内部结构复原，以恢复其舒适性和光洁度，最终完工。三个月的辛勤劳动后，特斯拉有了第一辆勉强称得上纯电动的汽车，可姑且称之为特斯拉版的电动奔驰 CLS。特斯拉公司利用这辆车去吸引投资人和未来的合作伙伴，包括汽车制造商戴姆勒。谁也没料到此后不久，戴姆勒将会反过来向特斯拉购买汽车中的电动动力系统。时至今日，特斯拉的员工仍常常把这辆改装电动车开到公路上试驾。尽管该车比 Roadster 重，但其速度依然很快，每次充满电可行驶 120 英里。为了相对保密地进行试驾，工程师们把排气管焊回原位，让它看起来与一般的奔驰 CLS 无异。

2008 年夏天，有艺术品位的汽车爱好者弗朗茨·冯·霍兹豪森加盟特斯拉。他当时承担着艰巨的任务，不但要为汽车的早期设计注入新的活力，还得尽可能地把 Model S 打造成一个具有跨时代意义的标志性产品。①

冯·霍兹豪森在康涅狄格州的一个小镇长大，父亲从事消费品设计和市场营销工作。冯·霍兹豪森小的时候，在地下室放满了马克笔、纸张和各式材料，把那里当作自己的创作乐园。随着年龄的增长，冯·霍兹豪森开始痴迷于汽车。一年冬天，他和一个朋友拆解并重装了一辆沙漠越野车的引擎。他总是在笔记本的留白处画上汽车的草图，在卧室墙上贴满汽车的图片。申请大学的时候，冯·霍兹豪森决定追随父亲的脚步，申请了雪城大学工业设计系。在实习期间，冯·霍兹豪森偶然从同事口中了解到洛杉矶艺术中心设计学院。"这家伙不厌其烦地教我关于汽车设计的知识，不断提到洛杉矶的这所学校，我的兴趣马上就来了。"冯·霍兹豪森说，"我在雪城大学待了两年，后来决定转学到加州。"

冯·霍兹豪森从雪城搬到洛杉矶，开始了他漫长而曲折的设计师生涯。他先在密歇根州的福特汽车集团实习，之后又到欧洲的大众汽车公

---

① 从 2007 年年末到 2008 年年中，马斯克也试图聘请苹果公司的高管托尼·法德尔加盟，他为人所知的成就就是让 iPod 和 iPhone 成为现实。据法德尔回忆，特斯拉公司聘请他担任 CEO，而马斯克则表示是首席运营官之类的职位。"埃隆和我就成为特斯 CEO 一事讨论过很多次，他甚至在我前去办公室拜访时为我准备了一个惊喜派对。"法德尔说道。史蒂夫·乔布斯听到了此类会面的风声，以他的人格魅力留住了法德尔。"他有一段时间对我很好。"法德尔说道。几年之后，法德尔离开苹果公司创建了 Nest，这是一家智能家庭设备制造公司，于 2014 年被谷歌收购。

司工作,并学会了将各种设计理念融会贯通。1992年,他以应届毕业生的身份参与了大众汽车最激动人心的绝密项目,负责设计最新款的甲壳虫轿车。冯·霍兹豪森说:"这实在是一段神奇的经历,全球只有50个人知道我们在做这个项目。"他当时参与汽车的外观和内部设计,包括那个标志性设计——放置在仪表板上的花瓶。1997年,大众汽车的新甲壳虫系列上市,冯·霍兹豪森感受到一辆汽车的外观的重要性,见证了新甲壳虫系列如何牢牢吸引大众的目光,并改变了人们对大众汽车的看法。而此前不久,大众汽车在美国市场遇冷,销售情况堪忧。冯·霍兹豪森说:"此后,大众汽车开始重视设计美学,品牌形象也因此焕然一新。"

冯·霍兹豪森在大众汽车工作了8年之久,提升了其设计团队的水平,并逐渐爱上了南加州浓厚的汽车文化。洛杉矶一直都有汽车情结,其宜人的气候让各式各样的车都可以派上用场,从敞篷跑车到顶置冲浪板的面包车,因此几乎所有大型汽车制造商都会在洛杉矶开设计工作室。正是因为有了这些设计工作室,冯·霍兹豪森才能随心所欲地为不同的汽车品牌工作,他曾担任大众汽车公司、通用汽车公司和马自达汽车公司的设计总监。

在通用汽车公司的工作经历让冯·霍兹豪森切身体会到大公司内部的弊病,当时没有一款汽车能提起他的兴趣,而且凭借他一己之力也不可能改变根深蒂固的企业文化。在通用汽车公司,他只是1 000名员工里的普通一员,公司分配任务时也无暇顾及个人的偏好和特长,他只能被任意分配到某个车型团队。"这家公司抽干了我的灵感,我不想在这里浪费生命了。"与此同时,马自达汽车公司却正求贤若渴,让冯·霍兹豪森和他的洛杉矶团队有机会大展身手。他不仅能够亲自打造每一款北美汽车市场上的汽车,还为马自达公司生产了一系列先锋概念车,一改马自达以往的设计方式。冯·霍兹豪森的说法是,他们把"代表马自达的品牌精神重新融入产品的外观和质感中"。

冯·霍兹豪森还率先开展了马自达环保汽车项目，通过调整座椅材料和燃油类型达到环保减排目标。2008年年初他便研制出一款乙醇燃料概念车。也正是这个时候，他从朋友那里听说特斯拉正在物色一位首席设计师。冯·霍兹豪森常常打电话到马斯克办公室求职，在与马斯克的私人助理玛丽·贝思·布朗交涉一个月后，他终于如愿以偿，受邀到SpaceX总部去接受马斯克的面试。

面试那天，冯·霍兹豪森穿着蓬松时髦的衣服，马斯克很快就注意到这个悠然自若的应试者。马斯克认为，他不但思维活跃，而且富有创造力，随即认定他就是自己要找的互补性人才。爱才心切的马斯克立刻开始极尽所能地游说他加入特斯拉公司。他们还参观了SpaceX的霍索恩工厂和特斯拉的硅谷总部，而当时这两个地方都还处在发展初期，略显简陋。于是马斯克只能晓之以理，动之以情，为冯·霍兹豪森描述美好的前景："与其待在大汽车公司里平庸度日，不如抓住这个千载难逢的机会，去拼一把事业，万一你开创了汽车行业的未来呢？""埃隆和我试驾Roadster的时候，路过的人都停下来看着我们，"冯·霍兹豪森回忆道，"我面前摆着两个选择，一是留在马自达再工作10年，然后过上舒服的日子；二是加入特斯拉，放手一搏。特斯拉没有历史，没有包袱，只是想做一款改变世界的产品，这样的工作谁听了会不心动呢？"

尽管冯·霍兹豪森对创业公司的不稳定性有一定的了解，但当他于2008年8月加入特斯拉时才惊觉，公司当时离破产倒闭只有一步之遥。马斯克让冯·霍兹豪森离开了一份舒适的工作，而跳入了一个危险的泥潭。但在许多方面，这也是冯·霍兹豪森对于他职业生涯的选择。当时的特斯拉与其说是一家汽车公司，还不如说是一群年轻人在捣鼓一场大型实验。冯·霍兹豪森说："这太激动人心了，就像当下流行的车库实验室一样，让设计汽车重新成为年轻酷炫的行当。"这里没有西装革履，也没有老气横秋、双手麻木的技工，取而代之的是精力充沛、乐观积极的科技狂人，仿佛全然没有意识到他们的目标远大得近乎不可能实现。如此高涨的士气离不开马斯克的现场支持，马斯克让冯·霍兹豪森相信，特斯拉总能出其不意地战胜很多实力强劲的对手。冯·霍兹豪森说："埃隆遇事总是会多想一到两步，走在别人的前头，做起事来也是不遗余力。"

冯·霍兹豪森研究了菲斯克留下来的 Model S 的草图和黏土模型，但他不以为然。他说："这简直就是一团糟，很明显做这个模型的人没有什么经验。"马斯克当时也意识到同样的问题，但苦于缺乏精准的专业词汇去表达他的想法，尽管如此，冯·霍兹豪森还是大致摸清了马斯克的构思，并且有把握交出符合其心意的答卷。"我告诉他，我们可以从头开始，一起努力，争取把 Model S 做到最好。"

为了节省资金，特斯拉的设计中心就建在 SpaceX 工厂里面。冯·霍兹豪森和部分队员在一个角落支起了帐篷，作为临时办公区，增加了视觉隔离和私密性。按照马斯克的传统，员工一律自己负责搭建办公室。然后他们在宜家买回来几张桌椅，在艺术用品商店买了点儿纸和笔，简易的办公室总算落成。

工程师和设计师们分工合作，Model S 项目开始进入高速运作阶段，进展迅速。当冯·霍兹豪森开始绘制 Model S 的外形草图时，其他工程师同时开展另一个纯电动 CLS 项目。工程师团队这次把 CLS 拆到剩下一个内核，去除了所有的车身结构，然后按照早期 Model S 的技术参数把轴距拓宽了 4 英寸。冯·霍兹豪森仅仅用了 3 个月便设计出 95% 的 Model S 外观。与此同时，工程师们已经开始在原型骨架上搭建外壳。

在整个开发过程中，冯·霍兹豪森与马斯克每天都要进行交谈，他们的办公桌相隔不远，这二人在工作中有种天然的默契。马斯克希望 Model S 在视觉上能借鉴阿斯顿·马丁和保时捷的风格，并设计一些特殊的功能。比如，他坚持这辆车必须能容纳 7 个人。"我当时觉得，天呐，太不可思议了，一辆小轿车怎么可能坐下 7 个人！不过，设身处地想一想也就不难明白了，马斯克有 5 个孩子，自然会考虑家庭出行的需要，这也迎合了其他家庭的选车需求。"

马斯克构想的另一个创举是在车内嵌入一个宽大的触摸屏，那时大型触屏技术还未兴起，iPad 也是几年以后才上市的，而当时人们在机场和商店常见的触摸屏大多粗制滥造。但马斯克通过 iPhone 看到了这类触屏操作系统的大好前景。他想制造一个巨型 iPhone，来控制汽车的绝大多数功能。为了找到合适的屏幕尺寸，马斯克和冯·霍兹豪森坐进只有外壳的样板车里，拿着不同型号的电脑屏幕横竖比对，最终选择了 17 英寸的竖式屏幕。几乎所有的驾驶操作都可以通过控制触摸屏完成，除了个别功能，例如储物箱和应急灯的开关装置，因为法律规定而保留了实体开关。

马斯克、设计师和工程师们意识到，汽车底部的电池组很重，为了保持车身整体的轻盈度，就必须减少汽车其他部分的重量。比如，他们从车身的材质入手，用铝合金代替钢来减轻车身重量。马斯克说："我们认为，除了电池块，其他结构一定要轻便。显而易见，用铝制车身是个方法，也可能是唯一可行的解决方案。"

"显而易见"一词很好地反映了马斯克特立独行、不拘泥于条条框框的思维习惯。诚然，车身需要轻便，而且从技术层面来说，铝合金的确是不二之选，但当时的现实情况是，在整个北美地区，能生产铝合金车身板材的汽车制造商屈指可数。铝材在大型压力机下容易拉伸变形，从而形成像妊娠纹一样凹凸不平的表面，导致油漆上色不均。马斯克说："在欧洲，有几款捷豹轿车和一款奥迪采用了铝制车身，但它们在整个汽车市场的占比不到 5%。北美地区则连一辆铝制车都没有。直到最近，福特汽车才推出一款接近全铝的福特 F–150。在福特之前，我们是当时唯一一家制造铝制汽车的公司。"特斯拉团队多次试图说服马斯克放弃铝制车身这个想法,但是马斯克坚持己见,认为这是唯一的合理选择。至于如何执行,是特斯拉团队内部应该解决的事情。马斯克说:"我知道我们肯定能做到,只是精力和时间的问题。"

  Model S 的设计过程也面临着类似的艰难挑战。马斯克说:"我们最初提出触屏操作系统的想法时,这些家伙回应说:'汽车产业链里根本没有现成的产品。'我告诉团队成员:'这我当然知道,当时压根儿就没有人想到要把屏幕放进车里。'"马斯克相信,对于经验丰富的计算机制造商来说,打造出特斯拉适用的 17 英寸屏幕是轻而易举的事情。马斯克说:"这些电脑必须十分耐用,即使从高处摔落,或者经过暴晒,也能够正常工作。"特斯拉团队初步接触了几家平板电脑厂家,得到的结论是这些电脑的耐热性和耐震度均达不到行车标准。特斯拉的亚洲供应商也纷纷把这项任务推给他们的汽车部门,而不是计算机部门。马斯克深入调查后发现,这些电脑是因为没有专人进行汽车测评,而被断定为不适合恶劣的汽车内部环境,比如大幅度的温度变化,这样的定论没有实验依据。特斯拉团队的实验结果证明,这些电子产品被安装到车上后,其性能非常稳定。与此同时,特斯拉开始和亚洲制造厂展开紧密合作,一方面努力完善当时尚未成熟的电容式触摸技术,另一方面寻找把线路隐藏在屏幕背后的最佳方案,从而实现灵敏触屏。"我确信,我们做出了世界上第一款 17 英寸触屏系统,当时没有一家电脑制造商或者苹果公司,可以实现这种规格的大屏幕触屏操作。"

  尽管特斯拉的工程师已经算是汽车行业里的激进派,但他们在面对马斯克的奇思妙想时也难免觉得无所适从。比如谈及车灯的控制时,马斯克曾愤愤不平地说道:"他们竟然想弄个车灯开关,真是多此一举。天黑时车灯自动打开,不就解决问题了吗?"工程师们遇到的下一个难题是门把手的设计。最初的设计图纸是没有画车的门把手的,而马斯克和冯·霍兹豪森也渐渐喜欢上这样的极简设计，并一致认为车的门把手应该在有需要的时候才自动出现。工程师们马上意识到这是个技术难题，因此在制造其中一辆原型车的时候完全无视了这个疯狂的要求。这引起了马斯克和冯·霍兹豪森的不满。冯·霍兹豪森抗议道："那辆原型车的门把手是弹出式，而不是旋转式，这分明是投机取巧，真令人失望。"而马斯克则直截了当地说："这有什么不同？我们绝对不会采纳这个设计。"

为了加快 Model S 的设计进度，工程师们夜以继日，轮班工作（晚班从 21 点开始直到天亮）。两组工作人员都在 SpaceX 的工厂办公，挤在一个 3 000 平方英尺的帐篷里，整个场地看起来像室外婚礼的接待区。主要工程师之一阿里·贾维丹（Ali Javidan）说："SpaceX 的员工非常尊重我们，他们没有偷看，也没有过问，对此我还是挺惊讶的。"按照冯·霍兹豪森给出的性能参数，工程师很快便造出了原型车。每周五下午，马斯克都会来到工厂后面的院子检验成果，给予一些反馈。原型车每次都装载相当于 5 人重的压舱物，然后围绕着工厂行驶，直到发动机过热或汽车抛锚。

冯·霍兹豪森越了解特斯拉的财务困境，就越急切地期盼 Model S 的上市，他说："变数太多了，我很担心会错失良机，无法向全世界展示这款产品。"2009 年 3 月，即冯·霍兹豪森加入特斯拉 6 个月后，特斯拉在 SpaceX 举行了媒体发布会，正式宣布了 Model S 的诞生。

在发布会上，特斯拉展示了一辆灰色 Model S 轿车，它被放置于一堆火箭引擎和铝材之间，从远处看，这辆样品车显得既迷人又精致。据当日的媒体报道，这辆车是阿斯顿·马丁和玛莎拉蒂的完美结合。但实际上，这辆车根本没有组装完成，只是勉强黏合在一起，其底盘仍然是奔驰 CLS 的底盘，其车身板材和引擎盖均由磁铁临时吸附在钢铁车架上，不过这些内幕并不为人所知。受邀来到现场的车主布鲁斯·里克说：

"车子的引擎盖并没有真的安装上去。工程师只是把它放回原位，调整好位置，看上去天衣无缝，但只要有人推一下，它就会再次松动，这背后的原理就像《绿野仙踪》里有人在幕后操纵一样。"在发布会准备阶段，一些工程师专门负责试驾和熟悉汽车性能，掌握展示驾车的黄金时间，以免在现场出现引擎过热的情况。诚然，这次发布会有其不足之处，但马斯克实现了让世界对特斯拉刮目相看的初衷。这次发布会向大众证明，特斯拉有足够的潜力把电动汽车推向主流市场，而且特斯拉对设计和性能的极致追求，已经远远超过通用汽车和日产汽车这样的传统汽车行业巨头。

虽然特斯拉团队竭尽所能地完成了发布会，但 Model S 从模型成为销售成品还需要一段漫长艰辛的历程，这一切成功进行的概率仍然微乎其微。特斯拉有了核心技术和雄心壮志，但缺乏雄厚资金的支持，也没有能够生产数千辆汽车的工厂。生产一辆车要经过很多烦琐的工序：首先要有冲切机把铝片切割成车门、引擎盖和车身，接下来用大型冲压机和金属模具把铝材铸造成精确的形状，然后需要十几个机器人组装部件，还需要有电脑程序控制的铣床进行精细金属加工，以及喷漆上色仪器和一系列安全测试仪器。此外，工厂还需要额外雇用几千名工人。这样算下来，该项目的前期开支将达到数亿美元。

马斯克希望特斯拉像 SpaceX 一样搭建内部生产线，尽可能自主完成生产，但高昂的成本令特斯拉难以承受。特斯拉商业开发部门副总裁蒂尔米德·奥康奈尔说："我们最初的打算是，找厂家代加工车身部件，完成焊接和喷漆后再将其运送过来，特斯拉只负责最后的组装。"特斯拉一开始提出在新墨西哥州的阿尔伯克基市和加州的圣何塞市建立工厂，但是这两个方案谈到最后都不了了之，令当地的市政官员大失所望。特斯拉在工厂选址一事上举棋不定，对内打击了员工工作的积极性，对外造成了负面的舆论影响——就像当年围绕 Roadster 延期发货的负面报道一样，降低了人们对特斯拉生产第二款车的信心。

奥康奈尔于2006年加入特斯拉，负责解决特斯拉的工厂建造及财务问题。奥康奈尔出身于波士顿一个爱尔兰裔中产阶级家庭，在达特茅斯学院取得学士学位后，相继在弗吉尼亚大学与西北大学凯洛格商学院进修，分别取得外交政策硕士学位与工商管理学硕士学位。他曾自诩为研究苏联及其外交和经济政策的学者，表示在弗吉尼亚大学时期深入研究过这些领域。奥康奈尔说："1988年和1989年，苏联开始瓦解，这影响了我的人生，我除了成为学者，别无他选。"奥康奈尔也由此决定转而从商，成为一名公司管理顾问，相继效力于麦肯世界集团、扬·罗比凯广告公司和埃森哲公司，还为可口可乐和美国电话电报公司（AT&T）等大客户提供管理咨询。

受到2001年"9·11"事件的影响，奥康奈尔的职业生涯发生了更大的变化。和许多美国人一样，他决定在祖国遭遇危机时尽己所能地贡献一份力量。当时奥康奈尔已年过30，错过了参军的年纪，因此他想方设法地寻找一份与国家安全相关的工作。他在首府华盛顿挨家挨户寻找就业机会，却一直收效甚微，直至遇到他的伯乐——当时美国主管政治和军事的助理国务卿林肯·布卢姆菲尔德。布卢姆菲尔德当时恰好需要有人帮忙梳理中东各大事项并管理人事，而奥康奈尔在管理咨询方面的经验正好能派上用场。因此，奥康奈尔被任命为布卢姆菲尔德的总参谋长，负责从贸易谈判到设立巴格达大使馆的大小事务，其间充满了挑战。在通过安全调查后，奥康奈尔有权限查阅每天从伊拉克和阿富汗前线传回的战报。"每天早上6点，最先放在我办公桌上的便是这份夜间报告，上面记录着阵亡人员的信息和死亡原因。我一直在想，这一切太疯狂了，为什么会这样？这不仅仅是因为伊拉克战争，而是与整个中东的局势有关，为什么我们每次都不惜代价地在中东投入大量资源？"奥康奈尔最后得出一个毫无悬念的结论：石油。

奥康奈尔越是了解美国对石油输出国的依赖，就越感到失望和沮丧。他说："我的客户基本上都是作战指挥官——拉丁美洲和中央司令部负责人。我在跟他们沟通的过程中发现，即使在和平时期，我们在以石油为中心的经济发展路线上也投入了大量资源。"此时，奥康奈尔做出了理性的判断，他认为只有彻底地扭转这个格局才能保障国家和后代的利益。（此时他儿子刚出生不久。）奥康奈尔深入了解了风能行业、太阳能行业及传统汽车行业的情况，他不认为这些行业在短期内会有改变现状的能力。一天，在阅读《商业周刊》时，奥康奈尔读到了一篇关于特斯拉公司的文章，随后他访问了该公司的官网，立刻就被一句话吸引了："在这里我们只干实事，不说空话。"奥康奈尔说："我给他们发了一封电子邮件，介绍了我从事国家安全工作的背景，我还表示，我想要改变国家过分依赖石油的现状，而且乐意去寻找解决办法。我当时心想，这封邮件可能会石沉大海。"但在邮件发出的第二天，奥康奈尔便收到了回信。

马斯克随即聘请了奥康奈尔，并马上派遣他到首都华盛顿，寻找所有对特斯拉有利的政府财政支持，尤其是申请针对电动汽车生产的税务优惠或减免。与此同时，奥康奈尔起草了一份能源部的财政拨款申请书[①]。奥康奈尔说："我早就料到，制造电动汽车是个烧钱的行当，我的对策是广撒网，不放过任何可以利用的资源。"当时特斯拉的筹款目标为 1 亿至 2 亿美元，他们严重低估了制造 Model S 所需的开支。"我们当初做的预算太想当然了，要学的地方还有很多。"

在 2009 年 1 月举行的底特律汽车展中，许多汽车公司都因为行业不景气而没有参展，特斯拉因此以低廉的价格得到了保时捷过往的展位。菲斯克的展位就搭建在走廊对面，极尽奢华，不但铺着木质地板，还请

---

① 提交到能源部的财政拨款申请经过了数年（2007—2009 年）才获得审批。

了一群金发碧眼的车模般勤地衬托着座驾。相比之下，特斯拉只展出了 Roadster 和纯电动动力系统，没有过多的装饰，显得朴素很多。

事实证明，特斯拉团队在底特律展示的产品和技术足以证明他们的实力，并开始引起一些大公司的注意。展会结束后不久，戴姆勒汽车制造厂便联系特斯拉，表示有兴趣探讨纯电动奔驰 A 类汽车的外观和驾驶体验。戴姆勒的高层表示，他们将在一个月后到访特斯拉，详细商谈合作事宜。特斯拉的工程师们决定在访客到来之前制作两款原型车，给他们一个惊喜。戴姆勒的高层一看到特斯拉的模型，便马上下单购买了 4 000 块电池组，打算带回德国总部，用于一系列汽车的测试。尝到甜头的特斯拉以同样的方式拿下了丰田汽车公司的订单。

2009 年 5 月，特斯拉开始高速发展。Model S 发布后不久，戴姆勒便以 5 000 万美元的价格收购了特斯拉 10% 的股份。很多公司都与特斯拉公司达成了战略合作关系，特斯拉被指定为 1 000 辆戴姆勒智能汽车的电池供应商。奥康奈尔说："这笔投资对我们来说至关重要，而且影响深远。毕竟一个发明了内燃机的伟大公司投资了我们，这不但帮助我们渡过了财务难关，也是对特斯拉莫大的肯定。这是一个开创性的时刻，我相信那些能源部的工作人员也会对我们刮目相看。就连奔驰也青睐我们的产品，这证明我们并不是在自卖自夸！"

果然，不出他所料。2010 年 1 月，能源部便与特斯拉签下了 4.65 亿美元的贷款协议。①尽管这笔贷款的金额远远超过特斯拉的预期值，但在一般情况下，要把一款新车推向市场起码需要 10 亿美元，而这笔政府贷款不过是占了其中的零头。因此，马斯克与奥康奈尔一边为这笔意外收获欣喜若狂，一边为特斯拉能否兑现承诺而担忧不已。要解决燃

---

① 这笔交易包括两个部分：第一，特斯拉要继续生产为其他公司所用的电池组和相应的技术产品；第二，特斯拉需要在美国本土的汽车制造厂生产自己的电动汽车。

眉之急，特斯拉还需要另外一笔意外之财，或不劳而获地去"偷"一家汽车工厂。事实上，在2010年5月，特斯拉的确不劳而获，"偷"得了一家工厂。

通用汽车和丰田汽车在1984年合作建立了新联合汽车制造公司（NUMMI），厂址设在加州硅谷外围的弗里蒙特，此处原是通用汽车的装配工厂。两家企业希望通过设施整合来结合美国和日本汽车制造技术的优势，从而生产出物美价廉的汽车。这个工厂生产过数以百万计的汽车，其中包括雪佛兰和丰田花冠汽车。后来，通用汽车的经济实力衰退，濒临破产。出于企业利益的考虑，通用汽车于2009年放弃了该工厂，而丰田汽车在不久后也宣布关闭该工厂，导致5 000名工人失业。

巧合之下，特斯拉收购了这家位于自家后院的现成工厂，其总面积为530万平方英尺。2010年4月，丰田花冠停产。仅一个月后，特斯拉与丰田汽车宣布了二者的合作关系与工厂所属权的转让。特斯拉同意以4 200万美元收购大工厂的大部分（市值曾达10亿美元），而丰田汽车以5 000万美元收购特斯拉2.5%的股份。如此一来，特斯拉基本上不费分毫，便获得了一家工厂，以及工厂连带的大型金属冲压机和其他设备。①

特斯拉的接连好运让马斯克信心大增。2010年夏天，汽车厂交易完成后，马斯克开始准备申请首次公开募股的相关事宜。这家公司还需要筹集一些资本才能把Model S推向市场，并发展其他科技项目。特斯拉这次向着2亿美元的融资目标进发。

---

① 当初马斯克力排众议才得以把工厂定址加州。洛伊德说："底特律人的意见是，工厂一定要设在工人们能够安居乐业的地方。装配线上的工作不是一学就会的，而员工流动过大会导致严重的后果。"马斯克回应道，既然SpaceX都能找到办法在洛杉矶制造火箭，那么特斯拉在北加州制造汽车也不是什么难题。结果马斯克的固执竟为公司带来了意外收获。洛伊德说："要是没有能源部的贷款，或者新联合汽车制造公司的工厂，特斯拉不可能这么快就获得成功。"

对马斯克来说，公司上市更像一次浮士德式的灵魂买卖，他其实并不愿意面对随着上市而来的烦恼。尽管马斯克仍会是特斯拉最大的股东，但公司上市后必定会受风云变幻的公共市场的影响。从马斯克在 Zip2 和贝宝的管理生涯可以看出，他尽其所能地掌握了公司的绝对控制权，他的远见与投资者的急功近利背道而驰。另外，上市后，特斯拉会受到公众的监督，被迫公开内部的财务数据。马斯克更希望采用相对私密的运营模式，以此掩盖特斯拉尴尬的财务状况，毕竟公司前不久才度过破产危机，目前只有 Roadster 一款产品，并即将投入高昂的成本开发新产品。知名汽车博客网站加洛普尼克（Jalopnik）认为，特斯拉的上市是听天由命的无奈之选，而不是一个稳健的财政举措。该博客网站写道："说得狠一点儿，特斯拉简直就是一个无底洞，这家公司在收入为 1.476 亿美元的情况下，亏损了近 2.9 亿美元。"据一位人士透露，特斯拉计划每年销售 2 万辆 Model S，并设置最高单价为 5.8 万美元，加洛普尼克对此嗤之以鼻。"就算环保主义者对 Model S 存在潜在需求，但特斯拉毕竟是小公司，且市场并不景气，要想推出奢华座驾并不简单，说实话，我们对此表示怀疑。我们都知道汽车市场竞争激烈，其他汽车公司绝对不会轻易给特斯拉让步。"其他业内评论人士也同意这样的观点。

尽管如此，特斯拉还是在 2010 年 6 月 29 日上市了，其股价于当天上升了 41 个百分点，筹得的资金为 2.26 亿美元。继 1956 年福特汽车上市以来，该公司是首家上市的美国汽车企业。投资者们仿佛对特斯拉不堪回首的财务状况视而不见，包括其在 2009 年高达 5.57 亿美元的亏损，以及 7 年间约 3 亿美元的开销。但特斯拉的竞争对手还是将其视为烦人的存在。日产汽车的首席执行官卡洛斯·戈恩（Carlos Ghosn）在特斯拉上市之际告知大众，他的公司计划于 2012 年年末前出售 50 万辆汽车，相比之下，特斯拉不过是个微不足道的小角色。

由于资金充裕，马斯克开始扩大一些工程团队，使 Model S 的发展步入正轨。特斯拉的主办公区从圣马特奥市搬到了帕洛阿尔托，洛杉矶的设计团队在冯·霍兹豪森的带领下也逐步扩大。首席工程师阿里·贾维丹在项目之间奔波，同时参与奔驰电动车项目、丰田汽车 Rav4 项目及 Model S 原型车的搭建。特斯拉的团队挤在狭小的实验室里办公，团队规模扩大到 45 人，每周平均生产两辆汽车，淘汰 35 辆 Rav4 测试车。与此同时，第一代 Model S 汽车在帕洛阿尔托总部的地下室横空出世，这次 Model S 换上了弗里蒙特工厂新冲压的车身部件、经过改良的电池组和电力电子设备。"我们于半夜 2 点完成了第一辆原型车，当时大家太兴奋了，迫不及待地想试驾这辆车，也不管没有装挡风玻璃、内饰和引擎盖的现实。"

几天之后，马斯克便亲自来验收产品，他独自把座驾从地下室的一头开到另一头，然后走下来绕车观察，工程师们随即迎上前听取马斯克的意见。这样的审核流程在往后的日子里不断重复着。贾维丹说："马斯克有时会提出拧紧方向盘或类似的要求，他提的都说到了点子上，很实用。我们一有机会就会请他来试车，让他多接触接触产品，但他总赶着去开会。"

特斯拉一共生产了十几辆优品车，一部分被送到博世集团（Bosch）一类的供应商那里安装刹车系统，另一部分则被运到车间进行各种测试和设计调整。特斯拉的领导层严格按照工作表的安排，确保整个加工流程紧凑高效，一辆优品汽车在经过两周的低温测试后，便马上会被送去做电机调试，不容许有停顿滞留。贾维丹说："丰田和戴勒姆的负责人对我们心服口服。我们为他们提供了大约 200 辆优品车和几百甚至上千辆良品车，其中有 15 辆完成了撞击测试和内部设计。他们对我们如此高效率的工作感到惊讶。"

特斯拉公司的员工开发了与 SpaceX 的员工类似的技术，以便达到马斯克的严格要求。精明的工程师们很清楚，遇到问题时一定要先竭尽所能地找出可能的解决方案，最好不要冒失地向马斯克汇报坏消息。贾维丹说："最可怕的一次会议是，我们需要向埃隆申请增加两周时间，以及更多的资金，来制造另一款 Model S。我们事先做好了计划，提前告诉他所需的时间和资金预算。如果马斯克要求在 30 天内看到新车，我们就必须向他说明团队需要多些人手，顺便附上一叠事先筛选过的简历。千万不能一上来就直接告诉他，我们完成不了任务，不然他绝对会马上把所有人轰出办公室。另外，提交给他的解决方案必须完整，把利害关系一一列出。等我们终于把计划完整地阐述完毕后，听到他说声'好的，谢谢'，所有人才大松一口气，心底暗自庆幸没有被解雇。"

有时候，马斯克灵光一闪冒出来的新点子会像疾风暴雨一般，将工程师们打个措手不及。马斯克曾经在周末把 Model S 原型车开回家，结果周一回来上班的时候就指出了大约 80 个需要改动的地方。因为马斯克没有动笔记录事情的习惯，所以他会把所有的汽车改动方案都存在大脑里，每周仅凭脑海里的清单与工程师们核对执行进度。他对 SpaceX 与特斯拉团队一视同仁，可以说，两家公司的工程师在他手底下奉行一样的做事准则。如果你打算告诉马斯克某件事情没有办法做到，那你最好事先做足功课，甚至深入了解各项材料的特性，从最根本的原理出发，逐步向他解释事情行不通的原因。首席工程师贾维丹回忆道："马斯克总是这样说：'一切请用物理原理证明。'"

2012 年，等到 Model S 的研发接近尾声时，马斯克抛出和剖析问题的方式才变得不那么犀利。每周五，马斯克都会携同冯·霍兹豪森在洛杉矶的设计工作室开例会。此时，冯·霍兹豪森与他旗下的小团队不再蜷缩于 SpaceX 工厂的角落，而是拥有了自己的独立空间，搬到了工厂后方的特制机舱形办公楼。① 这栋建筑除了内置数间办公室，还留有

---

① 波音公司曾在这栋建筑内进行波音 747 的机身制造和喷漆工序，日后的特斯拉设计工作室的机舱主题也源于此。

一个巨大宽敞的区域，专门放置待测的汽车实体模型和部件。实际测试时，马斯克往往负责开车，冯·霍兹豪森则坐在副驾驶座陪同。同年，我前往此地参观，那片区域正摆放着一辆完整版 Model S 和一辆框架版 Model X（一辆尚未发布的 SUV），各种轮胎和轮毂在墙边一字排开。那一次，马斯克先是四处审视了一番，然后目光落在了米白色的遮阳板上，上面的一条明显的接缝把布料拱了出去，于是马斯克忍不住评价道："长得像鱼唇似的。"不仅如此，将遮阳板固定在车上的那些肉眼可见的螺丝钉也被他视为眼中钉，非消灭干净不可。总之，在他眼中，一切都不尽如人意。"我们首先要明确一件事，目前世界上最好的遮阳板是什么样子的，然后做得比它更好。"马斯克一边在车内强调，几个助手一边在车外记下他说话的要点。

另外一款被特斯拉定义为越野车和厢型车的结合版汽车 Model X，在研发测试阶段也沿袭了上述审核流程。冯·霍兹豪森事先准备好四种不同的汽车中央控制台，在地面一字排开，然后依次将其装上，以便马斯克逐一试验。然而，最让二人组伤透脑筋的环节是中间一排座位的设计。马斯克希望改掉每次进行座椅调整必须整排一起移动的传统做法，给每个座位都配备可自由调节的独立底座，但看过三个座位各自处在不同位置的状况之后，他又开始担心这样的做法会影响整体感。"如果真的这么改了，那中间一排的三个座位就很难再对齐，看上去会很乱。"马斯克坚定地说，"我们必须确保产品有良好的感官效果。"

马斯克究竟是怎么成为一名设计专家的，这一直让我困惑，因为他由内而外都散发着物理学家和工程师的严谨气质。很多认识马斯克的人都表示，他就是硅谷典型的书呆子，对好设计的认知都出自中规中矩的教科书。事实上，可能真的存在这种情况，马斯克利用自身优势来学习设计学。他能够迅速理解一眼扫过的东西，所以其脑海里保存了大量公认的绝佳设计样板，甚至可以信手拈来为己所用。可以说，这个学习的过程帮他培养了一双敏锐的眼睛，加上原有的理性判断，马斯克的整体鉴赏能力得以迅速提升。同时，他为了更好地把"心中所想"表达出来，还在不断锻炼口才和语言表达能力。这样的训练效果显著，不仅让他更了解消费者的心理，而且让他往后的表达更加顺畅，更具说服力。就像史蒂夫·乔布斯那样，马斯克能够精准地把握消费者心理，甚至比消费者更清楚他们想要的是什么，比如有能自动感应的车门把手、有触屏功能的操控系统。马斯克的前瞻性在特斯拉所有的产品和服务中均有淋漓尽致的体现，保证了特斯拉出品的一致性。冯·霍兹豪森说："埃隆把特斯拉定义成一个产品导向型公司，而且干劲十足。我必须把他的设想落到实处，把产品做得天衣无缝，尽善尽美。"

轮到设计 Model X 的时候，马斯克再次从父亲这一角色中找到灵感，成功实现这款汽车最耀眼的设计突破。那次参与洛杉矶车展，他和冯·霍兹豪森对这款车的设计展开了一番交谈，双方都很不满意 SUV 中后部车门现有的开关设计。因为车门的限制，父母把儿童安置在后座上时常常要大幅度转动身体，任何一个正常体格的成年人想挤进最后一排，背部都难免会有挤压感。"厢型车虽然看上去宽敞一些，但实际有 1/3 的入车空间被推拉门挡住了。只要我们能独辟蹊径，找到一种特殊的开门方法，就能扭转这个局面。"冯·霍兹豪森说道，"我们当天回去就以此作为突破口着手进行设计，一共想出四五十套解决方案，并从中选取了最具颠覆性的一个。"Model X 的车门设计采用了马斯克命名的"鹰翼门"，其构造相当于在德罗宁等高档汽车的"鸥翼门"的基础上加了一套铰链，这样车门在上升的过程中可以同时把翼宽收窄至特定角度，从而避免与旁边停放的车辆或者车库顶部发生碰撞。当然，最重要的是，大人们可以轻松自如地把孩子安置到后座上，不必费力弯腰或侧身。

第一次提出采用"鹰翼门"设计的时候，特斯拉的工程师都表示强烈抗拒。于是马斯克又展现了他疯狂的一面，贾维丹回忆道："每个人都想尽各种办法找借口逃避，比如改装后这种车门在车库内无法打开，后备箱放不下滑雪橇，等等。于是，埃隆把众人带回自己家，向他们展示车门在车库打开的情形。大家忍不住小声嘀咕：'在价值 1 500 万美元的房子里，什么样的车门都打得开吧！'"结果出人意料的事情发生了，Model X 的"鹰翼门"就像 Model S 的智能门把手一样瞬间吸引了大众的眼球，再次引起消费者热议，成为社会舆论的焦点。贾维丹感慨道："作为最初测试安装儿童座椅的人，我感受到车门设计改良带来的便利。相比之下，如果按照厢型车的那种标准来做设计，也许只有瑜伽大师才会在后座安置儿童座椅。所以，即使有人说这个车门设计是噱头，也得承认它是个实用的噱头。"

2012 年，我前去参观特斯拉汽车的设计工作室，看到附近的停车场内停放着几辆该公司竞争对手的产品。每次经过那里，马斯克都会拿自家的产品和别家做比较，用竞品的不足来凸显 Model X 的优越性。为了证明自己说话的真实性，马斯克坐进讴歌 SUV，向我们展示了它的不足之处。可以看到，尽管这辆汽车表面上有 7 个座位，但是其内部空间实在太过狭小，马斯克必须弯腰抱膝才勉强挤进最后一排座位，他的膝盖甚至碰到了下巴，浑身不舒服。他点评道："这车的后排简直就像个小矮人的洞穴。其实，要想设计出外部宽大的车身并不难，但要做到内部空间同样宽敞实用才是真本事。"接着，马斯克挨个向我和冯·霍兹豪森指出剩下那些汽车的不足之处。最后，马斯克向我们解释了他这么做的原因："摸清楚竞品的各个劣势是一桩好事。"

此刻，我听见马斯克说出他对其他汽车的负面评价，心中十分讶异。我面前的这个年轻人用了 9 年才制造出 3 000 辆汽车，居然敢调侃每年产量上百万的汽车公司，着实有点儿荒唐。

马斯克对待诸事的态度过于理想化。从他的角度来看，汽车制造只有达到设计和科技的完美结合才算有意义。他衡量成败的标准与竞争对手们截然不同，所以得出的结论也大相径庭。在他的世界里，黑白分明，对错两立。要么你不向世俗妥协，做出些惊人之举，要么你甘于平凡，循规蹈矩地做事。如果你选择了后者，那你在马斯克的心中就是个失败者。这样的态度在局外人看来也许不可理喻，但正是这种极端的哲学思维鞭策着马斯克和他的团队不断突破世俗的条条框框，追求心中的极致。

2012年6月22日，特斯拉邀请全体员工、部分精选顾客和媒体来弗里蒙特的工厂共同见证第一辆Model S的交货仪式。特斯拉的交货期限一般是18个月到两年，等待时间的长短因顾客的具体需求而异。推迟交货既有主观因素，也有客观因素：一是马斯克对车辆本身的诸多天马行空的想象需要时间落实；二是这支初出茅庐的特斯拉工程师队伍还没有足够的经验驾驭奢华座驾的生产，需要经过长时间不断历练和试错才能达到大公司批量生产的水平。

那些首次前来造访的客人一到特斯拉工厂，就瞬间被眼前这栋格外显眼的建筑震慑住了。马斯克在工厂外墙的一侧喷上了巨大的"特斯拉"（T-E-S-L-A）黑色英文字母，一旁驱车驶过（甚至从上空飞过）的路人都能感受到特斯拉的存在。工厂里面也把通用汽车与本田汽车原来沉闷单调的黑色主题改成了马斯克标志性的白色，极具马斯克的个人风格和设计感：地面铺上了洁白的树脂地板，墙壁梁柱均被刷成白色，就连30英尺高的冲压机也是白色的，而机器人团队和其他工具则被喷成红色。红白颜色的搭配让整个厂房看起来就像圣诞老人的大型车间。马斯克沿用了SpaceX的设计思路，将工程师安置在首层集中办公，他们的办公区域也用隔板围了起来，还有一处专门留给马斯克本人进行日常办公。①

---

① 著名风险投资家兼特斯拉董事会成员史蒂夫·尤尔韦松表示："马斯克特意把自己的办公地点放在工厂最显眼的地方。这样一来，周末他来公司上班的时候别人就都能看见他，也知道他具体坐在哪个位置。他有时会故意把需要与供应商召开的电话会议放在周末，好让大家知道连他以身作则，牺牲私人时间在工厂工作，其他人也应当效仿。"

Model S 发布会的举办场地就定在产品完成最后一道工序的地方，特斯拉的工作人员在那里完成了车子的校验工作。那片区域划分为两大部分：其中一块地板上布满了凹槽和凸带，技工可以根据车辆驶过地板时发出的响声，判断车上有无松动的零件；另一部分是高压水检测区，工作人员会用高压水喷洒车身，检查是否存在渗漏现象。倘若前面的各项环节都通过了，那距离新车出厂就只剩下最后一步——对车子进行必要的曝光检测。一位工作人员在竹子铺成的平台上驾驶 Model S，其余的工作人员配合着发光二极管强烈的灯光照射，检查新车的漆面是否完好。Model S 组装完毕后的前几个月，马斯克在这个竹台上检验了每一辆成品。史蒂夫·尤尔韦松赞叹道："他（马斯克）有时候为了不放过一个细节，会趴在地上，从轮轴向上仔细检查。"

到发布会当天，数百人聚集在这里观看特斯拉首批 Model S 的交付仪式，此次交付车辆共计 12 台。当中有不少工作人员曾是昔日新联合汽车制造公司倒闭时失业的员工，后来加入特斯拉，参与制造面向未来的汽车。他们个个头戴红白蓝三色的鸭舌帽，手里纷纷晃动着美国国旗。Model S 齐刷刷登场的那一刻，很多员工都情不自禁地流下了激动的眼泪。即使是和马斯克有过节的批评家看到这一幕，都会软下心来。不管特斯拉拿了政府多少钱，又把电动汽车这一噱头炒作得多么夸大，这家公司的的确确为开辟电动汽车的发展前景付出了巨大的努力，而且在此过程中为成千上万的人创造了就业机会。伴随着车间内轰鸣的机器声，马斯克先上台发表了简短的致辞，然后亲手把钥匙交到车主手中。这些车子的新主人逐个接过钥匙，驱车驶过竹台，最终离开工厂大门，特斯拉团队随即站起身欢呼鼓掌。

就在短短 4 周前，SpaceX 研发的宇宙飞船成功执行国际空间站补给任务，并安全返回地球，标志着它成为首家完成此壮举的私有企业。SpaceX 的成功加上特斯拉新款汽车 Model S 的推出，让硅谷以外的世界对马斯克有了全新的认识。原来这个年轻人不仅一直勇于承诺，而且能做出如此成就。Model S 发布会结束后，马斯克接受了媒体采访，他自信地说："我也许低估了完成某些工作所需的时间，但是最终结果一定令人满意。事实证明，我做到了我承诺的所有事情。"

可惜莱莉无缘与马斯克分享这次成功的喜悦，因为此前两人已经正式宣告离婚，而马斯克也在极短的闲暇时间里开始试着和别人约会。尽管马斯克的感情生活一波三折，但他的内心世界却迎来了久违的平静。他那时候表示："我终于感觉到自己肩上的担子稍微减轻了一些。"工作上的事情告一段落后，马斯克带着儿子们一起到美国夏威夷州的毛伊岛度假，还顺便探望了金巴尔和其他亲戚，这是他几年来第一个真正意义上的假期。

正是在这次假期之后，马斯克渐渐对我放下防备，于是我得以初探他真实的生活状态。马斯克刚度假回来，连手臂上晒伤的区域还未脱完皮，就立刻进入工作状态。当时马斯克参与投资的纪录片《霍乱时期的棒球》分别在特斯拉与 SpaceX 总部、特斯拉设计工作室及比弗利山庄上映，我们在这些场合都有过面对面的交流。《霍乱时期的棒球》是一部关于海地霍乱暴发的纪录片，题材沉重但制作精良。后来我才知道，马斯克关注海地的情况已有一段时间，他还为那里做了不少事。比如，上一年过圣诞节的时候，他就用自己的私人飞机把礼物送往当地的孤儿院，飞机里面塞满了儿童玩具和苹果电脑 MacBook Air。纪录片的联合总监布林·莫瑟（Bryn Mooser）告诉我，在拍摄期间，马斯克会趁着等待烧烤的时间教孩子们如何发射模型火箭，有时还会乘独木舟深入丛林探访偏远的村落。放映会结束后，马斯克为了避开拥挤的人群，带着我跑到大街上散步。我故意开他的玩笑："大伙儿都认为你就是钢铁侠本尊，但其实你身上并没有那种纨绔子弟的气质，看不出来你是那种'在穿越阿富汗的途中，身边围着一群士兵，还会享用苏格兰威士忌'的富豪。"他反驳说自己也有类似的经历:"我在海地乘独木舟的时候喝了一些当地称作'僵尸'的巫毒药水,结果烂醉如泥。"随后,他笑着邀请我到马路对面一家名为"周先生"的酒馆喝酒,庆祝这部新电影的成功上映。从马斯克的言谈举止可以看出来,他的事业正如日中天,而他此刻也在享受成功带来的喜悦。

但这样轻松的时刻并没有持续多久,特斯拉很快再次陷入一场事关生死存亡的大战。一开始,特斯拉工厂每周的产能仅有 10 辆,远远不足以应付数以千计的庞大订单。那些预测公司股价下跌,利用低买高卖赚取差价的卖空者开始对特斯拉发起猛攻,瞬间让特斯拉成为纳斯达克交易所上市排名前 100 家企业里被做空最严重的一家。特斯拉的反对者们见状认为,Model S 的问题会不断涌现,这样的负面言论对消费者的信心造成不小的打击,于是人们开始纷纷取消订单。人们甚至质疑这家公司如果后期大幅度提高产能,是否有盈利的空间。2012 年 10 月,总统候选人米特·罗姆尼在对阵巴拉克·奥巴马的辩论时,为了抨击政府大力扶持的新能源汽车行业,揶揄太阳能电池板制造商索林德拉(Solyndra)和菲斯克汽车公司,还讽刺特斯拉为"失败者"。[14]

这边反对者们不惜重金下赌注赌特斯拉将会跌落神坛,马斯克那边也不甘示弱,气势汹汹地高调应战。他公开宣称,特斯拉的目标是超越宝马,成为全球最畅销、盈利能力最强的汽车制造商。2012 年 9 月,马斯克公布了一则消息,震惊了特斯拉的反对者和支持者。原来,特斯拉很早就开始秘密计划建造充电站网络,而且已经进入施工阶段。特斯拉随即披露了 6 个充电站的具体位置,分别位于加州、内华达州和亚利桑那州,并承诺将建造上百个类似的站点。特斯拉计划构建全球充电站网络,好让 Model S 的用户们告别长途驾驶的续航焦虑,因为他们可以借助高速公路沿线的充电装置,给车迅速免费充电。马斯克甚至竭力主张特斯拉要建造覆盖全美的充电网络,如此一来,用户们无须花一分油费即可在美国各地旅行。此外，因为特斯拉内置的电脑支持自动导航到最近的充电站，加之马斯克和冯·霍兹豪森把充电站设计得十分醒目，所以 Model S 的司机不费吹灰之力就能找到这些红白相间的巨型装置。

这些特斯拉超级充电站造价昂贵，此刻选择建造它们，对于这个深陷财务危机的企业来说无疑是雪上加霜。旁人或许会认为，到了这个生死存亡的节点，特斯拉还考虑这样的事情显然是愚蠢甚至荒谬的。当然，纵使是马斯克也没有胆量临时捏造出一个能源网站计划来颠覆传统的汽车制造业，尤其是目前他手上的预算还比不上福特汽车或者埃克森美孚公司举办年度派对的费用。事实上，关于这一切，特斯拉早有安排，包括马斯克、斯特劳贝尔在内的核心成员很早之前就抱着一不做二不休的想法筹备自建充电网络，所以特斯拉汽车的许多机械结构都是围绕着这个目标设计的。[1]

虽然 Model S 的横空出世和打造充电网络的消息发布让特斯拉一时

---

[1] 特斯拉一开始采用的电池是锂离子电池，与我们平时使用的笔记本电脑等大众消费品的电池是一样的，因为这样公司能以较低的价格从亚洲的电池供应商手中购买现成的电池，并且这些电池还会持续得到完善。这个看似冒险实则理性的选择在 Roadster 早期的销售阶段，经验证后确实可行，但媒体偏偏抓住锂电池大做文章，引得消费者想对使用日常电子产品同款电池驱动的汽车一探究竟。

大规模的媒体曝光及两类电池确实在外观上酷似，导致许多人到现在还误以为特斯拉汽车用的就是普通锂电池。实际上，特斯拉公司早在生产特斯拉跑车最后几款模型的时候，便开始与松下电器合作研发专属电池导电液，在不影响使用其他消费电子公司产品的情况下，满足汽车安全且高频率充电的需要。为了提升电池性能，特斯拉不但研发了新的电池液配方，还改进了电池模块的连接技术和降温技术。新的电池模块采取了特殊的降温方式，配合循环流动于电池块的冷却液可实现高效降温。目前，特斯拉工厂电池模块的安装线对外界保密。

化学成分、电池与模块设计都是一个庞大体系的组成部分，并为同一个目标服务，那就是把充电速度提到最高。为了控制充电过程散发的热量，特斯拉特地设计了一个互相连接的散热器和冷却器，保证电池和充电器同时降温。斯特劳贝尔解释道："汽车充电时，内部所有的硬件、软件操控系统及其他控制器将同时处于最大运行速度。"这样在 Model S 连接充电站后，车内电池可直接接收高压直流输电，仅需充电 20 分钟即可行使 150 英里。相比之下，一辆日产 Leaf 汽车要想续航 80 英里，即便是达到最快速度，也需要 8 小时才能充满。

风头无两，但无人可以确定特斯拉的良好势头能否持续。诚然，Model S 具备了众多别出心裁的新卖点，但实际上所有特斯拉内部员工都清楚，公司为了尽早推出这款汽车做了很多必要的妥协，与竞争对手宝马和奔驰的同类型座驾相比，Model S 的各项性能皆略逊一筹。比如，首批产出的 Model S 未安装倒车传感器和雷达巡航系统，但这些设备对于同类高端汽车来说已经是不可或缺的标准配置。贾维丹表示："公司当时只有两个选择，要么立马聘请一个 50 人的团队补齐这些功能，要么利用现有的团队以最高的效率出货。"

然而，Model S 的组装和做工也没有达到理想的水准。首批购车用户也许可以忍受雨刷器出几天故障，但他们希望座椅和遮阳板这样的重要部件对得起特斯拉 10 万美元的标价。尽管特斯拉尽全力寻找顶级供应商采购最优质的材料，但后者不一定会认真对待特斯拉这样的小客户。[15] 冯·霍兹豪森无奈地说："外界都在质疑我们能否按时交付 1 000 辆 Model S。现实同样令人沮丧，尽管我们自己有足够的魄力和信心，却很难调动外包服务公司的工作积极性。就拿遮阳板来说吧，我们为了保证进度必须退而求其次，选择了一家三流厂商，即便做工出了问题，我们也只能发货后再想办法补救。"实际上，此时公司内部潜伏着巨大的危机，甚至差点儿又把特斯拉推向破产的边缘，前述表面上的问题与之相比简直微不足道。本书将首次公开此次事件的详细报道。

马斯克之前聘请了苹果公司前高管乔治·布兰肯希普（George Blankenship），专门负责运营特斯拉的实体店和服务中心。在苹果公司任职期间，乔治·布兰肯希普的办公室距离史蒂夫·乔布斯的只有几步，地位之高可想而知，他的大部分辉煌成就源自成功部署苹果实体店的运营战略。媒体和大众对乔治·布兰肯希普的加入都抱有很高的期望，认为他会大展拳脚为特斯拉打开销售新局面，甚至打破传统汽车销售的思维定式。

但是经过一段时间，大家发现乔治·布兰肯希普虽说做了一些工作，但表现得中规中矩，并无新意。他确实扩大了特斯拉门店的数量，店内风格沿袭了苹果实体店简洁时尚的科技感。有一次，乔治·布兰肯希普带我参观了特斯拉位于桑塔纳商业街①的门店。特斯拉门店里展示着Model S，一旁陈列着卫衣、帽子等周边商品，最里面还设置了提供蜡笔和绘本的儿童专区。看得出来，布兰肯希普对这份工作充满热情，对待特斯拉也宛如祖父般慈爱亲切，希望能借此让自己在业内留名。布兰肯希普说："传统的汽车经销商往往会为了清理库存让大家当场掏钱买车，但特斯拉的销售理念不一样，我们更希望和潜在客户建立联系，让他们深入了解电动汽车与特斯拉的文化。"他告诉我，特斯拉的理念是把Model S打造成众人趋之若鹜的身份象征，就像iPod和iPhone一样。到那时，拥有一辆特斯拉的价值将远远高于拥有一辆座驾本身。他还留意到，在1万多个预约看车的客户当中只有极少数要求试车，而且大多数早期前来看车的人纯粹是冲着马斯克来的。布兰肯希普表示，马斯克如此受众人追捧，跟当年人们崇拜乔布斯的情形很相似，只是马斯克没有乔布斯那样极端偏执。布兰肯希普说："这是我第一次真正在一家能改变世界的企业工作。"同时，他揶揄了苹果公司的电子产品太零碎且小家子气。

虽然马斯克和布兰肯希普前期亲密无间，但随着合作的加深，各种矛盾愈演愈烈，到2012年年末，两人的不和已昭然若揭。特斯拉确实有大量潜在客户前来看车，他们甚至甘愿支付5 000美元的高价获得Model S的优先购买权。但奇怪的是，特斯拉表面上人气高涨，实际转化率却极低，并且原因不明。据推测，其中一种可能是网络论坛针对车内设计瑕疵等其他初期问题的公布，动摇了消费者的信心。另一种可

---

① 圣何塞一条著名的高端商业街。——译者注

能则是由于特斯拉在 Model S 二手车市场不明朗的情况下，不支持分期付款，所以客户很难缓解购置 10 万美元座驾带来的巨大经济压力。现阶段购买 Model S 的用户实在承担了不小的风险，他们花 6 位数买来的产品，既有可能是未来感十足的炫酷座驾，也可能是一块漏电的废铁，而且无人愿意接盘。还有可能是因为特斯拉的售后服务不及时，首批 Model S 常常发生故障，所以不得不被成批运往服务中心进行检修，但当时服务中心尚未完善，一时难以应对如此高的返修率。因此许多潜在客户持观望态度，打算等产品质量稳定了再考虑是否购买。当时的情况正如马斯克所说："我们汽车的口碑十分糟糕。"

接下来的情况一天不如一天，2013 年 2 月中旬，特斯拉眼看着就要因销售业绩疲软深陷财务危机。如果特斯拉无法改变现状，提高汽车成交量，那么工厂将被迫停产，白白耗费巨额资金。更重要的是，一旦工厂的生产进度滞后的消息传出去，特斯拉的股价必定会大幅下跌，不仅企业本身损失惨重，还极有可能严重挫伤消费者的信心，而做空特斯拉的投资者却能从中大赚一笔。马斯克此前对停滞不前的销售状况一无所知，但听到这个噩耗后，他马上采取了破釜沉舟的一贯态度，勒令所有员工，无论身处什么岗位、从事什么职务，都必须充当起业务员的角色，打电话推销产品。马斯克甚至直接告诫底下的员工："如果目前手里这批汽车卖不出去，我们就彻底完蛋了。我不在乎你之前是干什么的，你现在的工作就是卖车。"不仅如此，马斯克还把那些表现平平的高层领导踢出局，同时提拔了许多业绩显著的新人。例如，他把戴姆勒前高管杰伦姆·吉伦（Jerome Guillen）任命为售后主管，专门负责处理售后服务问题。除了向内部施压，马斯克对外也做了强有力的舆论引导。他亲自声明，愿以个人名誉和自己的亿万身家做担保，向公众承诺二手 Model S 的售价会与同级别的奢侈轿车相当。为了保证上述策略万无一失，马斯克还为特斯拉留了最后一个撒手锏。

3月的第一个星期，马斯克向远在谷歌工作的好友拉里·佩奇求助。据知情人士透露，马斯克曾向佩奇坦言自己的忧虑，他害怕特斯拉撑不过接下来的几个星期。因为那时，汽车的销量不但没有达到马斯克预期的目标，就连原来想买车的用户也在得知特斯拉即将推出新功能和新颜色的汽车后而迟迟不愿下单。可以说，事情已经发展到特斯拉不得不关闭工厂的地步了。对于关闭工厂的问题，特斯拉给出的官方说法是检修需要，虽然这种回应策略本身并无大碍，但假如销售额如期上涨，那么马斯克一定会坚持继续运营工厂。马斯克向佩奇讲清了事情的来龙去脉，两人还私底下拟订了谷歌收购特斯拉的方案。

马斯克当然不希望出售特斯拉，但是为了让公司继续生存下去，似乎也别无他法。马斯克最担心的莫过于新东家完不成他最初为特斯拉定下的远大目标——成为一家有能力大规模生产电动汽车的公司。于是马斯克专门列了几项条款，确保特斯拉被收购之后还会朝着自己希望的方向发展，包括他对特斯拉保留至少8年或直到特斯拉之后推出的一款畅销型电动汽车能量产的绝对控制权，并要求谷歌方面再投入50亿美元来扩张工厂。马斯克提出的这些收购条款差点儿吓退了谷歌的律师们，但佩奇和马斯克的谈判没有因此而终止。根据当时特斯拉的估值，谷歌要想收购特斯拉大约需支付60亿美元。

在三方就收购细节争执不休之际，一个奇迹突然降临，改变了特斯拉的命运。先前那批被马斯克强行转变为销售人员的500名员工竟然超额完成了预计成交量，短短14天前银行存款仅够支撑几周的特斯拉终于迎来了曙光，扭亏为盈。特斯拉对外发布的2013年第一季度财报显示，它的收益正呈爆炸式增长。同年5月8日，特斯拉公布了5.62亿美元的交易额和高达1 100万美元的盈利，这是特斯拉上市以来的首次盈利。在此期间，特斯拉总共交付了近4 900辆Model S。这则消息震惊了华尔街，随后特斯拉的股价在两个月内从每股30美元飙升至每股130美元。

突如其来的现金流让特斯拉得以大展身手，就在公布2013年第一季度财报的几周后，特斯拉便连本带利地还清了4.65亿美元的政府贷款。另外，它在证券市场上的稳健表现也让消费者信心大增，而那些不看好特斯拉、恶意卖空的投资者则面临巨额损失。特斯拉的销量随着估值蒸蒸日上，公司发展步入正轨，与谷歌关于收购的谈判也就此终止。一来特斯拉不再迫切需要资金注入，二来特斯拉此时的估值也远高于谷歌所能承受的范围。①

销售奇迹出现以后，特斯拉迎来了"马斯克之夏"。整个夏天，关于马斯克与特斯拉的消息不绝于耳，这当然也是马斯克带领团队通力合作的结果。这段时间，马斯克要求公司的公关团队每周发布一则特斯拉的消息，所以成员个个精神高度紧绷。不过尽管他们每天十分忙碌，但发送消息的频率从未间断。马斯克还举行了一系列新闻发布会，公开讨论了Model S的融资问题，特斯拉将继续建设充电站，以及开设更多销售门店。他在其中一次公开声明中表示，特斯拉充电站将采用太阳能供电，并且出售可充电的电池。马斯克笑着说道："我常开玩笑说，纵然有一天末日降临，僵尸来袭，人们仍然可以凭借特斯拉的超级充电站在全国范围内来去自如。"如此一来，他为其他汽车制造商的首席执行官设定了很高的标准。在这些频繁更迭的信息中，有一则消息最令人震惊，隐藏在Model S背后的秘密武器终于在洛杉矶的一次发布会上揭开了庐山真面目。

2013年6月，特斯拉特意邀请了车主和媒体人前来洛杉矶的设计工作室，参加一场奢华晚宴。放眼望去，成百上千的人开着他们昂贵的

---

① 谷歌的律师曾要求给特斯拉的董事会做一次演示。批准这项请求之前，马斯克希望谷歌能提前给予资金支持。因为一旦收购谈判公开，特斯拉如果真的遇到资金方面的问题，那它连其他募集资金的途径都没有。对于这个问题，谷歌只犹豫了几周，特斯拉就摆脱了危机。

Model S 穿越脏乱的霍索恩街头来到会场，设计工作室和 SpaceX 工厂之间的过道停满了特斯拉制造的汽车。此时设计室里的原型车被彻底清空，取而代之的是豪华会所的装修风格，灯光调暗，地板铺上高档草皮，将区域分出层次，方便来宾之间相互交流或者舒舒服服地躺在沙发上休息。数位穿着统一黑色紧身连衣裙的女服务生端着酒盘，穿梭在人群中。工作室的音响里播放着法国传奇电子音乐组合蠢朋克乐队（Daft Punk）的歌曲《好运来》（*Get Lucky*）。在上台演讲之前，马斯克一直在台下和大家交流互动，显然，此刻的他在特斯拉用户心目中的地位堪比摇滚明星。众人围着马斯克聚成一团，不断有人希望跟他合影，正如当初的苹果粉丝对乔布斯那样。而斯特劳贝尔则形单影只地站在一旁，与人群中饮酒畅谈的马斯克形成鲜明对比。

几轮交杯过后，马斯克穿过人群走到台前，舞台的大屏幕上正播放着电视机里经典的老广告，画面中一家大小经过埃索石油公司①和雪佛兰的加油站，孩子们正为即将看到埃索的老虎吉祥物而兴奋不已。"说实话，人们对石油的迷恋，实在难以理解。"马斯克话音刚落，一台 Model S 就从地下缓缓升上舞台。随即，马斯克向大家爆出了一条重磅消息：原来 Model S 车底的电池一直都可以拆卸替换，但是公司上上下下都对这个消息守口如瓶。之后，马斯克又公布特斯拉打算推行换电模式，即公司将在充电站销售充满电的电池，用户只需把车停在指定位置，机器人就会自动在 90 秒内完成旧电池的拆卸和新电池的安装，一套下来的费用仅相当于加满一罐汽油的费用。马斯克进一步解释道："如果你的汽车需要充电，那你只需要在快速和免费之间做出选择。"②

---

① 埃索石油公司（Esso），现称埃克森美孚公司。——译者注
② 那次晚宴过后，特斯拉在打造换电技术的过程中，遇到了重重麻烦。马斯克曾向公众承诺，最早的一批充电站会在 2013 年年末投入使用，但时隔一年之久，特斯拉连一座充电站也没有投入运营。到后来，特斯拉基本上放弃了换电模式。

但"马斯克之夏"并非毫无插曲，接下来那几个月里发生的一系列事情差点儿让他们的努力功亏一篑。其中就包括《纽约时报》发表了一篇针对特斯拉电动汽车和充电站的负面新闻，以及报道了几起特斯拉撞车起火事件。马斯克没有采取传统危机公关的应对方式来化解矛盾，反而亲自下场发文章怒怼那些写负面新闻的媒体人，甚至摆出大量的汽车数据来驳斥对方站不住脚的论点。其实那个时候，马斯克正与金巴尔、格莱西亚斯等友人在阿斯彭①游玩。"如果碰到这样的情况，大部分公司一般会把事情完全交给公关部处理。但马斯克有自己的想法，他认为这事关特斯拉的生死存亡，所以理应优先亲自处理，这是他一贯的做事风格。当然，他这样的行事作风有时让我也不免手心捏一把汗，所幸以他的方式来处理问题，到最后总会迎刃而解，这点我深信不疑。"

随后，马斯克采取了相同的手段处理关于特斯拉汽车起火的报道。他召开了媒体见面会，大胆放言：Model S 是全美最安全的汽车，并表示之后会为特斯拉汽车加装钛合金下护板和铝制偏转板来遮挡与清除撞击产生的碎片，保证电池组的绝对安全。[16]

通过上述种种操作，无论是汽车自燃事件还是负面新闻，都丝毫没有影响到特斯拉的销售和股价。马斯克的名气日益高涨，特斯拉的市值也直线飙升，近乎通用汽车公司和福特汽车公司市值的一半。

2014 年 10 月，马斯克举行了另一场新闻发布会，也正是这场媒体发布会的圆满举行，奠定了他在汽车行业中不可替代的巨头地位。在此次发布会上，马斯克推出了首款增压式双引擎版 Model S（双引擎呈一前一后分布），汽车的时速从 0 加速至 60 英里仅仅需要 3.2 秒。马斯克自豪地说："这个加速度快到能让汽车起飞了，简直匪夷所思。"特斯拉用这样傲人的数字证明，他们成功把一辆普通轿车改装成了豪华跑车。

---

① 阿斯彭（Aspen），美国富人聚居区和度假胜地。——译者注

与此同时，马斯克发布了一套 Model S 的全新操作系统，它不仅可以通过雷达探测技术自主检测和躲避障碍物，还能凭借 GPS 系统实现自动导航。"或许在不久的将来，客户就可以随时随地召唤出自己的座驾了。我还有很多东西想尝试，比如让充电站的线像蛇一样自动插到汽车的充电端口。工程师们大概很快就会接到这个任务。"

成千上万的人排队数小时，只为亲耳听到马斯克的演讲。台上的马斯克轻松调动起现场气氛，把台下的观众逗得前仰后合。这个当年领导贝宝时面对媒体略显青涩的男人，如今已蜕变成一个极具个人魅力、从容不迫的出色演讲者，甚至站在我旁边的一位女士看到马斯克走上台的那一瞬间，激动得差点儿没站稳。而站在我另外一边的男士告诉我，他为了使自己在买车名单的排名靠前一点儿，刚刚花 1.5 万美元从朋友手中买下了一个 Model X 的序列号，数字为 700。此刻，马斯克点燃人群如火的热情，正好印证了这家初出茅庐的企业和它不拘一格的领导者俨然成为一种现象级的存在。特斯拉的竞争对手们一边惊羡于特斯拉短期内取得的成就，一边又开始担心特斯拉会超越他们。

在特斯拉的 Model S 热潮席卷硅谷之际，我抽空参观了福特汽车位于帕洛阿尔托的一个小型研发实验室。实验室当时的负责人是工程师 T. J. 吉利（T. J. Giuli），我见到他时，他正扎着马尾辫、穿着拖鞋，谈到特斯拉时，吉利的言语之间充满了对它的嫉妒。每辆福特汽车里面都装有十几个不同厂家制造的电脑系统，均需要一一调试整合，这复杂的构造是福特汽车经过多年更新迭代遗留下来的烂摊子，短期内要想删繁就简，可能需要停产整顿。可是，对于福特汽车这样生产压力巨大的汽车公司来说，停产整顿明显不切实际。

相比之下，特斯拉的优势在于没有那么多错综复杂的历史遗留问题，而且它从一开始就紧扣 Model S 的操作系统作为关键点展开创新研发工作，这样从零做起的机会正是为福特汽车效力的吉利求之不得的。吉利表示:"从各个角度来看,软件将会是新一代汽车体验的核心,从车辆底盘上的传动系统到车内的警报装置,都必须通过软件系统提供优质环境。特斯拉在软件与硬件的有机结合上花了很多心思,造诣非凡,我们都视其为业内标杆。"此次谈话后没过多久,吉利便离开了福特汽车公司,在一家秘密成立的创业公司担任工程师。

主流汽车制造商们尽管对特斯拉的飞速发展无可奈何,但各大汽车企业高管还是尽可能抓住一切机会刁难特斯拉。其间就发生了一个有趣的事件。马斯克突发奇想,打算玩个小把戏,把第三代汽车命名为Model E,这样三代产品的名称加起来刚好能拼成"SEX"(性)。当时担任福特汽车公司CEO的艾伦·穆拉利(Alan Mulally)得知消息后,率先站出来想要阻拦特斯拉如此命名,甚至扬言要动用法律手段来制止马斯克的这一行为。"于是,我打给艾伦,问他:'你是真心实意要生产Model E系列,还是故意想和我们对着干?'"马斯克回忆道,"我不确定这两种可能性中哪一种更愚蠢。相比之下,如果他们只是为了阻挠我们而故意这么做,听起来可能更合理,毕竟我们已经生产了Model S和Model X。假使福特汽车现在推出Model E,也只会让人觉得荒谬,甚至怀疑他们是在抄袭。即使福特在100多年前就生产过Model T车型,但没有人会将Model系列与福特联系到一起,人们只会觉得他们在跟风效仿特斯拉。福特的这种跟我们抢注字母的行径就像字母表界的法西斯,或是美国动画片《芝麻街》里的大盗。艾伦居然口口声声说:'不,我们是真的想要用这个字母。'我只好直接告诉他,这个主意并不高明,因为大家习惯了福特给自己的车以Fusion系列命名,如今一反常态会让人摸不着头脑,而且这么做毫无意义。但艾伦一再坚持福特团队对Model E这个名字情有独钟,这实在是一出滑稽的闹剧。"这次不甚欢愉的交谈过后,马斯克抱着恶作剧的心态注册了Model Y。"福特那边马上冷下脸打电话过来质问我们:'为什么要注册Y而不是E?'于是我开玩笑地回答:'其实,我们想把产品线连成SEXY(性感),你意下如何?'但事实上,我们很快便发现呆板的商标法并不认同我们的幽默感。"①

特斯拉做出了许多竞争对手错失或者无法实现的成就——带给消费者一种全新的生活方式,它卖的不仅仅是汽车,更是对未来的大胆想象,以及打造汽车制造商与消费者之间的深度联系。正如十几年前苹果公司推出Mac电脑,以及日后的iPod和iPhone系列一样,除了苹果狂热的支持者外,就连普通消费者也会在买了苹果的产品和下载iTunes等苹果软件后不能自拔地成为苹果生态圈里的一分子。

具体来说,任何一家企业如果没有对每个细节都严格把关,要想与用户建立这样紧密的联系是很难的。例如,个人电脑制造商常常把自己的部分业务外包出去,软件外包给微软,芯片交给英特尔,设计则来自亚洲的厂商。苹果可以做到把专业技能用于开发深受大众喜爱的软件产品上,但传统的电脑厂商因为业务的分散无法快速响应客户需求,所以它们永远造不出像苹果电脑一样造型美观又功能齐全的产品。

特斯拉没有在2014年和2015年急着推出新的车型,也没有采用"快速清理库存为新车让路"这样的销售模式,恰恰体现了马斯克把特斯拉打造成汽车生活品牌的决心。工程师在设计阶段就将所有最先进的技术毫无保留地用到自家产品身上,所以交到买家手上的Model S集中了技术团队的全部智慧和心血。特斯拉没有将新车的研发周期定在一年以内,而是追求对各项技术的精益求精,直到把它们优化到足以对接市场,再投入到当下流水线上的产品中。有些顾客可能会因为企业高频零

---

① 谈及Model S名字来源的时候,马斯克坦言道:"我们命名但求简洁直白,就像Roadster(双人敞篷跑车)那样通俗易懂,但苦于轿车(Sedan)没有发音相近的好词,可是如果给它直接取名为特斯拉轿车则太无趣了。英国人习惯称轿车为沙龙(Saloon),听上去像西部牛仔的语言一样不伦不类。我们也想过很多点子,最终还是Model S略胜一筹。Model S不单意味着轿车(Sedan),还有隔空向福特百年前推出的那款Model T致敬的意思,如今的Model S承接当年的Model T,两者对于各自的社会都具有跨时代意义,遥相呼应,当然这个逻辑是倒推而得的。"

散的迭代，一不留神错过了某些功能更新而备感失落。但特斯拉汽车的大部分性能优化都采取软件的形式更新，这样所有用户均可体验最新功能，对现有客户来说也是极大的惊喜。

所有 Model S 的车主都因为拥有一辆纯电动汽车，生活品质得到了提升。他们从此不再需要到处找加油站，只需要每天晚上回家把电源插上，汽车便开始充电，这对用惯了智能手机的人来说不过是随手的事情。当然，客户也可以通过特斯拉的软件来选择充电时段，尤其是夜间充电最便宜。特斯拉一族不但没必要去加油站，就连拜访修理厂的功夫也可以省下。传统汽车往往需要定期更换机油和变速箱油来减少数千个零件之间的磨损，但结构简洁的电动汽车省掉了这样烦琐的汽车维护工序。与此同时，Roadster 与 Model S 都采用了再生制动技术来延长刹车系统的使用寿命。一旦遇到需要急刹车的情况，特斯拉的刹车系统会自动改变发动机的转向，从而使车轮减速。再生制动技术不但取代了传统刹车片配合摩擦力强制刹车的方式，大大减少了轮胎损耗，而且此过程产生的反向电动势还可以给车载动力电池充电，这也是电动车在拥堵的城市里比汽油车更实用的原因。不过为了确保万无一失，特斯拉仍建议 Model S 的车主做年检，排查各部件是否存在过早磨损的情况。

关于对待维修的态度，特斯拉也与传统汽车行业有着根本性的不同。绝大多数的汽车经销商把汽车维修视为定期盈利的行为，他们靠为车主提供每年多次的汽车维修服务赚取丰厚利润。基于这样的原因，经销商们曾竭尽所能地阻挠特斯拉把汽车直接卖给消费者。[①] 贾维丹特意指出：

[①] 美国部分州级法律规定，汽车公司无权直接向消费者销售汽车。一些汽车经销商拿这条法律规定向特斯拉提起诉讼，以阻止特斯拉使用直销模式。即便特斯拉在这些州的实体商店被迫关闭，但潜在顾客只要预约试车，特斯拉便会派专人把车送到顾客家门口。马斯克对此回应道："有时候，在一些小事情上大可做出让步，给别人也尝点儿甜头。长远来说，实体店的数量并不重要，能真正推动特斯拉发展的是口碑，实体店不过是辅助病毒营销的工具之一。"

"关于这一点，我们的最终目标就是车卖出去以后便不需要返厂修理。"虽然经销商收取的费用往往比个体汽车修理工要高得多，但值得放心的是，他们会专门聘请一位专家为特定品牌的汽车进行维修。而特斯拉的利润主要来自前期单车售价，以及后期的软件收费服务。硅谷的软件奇才和企业家康斯坦丁·奥斯莫[17]说："我买的是特斯拉出产的第10辆Model S，它确实好得超出我的想象，但是也出现了论坛上提到的全部问题。后来，特斯拉的工作人员前来处理，并且很贴心地叫来拖车将我的车运走，这样就不会增加我的车的行驶里程。然后，我又去体验了一年质保服务，工程师们把车内配置进行了全面升级，汽车焕然一新，性能甚至比新买的时候更好。我一进服务中心，就看到车子被天鹅绒绳围住，看起来美极了。"

其实，特斯拉这样的维修理念无意冒犯传统汽车制造商和经销商，而是想换一种方式，巧妙地开拓电动汽车发展的新思路。此后，近乎所有的汽车公司都开始纷纷效仿特斯拉，为顾客提供无线远程软件更新服务，但服务范围有限且实用性不高。"工程师不可能做到远程更换火花塞或传送带，"贾维丹解释道，"如果要修理一辆燃油汽车，必须有人钻到汽车引擎盖下，或者将车运回经销商那里交由修理工处理。拿奔驰汽车来说，无论是出于自身利益还是消费者利益，都会要求客户把故障汽车运回工厂修理。"除此之外，特斯拉还有一个很大的优势，即自主研发大多数重要的汽车硬件和软件。"戴姆勒汽车如果要改变仪表板的外观，先得联系远在地球另一端的供应商，还必须经过一系列漫长的审批流程，仅仅修改仪表板上P字母的外形可能就要花一年时间。相比之下，特斯拉要调整一个东西会更简单高效，如果马斯克想在复活节的时候给每辆车的仪表板都印上兔子的图案,他几个小时内就能见到所有成品。"①

正当特斯拉的发展如日中天之时,与它实力不相上下的竞争对手却纷纷宣告破产。例如,菲斯克汽车 2013 年宣告破产,并于 2014 年被一家中国汽车零部件公司收购。菲斯克的其中一个重要的投资人是来自凯鹏华盈的雷·莱恩(Ray Lane)。正是因为莱恩,凯鹏华盈最终选择了菲斯克,错失了投资特斯拉的宝贵机会,这为凯鹏华盈和莱恩个人的名声都带来了灾难性影响。另外还有一家制造电动汽车与换电站的初创公司——美国乐土公司(Better Place),它当初的人气甚至盖过菲斯克与特斯拉的总和,筹集的资金多达 10 亿美元。[18] 可惜它未能生产多少产品,并于 2013 年宣告破产。

像斯特劳贝尔这样元老级的人物常常告诫特斯拉的员工,没有什么最好的时机可言,制造一辆现象级电动汽车的机会一直存在。并不是说我们急于求成,捷足先登抢了风头,而是我们先行一步达成了这个目标。经历了特斯拉的成功,人们时常忘记制造电动汽车从一开始就是最不被看好的生意,风险投资人都不愿意投资这类项目,甚至连看都不想看。特斯拉之所以能脱颖而出,就是因为公司团队有充足的能力和魄力,不折不扣地执行马斯克制订的计划,直至最后达成当初设定的目标。

---

① 正如斯特劳贝尔所言:"看到人们开着 Model S 横穿美国着实令人心潮澎湃,因为这一壮举用其他任何座驾都无法实现。在大沙漠中建造充电站并非噱头,而是电动汽车行业发展的风向标,这让我们真正意识到电动汽车的未来充满无限可能。等到我们发行第三代汽车的时候,这样的免费充电站将形成一张覆盖全球的网络。我其实很不愿意看到别人把我们视为一家汽车公司,诚然,我们的主要产品是汽车,但我们也是一家能源公司和科技公司。我们正到处找矿业公司商谈,想要利用再生资源制造汽车电池,我们的下一个目标是把所有制造电动车产品的组件商业化。"

第十一章 统一场理论
下一个 10 年

马斯克充满激情地讨论着汽车、太阳能板和电池的发展，不知不觉间竟忘了它们其实是很冷门的项目。他相信技术的力量，认为这些技术能够真正改善人类的生活。尽管这些技术已经让他名利双收，但马斯克的终极目标依然是把人类变成一种跨越行星的物种。这个想法在很多人看来虽很愚蠢，但它已经融入马斯克的生命。

赖夫兄弟曾是"技术控",这几个年轻人从小生活在南非,和表兄埃隆·马斯克一起长大。20世纪90年代末期,他们踩着滑板徘徊在圣克鲁兹一带,挨家挨户地询问对方是否需要电脑系统管理方面的服务。但他们很快就放弃了这种做法,决定找出一种比挨家挨户敲门更简单的方法来兜售自己的技术。于是他们编写了几款软件,其中就包括安装应用更新,不仅能远程控制客户的系统,还能帮助企业实现自动化办公。接着,他们成立了一家远程软件服务公司,取名为"永梦"(Everdream),同名软件"永梦"便成了该公司的基础产品。他们兄弟几个还想了一些创意满满的方式来推广自己的技术,比如在硅谷附近竖起众多广告牌。这些引人注目的广告牌上刊登了水下曲棍球运动员林登·赖夫(Lyndon Rive)[1]的照片,只见他将裤子褪至脚踝,赤裸着站在那里,手上拿着一部电脑挡住胯部,而照片上方的广告词则写道:"别让你的客户发现你的系统靠不住。"

2004年,林登与他的兄弟彼得和拉斯希望尝试新的挑战——打造一款不仅可以盈利,还能够如林登所说的那样,"让我们每一天都感觉很棒"的产品。那年夏天快要结束前,林登租了一辆房车,和马斯克一起出发前往布莱克罗克沙漠,参加美国的独特狂欢节——火人节。他们小时候就经常相伴参加冒险活动,希望通过这样的长途跋涉捕捉到一些生意的灵感。马斯克心里清楚,林登和他的兄弟们一直在追求更大的成就。于是在开车途中,马斯克找林登谈心,建议他投身太阳能领域。马斯克此前就做了不少研究,他认为这一领域有很多机会,别人遇到了却没能抓住。"马斯克告诉我,这个行业的发展前途很广阔。"林登回忆道。

作为这一活动的常客,马斯克抵达火人节的举办场地后,立刻和家人一起动手完成了准备工作。他们先支起帐篷,接着开始打造一辆艺术

---

[1] 林登·赖夫的成就远不止于此。林登和他的妻子都会打水下曲棍球,而且球技出色,甚至因满足"特殊才能"的标准获得美国绿卡。他们曾代表美国国家队参加水下曲棍球比赛。

车。今年，他们特意拆开了小汽车的车顶，把方向盘抬高并往右调整，让它靠近汽车的正中央，他们还把车上所有的座位换成了一张沙发。马斯克很享受驾驶这种造型奇特的汽车。[19] "埃隆喜欢那里的人真实不造作的性格，"他多年的好友比尔·李说道，"这是他喜爱的露营方式。他希望一边开着艺术车，一边欣赏拼装雕塑艺术和灯光秀，而且时不时会舞上一段。"他还在活动中展现了自己的力量和决心。举办场地有一根长约30英尺的木桩，木桩顶上是一个跳舞的平台。很多人都试着爬上去，不过均以失败告终，于是马斯克也决定上前一试。"他爬起来笨手笨脚的，我们没人看好他，"林登感慨道，"但他还是紧紧抱住木桩，一寸一寸地向上挪，最后挪到了顶部。"

之后，马斯克和赖夫兄弟意犹未尽地离开了节日活动现场。赖夫兄弟立志成为太阳能行业的专家，在市场中寻找机会。他们花了两年时间不断学习太阳能技术、了解行业动态、阅读研究报告、沿途拜访专家和参加业内会议，一直等到后来参加太阳能国际会议，才真正确定自己的商业模式。当时大约只有两千人出席了那场会议①，全体与会者挤在酒店的几个会议室中，听别人的报告和进行小组讨论。在一场公开讨论中，几个全球最大的太阳能供应商代表坐在台上，主持人问他们，为了让消费者负担得起太阳能板，他们下一步将采取哪些措施。林登回忆道："他们的答案如出一辙：'我们在等太阳能板的成本下降。'但没有人真正想出面解决这个问题。"

那个时候，消费者在家里安装太阳能板很麻烦。他们必须忙里忙外，全程跟踪，先去购买太阳能板，接着找人来安装，不仅要预先付费，还要尽可能地提前判断清楚自家的房屋是否有足够的日照，否则一切折腾都是白费。除此之外，人们也不太情愿购买太阳能板，只因他们心里清

---

① 2013年有1.3万人参加该会议。

楚，来年产品的效能会更高。

赖夫兄弟有意简化消费者购买太阳能产品的过程，于是他们在2006年成立了一家名叫"太阳城"的公司。不像其他公司，他们并没有选择自己生产太阳能板，而是向别家公司采购，然后负责解决余下的所有环节。为此，他们专门设计了一套软件，根据客户当前的电费账单、房子的地理位置和房子能够接收到的太阳能总量，分析客户家里安装太阳能板是否划算。他们还成立了自己的团队，负责上门安装太阳能板。除此之外，他们开发了一个财务系统，这样客户无须预付任何费用即可安装太阳能板，而且可以一连几年按月支付租用太阳能板的费用。如此一来，消费者既能节省一笔电费，又不必再为不断上涨的电费发愁，即便客户中途出售了自己的房子，太阳能板的租赁合同也会同时移交到新业主手中。租赁合同到期后，业主还能向公司申请对原先的产品进行整装升级，换上更高效的最新款太阳能板。马斯克帮他的表兄弟构思了这一业务模式，同时成为该公司的董事长和最大股东，持有太阳城公司近1/3的股权。

6年后，太阳城公司不仅达成了最初的目标，让消费者安装太阳能板不再费时费力，还成为美国国内最大的太阳能板安装商。太阳能板行业陆陆续续出现了不少竞争者，他们竞相模仿太阳城的业务模式。那时，中国的太阳能板制造商带着各自的产品大量涌入市场，于是太阳能板的价格大幅跳水，太阳城也因此获益，将自己的客户群体从个人客户扩展到像英特尔、沃尔格林、沃尔玛这样的行业客户，拿下了数个大型安装项目。2012年，太阳城公司挂牌上市，股价在短短几个月内飙涨，至2014年，它的市值已接近70亿美元。

太阳城的发展正蒸蒸日上之时，硅谷也给绿色科技公司投入了大笔资金，可惜大部分都打了水漂，其中就包括菲斯克、乐土等汽车公司，还有太阳能电池制造商索林德拉。索林德拉还因此成为保守派眼中滥用政府支出和任人唯亲方面典型的反面教材。历史上最出名的几位风险投资家，比如约翰·杜尔、维诺德·科斯拉，都因为投资绿色产业失败而被当地和全国性媒体争相报道。很多投资人都有类似的经历，他们投资绿色科技产业，并非出于商业意识，而是因为他们觉得这样做是对的。从新型的储能系统到电动汽车和太阳能板，这些技术都没有做到物有所值，它们往往需要非常多的政府资金扶持和激励措施才能开辟一个新的市场，所以外界针对该领域的很多批评都十分公允，但埃隆·马斯克发现了其他人忽略的重点。"10年来，我们一直反对向清洁技术公司投资。"贝宝公司的联合创始人兼创始人基金公司的风险投资家彼得·蒂尔解释道，"从宏观层面来说，我们的说法有理有据，毕竟清洁技术这一行业整体表现得确实很糟糕；但从微观层面来看，埃隆似乎掌握着全美最成功的两家清洁技术公司，所以我们常常觉得他是侥幸获得成功的。他的行事作风简直像个商业版的'钢铁侠'，个性张扬又与众不同，但我们必须扪心自问，他的成功对于我们这些比他做得更多的人来说算不算一种讽刺。尽管外界仍在质疑埃隆，但我认为有问题的是世人的认知，而不是埃隆。"

和马斯克其他的公司一样，太阳城更多地表现了他对世界的理解，而非为世界创造商机。马斯克很早以前就理性地思考了太阳能领域在未来的发展方向，认定它是一个可以商业化的行业。太阳每小时照射到地球表面上的能量，相当于全世界一整年的能源消耗总量。[20] 而且太阳能板吸收能量的水平正在稳步提升。如果太阳能注定是人类未来首选的能量来源，那么这一天来得越快越好。

从2014年起，太阳城开始充分展露自己的野心。第一步，销售储能系统。这些设备基本由合作伙伴特斯拉公司制造。比如电池组，它先是在特斯拉工厂制造，然后被整齐叠放在冰箱大小的金属箱中。企业和消费者可以采购这些储能系统来扩展自己的太阳能板阵列。大客户将电池组充满电之后，能用它来提供夜间照明或者应对意外断电等紧急情况。

此外，客户还能在用电高峰时段使用电池中的电力，而非电网电力，这样就可以减少高峰时段的电费支出。尽管太阳城运作谨慎，只是试探性地推广储能装置，但内心还是希望大多数客户能在未来几年内多多购买这些系统，以优化客户使用太阳能电力的体验，最终让它的目标群体彻底摆脱电网。

2014年6月，太阳城耗资2亿美元，收购了一家名为赛昂（Silevo）的太阳能电池制造商。这一交易标志着他们在战略方面进行了重大改变，此后太阳城将不再购买太阳能板，而是在纽约的工厂自己生产太阳能板。与大多数转换效率为14.5%的普通电池相比，赛昂的电池将太阳能转化为电能的效率据说可以达到18.5%，人们估计，如果配上合适的生产技术，它的转换效率甚至可以提升至24%。原先太阳城最大的优势之一就是购买而非制造太阳能板，所以它不但能在市场供大于求时以低价购入太阳能板，还能节省建造和运营工厂所需的巨额资金。因为那时太阳城的客户数量足足有11万，所以太阳能电池板的消耗数量也很庞大。为了维持正常运作，他们必须保证货源充足、价格稳定。"我们目前安装太阳能板的数量比大多数公司生产的还要多，"太阳城的联合创始人兼首席技术官彼得·赖夫说，"如果我们自己制造太阳能板，再结合多种不同技术，成本就会降下来，这一行业的本质就是要不断降低成本。"

那些密切关注太阳城发展的有心人注意到，太阳城公司经历了提供租赁服务、生产储能器和太阳能电池以后，其模式相当于一家公共事业（水电煤）公司。它还打造了一个网络，通过公司软件控制并管理太阳能系统。到2015年年底，太阳城计划未来将安装发电量总计达20亿瓦的太阳能电池板，做到每年发电2.8太瓦时。公司在宣布季度财报中的这些数据时表示："我们将致力于达成自己的目标——成为美国最大的电力供应商之一。"但现实情况往往比预料的要困难得多，太阳城在美国年度能源消耗中仅占很小一部分，要达成这一目标，公司显然还有很长的一段路要走。不过毋庸置疑的是，马斯克希望把这家公司打造成太阳能产业和能源产业的领军企业。

此外，太阳城公司是马斯克的统一场理论的核心部分。从短期和长期来看，马斯克涉足的所有业务都存在紧密联系。特斯拉负责制造电池组，太阳城则负责将产品销售给终端客户。反过来，太阳城又向特斯拉的充电站供应太阳能板，帮助特斯拉向司机提供免费充电服务。拥有最新款 Model S 的车主也纷纷向马斯克看齐，在家里安装了太阳能板。另外，特斯拉和 SpaceX 也采取互帮互助的策略。它们会互相交流各自关于材料、生产技术和运营大批量生产产品的工厂方面的知识。

大多数时候，太阳城、特斯拉和 SpaceX 都沦为了各自市场中的输家，它们的竞争者中不乏资金雄厚且根基稳固的大型企业。太阳能、汽车和太空产业一直充斥着监管和官僚主义作风，政策更是倾向于现有企业。在业内人士眼中，马斯克虽然是个技术专家，但性格过于天真，他们完全可以对他置之不理，甚至常常把他当成茶余饭后的谈资，哪怕作为竞争对手，也不过是个介于捣蛋鬼和满嘴胡话的人之间的竞争对手。现有企业利用自己在美国政府的关系让马斯克的三家公司举步维艰，他们对这种事情一向很在行。

自 2012 年起，马斯克的公司开始发力，对竞争者形成了真正的威胁，想要打败太阳城、特斯拉或 SpaceX 更是难上加难。马斯克的明星效应凸显，同时席卷三家公司。比如，特斯拉的股价暴涨时，太阳城的股价也跟着上涨。此类好事随着 SpaceX 成功发射火箭也相继出现。这些成功案例证明马斯克知道如何克服种种困难，哪怕他面对的是世界上最困难的事，于是投资者们纷纷买入马斯克其他公司的股票。太空、能源和汽车公司的高管与说客们突然意识到自己遇到的其实是一位后起之秀，或者说是一位明星实业家。马斯克的部分对手逐渐担心自己是不是站错了队，甚至还有人开始用一些卑劣的手段算计他。

多年来，马斯克一直在巴结民主党，他曾多次出入白宫，受到奥巴马总统的亲切接见。但马斯克不是一个盲目的"保皇派"。首先，他筑牢自己旗下各公司的信仰根基，会采用一切务实有效的方法来推进自己的事业。马斯克把自己塑造成一个冷酷的实业家形象，看起来比大多数共和党更具资本家倾向，赢得了外界大量的信任和支持。那些来自亚拉巴马州和其他州的政客要想帮助洛克希德工厂的工人保住岗位，或让新泽西州的汽车代理商摆脱无车可卖的困境，就不得不对抗马斯克这样一个在全美拥有庞大制造业帝国的商业巨头。在我撰写本书期间，SpaceX已经在洛杉矶开设了一家工厂，在得克萨斯州中部拥有一个火箭测试基地，并且正筹备在得克萨斯州南部建造一座大型太空港。此外，SpaceX还在加州和佛罗里达州的发射场拥有大批业务。而特斯拉在硅谷经营着一家汽车工厂，在洛杉矶有自己的设计中心，而且还忙着在内华达州建造一家电池工厂。（来自内华达州、得克萨斯州、加州、新墨西哥州和亚利桑那州的政客们大力支持马斯克在内华达州开设电池工厂，特斯拉也最终因此获得了14亿美元的政府奖励。经此一事，不仅坐实了马斯克名气飙升之事，也证实了他的筹资能力出类拔萃。）太阳城公司在清洁技术行业为白领和蓝领创造了几千个工作岗位，它在纽约州布法罗市建造的太阳能板工厂还将带来很多制造业的岗位。截至2014年年底，马斯克旗下的公司雇用人数累计接近1.5万。但马斯克的计划不仅如此，他还打算在之后制造更多产品来创造数以万计的工作岗位。

特斯拉在2015年度的工作重点是将Model X推向市场。马斯克希望这辆SUV能够和Model S一样畅销，预计特斯拉工厂在同年年底的汽车生产水平达到年产10万辆，满足市场对这两种车型的需求。这款SUV美中不足的是价格稍贵，起步价和Model S一样，这无疑限制了潜在客户群。不过，公司倾向于让Model X成为家用豪车，借此巩固特斯拉在女性顾客心中的品牌形象。马斯克对外承诺，他们将在2015年建造更多的超级充电站网络、服务中心和电池交换站，以迎接新品上市。除了 Model X 之外，特斯拉也开始着手筹备第二代 Roadster，讨论研发电动卡车和设计一种既能在陆地驾驶又能涉水而行的潜水汽车。马斯克花了 100 万美元买下了电影《007 之海底城》中罗杰·摩尔驾驶的那辆路特斯 Esprit，希望向世人证明，这样的汽车真的可以变成现实。马斯克在接受《独立报》采访时说道："我们可能会制造两三种这样的车，最多不会超过三种，毕竟水路两栖车的市场很小。"

虽然之前做好了一系列安排，但马斯克希望特斯拉接下来投入更多精力开发第三代汽车——Model 3。这款四门汽车将在 2017 年上市，售价约为 3.5 万美元，它是特斯拉准备用来制霸世界的真正法宝。公司打算卖出几十万辆 Model 3，一举带动电动汽车成为真正的主流产品。而宝马公司每年能交付约 30 万辆宝马 Mini（迷你）和 50 万辆宝马 3 系。特斯拉计划赶上这一数字。"我认为特斯拉在未来必将产出更多汽车，"马斯克自信地说，"如果我们保持当前的增速，特斯拉极有可能成为世界上最有价值的汽车公司之一。"

虽然特斯拉生产前几款电动汽车消耗的锂离子电池数量占据全球的很大一部分，但它还需要更多的电池来生产 Model 3。2014 年，马斯克公布了超级电池厂（Gigafactory）计划，即他接下来将建造全球最大的锂离子电池制造厂。每个超级工厂将雇用大约 6 500 名员工，以帮助特斯拉达成各种各样的目标。首先，它的产量不仅要满足特斯拉汽车对电池的需求，还要满足太阳城的储能器对电池的需求。另外，特斯拉希望能够降低电池的成本，同时提高电池的能量密度。他们将与电池长期合作伙伴松下共同打造超级工厂，但调试和维护工作由特斯拉公司负责。据斯特劳贝尔所说，出自超级工厂的电池组会比目前生产的电池组更加物美价廉，这样一来，特斯拉不仅能以 3.5 万美元的价格出售 Model 3，还能为续航超过 500 英里的电动汽车上市铺路。

如果特斯拉真能制造出某款电动汽车在保证续航里程达500英里的情况下，还能做到价格实惠，那么它将实现多年来汽车行业内很多人想做却没能做到的事。特斯拉的愿景远不止于此，它还打算在同时期修建一个全球性的免费充电站网络并改进汽车的销售方式，为汽车技术带来革命性的变化，这将成为资本主义历史上浓墨重彩的一笔。

2014年年初，特斯拉以出售债券的方式募集了20亿美元的资金。这是特斯拉第一次展现从赚钱心切的投资人那里募集资金的能力。从创立之初起，特斯拉就屡屡处在破产边缘，被迫歇业整顿，其中很大程度上是重大技术失误所致。特斯拉募集到的这一大笔资金加上当时正在飙涨的股价和稳步上升的销售额，足以让公司在提高自身产量的同时，增设多家门店和服务中心。"尽管现在没必要把所有的钱都投进超级工厂，但我仍想提前募集这笔资金，因为谁也不知道意外会在何时发生。"马斯克解释道，"我们可能会突然碰到一些来自外界的影响，或者遇上意外需要召回汽车的情况，到那时恐怕就需要一大笔钱来解决这些麻烦了。在这一点上，我跟我祖母的看法相同。她经历过经济大萧条等一些特别艰难的时期。一旦这种事情降临到你身上，它可能会在很长一段时间里与你如影随形。我尚且不能确定这种苦难的时期是否已经过去，所以哪怕我现在发自内心地开心，但心里总是患得患失，害怕这种快乐会突然溜走。一如尽管我祖母知道以后不会再挨饿了，但她还是会囤一些食物以防万一。所以我决定先备好一大笔资金，免得遇到困难时措手不及。"

马斯克十分看好特斯拉的发展前景，他甚至对我透露了一些更异想天开的计划。比如，他希望重新设计特斯拉在帕洛阿尔托的总部，当然这也是员工们希望看到的。那幢大楼的大堂还是20世纪80年代的风格，厨房也很小，只能同时容纳几个人在里面冲麦片[21]，完全不符合"硅谷宠儿"应享受的待遇。"我们的总部看起来简直一团糟，"马斯克说道，"所以我们打算把它重新装修。尽管达不到谷歌那样的福利水平，但我们也赚了不少钱，可以向谷歌看齐。我们会把总部装修得更美观，再增设一家餐厅。"当然，马斯克也有改善硬装的想法，他指出："其他公司的大堂里都有滑梯。我其实已经在考虑要不要在大厅里装一个过山车，就是像弗里蒙特工厂里的那种功能性过山车。你坐进去之后，它会带你环绕工厂一圈，还能上升下降。到时候除了我们，还有哪家公司配置这种设备呢？我也打算在 SpaceX 装一部。新的这个规模应该更大一点儿，毕竟 SpaceX 现在约有 10 幢大楼。虽然会花很多钱，不过我觉得这真是个好主意。"

最有意思的是，事到如今，马斯克仍然愿意为了实现理想而赌上一切。他不打算只建设一座超级工厂，而是建上好几座。他希望这些工厂能盖得又好又快，这样它们就能在 Model 3 上市的同时生产许多电池。有必要的话，马斯克会马上建造第二家超级工厂，和内华达州的那座工厂同台竞争，让员工们比比看哪一家能率先制造出电池。"我们不是急于求成，"马斯克解释道，"只是觉得应该做好万全准备，保证按时完成任务。如果我们好不容易平整了场地，打好了基础，结果突然发现，这里以前竟然是一个印第安人的坟地，那就悲剧了。我们总不能说：'哦，天哪，我们换回原来考虑过的其他地点吧，然后用 6 个月的时间从头再来。'对一家工厂来说，白白浪费 6 个月是一笔很大的损失。只要算一算就知道，假设我们以最大能力进行生产，那么每个月我们将损失 10 多亿美元。① 换个角度来看，如果我们一门心思把所有的钱都投到弗里蒙特的工厂去，把产能从每年 15 万辆提高到 45 万辆或 50 万辆，再招聘一些员工，那么我们只需坐等工厂正式投入运营。但那样做是在烧钱，好像钱不用就会变成废纸一样。我觉得那样做的话无异于自毁公司。"

"抓住这 6 个月的时间就和抓住第一次世界大战中加里波利之战的

---

① 假设每辆车售价 4 万美元，一年售出 30 万辆，那么年收入为 120 亿美元，即每月收入为 10 亿美元。

时机那样。战场上的局势瞬息万变，有利的战机往往稍纵即逝，所以当时的英军应该执行轰炸以后立刻冲锋，而不是坐在那里傻等两个小时，白白错过机会，让土耳其人回到战壕。商场如战场，时间紧迫，我们必须尽己所能地将时间风险最小化。"

马斯克很疑惑，为什么其他资金更充裕的汽车制造商没有采取类似的行动。特斯拉最起码为消费者和汽车行业带来了巨大影响，未来电动汽车的需求将会越来越大。"我认为我们已经给几乎所有的汽车制造商指引了方向，"马斯克说，"仅 2013 年，我们就销售了 2.2 万辆汽车。可以说，我们的所作所为充分推动了市场向可持续技术方面发展。"事实上也确实如此，锂离子电池的供应已经受到限制，而特斯拉似乎是唯一一家真正想解决问题的公司。

"竞争者们都对我们的超级工厂计划嗤之以鼻，"马斯克说道，"他们认为这是个愚蠢的主意，因为电池供应商自己会建造那样的工厂。但据我所知，各家供应商都不想花几十亿美元来建造一个电池工厂。这就像是先有鸡还是先有蛋的问题一样，汽车公司无法保证生产汽车的数量，因为他们不确定你是否能卖出这么多电动汽车。所以我知道我们买不到足够多的货，除非我们自己建工厂生产锂离子电池。目前为止，就我所知道的，除了我们，没有人会建这个工厂。"

特斯拉有可能是参照苹果公司第一次向世人介绍 iPhone 时那样，利用这一形势来抢占先机。在苹果公司刚推出 iPhone 的那一年，它的竞争者对这款产品不屑一顾，但等到他们发现 iPhone 居然给自己造成了极大威胁时，又不得不开始追赶苹果公司。即使他们手头有可用的设备，诸如宏达电（HTC）、三星之类的公司还是要用上几年才能生产出足可媲美 iPhone 的产品。那些曾经辉煌的公司，比如诺基亚和黑莓公司，则没能在这场竞争中存活下来。大胆假设，如果 Model 3 对市场造成了巨大冲击——所有兜里有钱的人都想买这辆车，皆因他们认为入手其他类型的车都只是在为过时的技术买单，那么特斯拉的竞争者们都将陷入困境。大多数涉猎电动汽车的公司还在采购庞大的成品电池，而没有选择开发专属技术。不管他们打算怎么应对 Model 3，这些汽车制造商都需要花几年才能赶上特斯拉，即便如此，他们也很可能买不到现成的汽车电池。

"依我看，事情大致会这样发展，"马斯克说，"第一家非特斯拉建造的超级工厂什么时候才会出现呢？很可能至少要 6 年之后。那些大型汽车公司就是这么犹豫不决，总是想先看看别人的工厂能不能存活下来，如果项目可行再批准，然后朝着这个方向前进，最终一系列操作下来搞不好战线会拉到 7 年。话虽如此，但我希望我的推测是错的。"

马斯克充满激情地讨论着汽车、太阳能板和电池的发展，不知不觉间竟忘了它们其实是很冷门的项目。他相信技术的力量，认为这些技术能够真正改善人类的生活。尽管这些技术已经让他名利双收，但马斯克的终极目标依然是把人类变成一种跨越行星的物种。这个想法在很多人看来虽很愚蠢，但它已经融入马斯克的生命。马斯克已经确定，人类的生存取决于能否在另一个星球上建立殖民地，他将奉献自己的一生来实现这一愿望。

如今，从身价来看，马斯克绝对可以称得上超级大富豪。撰写本书时，他的身价已经达到 100 亿美元。10 多年前刚刚成立 SpaceX 的时候，他手头可以支配的资金远远没有现在那么多。他不像杰夫·贝佐斯那么有钱，后者可以向自己的太空公司蓝色起源投入大笔现金来实现自己的梦想。如果马斯克想要到火星上去，他必须把 SpaceX 变成真正的航天企业。而 SpaceX 已经学会制造便宜高效的火箭，也在不断突破航天技术的极限，这一切的发展似乎都在帮助马斯克朝着预想的方向前行。

近期，SpaceX 将开始测试自己是否有能力载人进入太空。它计划在 2016 年之前进行载人实验，把 NASA 的宇航员送到国际空间站。该公司还打算大力发展航天产业里最赚钱的项目——卫星制造和销售业务。此外，SpaceX 还在测试"重型猎鹰"运载火箭的各项性能，及其可重复利用的火箭技术。据称，"重型猎鹰"运载火箭将是世界上运载能力最强的火箭。2015年年初，SpaceX 设法回收一级火箭，并让它在海上平台着陆。如果这次实验获得成功，公司接下来将在陆地上进行测试。

2014年，SpaceX 也开始在得克萨斯州南部打造自己的"星际之城"。它收购了几十英亩的土地，计划在那里建造一个世上绝无仅有的现代化火箭发射平台。马斯克希望实现火箭发射的各项环节的自动化，这样无须人工操控即可通过电脑上的安全程序自动添加燃料、起竖并点火。SpaceX 希望每个月都能发射几枚火箭，而建造专属太空港则可以加速完成这项任务。而登陆火星还需要更多更超前的技术和科技。

"我们得想想怎么才能一天发射多次，"马斯克说，"长远来看，在火星上建立一个自给自足的基地较为重要。要想实现这一目标，我们不仅需要在那里安置几百万吨的设备，还可能需要几百万人。所以你说我们得发射多少次呀？如果我们每次送去一百人，那也得发射一万次才能凑满一百万人。就现在的技术而言，光是送一百个人去火星都十分艰难。那我们总共要花多长时间才能发射一万次呢？假设你每两年能去一次火星，算下来起码也得四五十年。"

"而每次向火星发射宇宙飞船时，都得让它准确进入预定轨道，而且必须保证飞船进入暂泊轨道待命，才能在后续完成推进剂加注。基本上，宇宙飞船要想成功进入轨道需要消耗很多推进剂，所以接下来还要发射第二艘满载燃料的飞船充当'加油机'，与第一艘宇宙飞船会合实现在轨燃料转移加注，这样后者才能携带大量的有效荷载以高速冲向火星，最终到达那里的时间将会缩短至3个月，而非之前的6个月。虽然目前我还拿不出详细的火星计划，但我至少已经知道该怎么做，我们可能需要一台巨大的助推器、一艘宇宙飞船和一艘运送燃料的飞船，燃料均采用超低温甲烷。我预计，SpaceX 可以在2025年之前研制出推进器和宇宙飞船，把大批人员和货物送上火星。"

"最重要的是,要设定一个经济门槛,即控制好每次去往火星的人均费用。如果人均需要10亿美元,那在火星建立殖民地无疑是痴人说梦,但如果人均消费100万美元或50万美元,那我们就有可能在火星建立一个自给自足的殖民地。未来将有很多人对移民火星感兴趣,他们愿意变卖自己在地球上的财产,然后搬到火星上去。他们可不是去旅游,这就好比人们在新世界时期移民到美国那样。你搬家过去,在那儿找到工作,然后一切步入正轨。一旦解决了交通运输问题,那么在那儿建造一个可以居住的透明温室也不是什么难事。但如果你到不了,整个计划就完全没有价值。"

"最终,我们得给火星升温,才能把它改造成像地球那样适合人类居住的星球,但我还没想好怎么做。即便一切都尽如人意,恐怕也得花上很长的时间,可能需要一百年,甚至是一千年,我也不是很清楚。或许,在我有生之年都没机会把它变得像地球一样。当然,也不是完全没有机会,可能还是有 0.001% 的机会,我估计得对火星采取非常极端的方法才行。"[1]

---

[1] 马斯克还详细讲述了很多宇宙飞船的物理和化学知识及原理,太空爱好者们可以看到:"甲烷发动机的研制是困扰我们造出抵达火星的飞船的最后一个难题。比如,你得在火星表面生成推进剂。现今火箭使用的燃料基本上都是煤油,煤油的提炼非常复杂,它是一种主要由碳氢化合物组成的复杂混合物。制备甲烷或者氢则容易许多。不过,氢也不太适合做燃料。其一,它本身属于一种深度冷却剂,只有在接近绝对零度时才会变成液体。其二,氢是小分子,会钻入金属当中形成氢气,接着在金属晶粒附近聚集起来,破坏金属的结构,使金属变脆。此外,氢的密度非常小,因此用来储存氢的罐子必须很大,这使得制备和储存氢的成本格外昂贵。

对比之下,甲烷则更容易处理。它变成液态的温度和氧气液化的温度差不多,所以你无须担心这两种气体凝固的问题,只需在火箭里添加一个普通的隔板。同时,甲烷还是目前地球上成本最低的矿物燃料。我们真的需要很多能源才能抵达火星。

至于如何在火星上制备燃料和氧气,因为那里大气的主要成分是二氧化碳,土壤里有很多水或者冰,我们可以用二氧化碳和水生成甲烷与氧气,这样就能燃烧,一切问题又都迎刃而解了。

接下来是大家最关心的一个问题,也是最关键的一个问题:我们搭乘火箭到达火星表面后能否返回地球?答案是肯定的。把回程时的有效荷载减少到出发时的约 1/4 就能做到,我认为这行得通,毕竟我们从地球带到火星上去的东西肯定比要从火星带回地球的东西多很多,更何况,宇宙飞船的隔热罩、生命保障系统和支柱必须很轻很轻。"

曾经连续好几个月，马斯克一到夜深人静的时候就在洛杉矶的家门前徘徊，苦苦思索关于火星的计划，然后回屋去找莱莉讨论这些问题。顺便一提，他们在 2012 年年底复婚了。① 马斯克对她坦言道："我想告诉你，能跟我讨论这种事的人其实不多。"他们之间的谈话内容还包括马斯克各种异想天开的白日梦，比如他想成为登上火星的第一人。"他是真的想第一个登上火星，"莱莉说，"我求他赶紧放弃这个想法。"也许马斯克的这番说辞，其实是在享受和妻子之间的玩闹，又或者只是随口一说，但后来在我们的一次夜谈中，他否认了这一点。"除非我确定哪怕我不在了，SpaceX 也能照常运转，我才有可能争取第一个登上火星。"他回应道，"我想去，但没必要。重点不是让我去火星，而是让很多人能够去火星。"马斯克甚至有可能不会进入太空，他并不打算参加 SpaceX 即将开展的载人飞行测试。"我觉得亲自参与测试不太明智，"他解释道，"这就好像波音公司的老板来当新飞机的试飞员。对 SpaceX 或太空开发的未来来说，这样做值得商榷。也许等它飞了三四年后，我才会上太空看看。老实说，就算我永远不去太空，也没什么。重点是尽可能延长人类的寿命。"

当马斯克在讨论这些事的时候，普通人怎么看待他的，我们不得而知。几年前，大多数人可能认为他不过是个爱炒作、兜售飞行背包、机器人或者其他硅谷流行小物件的人。但随着他获得了一次又一次的成功，

---

① 马斯克和莱莉离婚不到一年就复婚了。"在办理离婚手续期间，我拒绝和他说话，"莱莉回忆道，"可是，当离婚手续真的办好以后，我们马上又重新在一起了。"至于离婚的原因，莱莉是这么解释的："我当时感觉那段生活很不快乐，甚至怀疑自己可能做了一个错误的决定。"至于两人的复合，她说："其中一个原因就是，我找不到能够取代他的人。我兜兜转转了一圈，没有发现让我心动的人。而另一个原因则是，我心里清楚，埃隆这个人一辈子都听不进别人的话，谁说都不听。只要别人说的或做的事情不符合他的想法，他就懒得搭理。但他向我证明了他愿意为我做任何事。他告诉我：'我愿意听你的，我想了解你对这些事的看法。'他向我证明了他十分重视我的意见，并且愿意倾听我的意见。我觉得这说明了一个问题，那就是他为此做出过努力。而我也爱着他，想着他。"

马斯克摇身一变，从一个吹牛大王变成了硅谷最出名的实干家。蒂尔见证了马斯克走向成熟的全过程——从奋发图强但缺乏信心的贝宝CEO到自信且受万人敬仰的CEO，其中最让蒂尔印象深刻的就是马斯克发现和招揽人才的能力。"我发现这段时间马斯克在某些方面得到了极大的提升。"蒂尔赞叹道，"他找到了航天产业里最优秀的人才，让他们为自己的航天公司效力，在特斯拉亦是如此。如果你是一个机械工程师，不仅天资出众，还喜欢汽车制造，那你一定会选择特斯拉，因为它可能是美国唯一一家能够让你尝试新鲜事物的公司。这两家公司的愿景相同，那就是，将大量人才聚集在一起，做一些鼓舞人心的事情。"蒂尔认为，大家应该认真看待马斯克将人类送上火星的计划，他相信这会给人类带来希望。即便不是所有人都认同马斯克的目标，他也在挑战自己的极限，推动宇宙开发和技术的发展进步，这点才是最重要的。"其他人在太空尝试的事情都大同小异，而马斯克的目标是把人类送上火星，这太振奋人心了。"蒂尔说，"他的想法是'回归未来'。太空项目已经搁置很久了。在20世纪70年代初，人们展望过美好的未来，但现在不会了。然而，SpaceX表示，他们有办法实现那样的未来。所以埃隆做的事情非常有价值。"

2013年8月，马斯克公布了"超级高铁"计划，吸引了大批忠实客户。作为一种全新的运输方式，"超级高铁"采用的是一种大型气动管道，类似于办公室发送邮件所用的管道。马斯克计划优化这种管道，将洛杉矶和旧金山这样的城市连接起来，并通过吊舱运输乘客和车子。之前也有人提出类似的想法，但马斯克的创意包含了一些独一无二的元素。他提出，管道要在低压环境中运行，而吊舱悬浮在底部磁性"滑雪板"产生的空气轴承上。每个吊舱将由一个电磁脉冲推动前进，管道里面的发动机会按需向吊舱提供额外的推力。这样一来，吊舱能够以每小时800英里的速度前进，人们从洛杉矶到达旧金山大约只需 30 分钟。这个设施将由太阳能供电，能将相距 1 000 英里以内的城市连接起来。"有了'超级高铁'，从洛杉矶到旧金山、从纽约到哥伦比亚特区和波士顿，都将方便很多。"马斯克当时说道，"距离超过 1 000 英里的话，成本很高，因为要建的管道太多了。谁都不想住在一个满是管道的世界。"

马斯克花了好几个月构思"超级高铁"的想法，他私下向朋友透露过这一构思。在我们的一次采访中，他第一次在自己的圈子以外讨论了这一话题。马斯克告诉我，他反感加州拟建的高速铁路系统，所以有了"超级高铁"的想法。"他们计划在加州建造高速子弹列车，成本为 600 亿美元，是全世界每英里造价最高但速度最慢的火车。"他说，"他们创造了纪录，但是方式不对。"根据加州的高铁计划，人们从洛杉矶到旧金山需要两个半小时，但这一铁路系统要在 2029 年才能建成。如今，在这两座城市穿梭的话，开车需要 5 个小时，坐飞机只要 1 个小时，高速子弹列车的速度毫无优势可言，这让马斯克十分苦恼。他坚称，他的"超级高铁"造价仅需 60 亿~100 亿美元，速度比飞机还快，而且乘客能够把汽车开进吊舱，到站的时候，他们就可以开着车穿梭于另一座城市了。

当时，马斯克公开他的"超级高铁"计划，似乎只是为了让公众和立法者重新审视高铁。其实，他并不打算自己建造高铁。他主要是想告诉人们，可以找到一些更为创新的点子，去解决实际问题，推动国家的发展。可以的话，他希望政府取消加州的高铁项目。在宣布他的计划之前，马斯克在电子邮件和电话里跟我说了很多。他写道："过一阵子，我可能要出资打造一个'超级高铁'项目，或提出这方面的建议。我最近很忙，SpaceX 和特斯拉的业务让我脱不开身。"

在发表了一篇详述"超级高铁"的论文之后，马斯克的心情开始发生了变化。《彭博商业周刊》首先发表了关于这篇文章的报道，很快，人们纷纷登录网站阅读这篇文章,该杂志网站的服务器都陷入了瘫痪,推特的用户也加入疯狂的热议中。在马斯克发布信息约一小时后,他召开了一个电话会议,主要讨论"超级高铁"。在我们的数次对话和发布信息之间的某个时刻,他已经决定要自己建造高铁。他告诉记者,他考虑至少做出一个原型,以证明这一技术是可行的。一些人嘲笑马斯克的这个想法。"一位亿万富翁公布了他幻想中的太空火车,"《硅谷闲话》嘲弄道,"我们喜欢埃隆·马斯克做出的疯狂决定——曾经,电动汽车和私人太空飞行显得有点儿愚蠢。但更愚蠢的是,我们并不觉得它是一个超级富翁的狂热想象。"不同于早期抨击特斯拉的时候,《硅谷闲话》现在只能代表少数派的声音。现在,大多数人似乎相信马斯克能够做到这一点。我认为,人们真的很相信马斯克,以至于他自己都很吃惊。因此,他只好承诺造出这一原型。马斯克的艺术模仿作品令人惊叹,他已经成为全世界最像"钢铁侠"——托尼·史塔克的人,而且他不想让崇拜他的人失望。

谢尔文·皮谢瓦是马斯克的投资人兼好友,在"超级高铁"计划发布后不久,他带着这项技术的详细说明在白宫与时任总统奥巴马会面,时间长达90分钟。皮谢瓦说:"总统很喜欢这个点子。"总统办公室的人研究了这些文件,并在2014年4月为马斯克和奥巴马安排了一次单独会面。从那以后,皮谢瓦、凯文·布罗根和贝宝前高管戴维·萨克斯成立了一家新公司,取名为超级高铁技术有限公司,致力于在洛杉矶和拉斯韦加斯之间打造"超级高铁"的第一阶段工程。从理论上来说,人们可以在大约10分钟内穿梭于两大城市。他们也向内华达州参议员哈里·瑞德简要介绍了这个想法,他们目前正准备买下15号州际公路旁的土地使用权,用来建造高速铁路。

对于格温·肖特韦尔和斯特劳贝尔这样的员工来说,和马斯克一起工作意味着要默默无闻地帮助他开发这类奇妙的技术。他们是坚定的后盾，永远在背后支持着他。从 SpaceX 成立第一天起，肖特韦尔就在该公司任职，努力促进公司的良好发展。她压抑自我，以确保马斯克得到他期待的一切关注。如果你是肖特韦尔，并且坚信要送人类上火星，那么这一使命将优先于个人愿望。同样地，斯特劳贝尔也一直在特斯拉工作，他是员工与马斯克之间沟通信息的中间人，他对汽车的一切了如指掌。尽管斯特劳贝尔是老员工，在公司很有地位，但他表示，与我们谈话时他十分紧张。马斯克喜欢代表公司发表言论。如果他最忠实的主管的言论与他的不一致，或者与他想让大众知道的东西有出入，他会向他们施加压力。斯特劳贝尔一生都致力于制造电动汽车，他不希望愚蠢的记者毁了他一生的事业。"我费了好大劲儿才放下自我，"斯特劳贝尔说道，"埃隆这个人特别难伺候，主要是因为他太有激情了。有时他也会没耐心，然后说：'我们一定要做这件事不可！'有些人会因此感到震惊，变得神经紧张。人们似乎害怕他，而且没有勇气面对他。我曾试图帮助他人，去理解埃隆的目标和愿望，但我自己也有很多目标，所以我得确保我们的目标是一致的。此外，我得确保公司里是上下一心的。埃隆是我们的老板。他在用血、泪和汗水去完成这些事情。他冒的风险比谁都大。我很佩服他所做的一切。没有埃隆，一切就不是现在这样了。在我看来，他有资格站在台前代表我们。"

普通员工对马斯克的评价更加多元化。他们钦佩他付出的努力，理解他的苛刻，也认为他很刻薄，让人感觉反复无常。员工们想要接近马斯克，但他们也害怕他会突然变卦，每次和他见面感觉都有被解雇的风险。"在我看来，到现在为止，埃隆最大的缺点是不够忠诚，或者说没有人情味。"一名离职的员工这样说道，"我们这些员工都为他卖命很多年了，他却可以毫不犹豫地抛弃我们，就像丢垃圾一样。他可能是为了杀鸡儆猴，也可能是不顾及人情。在他眼里，为他工作的人就是颗子弹：用完之后就要丢掉。"

SpaceX 和特斯拉的公关部门已经见证了这种情况的多次发生，而且这种事情在公关部门发生的频率比其他部门都要高。马斯克习惯了干脆利落地开除一些公关人员。他常常自己承担大量的沟通工作，撰写新闻稿，联系他认为合适的媒体。很多时候，马斯克没有提前告知公关人员他的议程表。比如，在宣布"超级高铁"计划之前，他的公关代表给我发了邮件，以确认新闻发布会的时间和日期。有时候，记者们在电话会议开始前几分钟才会接到通知。这并不是公关人员的失职，而是他们无法提前发布消息。事实上，马斯克仅在活动前几分钟才告诉公关人员，他们只能匆忙地应对他心血来潮的计划。当公关人员接到马斯克下达的任务时，他们必须争分夺秒，以最高的水准去执行任务。一些公关人员在他的高压之下只工作了几个星期或者几个月便辞职。另一些人坚持了下来，但最后都精力耗竭或被解雇了。

马斯克看起来冷酷无情的一个最典型的例子是在 2014 年年初开除了玛丽·贝思·布朗。布朗远不只是"一名忠诚的行政助理"，她更像是马斯克的左膀右臂——她十分了解马斯克的内心世界。10 多年来，她几乎牺牲了自己的个人生活，每周在洛杉矶和硅谷之间穿梭，无论工作日的晚上还是周末都在辛苦加班。布朗找到马斯克，询问自己能否享受和 SpaceX 的高管一样的工资待遇，因为她同时要安排马斯克在两家公司的日程安排，负责公关工作，很多时候还得做出企业决策。于是马斯克让布朗休几个星期的假，他会暂时接手她的工作，看看能有多辛苦。布朗休假回来后，马斯克告诉她，他不再需要她了，改让肖特韦尔的助理来负责安排他的工作日程。忠心耿耿的布朗觉得很受伤，她不愿意和我谈及这件事。马斯克说，她太轻率了，经常代表他发言。他还表示，她需要过自己的人生。其他人偷偷议论说是因为布朗和莱莉闹翻了，布朗才被开除。① （尽管我多次提出要求，布朗仍拒绝接受采访。）

不管发生了什么，整个情况变得很糟糕。托尼·史塔克可没有开除佩珀·波茨。他喜欢她，愿意照顾她一辈子。她是他唯一可以真正信任的人，和他一起经历过风风雨雨。马斯克愿意放布朗走，而且以这么草率的方式让她走，这让SpaceX和特斯拉的员工很吃惊，这简直是马斯克冷酷无情的最佳证明。在大家眼里，马斯克经常用伤人的话斥责员工，而布朗的离开成为他缺乏同情心的证据之一，诸如此类的故事越传越多。人们还把这种行为与马斯克的另一个古怪特点联系在一起。一旦他发现邮件里有错别字，就会咬住不放，甚至达到了有错字就无法阅读邮件内容的地步。即使在社交场合中，马斯克也可能会突然从餐桌前站起来，不做任何解释，径直走到外面去看星星，仅仅因为他不愿意跟傻瓜待在一起闲聊。基于所有的行为，很多人向我总结了马斯克给他们留下的印象，他们觉得，马斯克是个有轻微孤独症的人，他没办法照顾别人的情绪，也没办法顾及别人的幸福。

在硅谷，人们喜欢戴着有色眼镜去看待那些与众不同或者脾气古怪的人，给他们贴上孤独症或者阿斯佩格综合征的标签。这是一种空谈心理学，因为它在毫无根据地诊断甚至杜撰某些疾病。如果给马斯克贴上这样的标签，那你就太不了解情况了。

在最亲密的朋友和家人面前，马斯克又是另外一副模样，而且与对待员工的方式完全不同，即便那些员工已经跟随他很久。在他的小圈子

---

① 马斯克回忆道："我告诉她：'我觉得你是很有价值的。你对工资待遇提要求，我也理解。这样，你先休两个星期的假，我考虑一下。'在她休假前，我已经给了她很多天的带薪假期，我是真的希望她能好好休个假。但等她回来的时候，我的想法是，我们的雇佣关系到此结束了。她在这里工作了12年，肯定能够胜任其他的工作，她可以去做新的选择。"据马斯克所说，他在公司为布朗安排了另一个职位，但她拒绝了新职位，而且再也没有出现在公司。马斯克给了她12个月的解约赔偿金，后来再也没有和她说过话。

里，马斯克是个热心、风趣且情感丰富的人。[1] 他也许不会像普通人聊天那样，去关心朋友的孩子最近如何，但当他朋友的孩子生病或者有麻烦的时候，他会想尽一切办法帮助他们。必要时，他会不惜一切代价保护自己亲近的人，回击那些伤害他或者他朋友的人。

按照神经心理学家的描述，马斯克的行为与天才的一些行为相吻合。像他这一类的人，在童年时期往往会表现出非凡的智力，并能够在智商测试中获得高分。这样的孩子往往会认真地观察世界，发现其中的缺陷，比如系统中的小故障，他们会在脑海中构思修复这些缺陷的逻辑方式。对马斯克来说，他之所以想要让人类成为多行星物种，很大程度上是因为他受到科幻小说和科技的影响，这也可以追溯到他的童年时期。在某种程度上，这已经成为他毕生的使命。

观察马斯克生活的方方面面，会感觉他在试图抚慰那些侵蚀他每一

---

[1] 据莱莉所说："埃隆是个厚脸皮又幽默的人。他很顾家，对孩子们很好。也很幽默，真的特别幽默。他特别善变，我从没见过像他这么古怪的人。他有时很自我，于是我会让他清醒一点儿。他还会说些好笑的事，然后咧着嘴笑。他在各方面都很优秀，读了很多书，有着非凡的智慧。他还喜欢看电影，我们会去看新上映的《乐高大电影》。他总是要我叫他'商业之王'。他每天晚上都会尽量早点儿回家，陪我和孩子们吃饭，有时还会陪孩子们打打电脑游戏。孩子们会向我们讲述一天的经历，再乖乖去睡觉。然后我们会聊会儿天，在笔记本上看看类似《科尔伯特报告》之类的电视节目。周末的时候，我们会去短途旅行。孩子们现在都长大了。以前我们有很多个保姆，甚至还有专门的保姆经理。现在用不上了。我们尝试尽可能地以一家人的方式一起做一些事。我们一周有4天陪着孩子。我觉得自己是个严格的人，我希望他们正常生活，但他们的生活总是很奇怪。他们不久前和贾斯汀·比伯一起去旅行。他们一到火箭工厂，就会说：'不，我不想再来了。'如果你的父亲是个造火箭的，你也不会觉得他很酷。他们也一样。"
"别人都不知道，埃隆其实是一个天真无邪的人。有时候，他只是单纯地高兴，而不带有其他的情绪；而有时候，他就是单纯地生气。当他有某种情绪的时候，他的感受是彻底的、纯粹的。没有别的事情能把情绪强加给他。很少有人能够和他一样。如果看到有趣的事情，他会放声大笑，忘记我们正在一个拥挤的大剧院里，这会影响到其他人。他就像个孩子，很可爱，也令人惊讶。他会莫名其妙地说'我是个复杂的人，但我的要求很简单、很明确'或者'没有人会是一座孤岛，除非他既强大又乐观'。我们会把想做的事罗列出来。他最近的计划是和我去沙滩漫步，欣赏日落，在对方耳边说着情话，还有骑马。他喜欢看书，打电子游戏，和朋友待在一起。"

寸皮肤的忧愁。在他看来，人类爱自我设限，并处在险境之中，而且时刻想要摆脱这样的处境。那些在开会时提出错误意见的人，或者在工作时犯错误的人，都阻碍了他人的改变，也让他不得不放慢脚步。但是，他并没有随大溜而讨厌这种人，只是为他们所犯的错误感到痛苦，因为他们的错误会延长人们陷入险境的时间。他不是没有感情，只是觉得除了自己，没有人比他更了解自身使命的紧迫性。他没有其他人那么敏感、宽容，因为他不愿冒那么大的风险。他的员工应该尽最大能力帮助他解决问题，否则就应该直接滚蛋。

马斯克对于自己的性格倾向一向很坦率。他也希望别人能够理解，他不是在商业圈中追求一时的机会，而是在试着解决那些困扰他几十年的问题。在我们的谈话中，马斯克一次又一次地谈到这一点，强调了他这么多年来对电动汽车和太空的思考，以及他的一些作为。马斯克在2014年宣布特斯拉将公开其所有专利时，分析人士试图确定他是不是在作秀，还是隐藏了不可告人的动机或圈套。但在马斯克看来，他只是做了一个直截了当的决定。他希望人们制造并购买电动汽车。马斯克认为，人类的未来取决于此。如果公开特斯拉的专利，可以让其他公司更容易制造出电动汽车，那么这个决定就有益于人类，相关创意也应该免费向大众开放。愤世嫉俗的人对此嗤之以鼻，这也是可以理解的。然而，马斯克已经计划好这么做，他抱着非常真诚的态度说明了自己的想法。

和马斯克最亲近的人都学会了这样的思考模式。[22] 他们认同他的观点，但他们也会用唇枪舌剑，给予足够的补充说明。马斯克在一次晚宴上询问我是否觉得他是个疯子，这是他抛给我的一个测试。我们谈了很多，他知道我对他的工作十分感兴趣。他开始信任我，打算向我敞开心扉，但他想最后一次确定我是否真的理解他追求的东西有多重要。他的许多挚友通过了他给出的更宽泛、更严格的测试。他们投资了他的公司，在批评声中为他辩护。他们会在他2008年陷入绝境时帮助他。他们充分证明了自己的忠诚，以及帮助他完成事业的承诺。

科技行业的人士喜欢将马斯克的干劲和雄心壮志与比尔·盖茨及史蒂夫·乔布斯相提并论。"埃隆对技术有着深刻的理解，他放飞梦想，坚持梦想，这点与比尔·盖茨和乔布斯一样。"爱德华·荣格说，荣格是一位神童，曾经在乔布斯和盖茨的公司任职，最后成为微软的首席软件架构师，"他有乔布斯那样的消费者敏感度，还擅长在不熟悉的领域聘用人才，就像比尔那样。我们有时候希望克隆出比尔和史蒂夫那样的人，或许我们也应该克隆一下埃隆，看看会发生什么。"风险投资家史蒂夫·尤尔韦松投资过SpaceX、特斯拉和太阳城，他在乔布斯手下工作过，也非常熟悉盖茨的为人，他也觉得马斯克是他们二人的升级结合体。"埃隆和乔布斯都无法忍受表现差的员工，"尤尔韦松说，"不过我觉得他比乔布斯好相处，比盖茨更文雅。"①

在越来越了解马斯克之后，你会觉得很难把他跟同类人相比。乔布斯也是两家涉足不同行业的大型公司的首席执行官——苹果公司和皮克斯公司。但两人除了这一点相似，其他方面都大不相同。乔布斯在苹果公司投入的精力比在皮克斯公司多，而马斯克不同，他在两家公司投入的精力是相等的，同时将剩下的精力投入到太阳城。乔布斯注重细节也是出了名的，但人们不会说马斯克受乔布斯这点的影响，因为后者还监督着公司繁杂的日常运营。马斯克的方法有其局限性，他在营销和媒体策略上没有那么应对自如。马斯克不会事先做发布会彩排或者润色他的发言稿，他喜欢在特斯拉和SpaceX的大多数宣传活动中即兴演讲，他总在周五下午召开新闻发布会，让准备回家过周末的记者们有点儿工作

---

① 尤尔韦松解释说："埃隆有盖茨那样的工程学天赋，但他更懂得和人打交道。和盖茨在一起时，你就得顺着他的想法来。埃隆更有人格魅力。他有一点和乔布斯很像，那就是他们都无法忍受傻瓜。但跟乔布斯在一起像在坐过山车似的，他喜欢你的时候，你就是天才，他不喜欢你了，你就是蠢材。我觉得埃隆更是如此。"

的方向感。因为他一般都是在那时写好了新闻稿,或准备采取下一步行动。乔布斯则相反,他很珍惜每一次演讲和面对媒体的时刻。马斯克可没有时间这样做。"我没有时间去练习,"他说,"我一般都是即兴演讲,所以呈现的东西可能会有所不同。"

至于马斯克有没有像盖茨和乔布斯那样引领科技行业到达新的高度,权威人士的说法各不相同。一些人认为,太阳城、特斯拉和 SpaceX 并没有给行业带来多少真正的希望,它们并不能带来某种轰动性的创新。而另一些人则认为,马斯克有真本事,是未来技术革命中最耀眼的明星。

经济学家泰勒·考恩(Tyler Cowen)属于前一类人。近年来,他发表了一些对科技行业有深刻见解的文章,以及关于科技行业走向的猜想,赢得了一定程度的声誉。在《大停滞》一书中,考恩惋惜科技行业缺乏重大的技术进步,他表示,美国的经济发展缓慢,人们的工资水平也在随之下降。"打个比方,至少从 17 世纪以来,美国经济取得了许多轻而易举就能达到的成绩,比如自由的土地制度、大量的移民劳动力或坚实的新技术。"他写道,"然而,在过去的 40 年里,这些容易摘到的果子逐渐消失了,我们却假装它们还在那儿。我们没有意识到,我们正处于技术的停滞期,而这里的果树比我们想象的少。就是这样,这就是出问题的地方。"

在他的另一本书《再见,平庸时代》中,考恩预测未来将是平庸的,富人和穷人之间会出现巨大的鸿沟。在他预测的未来中,人工智能将实现长足的进步,当今许多高薪就业岗位将会被撤销。在这种环境中生存下来的人将非常聪明,他们能够有效地与机器互补,高效地与之合作。至于那些失业者,他们中的许多人最终会为富人打工,做他们的保姆、管家和园丁。考恩没有发现,马斯克正在做的事情能够改变人类的发展轨迹,使之朝乐观的方向发展。根据考恩的观点,如今要提出有突破性的想法比过去更难,因为人类已经挖掘出大部分的发明。在弗吉尼亚州的一次午餐会面中，考恩说马斯克不是一个天才发明家，他只是一个媒体的宠儿，但在这方面也不是特别在行。"我觉得很多人都不在乎去不去火星，"他说，"不管他可以从中获得什么发现，代价都是十分昂贵的。拿他提出的'超级高铁'来说，我认为他不会真的去做这件事，这可能只是为了宣传他的公司。至于特斯拉，它有可能会取得成功，但他还是没有抓到问题的关键，发电才是重点。人们可能会觉得，他在挑战传统方面下了很多功夫。"

加拿大曼尼托巴大学荣誉教授瓦茨拉夫·斯米尔（Vaclav Smil）的看法与此相差无几。比尔·盖茨曾经称赞斯米尔是一位很棒的作家，因为他出版了一些关于能源、环境和制造业的重量级著作。斯米尔的最新作品是《美国制造》(Made in the USA)，它探索了美国制造业的光辉历史及后来工业的没落。有些人认为美国正在从制造业向高薪的信息产业自然过渡，他们都想读读这本书，了解这一变化带来的长期结果。斯米尔列举了很多例子，说明制造业如何产生重大的创新，以及如何依靠这些创新创造大规模就业生态体系，催生大量科技人员。斯米尔写道："比如，30多年前，美国已经停止生产所有的'商品类'消费电子设备与显示器，它也失去了开发和批量生产先进的平面屏幕和电池的能力，这两类产品是笔记本电脑和手机的核心，大量进口这两种产品不断加大了美国的贸易逆差。"在书的后面部分，斯米尔强调，航空航天企业是美国主要的出口商之一，已经给美国经济带来了巨大的收益。他还写道："我们必须努力保持该行业的竞争力，促进美国的出口业务，而且航空航天企业的出口将占据该行业大部分的销售额，因为未来20年世界最大的航天市场将出现在亚洲，尤其是在中国和印度，美国的飞机和飞机引擎制造商将会从中获益。"

斯米尔认为，美国相对于中国的竞争力正在减弱，他看不出马斯克或其公司有能力扭转这一趋势。"作为一名研究技术进步的历史学家，我觉得特斯拉汽车缺乏真正的创意,只是一个被大肆炒作的玩具而已。"斯米尔在写给我的邮件中说道,"在美国,每月有 5 000 万人靠领食品券过日子,国家每月会增加 850 亿美元的债务,根本没必要去研究什么太空事业,尤其是超级富翁才能坐的宇宙飞船。马斯克的提议是在哄骗那些对物理原理一无所知的人,他只不过是利用了大家熟知的动力学理想实验……美国有很多擅长发明的人,马斯克跟他们比还差得远呢。"

鉴于斯米尔在其书中颂扬的一些事物,这样的评论显得过于直接,令人颇感意外。他花了很长的篇幅介绍亨利·福特纵向一体化的生产模式,以及它对推动汽车制造业和美国经济的积极影响,他还详细介绍了"机电一体化设备"——依靠很多电子产品和软件工作的设备的崛起。"截至 2010 年,一辆普通四门轿车的电子控制系统所需的代码数,比操控一架最新款的波音喷气式客机的还多,"斯米尔写道,"美国制造业已经把现代汽车转变为机电一体化的设备。21 世纪的第一个 10 年里还出现了其他创新,从新材料的使用(航天业的碳复合材料、纳米结构)到无线电子工业。"

许多评论家开始都误解了马斯克真正在做的事情,并将他看成一个无聊的梦想家。斯米尔这些人看到了关于马斯克想要登上火星的文章或者电视节目,便立即将他归为太空旅游者一类的人。但马斯克几乎从未谈论过太空旅游的事,他从创立 SpaceX 的第一天起,只是想要在太空产业中闯出一片天地。如果斯米尔认为波音公司销售飞机能够极大地促进美国经济的繁荣,那么他就会为 SpaceX 在商业发射市场中取得的成就而感到欣喜。SpaceX 在美国制造产品,在航天技术方面取得了巨大的进步,也推动了材料和制造技术的发展。毋庸置疑,SpaceX 是美国未来几十年与中国竞争的唯一希望。至于机电一体化设备,SpaceX 和特斯拉已经率先将电子、软件和金属结合在一起,而它们的竞争对手目前正在努力追赶。马斯克的所有公司,包括太阳城,已经充分利用纵向一体化管理模式，并将部件的内部控制转化为一项真正的优势。

要想了解马斯克的工作将为美国经济带来怎样的影响，我们可以想一想过去几年来占据优势的机电一体化设备——智能手机。在 iPhone 问世之前，美国在电信行业一直处于落后水平。欧洲和亚洲的手机和移动服务当时最先进，而美国的消费者使用的都是过时的设备。当 iPhone 在 2007 年面世之后，一切都不同了。苹果的设备不仅模仿了电脑的许多功能，还在手机设计方面添加了应用程序、传感器、位置感知等新功能。谷歌在市场上发布安卓软件和相关手机，美国突然成为移动产业的中坚力量。智能手机带来了革命性的变化，因为它让硬件、软件和服务能够无缝衔接，这使得硅谷的技术能力得到完美的运用。智能手机的崛起带来了巨大的工业繁荣，而苹果公司也成为美国最具价值的公司，其数十亿台智能设备被销售到世界各地。

托尼·法德尔是苹果公司的前高管，人们都认为是他推动了 iPod 和 iPhone 的上市。他认为智能手机是一种超级循环下的代表性产物，在这个循环当中，硬件和软件已经达到成熟的临界点。电子产品物美价廉，而软件更可靠、更成熟。在它们的相互作用下，过去那些科幻小说般的创意变成了现实。谷歌发明了自动驾驶汽车，收购了数十家机器人公司，以便更好地将软件和机器结合。法德尔的耐斯特公司拥有智能温控器和烟雾报警器。通用电气公司的喷气发动机配备了许多传感器，能够主动向机械师报告可能存在的异常现象。许多新兴的公司已经开始将医疗器械和软件结合，帮助人们监测并分析自己的身体情况，以及诊断病情。如今，人们每次可将 20 颗微型卫星送入轨道，这些卫星并不像之前那样只能完成一项固定的任务，而是能够在飞行途中被重新设定程序，以执行各种商业和科学任务。加州山景城的一家名为 Zee Aero 的新兴公司聘用了许多从 SpaceX 离职的员工，他们正在秘密研发一种新型交通工具。是一种会飞的汽车吗？有可能吧。

法德尔认为，马斯克的工作处于这一行业趋势的最高点。"他本来只需要制造一辆电动汽车，"法德尔说，"但他还做了一些特别的事，比如用马达来启动门把手，将消费类电子产品和软件结合，其他汽车公司也在想方设法做到这一点。无论是特斯拉还是 SpaceX，要把以太网电缆安装到火箭飞船中用于网络通信，都需要把旧世界的制造科学和低成本的消费级技术结合起来。当你把这两样东西结合在一起时，它们会变成我们从未见过的新事物。突然间，整个世界都变了，这是一个巨大的飞跃。"

硅谷一直在寻找一个能够代替乔布斯，成为技术行业领军角色的新人物，而马斯克就是最有可能的候选人。毫无疑问，他是当下最瞩目的人物。新兴公司的创始人、经验丰富的高管和各种传奇人物都一致赞赏马斯克。如果特斯拉在主流的路上越走越远，那么马斯克的声誉就会更上一层楼。热销的 Model 3 将证明，马斯克能够重新反思一个行业、读懂消费者的心思并执行他的计划。从那以后，他有了越来越多稀奇古怪的想法。"在我眼里，没有多少人能够超越我，而埃隆就是其中一个。"克莱格·文特尔这样说道。文特尔他破译了人类基因组，并创造了合成生命体。他希望能够和马斯克合作，制造一台能够带上火星的 DNA 打印机。从理论上讲，它能够让首批登陆火星的人自己生产药品、食物和有用的微生物。"我认为，只有生物远程传送机才能真正做到太空移民，"他说，"埃隆已经和我讨论过怎么去做了。"

拉里·佩奇是谷歌的联合创始人兼首席执行官。他是马斯克最好的朋友，也是他最忠实的仰慕者。马斯克甚至经常到佩奇家借宿。"他简直像自己没有住所似的，我觉得有点儿不可思议，"佩奇说，"他会直接发邮件说：'今晚我没地方住，我能来你这儿过夜吗？'不过，我还没给过他钥匙或别的什么东西。"

谷歌向类似于马斯克火星计划的月球探测器计划投入了很多资金，

而且比其他任何一家技术公司都多，包括无人驾驶汽车、机器人。对于低成本登月设备的发明者，谷歌还给予现金奖励。但谷歌作为一家拥有数万名员工的公司，它的运作总是受到一系列的限制，要随时接受投资人的分析和审查，同时被寄予厚望。因此，佩奇有时很羡慕马斯克，因为他成功地将激进的变革理念变成公司立足的根基。"想想硅谷或者一般的企业领导者，他们都不缺钱，"佩奇说，"如果你有那么多钱，你可能会想到捐赠什么的。而想花的时候又花不完，那你为什么还要投入时间来经营一家什么事也做不成的公司呢？所以我觉得埃隆是我的榜样。他说：'我在这个世界上应该做什么？我要制造汽车，解决全球变暖问题，让人类实现星际生存。'我觉得这些都是令人叹服的目标，而他正在做这些事。"

"这也成为他的一个竞争优势。如果你可以为一个想去火星的人工作，而且他会竭尽全力地去实现这个目标，那你为什么还要傻傻地给一个国防承包商干活儿？你完全可以从公司利益出发，来阐述你要解决的这个商业问题。"

一度有传闻说佩奇打算把所有钱都留给马斯克。佩奇认为别人误解了他的意思，但他觉得这个想法也不错。"我目前不会把钱都留给他，"佩奇说，"但埃隆给了我一个非常有说服力的理由。他提出了建设一个星际生存社会的想法。如果不这样做，人类将会灭绝，这是件令人悲伤的事。我认为这个项目十分可行，我们需要适度的资源，在火星上建立起一个永久的人类居住地。现在我只是想说明，这真的是一个很给力的想法。"

正如佩奇所言："好的点子在被实现之前，人们总觉得很疯狂。"他在谷歌也试着运用这一原则。当佩奇和谢尔盖·布林开发搜索书籍内容的方法时，他们咨询的所有专家都认为，把每本书数字化是不可能做到的事。于是，谷歌的这两位联合创始人决定进行测试，看看是否有可能在合理的时间内扫描完这些书的内容。结论是，有可能。迄今为止，谷歌扫描了数百万本书。"据我了解，对于人们不了解的事情，直觉通常不是很可靠。"佩奇说，"埃隆是这么看的：人们总是从一个问题的基本原则开始着手。比如，它的物理原理是什么？需要花多长时间？花多少钱？可以节省多少？这需要一定程度的工程学和物理学知识，才能判断什么是可能、有趣的。埃隆的不同寻常之处就在于他知道这一点，而且还了解商业、组织、领导力和政府问题。"

马斯克和佩奇有过几次秘密交谈，地点在谷歌位于帕洛阿尔托的一处隐秘公寓。这间公寓位于当地最高的一幢大楼里，可以看到斯坦福大学周围的群山。佩奇和布林一般在这间公寓里举办私人会议，他们还配备了专属的大厨，随时可以为客人准备食物。马斯克在场时，聊天的话题总会变得荒唐又不可思议。"一次在那儿，埃隆正在谈论建造一架电动喷气式飞机，能够垂直起飞和降落的那种。"风险投资人兼马斯克的朋友乔治·扎卡里说，"佩奇说，飞机应该能够在滑雪坡道上降落，而布林说，它应该能够在曼哈顿的港口停靠。然后他们开始讨论建造一架通勤飞机，让它一直围绕着地球飞行，当你加足马力时，它能够以惊人的速度飞到你想去的地方。我以为他们在开玩笑，但结束时我问埃隆：'你真的要制造这种飞机吗？'他回答说：'对啊。'"

"这种讨论已经成为我们的一种娱乐方式，"佩奇说，"我们三个喜欢讨论这种疯狂的事情，这很好玩儿。我们发现，有些东西到最后才能看到效果。我们总要尝试成百甚至上千次，才能确定一个最有前景的项目。"[23]

佩奇跟别人谈起马斯克时，将他这个人描述得独一无二，仿佛是上天赐予人间的礼物，能够在商界完成其他人永远不会尝试的事情。"SpaceX和特斯拉做的项目风险都很高，但我认为，马斯克无论遇到什么困难都会尽力去完成项目，他愿意付出个人代价，增加胜算。了解他的人会发现，他刚刚创业的时候，成功的胜算在 90% 以上。我们现在认同的一点是：有些事情别人觉得很疯狂，但你觉得可以做到，你就会带着热情去做。当你从这个角度看埃隆时，会觉得：'好吧，可能这不是光凭运气。他已经成功两次，肯定不单单是因为运气好。'我认为这意味着，成功在某种意义上是可以重复出现的，至少他可以再现这种成功，也许我们应该让他去尝试更多的事情。"

在那个时代，商人和政治家都只专注于无关紧要的短期目标。佩奇把马斯克作为榜样，希望其他人也能向他学习，努力成为马斯克这样的人物。"这个社会决定了什么才是真正重要的事，而我们现在做得不够好，"佩奇说，"因为我们没有用这种观念教育人们：你应该具有相当广泛的工程学和科学背景；你应该接受一些领导力培训、MBA 培训，了解经营业务、组织活动和筹集资金的相关知识。但我认为大多数人都没有接受过这样的培训，这是一个十分严峻的问题。工程师们通常只接受固定领域的培训。当综合考虑这些学科时，人们就会产生不一样的想法，期望做成一些更疯狂的事情，想象它们会如何运作。我认为这才是最重要的。人类因此才能进步。"

改变这个世界的想法压垮了马斯克。有时候人们遇到马斯克，会发现他看起来筋疲力尽。他没有眼袋，但他的眼眶深陷。在状态最差的时候，他连续几个星期睡眠不足，眼睛似乎陷到头骨里面去了。他的体重随着压力的大小而上下波动，而劳累过度时他的体重往往会增加。有趣的是，他总是喜欢谈论人类的生存，但他从不关注这种生活方式对自己身体的影响。"早在埃隆开始创业的时候，他就已经明白一件事，那就是'生命是短暂的'，"斯特劳贝尔说，"如果你真的意识到了这一点，你就会知道，活着的时候越努力工作越好。"

忍受痛苦一直是马斯克的必修课。他曾忍受学校同学的凌辱折磨，与父亲玩一些严酷的心理游戏。长大后，马斯克习惯用工作来麻痹自己，他总是加班加点，把工作日程安排到紧迫不堪，强迫自己不断迈上新台阶。因此，工作和生活的平衡对他来说毫无意义。对马斯克来说，工作就是生活，他的妻子和孩子会努力追赶他的生活节奏。"我是个好爸爸，"马斯克说，"我每个星期至少有三天和孩子们待在一起，出门的时候还会带上他们。最近，我们去了摩纳哥，观看一级方程式赛车锦标赛，和摩纳哥王子与王妃一起游玩。孩子们会觉得这没什么，他们已经玩腻了。他们慢慢长大，有了很多不同寻常的经历，但在他们成熟之前，他们不会意识到这些经历有多么不同寻常。现在他们习惯了眼前的这些，懂得了很多就餐礼仪。"

马斯克的孩子们没有吃过他那样的苦，这让他觉得很苦恼。在他看来，吃苦成就了现在的自己，给了他特别的力量和意志。"他们应该在学校吃点儿苦，但现在的学校太保护学生了，"马斯克说，"如果你吼了谁一声，你就会被赶回家。我读书那会儿，如果谁给了你一拳，但是没有出血的话，那都不算事儿。就算出了一点点血，不是很多，也没事儿。那我能做点儿什么呢？让他们吃点儿苦头？我该怎么做呢？我最多就是限制他们打电子游戏的时间，因为他们总想没日没夜地玩儿。我定的规矩是，他们看书的时间必须比打游戏的时间多，而且不能玩毫无挑战的电子游戏。他们最近下载了一个游戏，好像叫'饼干'，只要点击那块饼干就行，跟心理学中的 101 实验差不多。我让他们把这个游戏卸载了。他们只好去玩'疯狂高尔夫'，它类似于'笨鸟先飞'，不过至少涉及了一点儿物理学知识。"

马斯克曾提及想再生几个孩子，正是就这个话题，他和《瘪四与大头蛋》(*Beavis and Butt-head*) 的制作人面对面地讨论了一些有争议的哲学问题。"导演迈克·乔吉在《蠢蛋进化论》(*Idiocracy*) 中提出了一个观点：聪明人至少应该维持他们的人口基数。"马斯克说，"根据达尔文进化论，如果适者不能生存，这明显不是一件好事。聪明人的数量至少要达到平衡状态。但如果每一代聪明人生的孩子越来越少,那也不是好事。我是说,欧洲、日本、俄罗斯和中国都将面临人口问题。其实,富人群体、高级知识分子群体和无宗教信仰人群的出生率比较低。我并不是说只有聪明的人才应该生孩子,我的意思是,聪明的人也应该生孩子,他们至少应该维持人口更新率。但我注意到,很多聪明女性只生了一个孩子,甚至不生孩子,这让人觉得:'哎呀,这可不太好。'"

在接下来的 10 年里,马斯克的三家公司将会实现非同寻常的发展。他有机会成为有史以来最伟大的商人和创新家之一。到 2025 年,特斯拉将拥有五六种车型,并在蓬勃发展的电动汽车市场发挥主导作用。根据目前的增长率,太阳城将实现它的目标,成为一家大型公用事业公司,以及太阳能市场的领军企业。那 SpaceX 呢?它可能是最有趣的一家公司。根据马斯克的计算,SpaceX 每个星期都会执行一次发射任务,将人和货物送上太空,这使得其大多数的竞争对手被淘汰出局。该公司的火箭能够绕月球几圈,然后精准地着陆在得克萨斯州的宇航中心。此外,他们将着手首批前往火星的飞行准备工作。

如果这些都能一一实现,到那时,年近 55 岁的马斯克将成为全世界最富有且最有权势的人。他将成为三家上市公司的大股东,其成就将为世人所铭记。当其他国家和公司因为犹豫不决、无所作为而陷入瘫痪时,马斯克应该已经采用最可行的方法来应对全球变暖,同时为人类提供去其他星球避难的计划,以防万一。到那时,他应该已经把大量的重要制造业带回了美国,给想要再创机械新时代的其他企业家树立了榜样。正如蒂尔所说,马斯克将给人类带来希望,恢复他们对技术改变人类生活的信仰。

当然,这样的未来依然充满了未知。马斯克的三家公司将面对巨大的技术难题。他在人类的创新能力及太阳能、电池和航空航天技术遵循预测价格和性能曲线方面下了很大的赌注。即使他赌赢了,特斯拉也可能面临意料之外的召回风波。SpaceX 可能遭遇载人火箭的爆炸事故，如果发生这种情况，公司将马上毁于一旦。总之，马斯克所做的一切都伴随着重大的风险。

当我们的最后一顿晚餐结束时，我发现，马斯克的这种冒险倾向不是由于精神错乱——他几个月前大声说的那样。马斯克似乎拥有一种强烈而非凡的信念，让一些人感到不快。当我们分享薯条、墨西哥鳄梨酱和鸡尾酒时，我直截了当地询问马斯克，他愿意在航天业花费多少成本。他的回答让其他人都大为吃惊。"我愿意死在火星上，"他说，"只要不是着陆时撞击而死就行。我想去那里参观，然后回来一阵子，等到我大概 70 岁的时候再去，这样我就能一直住在那儿了。如果一切顺利，我想就这么办。要是莱莉和我生了很多孩子，那我就会把她留在地球上，和孩子们待在一起。"

结语

2014年，在我们的一次晚餐会议上，埃隆·马斯克带着点儿醉意，大步走到桌前。他刚刚和谷歌的朋友们一块儿聊天，或多或少注意到了一些非比寻常的事情。马斯克表示，虽然会议的具体内容需要保密，但他愿意稍微提示我一下。看起来，他已经知晓谷歌接下来将在太空卫星项目上开展一些大胆的计划。他说，此次行动的规模和任务必定会让众人大吃一惊。话毕，他点了一杯饮料，之后就闭口不谈。真是拿我们寻开心。

彼时，我还茫茫然没有意识到，要把前前后后的一切拼凑起来竟然需要数月之久，但这个拐点却标志着马斯克另一场人生演出的开始。就像之前许多与马斯克有关的事情一样，这部传奇充满了野心、诡计及残酷的政治斗争，其落幕之际也让马斯克登上了世界之巅。在这种情况下，马斯克可谓这一代人中最另类且最具冒险精神的企业家。

这部剧背后的故事始于2013年。当时，一位名叫格雷格·惠勒（Greg Wyler）的企业家加入了谷歌，他不仅能说会道，而且胸怀大志。

惠勒20岁左右的时候，就淘到了人生的第一桶金。他研发了一种电脑散热器，然后将制造该设备的公司以几百万美元出售了。20世纪90年代中后期，全球迎来了互联网热潮，惠勒又将这笔财富投进房地产和互联网板块。2002 年，惠勒的生活骤然发生巨变。某天，他前往马萨诸塞州的温切斯特市看望他的母亲苏珊，没承想却在车库里发现了她的尸体。惠勒的母亲在家中被人用重物猛击了头部，冰冷地躺在血泊中，已无生命体征。惠勒与他父亲杰弗里的关系并不和睦，所以他把母亲被谋杀的责任都怪到父亲身上。当时，他想都没想就告诉一名杂志记者："有人闯入我母亲的住处，把她残忍地打死，然后不带走任何东西地离开。所有线索都表明了一种可能，而且是唯一的可能。"①

那次惨剧改变了惠勒的人生方向。他下定决心要做一些更有意义、更有价值的事情，哪怕付出生命。他希望从今往后自己所做的事能帮到别人。

惠勒将自己的目标锁定在那些负担不起或无法访问互联网的群体，他们由于地理和经济条件的限制只能望网兴叹，惠勒想帮助他们顺利地用上网络。正如他常挂在嘴边的："如果你有良好、稳定的互联网连接，你就有了赚钱的机会。"惠勒计划在未来十年里，围绕这个目标带给人们一个现代化的生活，帮助他们提高生活水平。

一开始，惠勒前往非洲的卢旺达，在那里创办了一家电信公司，接着在全国铺设光缆，打造了非洲首个 3G 网络。2007 年，他又成立了一家互联网接入服务公司，取名为 O3b 网络（O3b Networks），其中 O3b 为"另外的 30 亿"（the other three billion）的缩写，这个数字指全世界尚未接入互联网的人口。这家公司在当时独辟蹊径，借助部署在近地轨道的卫星实现网络连接，所以与一般的高轨卫星相比，它具有低时延的优势。

虽然 O3b 网络公司历经数年才完成这套系统，但对于那些因缺乏

---

① 尽管当地警方调查了该案数年，但却迟迟没有找到凶手，警方也从没有以谋杀罪起诉他的父亲。在那段时间，惠勒一直拒绝谈及此事。

光缆覆盖而上网速度慢的国家来说，无疑是一个巨大的福音。原先，有很大一部分岛屿和地区负担不起从大陆延伸到海岸的跨海光缆，这个项目实施以后，越来越多的地区可以享受到顺畅的网络服务，其中巴布亚新几内亚和美属萨摩亚受益最大。另外，乍得和刚果共和国等偏远地区也从该服务中受益。该公司建立起的太空互联网可以提供极速上网体验，足以保障现代软件有效运行，这样一来，那些缺乏互联网覆盖的国家和地区不再与世隔绝，而且它们的公民在受教育、就业和交流方面能获取更多更好的机会。

惠勒创立了 O3b 网络公司以后，又定下了更为宏大的目标。因为 O3b 的服务仅在少数几颗卫星上运行，所以各国不仅需要购买大型、昂贵的天线来接收卫星信号，还需要更多基础设施来搭建网络。于是，惠勒离开 O3b 后，开始着手设计一种更具革命性的新型服务。他计划发射数百颗甚至数千颗非常小的低地轨道卫星，将互联网服务接入廉价的小型太阳能天线上。如果该计划成功，那么只要有人买了这款天线，把它安装在自家屋顶上，就能快速接入高速互联网。惠勒认为这项服务可以让更多偏远的村庄、学校、医院和政府接入互联网，推动许多国家实现经济现代化。

有一段时间，惠勒似乎在为谷歌参与的太空互联网计划忙前忙后。其间，这家搜索和广告公司收购了一个名为天空盒（SkyBox）的初创公司，后者专门生产小型成像卫星，可以为谷歌在改善互联网接入服务领域提供一些专业知识。谷歌的研究实验室也在尝试各种方法，希望把互联网引入"另外的 30 亿"。惠勒还另花功夫，四处跑腿，终于弄清楚了太空中的数百颗卫星是如何协同工作，将数据传送到每家每户的互联网上，并从这一领域的国际监管机构那里拿到所需的频谱的。惠勒预估这项服务至少需要数十亿美元才有可能启动，而谷歌有资金，也有意愿助力他实现梦想，于是他加入谷歌并负责领导该项目的实施。

将数百或数千颗卫星送入太空需要大量火箭,而惠勒恰巧认识一位老朋友——马斯克,可以对自己目前的境况有所帮助。此前,马斯克断断续续地住在惠勒位于硅谷顶级富豪区阿瑟顿镇的家中。2014年,两人再次相约会面,坐在客房里花了几个小时讨论谷歌的太空互联网计划,惠勒向马斯克详细介绍了该服务的具体工作方式和需要采取的技术策略。在之后的数周里,惠勒和马斯克进行了多次谈话,马斯克对太空互联网的想法越来越感兴趣,不仅是出于对SpaceX业务的考量,还有对这项服务本身的评估。

接下来发生的事都是从讲故事的人那里打听到的。与惠勒关系密切的人表示,马斯克曾劝他离开谷歌,自己成立了一家公司。对此,马斯克解释道,谷歌内部的官僚体系会妨碍太空互联网计划的执行,所以最好到外部筹集资金,就能加快推进计划的步伐。据惠勒一派的人员称,马斯克甚至主动签约,愿意投资这家新企业。2014年9月,惠勒果然创立了一家独立公司,还带走了谷歌的一些核心员工。

随着两人交往的深入,马斯克对惠勒的相处方式和为人做派愈发不满,不过惠勒对此一无所知。马斯克指出,惠勒总在围绕卫星系统的工作原理不断更改说法,根本无法为关键技术问题提供些许合理的答案。马斯克团队,包括一些SpaceX的董事会成员,也对惠勒的品性颇有微词。据知情人透露,有一次,他们正聚在客房里面开会,那天惠勒的妻子准备了一道砂锅菜作为晚餐,惠勒居然差一点儿没认出她来。马斯克那批人见状,都认为惠勒把妻子当奴隶一样使唤。那次会议结束后不久,马斯克便决定自己组建一个太空互联网。

马斯克在惠勒不知情的情况下,转头离开了惠勒的公司,去寻找能让他绕过惠勒服务的频谱。他还计划在西雅图设立一个SpaceX办公室,方便公司制造小型卫星。除此之外,马斯克居然还从谷歌和富达投资集团那里筹到了10亿美元,为SpaceX的太空高速互联网计划提供资金。

2015年1月，马斯克将这一切公之于众，并按照他以往的惯例，大肆宣扬自己的新太空互联网计划——后来为众人熟知的星链计划。他谈到之后会利用卫星环绕地球，帮助互联网高速运行，而且星链计划不仅会为"另外的30亿"提供现代互联网技术，还将作为现代社会所依赖的基于光纤网络的备份系统。

马斯克还把这项服务看成是通过太空向火星传播互联网的第一步。他表示："火星拥有一个全球通信网络很重要。我认为有必要去做这件事，但其他人都在袖手旁观。"（如果你在2047年的火星上读到这篇文章，请注意这件事的导火索是一道砂锅菜。）

马斯克的一系列行为给了惠勒沉重的一击，让惠勒在心痛之余不得不仓促行动。他原先离开谷歌独自一人成立公司，现在又没了马斯克的帮助，所以他接下来必须筹到数十亿美元才能使自己的企业（现在名为OneWeb）起步。惠勒私下里抱怨马斯克让他孤立无援，他坚持认为马斯克不懂如何建立一个功能强大的太空互联网。又过了几个月，惠勒成功从理查德·布兰森的维珍集团、美国智能手机芯片制造商高通及SpaceX的竞争对手空中客车防务及航天公司筹集到资金。当时，布兰森告诉我："我并不看好埃隆。格雷格才是唯一对所有的技术问题有过深思熟虑，也是唯一获得国际无线频谱权利，有资格为人们提供卫星互联网服务的人，不过他缺少足够的空间施展另一个网络——就像没有足够的物理空间一样。如果埃隆真的想进军这个领域，正确的做法应该是和我们保持紧密合作，而不是自立门户。"

随着事情的推进，我逐渐发现马斯克的性格发生了变化，甚至可以说是脱胎换骨。2012年，我开始研究他时，他虽然有着雄心壮志，但也时常陷入自我怀疑，但是现在的马斯克，这个曾见证SpaceX轰动航空航天行业，使Model S成为汽车界最耀眼明珠的人，经历蜕变之后，举手投足间变得更加自信和张扬，也似乎更加沉迷于自我提升。马斯克认为，仅仅在太空互联网上与某人合作还不够，他必须拥有自己的太空互联网，甚至编出不少原创术语来表达自己的想法。马斯克亮出自己的观点："当前的首要任务是建立一个全球通信系统，它将超越迄今为止讨论的任何系统。我们的卫星会比格雷格的高一个层次，而且数量更多。"

这一切都充满了喜剧色彩。他们当中谁最终能在这场马基雅维利式①的斗争中胜出，实现太空互联网的宏伟蓝图，无人知晓。试想一下，如果马斯克的计划真的成功了，他将成为第一个星际互联网巨头，同时让网络连接地球上每个公民，为现代文明创建一个巨型备份系统。这个时候，只要愿意花一点儿时间把这些想法在脑海中过一遍，任何人都会为这些惊艳的想法陶醉。现在，假设你真的手握一家火箭公司，流动资金高达数十亿美元，卫星随时待命，而且你提出的任何想法都受到一大堆人的重视，那么你想要做到这一点易如反掌。这个过程并不像一个人醉酒后的胡思乱想，完全不着边际，反而更像某个人注射了兴奋剂之后不眠不休，为了做成某件事情可以疯狂工作的状态。

当你读到这里的时候，马斯克下一步的计划还未揭晓。读书不比看报，它的特殊之处就在于，看书不是为了跟上那些几乎每周都在制造新闻的人。作为依据，让我们回顾一下 2015 年 5 月这本书首次出版以来，马斯克所做的事情。

首先是太空互联网，SpaceX 仍在马不停蹄地开展这项工作。同时，惠勒的 OneWeb 在建造和发射微型卫星的各个方面都遥遥领先于它，三星也决定加入建造太空互联网的竞争行列。于是，SpaceX 拿出了它的撒手锏，动用其出色的火箭发动机设计师汤姆·穆勒参与卫星工作，因为穆勒在建造复杂实体方面的成绩足以媲美最顶尖的工程师。

---

① 尼可罗·马基雅维利，意大利政治思想家和历史学家，以主张为达目的可以不择手段而著称于世。马基雅维利主义也因此成为权术和谋略的代名词。——编者注

接下来是"超级高铁"。2016 年，SpaceX 赞助了一场备受瞩目的设计大赛，其中获胜者是来自麻省理工学院的一批学生。许多参赛的大学团队有机会在 SpaceX 建造的测试管道上试用他们的吊舱设计。更为有趣的是，两家加州的初创公司在自己的"超级高铁"原型上做了大量关键性改造。有人说，2020 年可能会建立一个功能齐全的"超级高铁"，这项技术未来可能不仅用于城市间的人员运输，还可进行跨洋货物运输。目前而言，打造"超级高铁"的计划是否属于天方夜谭，又是否有利可图，尚未有定论，但我们以后会证实这一点。而马斯克首次提出"超级高铁"的想法时，很少有人愿意冒着未知的风险下注。

2015 年 6 月，SpaceX 发射了一枚火箭为 NASA 执行国际空间站再补给任务，火箭升空后突然爆炸，给 SpaceX 敲响了警钟。此前，SpaceX 在成功发射火箭方面一直顺风顺水，这次火箭的意外爆炸证明了那些批评者的言论确实有可取之处：SpaceX 的行动过于频繁，冒了太多风险，而且自身的控制程序也远远不足以支撑它如此密集地发射火箭。然而，不久后事情有了转机，SpaceX 花了几个月去剖析事故发生的原因，接着重整旗鼓。2016 年，该公司终于不再辜负马斯克的期望，发射火箭的频率趋近每月一次，甚至有时候连续两次发射火箭的时间只间隔三周左右。SpaceX 以超出常人想象的方式，将火箭发射后重返地球变成了一种常态，为可回收重复使用火箭铺平了道路，真正扭转了航空航天产业入不敷出的经济状况。

看到公司经营愈发良好，马斯克更是大肆谈论他看好火星项目的前景。马斯克在新闻采访中宣布，SpaceX 将在 2018 年之前发射飞船前往火星，不过不会搭载宇航员，而是无人驾驶，并且 2025 年的载人飞行任务仍按计划进行。他们不打算一次性把全部火箭都发射完，而是每隔几年发射一次。马斯克向《华盛顿邮报》解释了他的理念："本质上讲，我们建立的是一条通往火星的货运路线，而且是一条值得人们信赖的常规货运路线。这列航班每 26 个月发车一次，就像火车离开车站一样。如果全球的科学家都知道他们可以利用这个项目，而且比过去付出的代价低，他们自然会做出相应计划，冒出一大堆奇思妙想。"

不过，马斯克反倒是靠着特斯拉，才真正将自己和公司推向了顶端。2015 年年末，特斯拉终于向客户正式交付 Model X。这款带有标志性鹰翼门的全电动 SUV 虽然晚推出了几年，还有一些小毛病，但是在 2016 年，特斯拉的忠实粉丝们却开始不管不顾地抢购这辆车。与之前热销的 Model S 一样，Model X 在硅谷的大街上随处可见。Model X 正式面市几个月后，2016 年 3 月，特斯拉又推出了 Model 3，它的基础售价为 3.5 万美元。

Model 3 的首次发布堪称业内近几十以年来最激动人心的时刻，前前后后有近 40 万人抢着预订了这款车。马斯克当即表示，特斯拉将于 2017 年正式开始交付 Model 3。这辆车要么能助力特斯拉一飞冲天，成为历史上最伟大的商业传奇之一，要么让公司破产，一朝回到解放前。

然而，Model 3 当前的境况危机四伏，前途未卜。特斯拉要想以 3.5 万美元的价格出售 Model 3，必须在内华达州建成超级电池厂这个庞大的电池生产设施，并且保证工厂高速运转。这个堪称有史以来最大的制造工厂之一，其本身就是一次宏大的工程实验，也是马斯克为了彻底改变生产线效率和自动化水平进行的重大尝试。超级电池厂对特斯拉的财务造成了巨大负担，迫使该公司筹集更多资金来维持正常运作。

特斯拉一直在努力提升自家工厂的工作效率，争取赶上 SpaceX 工厂的产出水平。特斯拉常常因为生产线上的失误而延期交货，耽误了预定季度的安排。可以说，特斯拉在过去数年间长期处于逾期交货的状态，境况着实令人担忧。它现在还想把每年 6 万辆汽车的产量抬高到数十万辆，公司的压力只增不减。除非特斯拉能在每辆 Model 3 上都盈利，否则它想要继续独立运营下去，无异于痴人说梦。

多年来，马斯克总想着要聘请一位首席执行官或首席运营官来负责特斯拉的日常运营，其工作内容与格温·肖特韦尔在SpaceX负责的大致相同。苹果公司iPod之父托尼·法德尔有一次差点儿接手了这份工作。即时通信软件公司讯佳普（Skype）的托尼·贝茨（Tony Bates）、脸书的雪莉·桑德伯格（Sheryl Sandberg）、谷歌的苏珊·沃西基（Susan Wojcicki）等名字也纷纷出现在硅谷的八卦名单中。但是，马斯克似乎不愿意将控制权交给上述几人中的任何一个，他认为自己才是唯一那个能够带领特斯拉渡过难关的人。马斯克奉行极权主义受到不少特斯拉内部人员的控诉，他们认为马斯克控制的事情太多，而周围又有过多唯唯诺诺、唯命是从的人，这导致很多人无法了解事情的真相。

然而，马斯克并没有在众人的议论中退却，反而愈挫愈勇，加倍努力推进汽车项目。2016年年中，他向公众透露，特斯拉计划大规模扩充产品线，并承诺后续会推出Model 3跨界旅行版、一辆电动皮卡、一台用于运输货物的semi卡车，以及一款"高乘客密度市内交通"车辆——基于无人驾驶技术，专门用于城市内运送乘客的"微型巴士"。

同年，特斯拉在推动自动驾驶技术方面，跻身最具野心的汽车制造商。Model S和Model X率先纳入的自动驾驶功能可以接替司机的职责在高速公路上驾驶，这一点吸引了成千上万的人。目前，"汽车即服务"（car-as-a-service）的市场主要由优步（Uber）主导，马斯克希望将这项技术作为特斯拉进入该领域的敲门砖。马斯克在特斯拉的网站上写道："只要真正的自动驾驶系统获得监管机构的批准，特斯拉汽车便可实现随叫随到。"马斯克称，这是特斯拉总规划2.0[①]中的一环。"一旦它接上你，就会把你送到指定地点，而在这个过程中，你完全可以在车内睡

---

① 2006年8月2日，马斯克发表了一篇博文，也就是特斯拉总规划1.0。2016年，马斯克提出了"特斯拉总规划2.0"，彼时正值特斯拉交付Model 3和收购太阳城公司，正是原规划的后两步。——译者注

觉、看书或做任何其他事情。另外,你只需点击特斯拉手机应用程序上的一个按钮,将你的汽车加入特斯拉共享车队,它就会在闲置时为你赚钱,帮助你大大减轻每月还贷或租车的负担。"

2016年6月,特斯拉首次宣称要收购太阳城公司,收购原因详细列在了马斯克先前提出的总体规划2.0中。特斯拉希望从单纯电动车制造商向新能源企业进军,除了销售汽车,还销售太阳能电池板和储存白天产生多余能源的电池存储系统。马斯克写道:"如果特斯拉和太阳城不属于一家公司,我们朝可持续能源方向发展就难以实现,所以我们必须通过整合来消除作为两家独立公司固有的障碍。尽管它们有着相似的起步经历和追求可持续能源的总体目标,但它们却完全独立。可以说,这在很大程度上是一种历史的偶然性。"

短短几年内,马斯克创造了一连串充满奇幻色彩的事迹,虽然引得他的忠实信徒越发崇拜不已,却也招来了他人的风言风语。

许多万分推崇特斯拉,甚至曾经盲目看好该公司的人,都觉得马斯克有些狂妄自大。毕竟,特斯拉现在拿不出实质性的证据,证明它自己能够制造出与宝马、奥迪等公司同档次盈利能力的汽车。即便不被众人看好,马斯克仍然想加快Model 3的生产,哪怕接下来要面对特斯拉惊人的烧钱速度,他也丝毫没有退缩。这仿佛又回到了2008年,当时人们纷纷预测特斯拉何时倒闭,尽管这一次的事情源自马斯克的独断专制和野心。

自动驾驶系统的推行引发了众人的焦虑,有些人甚至对这项技术心怀恶意。2016年6月,特斯拉的头号粉丝约书亚·布朗(Joshua Brown)在车祸中不幸丧生,因事发时他开启了自动驾驶系统。尽管我们都知道,未来几年汽车应用这项技术时发生意外在所难免,无论是特斯拉、谷歌还是其他汽车制造商都无法保证绝对的安全,但马斯克无视内心的悔恨,冷酷无情地处理了这起事故,用统计数据轰炸人们的眼球。马斯克写道:"最近发布的2015年美国国家公路交通安全管理局(NHTSA)报告显示,汽车伤亡事故率增加了8%,每8 900万英里就有一人因交通事故死亡。而自动驾驶系统的里程数很快将超过这一数字的两倍,而且系统每天都在完善……如果使用得当,配上自动驾驶系统比独自一人开车要安全得多。因此,公司仅仅因为担心被爆出负面新闻或承担某种商业性的法律责任而推迟产品发布,在道义上是应受谴责的。"尽管马斯克亮出的观点没有吸引到那些不习惯硅谷过滤微小细节世界观的广大民众,但他固有的一套逻辑多少有些许道理。

在那段时间,马斯克背负着巨大的压力,心烦意乱的他炒掉了一批敢在公司内部公开质疑自己决定的人,其中就有特斯拉发言人里卡多·雷耶斯(Ricardo Reyes)。另外,马斯克更加频繁地猛烈抨击记者,我也享受过此等待遇。我写过一篇关于黑客乔治·霍兹(George Hotz)的文章,年仅25岁的他居然只用了数月,就在自家旧金山的车库里造出一辆自动驾驶汽车。马斯克曾向霍兹发出工作邀约,但遭到霍兹拒绝,因为马斯克反复修改两人拟定的合同内容,所以最后不了了之。

马斯克看过那篇详细描述霍兹成果的报道后,撰文质疑了文章的真实性,并且进行了"纠正",甚至点出该报道的记者名字——我。至少对我来说,更糟的是,马斯克贬低了霍兹的能力。马斯克写道:"我们认为,因为缺乏广博的工程技术知识,某一个人或某一家小公司是不可能开发出能够被应用到汽车生产中的自动驾驶系统的。"风险投资家马克·安德森(Marc Andreessen)对此在推特上回击道:"埃隆对下一个很可能成为他的人很失望。"我想安德森说的没错,如果25岁的马斯克看到这种情形,肯定也会嘲笑那个45岁的自己。

同一时期,马斯克的私生活也面临严重危机。2016年年初,他宣布与莱莉再度离婚。他们两人分分合合,持续了很长一段时间。根据马斯克的说法,莱莉不喜欢洛杉矶,想回英国过相对简单的生活。可以看出,莱莉的一举一动总能牵动马斯克的喜怒哀乐，而莱莉的离开无疑给了他巨大的打击。

马斯克为自己建立的世界成了当今的一大挑战，覆盖面之广，可能会把很多人卷进来。现实也如我所想的那样，马斯克以一己之力，激发了硅谷乃至整个世界对于未来的思考和畅想。他也是首个证明个人能做到创办火箭公司这样大事的人，而且这家公司还完成了一些世界强国想做却做不到的壮举。不仅如此，他还领导特斯拉，把电动汽车和精巧的汽车软件变成现实，目前所有的大型汽车制造商都以特斯拉为标杆，想要赶上甚至超越它。SpaceX或特斯拉的成功鼓舞了越来越多的人，一大批航空航天、汽车和能源领域的初创公司如雨后春笋般涌现，它们都希望自己能够缔造下一个传奇。

过去，马斯克还可以在最优秀、最聪明的一批工科毕业生中挑挑选选，而现在，他必须眼睁睁看着大部分人才流入其他公司。那些人曾经之所以愿意容忍马斯克提出的诸多苛刻要求，是因为在过去马斯克是他们唯一的希望。但今时不同往日，他们现在有更多机会可以寻找自己心仪的公司，还有很多不可思议的项目供他们挑选。譬如，苹果公司忙着筹备汽车产品的技术研发，拉里·佩奇也在资助"飞行汽车"项目，杰夫·贝佐斯加入了将火箭送入太空的竞争行列。

对我来说，看着华尔街的精英和其他人绞尽脑汁地消化这些信息，然后押注马斯克能否成为最终赢家，也是一件趣事。许多投资者还在一旁议论特斯拉，判断它是否算作一家唯利是图的公司，同时还有一大堆问题困扰着他们。比如，马斯克怎么可能提议特斯拉收购太阳城公司，难道这两家公司打算浪费它们的现金储备？现在特斯拉推出的每一款车都在赔钱，马斯克这家伙居然还敢大谈特谈接下来要制造几十万辆车，意欲何为？向火星发射数十枚火箭有什么用，它的商业价值是什么？

每当这些问题浮现在眼前，我都会忍不住想起马斯克多年前给某位朋友发的一封电子邮件，里面有一部分内容这样写道："其实，我天生就有强迫症。我不过是个普通人，和别人一样，我也会犯错或者把事情搞砸，并且心生愧疚。或许是因为之前有过很多受伤的经历，我对他人的批评和指责有些不敏感了。但于我而言，众人的质疑并不重要，重要的是我追求大获全胜，而非微小的胜利。天知道这是为什么……可能是出于某种说不清道不明的不安心理，又或者我的思路在某方面出了问题。"

这封邮件虽然简短，却反映了马斯克有着强烈的自我意识和对自己的深刻理解。马斯克眼中的大获全胜可能和常人想的不一样，他并非想把特斯拉发展成一个长年稳定增长、受投资人青睐的公司。当然，也不是要把SpaceX变成一家火箭发射供应商，专门为通信卫星提供太空运送服务。正如邮件内容所展示的那样，马斯克不同于一般的CEO，他的运营方式极具个人风格。那一番私聊过后，他已将聊天的内容深深埋藏在心底，甚至与自己的灵魂交织在一起，然后慢慢积蓄力量。我曾与他共事多年，花了不少心思去了解他，才多多少少了解到他的为人，而我也深知，很少有人真正理解马斯克的深层用意和他钢铁般的意志。尽管我知道，他与普通人一样，在某些方面的商业敏锐度不强，有着鲜明的人性弱点，也会遇上过不去的坎儿，但我仍然坚信马斯克会在他的宏伟蓝图中有所建树。失败一词与他并无缘分。

阿什利·万斯
2017年1月

附录

附录 1

科技行业总是充满着各种创业传说。到底是谣言中伤,还是揭发谎言?完美或不完美。媒体从来没有深入调查过关于马斯克成立 Zip2 的那些所谓的阴谋诡计,也没有派记者调查过马斯克学业成绩中的许多矛盾之处。

2007 年 4 月,一位名叫约翰·奥雷利的物理学家提起诉讼,指控马斯克窃取了他关于 Zip2 的理念。根据在加州圣克拉拉高等法院进行的诉讼,奥雷利于 1995 年 10 月首次与马斯克会面。当时,奥雷利创办了一家名为互联网商人频道(IMC)的公司,其主要业务是让企业发布涵盖简单信息的在线广告。比如,一家饭店可以发布一则广告,展示自己的菜单,甚至是到店的具体路线。不过,奥雷利的想法主要停留在理论层面,但 Zip2 把类似的服务付诸实践了。奥雷利宣称,马斯克第一次听说这类技术时,还在应聘 IMC 的推销员。据诉讼传出的消息,他和马斯克因为招聘事宜至少有过 3 次会面。在那之后,奥雷利便出国旅行去了。回国后,他想方设法联系上了马斯克。

奥雷利拒绝和我谈论他与马斯克之间的这场官司。但他在诉讼中声称,与马斯克会面多年后,他偶然了解到 Zip2。2005 年,奥雷利在阅读一本关于互联网经济的书时,偶然发现里面有一段文字提到了马斯克创立的 Zip2,并且在 1999 年把它卖给了康柏电脑公司,获得了 3.07 亿美元的现金收益。这位物理学家当时深感震惊,因为他发现 Zip2 和 IMC 看起来惊人地相似,而 IMC 从来没有做过这么大的生意。奥雷利回想起自己见过马斯克,开始怀疑马斯克是故意避开自己,他并不打算在 IMC 当一名推销员,而是跑去做了类似的公司。奥雷利希望能够获得赔偿,因为是他想出了最初的商业创意。他花了大约两年和马斯克打官司,保存在法院的案件卷宗长达数百页。奥雷利找到了好几个证人来支持他的说法,但一名法官提及其公司如何被解散的一些问题时,他缺乏必要的法律依据,无法对马斯克提起诉讼。2010 年,法官要求奥雷利支付马斯克 12.5 万美元的律师费。很多年过去,马斯克仍然没有让奥雷利偿付这笔钱。

在调查过程中,奥雷利了解到马斯克过去的一些情况,比那场诉讼中的指控更加有趣。他发现,宾夕法尼亚大学于 1997 年才授予马斯克学位,比马斯克向媒体宣布的时间晚两年。我给宾夕法尼亚大学的注册主管打了电话,证实了这些发现。马斯克的履历显示,他在 1997 年 5 月获得了经济学和物理学的双学位。奥雷利还要求传唤斯坦福大学的研究生招生主任,以核实马斯克是否在 1995 年获得物理学博士学位。这位研究生招生主任写道:"根据你提供的信息,我们没有找到埃隆·马斯克的入学记录。"在审理案件期间,奥雷利要求对方出示马斯克在斯坦福大学的入学证明,马斯克的律师拒绝了,并声称这一要求是"不合理的举证责任"。我联系了几位斯坦福大学的物理学教授,他们 1995 年都在校任教,但他们要么没有回应,要么就不记得马斯克这个人。该校的系主任道格拉斯·奥谢罗夫是当时诺贝尔奖获得者之一,他坦言:"我不认识埃隆，我很肯定他不是物理系的学生。"

之后的几年里，马斯克的对头们多次提到，马斯克拿不出斯坦福大学的入学记录。当马丁·艾伯哈德起诉马斯克时，他的律师还在庭审过程中提到奥雷利的发现。马斯克创立 Zip2、贝宝和特斯拉期间，都受到过他人的恶意中伤。而其中一些诽谤者在我的采访中表示，马斯克谎称自己曾经就读于斯坦福大学，就是为了提升自己的资历，毕竟他当时只是个初出茅庐的企业家，在 Zip2 腾飞之后，他只好继续圆这个谎。

起初，我也认为马斯克的学业成绩有许多蹊跷之处，尤其是他在斯坦福大学时期。但在深入研究之下，我发现所有矛盾都有合理的解释，并且我找到了大量的实证，可以驳回马斯克的诽谤者的上诉。

在采访过程中，我发现了能够解决奥雷利事件的时间轴证据。比如，马斯克在加拿大时给银行家彼得·尼克森打过工。马斯克在离开公司、进入斯坦福大学求学之前，曾经和尼克森在多伦多的一座木板桥上散步，他们还讨论了 Zip2 之类的话题。当时马斯克已经开始编写早期的软件，并向金巴尔描述他的想法。"他一直很苦恼，不知道该去斯坦福读博士，还是利用业余时间制作那款软件来创业。"尼克森说道，"他给这个软件起名为'虚拟城市导航'（Virtual City Navigator）。我告诉他，互联网正在飞速发展，人们肯定愿意为这个软件花大价钱。这是个千载难逢的机会，而博士什么时候都能读。"金巴尔和马斯克的其他家庭成员对这件事也有印象。

马斯克第一次就奥雷利事件发表了长篇大论，否认了奥雷利的所有指控，甚至忘记曾见过他。"他是个彻头彻尾的小人，"马斯克说，"奥雷利只是个失败的物理学家,专门找人打官司要求赔偿。我告诉过他:'我不打算在不公平的案子上和解,你最好收手。'但他还是坚持打官司。他的案子因为立案有异议而被驳回两次,所以即使他在案子里宣称的是事实,他也赢不了。"

"他想尽办法折腾我的朋友,或者提起诉讼来折磨我。然后我们等到了即决判决。他输了。他再次提出上诉,几个月后,上诉也输了。这时我就火了:'让他赔我律师费!'他上诉的时候就应该赔我们钱。当时,我们要求治安官强制他赔钱,但他表示自己没钱。我不知道他有没有说谎,他就是一口咬定自己没钱,所以我们打算扣押他的车或者扣他妻子的工资。不过这些都不是很好的选择。因此我们决定,只要他不再做这种无聊的事去起诉别人,就不用他赔这笔钱。然而,就在去年年底或者今年(2014年)年初,他又去起诉别人。不过,不管他起诉的是谁,人们都听说过我的判例,所以就联系了我当时的律师,律师告诉奥雷利:'你最好别起诉这些人,不然每个人都会追着你要律师费。再做这种事就没意思了,因为你赢来的钱都得赔给埃隆。'你应该去做些有意义的事。"

至于马斯克的学业成绩,他给了我一份日期为2009年6月22日的文件,由斯坦福大学的研究生招生主任朱迪斯·哈考提供。上面写道:"根据我工程学院同事的特殊要求,我查询了斯坦福大学的录取数据库,确认你于1995年申请并被我校材料科学工程专业研究生院录取。但由于你并未入学,所以斯坦福大学无法向你发送正式的证明文件。"

关于取得宾夕法尼亚大学学位的时间误差,马斯克也给出了解释。"我向宾夕法尼亚大学提出了申请,在斯坦福大学修历史课和英语课的学分。"他说,"后来,我没有按时去斯坦福就读,宾夕法尼亚大学的要求也变了,不需要修那两门课的学分,所以它在 1997 年向我授予学位。当时我已经不打算去读研究生了,所以他们的要求对我也没什么影响。"

"我在 1994 年读完了所有课程,满足沃顿商学院颁发学位的要求。他们给我寄了一张学历证书。我决定再花一年攻读物理学的学位,但后来有历史和英语学分的要求。我当时想申请工作签证(H-1B),就打电话给学校,询问毕业证的复印件,才想起历史和英语学分这件事。学校说我还没有毕业,不过学校研究新学制后,还是同意了我的请求。"

附录 2

马斯克曾经公开提起他在贝宝的时光,以及对那次职位调动的反思。后来在一次较长的采访中,他告诉了我更多的细节。如今看来,他被排挤出决策层是好几年前的事了,马斯克比以前更会反思,思考什么是对的、什么是错的及事情原本的态势。在那次访谈中,他首先提到了出国的打算,表示在处理公司事务的同时补一下蜜月,最后他解释了为什么金融业还没有解决 X.com 的问题。

"我之所以会离开,是因为我没法儿在几件事上让董事会放心。就像品牌转型,我觉得这个决定没有错,只不过没选对时机。当时,X.com 和贝宝两个品牌混在一起使用,多少有点儿奇怪。X.com 可以作为一个长期的品牌,成为所有交易的中心。X.com 就应该是这样,代表交易(transaction)。贝宝只是一个个人支付系统,没有什么其他的作用。推出 X.com 会更加明智,不过还没到时机。再等等吧。"

"我们并没有真正地了解技术变革。我们放弃 Linux,用微软 C++ 开发工具编写前端代码,看起来意义不大。但事实上,微软和个人电脑的编程工具非常强大。它们是为游戏产业开发的。我的意思是,虽然这在硅谷像个异类，但借助微软 C++，你可以更快地编程，更迅速地实现功能。Xbox 和个人电脑上的游戏都是用微软 C++ 编写的，编写过程很复杂也很困难。人们可能不知道，游戏产业开发了这些伟大的编程工具，拥有的高智商程序员也比其他行业多。2000 年，Linux 还没有如今这么巨大的软件库，而微软拥有巨大的支持库，因此客户能够获得一个万能的动态链接库，但 Linux 软件库存在它的局限性。"

"两个离开贝宝的人加入了暴雪娱乐公司，帮助创作了游戏'魔兽世界'。这款游戏非常复杂，简直不可思议，让其他网站都相形见绌。"

"回想起来，我本来应该推迟品牌转型，多花点儿时间帮助马克斯，让他熟悉熟悉技术。因为这对他来说有点儿难度。他创建的 Linux 系统叫作'马克斯代码'。所以他对这套代码有感情。这是马克斯和他的朋友一起完成的一系列软件库，但这样很难开发新的功能。看看今天的贝宝，他们并没有开发任何新功能，因为他们很难维护旧的系统。"

"说到底，我同意董事会对贝宝做出的决定，如果我掌握了董事会获得的信息，我可能会做出同样的决定。但在 Zip2，我不会这样做。董事会只是根据已知信息做了一个糟糕的决定。我不认为 X.com 的董事会也会如此，但这使我会更慎重地考虑将来的投资者。"

"我想过用尽一切办法把贝宝夺回来，不过也很纠结其他的事情。几乎没有人理解贝宝是怎么运作的，以及它为什么能够超越其他支付系统获得成功。许多在贝宝工作的人也不理解这一点。贝宝之所以成功，是因为它的交易成本比其他支付系统都低。而交易成本低的原因是，贝宝的客户能够以多种形式进行交易，比如自动结算中心（ACH）、电子交易，以及内部交易形式。内部交易基本上不存在欺诈情况,客户不用担心上当受骗,而且不需要任何费用。一笔 ACH 交易大概只要 20 美分。但它也有缺点,就是交易速度很慢,这主要取决于银行批量处理的时间。相比之下,信用卡交易迅速,但手续费比较贵,而且很容易有欺诈行为。这就是盒子支付 Square 目前面临的问题。"

"Square 已经走错方向。实现内部交易是关键,这一点至关重要,因为这样速度很快、没有欺诈,也无须手续费。如果你是卖家,你可以选择各种交易系统,而贝宝的收费最低又最安全,那你当然会选择贝宝。"

"拿一家企业来说,如果一笔业务的利润率是 10%,那么扣除所有成本后,该企业的利润就是 10%。一年里,收入与支出之差为 10%,那就是企业的利润。如果使用贝宝的话,你只需支付 2% 的手续费,而使用其他支付系统则要支付 4% 的手续费,所以使用贝宝可以增加 20% 的利润率。如果这样都不选择贝宝,肯定是脑子坏了,你说是吧?"

"2001 年夏天,贝宝大约有一半的交易都是内部交易或者 ACH 交易,所以我们承担了一半的交易成本,而另一半交易形式是信用卡交易。问题在于如何才能让客户心甘情愿地把钱放在我们的系统里。"

"这就是我们推出贝宝借记卡的原因。虽然有点儿说不过去,但客户越容易从贝宝取出钱来,往往就越不会这样做。不过,要是客户只能把钱从传统银行里取出来,才能花钱或取钱的话,他们就会马上这么做。我们还推出一款贝宝货币市场基金,主要考虑到人们取钱的原因:为了实际交易,或者想要获得更高的利息。因此,我创立了美国回报率最高的货币市场基金。总的来说,这个货币市场基金是按成本价运营的。我们不打算靠它来赚钱，只是为了鼓励人们把钱存到我们的系统里。此外，我们还开发了通过贝宝定期支付诸如电费和其他账单的功能。"

"我们应该开发一些类似支票的功能。即便人们不经常使用支票，他们或多或少还是会用到。所以，如果你对人们说：'我们再也不让你使用支票了。'他们会说：'好吧，我估计我得去开个银行账户了。'看在上帝的份儿上，给客户一些支票用吧。"

"我的意思是，现在的贝宝还不如 2001 年年底的时候，简直太荒谬了。"

"没有一家新公司了解这个目标，真正的目标应该是了解什么能带来根本价值。我认为，企业应该从经济的角度看待问题。如果能够快速、安全地进行交易，人们就会更加满意。要是交易还能更简便些，那就更好了。因此，如果企业的所有财务事宜都被整合在一起，那么交易将会变得很容易，相关收费也会比较低。这样做对消费者和企业来说都是好事。为什么他们不去开发这种功能呢？真是愚蠢极了。"

附录 3

发件人：埃隆·马斯克
日期：2013 年 6 月 7 日，太平洋夏令时上午 12:43:06
收件人：SpaceX 全体员工
主题：上市

我最近发表了一些评论，都是因为担心 SpaceX 在火星运输系统就位之前就上市的问题。SpaceX 的根本目标一直是创造能够在火星上生存的技术。如果我们成为一家上市公司，而创造这种技术的可能性降低了，那么我们就不应该在火星计划确定之前上市。上市议题是可以讨论的，但根据我在特斯拉和太阳城的经验，特别是考虑到我们使命的长期性，我在犹豫到底要不要让 SpaceX 上市。

那些没有在上市公司工作过的员工可能认为公司上市百利而无一害。事实却并非如此。尤其是涉及重大技术变革时，上市公司的股票价格会由于内部执行和外部经济情况而剧烈波动。这会让员工因为股价涨跌而分心，影响新产品的开发。

我想强调的是，特斯拉和太阳城之所以上市，是因为它们别无选择。这两家公司的私人资本结构已经变得难以处理，需要筹集大量股本。太阳城还需要以最低利率筹集一笔巨额资金，为太阳能的租赁业务提供支持。向太阳城提供贷款的银行都希望太阳城能够上市，因为上市后会有更多、更严格的审查。《萨班斯－奥克斯利法案》规定，公司执行项目需要征税，还得详细报告出差期间的用餐费用,哪怕出现一点儿小错误,也得接受惩罚。

只要我们上市,就可以挣更多钱

有些人自认为比公开市场的投资者更聪明,能够在适当的时机卖掉 SpaceX 的股票,让我来打消你的这种想法吧。如果你真的比大多数对冲基金经理还要聪明,那你就无须担心你持有股票的价值,因为你可以投资其他上市公司的股票,在市场上赚个几十亿美元。

如果你认为:"我了解 SpaceX 的动态,不就等于拥有了一点儿优势。那你就错了。利用内部消息出售上市公司的股票是违法的。因此,每年出售上市股票的时机会受到限制。即便如此,你也可能因为内幕交易而遭到起诉。在特斯拉,大陪审团调查过我们的一位员工和一位投资人一年前的股票出售情况,尽管他们的这些交易在法律条文和立法精神层面都符合规定。这不是开玩笑。"

在上市公司,你还可能被诉讼律师盯上,他们会找人买入几百股股票,然后在股价下跌时假装代表所有投资者起诉公司,发起集体诉讼。特斯拉目前的股价还比较高,不过去年就因为股票下跌问题经历过这种事。

因为特斯拉和太阳城目前的股价比较高,所以 SpaceX 的股价也不会低,这样的想法也是不对的。上市公司的股价是根据季度业绩来确定的。仅仅有几家公司业绩不错,并不代表所有公司都会有较高的股价。这两家公司(尤其是特斯拉)第一季度的业绩都不错,但 SpaceX 的业绩很不理想。事实上，从财务状况来说，我们第一季度的业绩很糟糕。如果我们是上市公司，卖空者会给我们造成很大的损失。

我们的火箭或者宇宙飞船出现任何异常，比如在第四次发射中遇到引擎问题和第五次发射中的单向进火阀问题，都会给我们带来极大的损失。"猎鹰9号"V1.1火箭的发射已经推迟一年，这会导致特别严重的后果，因为这个项目是我们收入的主要来源。即使把一次发射推迟几周到下一季度，我们也会遭受损失。特斯拉去年第四季度的汽车产量只是比原计划晚了三个星期，市场反应就已经让我们招架不住。

两全其美

对于SpaceX，我的目标是把上市公司和私营公司的好处都带给你们。进行一轮融资时，我们的股价和公开交易时的股价基本不一致。（除去非理性的市场繁荣或萧条因素。）但我们不会像一家备受瞩目的上市公司那样产生压力，也不会受到干扰。我们不想让股价在一个变现窗口期上升，然后在另一个窗口期下降，我们的目标是让股价稳步上升，不让股价低于最后一轮的水准。不管是你们还是SpaceX的投资者，获得的经济回报和上市公司是一样的，你们每年都可以出售固定数量的股票。

要是有人想知道具体数字，告诉你们也无妨，如果我们的"猎鹰9号"和"龙"飞船发射成功，我可以很自信地说，公司的长期股价将超过100美元。为了实现这一目标，我们必须以稳定快速的步调进行发射，做得比我们过去的每一次都好。我们面前有很多工作要做，比你们想象的还要多。让我来告诉你们大概的数字：SpaceX今年的支出将达到

8 亿~9 亿美元（对此我也很吃惊）。我们每次发射"猎鹰 9 号"能够获得 6 000 万美元的收入，发射"重型猎鹰"或"猎鹰 9 号"，再加上"龙"飞船可获得 1.2 亿美元的收入，所以我们每年必须发射 12 次，其中 4 次得是"龙"飞船或者"重型猎鹰"，这样我们就能达到 10% 的利润率！

在接下来的几年里，我们将得到 NASA 的商业机组项目的资金支持，来弥补我们的一些开销，但在此之后，我们就得自给自足了。按照计划，留给"猎鹰 9 号"、"重型猎鹰"和第二代"龙"飞船的时间不多了，我们还得达到每月至少发射一次的频率。请记住，这只是个平均值。因此，如果基于某种原因（甚至是卫星的原因），我们多花了三个星期来发射一枚火箭，那么我们就只剩一个星期来完成下一次的发射任务了。

我的建议

以下是我关于出售 SpaceX 股票或期权的建议。这不需要复杂的分析，按照经验做即可。

如果你认为 SpaceX 的业绩比一般上市公司好，那么我们的股价将持续上涨，且增速比股市还快，长期来看，这会成为下一个最高投资回报点。因此，为了提高生活水平，你应该只出售中短期内的部分股票。我建议你们出售一部分股票，即使你确定它会升值。因为生命很短暂，多一点儿现金就能够多一点儿乐趣，还能减轻生活压力（只要你不成倍地增加个人支出）。

为了最大化你的税后所得，你最好能行使你的期权，把它们转换成股票（如果你可以这么做的话），然后持有这些股票一年，再在我们两年一次的清偿时间出售。这样你只需按资本收益税税率缴税，而不是按个人所得税税率缴税。

最后，我们打算在"猎鹰9号"完成资格认证的一两个月内进行一次清偿。我不清楚具体的股价会是多少，但根据和投资者的初步讨论，我估计股价为30~35美元。这样一来，SpaceX的价值将达到40亿~50亿美元，跟上市以后的市值差不多了。说实话，目前新的"猎鹰9号"、"重型猎鹰"和第二代"龙"飞船还没发射，这个数字已经很不错了。

埃隆

附录 4

以下内容摘自马斯克的一则博客：

前言

埃隆·马斯克

2009 年 6 月 22 日

马丁·艾伯哈德最近对特斯拉公司提起了诉讼，并试图改写该公司的历史，颠倒黑白。鉴于此，我认为有必要澄清事实。这篇文章并不是对该诉讼的全部回应（我们很快会在法庭上做出全面回应），而是为了纠正艾伯哈德传播的几个误解，因为这些误解目前被报道成了事实。

以下不仅仅是我对艾伯哈德的主观看法，因此我附上了几封相关邮件作为证明。正如你所看到的，这些证据对特斯拉过去的描述与他在诉讼中陈述的并不相同。

在艾伯哈德的抨击中，他扮演了一个常见的角色——一位高尚的发明家。他声称自己的发明被有钱有势的商人篡夺。他努力创造自己的这种形象，给人一种直觉上的吸引力，就像其他形象给人的感觉一样，但在目前这种情况下，这种做法是大错特错的。

事实是，我通过美国电动汽车动力系统公司 AC 推进器邀请艾伯哈德时，他没有自己的技术，没有设计过原型车，也没有与电动汽车有关的知识产权。他所拥有的只是一份商业计划，其与商业化的 AC 推进器公司的 tzero 概念车有关。三年后，艾伯哈德被要求离开特斯拉时，他所负责的大部分工作都必须由他人重新完成。

个人背景

20 年前，我在宾夕法尼亚大学沃顿商学院攻读物理学和商科本科学位，并开始对电动汽车产生兴趣。我最近在宾大做了一个关于特斯拉和 SpaceX 的演讲，网上随便搜索一下就能发现相关信息，而且该校的海报上还列出了我的学位。奇怪的是，艾伯哈德在诉讼中声称我并没有取得这些学位。

那时的我和现在一样，认为电动汽车是可持续交通的正确技术解决方案。在学生时期，我和几乎所有认识的人都谈论过电动汽车，包括像克里斯蒂·尼科尔森（Christie Nicholson）这样的人。他现在是《科学美国人》杂志的一名作家，17 年后他表示仍然记得那次对话。

为了了解超级电容作为电动汽车储能机制的潜力，我在硅谷的顶点研究机构（Pinnacle Research）短暂研究了超级电容。之后，我决定在斯坦福大学攻读材料科学与应用物理学硕士学位。就毕业论文而言，我想用先进的芯片制造设备制造出具有足够能量密度的固态电容用在电动汽车上。

最后，我暂停了研究生学业，创办了几家互联网公司，并利用这些合资企业的资金，在另外两个我认为真正重要的领域采取了实际行动。这个过程包括空间技术的研发，向可持续能源经济的过渡，以及电动汽车的创造。

在过去的 7 年里，除了特斯拉的工作，我还担任了 SpaceX 的首席执行官和首席技术官，负责指挥火箭的设计。去年，我们不但顺利完成火箭发射入轨，而且签下了 NASA 的合同。2010 年年底，我们研发的火箭需要代替 NASA 的航天飞机发挥货物运输的功能。

尽管我在第一季度的研究生学习推迟了两天，我与斯坦福大学的联系仍然十分紧密，而且我还在斯坦福大学工程顾问委员会帮忙做事。艾伯哈德在诉讼中声称，我伪造了自己与斯坦福大学的关系。如果这是真的，我就无法进入其工程顾问委员会。

通过 AC 推进器公司重新接触电动汽车

本·罗森是康柏公司的董事长，他买下了我的第一家公司。2003 年 10 月，他的弟弟哈罗德·罗森邀请我和斯特劳贝尔共进午餐。他们告诉我，一家名为 AC 推进器的公司开发了一款名为 tzero 的全电动跑车，其续航里程为 300 英里，时速可在 4 秒内从 0 提升至 60 英里，并配备一个具有 7 000 颗电池的锂离子电池组（参见电子邮件 A）。

几个月后，我与 AC 推进器公司的总裁汤姆·凯奇会面。他带我试驾了 tzero，该车的性能与哈罗德·罗森和斯特劳贝尔的说法相符。在几个月的时间里，我多次试图说服 AC 推进器公司将 tzero 商业化，但他们一点儿都不感兴趣。当我表示无论如何都要创建一家电动汽车公司的时候，汤姆·凯奇提出把我介绍给两个对 tzero 概念车商业化感兴趣的团队中的一个（参见邮件 B）。他们首先向我介绍的人是马丁·艾伯哈德和伊恩·赖特。马克·塔彭宁没有出席第一次会议。

当时，艾伯哈德、塔彭宁和赖特创建了特斯拉汽车公司（Tesla Motors, Inc.），他们手上只有一份没有资金支持的商业计划。他们想要寻求首轮融资，以创造比 tzero 更先进的原型车。虽然特斯拉汽车公司是一个实体，但没有正式的办公室或资产，甚至还没有注册或获得商标。

为了节省律师费，我们只是模拟了 SpaceX 和特斯拉的公司章程。他们在 A 轮融资中获得了 650 万美元的投资，其中包括我投资的 635 万美元（占 98%）和艾伯哈德投资的 7.5 万美元（约 1%）。在另一次跨界中，我让创造 SpaceX 标志的人也设计了特斯拉的标志。之后，我成了特斯拉的董事长，负责在技术和产品设计方面提供最高级别指导，而公司的日常运营则交给了艾伯哈德，委托他将铅酸电池车 tzero 商业化。

那次特斯拉融资后没过多久，J. B. 斯特劳贝尔就打来电话咨询特斯拉的情况，我说服他加入我们公司。最终，斯特劳贝尔领导了特斯拉动力系统的开发，他取得的成就远超我们最初从 AC 推进器公司获得动力系统的技术授权，所以那时我们拥有的技术早就遥遥领先于早期原型动力系统，不再需要使用他们的任何原始知识产权。2008年，麻省理工学院就斯特劳贝尔在跑车方面取得的建树，将他评为"年度35岁以下第一创新者"。因此，无论按何种合理定义，斯特劳贝尔都理应被视为特斯拉创始团队的一员，当然，还包括艾伯哈德、塔彭宁、赖特和我自己。

AC 推进器公司动力系统的商业化和底盘的开发

在特斯拉刚刚成立的头几年，我很信赖艾伯哈德，认为他能够完成开发 tzero 概念车和打造一款商用电动跑车的运营任务。所以，我的工作重点主要集中在研究车身设计、规范技术规格和打造特斯拉品牌。

与此同时，艾伯哈德一边暗指我没有参与 Roadster 的创作过程，一边又表示我对设计各个环节的细微把控造成了成本超支。这两种说法显然相互矛盾。事实上，我耗费了大量时间在产品的细节上，尤其是车身造型方面——你会看到 Roadster 的车身上有我最喜欢的两款车（保时捷和迈凯伦 F1）的车身元素，但公司的大部分日常管理都由艾伯哈德负责。

至于产品细节和车身造型方面，我与艾伯哈德最大的争议其实是在车身门槛上。我坚持认为我们应该降低门槛且缩小 2 英寸，这样进出更方便。结果，我们必须重新设计底盘，于是我们在零成本或者说是不影响进度的情况下，拥有了底盘方面的优势。

此外，我还给了几个小项目一些建议，比如艾伯哈德想拿触摸板门闩当作借口，用来解释为什么他将 Roadster 推向市场需要花费 1.4 亿美元，而非他之前在 2004 年商业计划中估算的 2 500 万美元。那一定是一个该死的门闩！而且他说的这个 1.4 亿美元还不包括与 Model S 开发相关的成本。

Roadster 的开发成本之所以要远高于那个典型的创业自大狂给出的说法，就是因为我们必须为开发买单两次。两年前，艾伯哈德被要求辞去 CEO 一职后，车内几乎所有的主要系统，包括车身、空气调节系统、发动机、电力电子设备、变速器和电池组等，都必须重新设计、组装或更换新的供应商。我们终于等到了本月 Roadster 2 发布的这一刻，现在的特斯拉拥有坚实的供应链，甚至单车成本足够我们在运营 Roadster 业务线时盈利。

发现问题

2007 年 5 月，我们在 Roadster 开始生产和盈利前进行了最后一轮融资。艾伯哈德在商业计划书中表示，完成首批 25 辆 Roadster 生产后，特斯拉生产每辆 Roadster 的成本会降到 65 000 美元。根据我从公司不同人士那里打听到的真实情况，我对这个数字持怀疑态度。艾伯哈德坦言，虽然一开始生产一辆 Roadster 的成本可能较高，但他仍然有把握在完成首批 100 辆 Roadster 生产后，把它的生产成本降到每辆 65 000 美元，甚至更低。

同时，艾伯哈德还告诉董事会，特斯拉将于 2007 年 9 月开始生产 Roadster。这里有一点值得注意，艾伯哈德提到生产 Roadster 的单位成本和时间还包括所有额外功能与进程的耽搁，当然，他也把这一切都归咎到我身上。在他的诉讼中，他声称，我曾反对公司聘请一名首席财务官，这太离谱了。然而，事实与他在诉讼中声称的恰恰相反，我的首要任务就是雇佣财务副总裁或首席财务官（以下是电子邮件 C 的内容）。

2007 年 7 月，特斯拉的一位新投资者派人前来帮助我们解决供应链问题。同时，这位审计师也对 Roadster 进行了成本审计。审计结果显示，生产首批 100 辆车后，生产一辆 Roadster 的成本可能高达 12 万美元，几乎是艾伯哈德当初承诺的两倍之多。又过了几个月，事实证明上一次的审计显然低估了生产一辆 Roadster 的成本，因为仅它所需的材料成本就达到 14 万美元。考虑到我们的预售价为 9.2 万美元，而且大批客户已经提前订购了数百辆 Roadster，这无疑表示公司面临着生产危机。

成本审计师还发现，我们无法在 2007 年 9 月之前将 Roadster 投入生产或通过监管要求。果然，事情发展到后面，Roadster 没有一个主要的子系统是准备就绪的。一开始，由于董事会和我尚未意识到事态的严重性，只以为公司不过面临修复变速器的问题。虽然这确实是待处理事项中最突出的问题，但背后还隐藏着其他诸多麻烦。

致谢

从进程来看,在我眼中,这永远是两本书,而不是一本。埃隆同意接受采访是两者的分界点,一前一后,迥然不同。

写这本书的前约 18 个月里满是各种紧张、悲伤和喜悦。正如本书正文所言,马斯克一开始是不愿意帮助我进行这个项目的。我只能自己去采访一个个当事人,而每次想要劝服特斯拉的前员工或马斯克的前校友接受采访都困难重重。当有人答应接受我的采访时,我就很亢奋;而当关键人物拒绝我或者叫我别再去烦他时,我的心情又会跌至谷底。有时候一连四五个人拒绝了我的请求,让我时常觉得写一本像样的关于马斯克的书真的是一项不可能完成的任务。

不过,幸好有几个人答应了我的请求,这给了我坚持的动力,然后又有人愿意接受采访,这样的一个个采访让我开始理清曾经发生的诸多事情是如何铺展成为一个整体的。我要永远感谢那些愿意在百忙之中抽空帮助我,尤其是那些让我不厌其烦地提问题的好心人。我有太多人需要感谢,但尤其要感谢的是这些善良的人:杰里米·霍尔曼、凯文·布罗根、戴夫·莱昂斯、阿里·贾维丹、迈克尔·科隆诺和多莉·辛格,他们给了我各种宝贵意见和大量的技术支持。我还想对马丁·艾伯哈德和马克·塔彭宁表示由衷的感谢，是他们帮助我丰富了特斯拉故事中最重要的部分。

甚至在埃隆同意接受采访之前，马斯克也允许他的一些较亲近的朋友和我谈话，他们很大方地安排了与我会面的时间，并提供了很多有用的素材。特别要感谢乔治·扎卡里、谢尔文·皮谢瓦，尤其是比尔·李、安东尼奥·格莱西亚斯和史蒂夫·尤尔韦松，感谢他们不怕麻烦，竭力帮助马斯克和我。我还要感谢贾斯汀·马斯克、梅耶·马斯克、金巴尔·马斯克、彼得·赖夫、林登·赖夫、拉斯·赖夫和斯科特·霍尔德曼，是他们告诉了我埃隆的家庭生活。感谢妲露拉·莱莉的好意，让我采访她并打听她丈夫的日常生活。她向我透露了马斯克性格的其他方面，这些事我以前从未听闻，这帮助我更深入地了解了他的性格。这对我来说意义重大，我相信对读者来说也是如此。

当马斯克同意接受我的采访时，先前采访中产生的紧张感一扫而空，取而代之的是无比激动之情。我终于有机会接近 J. B. 斯特劳贝尔、弗朗茨·冯·霍兹豪森、迪尔米德·奥康奈尔、汤姆·穆勒和格温·肖特韦尔这样的人物，他们都是我做记者这么多年来遇到的最聪明、最有吸引力的人。我要感谢他们耐心地向我解释公司的历史和技术知识，并坦率地向我表达了自己的观点。感谢艾米丽·尚克林、汉娜·帕斯特、艾利克斯·乔治森、丽兹·贾维斯·尚，以及约翰·泰勒，他们不厌其烦地满足了我的请求，让我能够在马斯克的公司进行那么多次采访。玛丽·贝思·布朗、克里斯缇娜·拉和莎娜·亨德里克斯在我的采访接近尾声时已经离开马斯克的公司，但他们还是帮助我了解了马斯克、特斯拉和 SpaceX 的情况。

我最需要感谢的人当然还是马斯克。记得刚开始采访时，与他对话的几个小时都紧张不安。我无法确定马斯克愿意花多少时间在我的项目上，可能我只有一次见他的机会，也可能是10次。这对我造成了极大的压力，因为我得在首次访问时直接切入主题，让他直面我最重要的问题。马斯克在房间里踱来踱去，我们的聊天也更加深入、顺畅，给我越来越多的启发。这些是我每个月最期待的事情。虽然马斯克能否极大改变人类历史的进程仍未可知，但有机会获知这样一位卓越人士的想法着实是令我深感荣幸。虽然马斯克在一开始有些沉默寡言，但当他承诺参与我的项目之后，他完全践行了自己的承诺，我很高兴也很荣幸能够获得他的帮助。

在专业上，我要感谢我的编辑和多年来的同事：柴娜·马顿斯、詹姆斯·尼古拉、约翰·莱蒂斯、温都·哥埃尔和苏珊娜·斯佩克特，是他们教会了我如何写作。感谢安德鲁·奥尔洛夫斯基、蒂姆·奥布莱恩、达蒙·达林、吉姆·阿利和德鲁·卡伦，他们影响了我对写作和报道的看法，是我的良师益友。我还要感谢我在《彭博商业周刊》的老板布拉德·温拿斯和乔什·泰兰基尔，让我能够自由地进行这一项目，我认为没有谁会比他们更支持对新闻质量的追求。

我还要感谢我在《纽约时报》和《彭博商业周刊》工作时的同事布拉德·斯通。他帮助我构思了本书的观点，让我重新振作，是我最坚强的后盾。我总是带着各种疑问去麻烦他，但他是一个模范同事，总是随时准备着向别人提供建议或帮助。他是个优秀的作家，也是个值得深交的朋友。

感谢基斯·李和谢拉·比肯黛尼·森德福特，他们是我认识的最聪明、最善良、最真诚的人，他们对我早期文章的反馈让我获益良多。

我的经纪人戴维·帕特森和编辑希拉里·雷德蒙帮助我完成了这个项目。戴维总能在我情绪低落时让我重拾信心。坦白说，在项目初期如果没有他的帮助和鼓励，我很怀疑自己是否能完成这本书的写作。项目开始之后，与希拉里聊天让我顺利度过了那些最为艰难的时刻，她的帮助使这本书达到了一个意想不到的高度。她也容忍了我的坏脾气，对我的作品进行了很多修改。这是一种奇妙的感觉，有这样两位朋友是我的幸运。谢谢你们！

最后，我还得感谢我的家人。两年多来，这本书的写作对我的家人造成了很大的困扰。在这期间我很少陪伴自己的孩子，但每当我有空和他们在一起时，他们都会用充满活力的笑容和拥抱温暖我。我很感激这个项目，因为它让他们似乎都对火箭和汽车产生了浓厚的兴趣。我的妻子梅琳达真是个贤妻良母。说实话，如果没有她的支持，我根本不可能完成这本书。梅琳达是我最好的读者，是我的红颜知己。她也是我最好的朋友，她知道什么时候应该给我鼓励，什么时候让我忘记烦恼。即使这本书暂时打乱了我们的生活，但它最后也让我们彼此变得更加亲近。能够拥有这样一个伴侣是我的福气，我会永远记住她对整个家庭的付出。

注释

1. 加拿大脊柱推拿疗法协会杂志,1995。
2. http://queensu.ca/news/alumnireview/rocket-man.
3. http://www.marieclaire.com/sex-love/relationship-issues/millionaire-starter-wife.
4. 马斯克的挚友之一，投资人比尔·李首创了这句话。
5. http://archive.wired.com/science/space/magazine/15-06/ff_space_musk?currentPage=all.
6. http://news.cnet.com/Electric-sports-car-packs-a-punch%2C-but-will-it-sell/2100-11389_3-6096377.html.
7. http://www.nytimes.com/2006/07/19/business/19electric.html.
8. 科里是一位来自美国南部的绅士，他完全不适应马斯克的骂人方式——"马斯克骂起人来像个水手，一个人顶好几个人"，他也不习惯马斯克挖掘和挥霍人才的行为。"他为了找到自己需要的那种特定人才，会搜遍整个森林，把每块石头翻过来，挖遍每一棵草，绝不放过任何一处角落。"科里说，"但假如找来的这个人和埃隆的意见相左，那这个人会在三个月到一年内被埃隆无情地解雇。"尽管如此，科里还是觉得马斯克很擅长鼓舞人心。即使特斯拉的资金缩水，马斯克还是会督促员工好好工作，承诺会给他们获得成功所需的一切。科里和很多人一样，为马斯克的敬业精神所折服。"当时我人在欧洲或者中国，正值美国时间半夜两点半，给他发了封邮件，"科里感叹道，"5 分钟后，我居然收到了回复。他敬业到这种程度，真是难以置信。"

9. http://www.mercurynews.com/greenenergy/ci_7641424.

10. http://www.telegraph.co.uk/culture/3666994/One-more-giant-leap.html.

11. http://www.sia.org/wp-content/uploads/2013/06/2013_SSIR_Final.pdf.

12. 2010 年年底也发生了类似的情况，当时他们正在佛罗里达准备发射火箭。某天，SpaceX 的一名技术员忘记关好发射台上的一扇舱门，而且一整晚都没人发现这件事，结果雨水淹没了计算机室。积水导致 SpaceX 的计算机设备发生重大故障，另一名技术员只得拿着马斯克的美国运通卡，从加州急匆匆地坐飞机赶来，在发射之前对设备进行紧急维修。

SpaceX 的工程师立刻买来了新的计算机设备，然后在计算机室安装好，在正式使用之前，还需要对设备进行可靠性测试，以确定它能否维持一定的电压水平。那是一个周日的晚上，工程师们突然接到通知，一台能够在短时间内模拟高电力负荷的设备无法运行。于是，一名工程师临时起意，决定去五金店买 25 只高尔夫球车专用照明灯。SpaceX 的员工们先把这些灯串联在一起，把它们挂在发射台的一面墙上，然后他们提前戴上墨镜，再把所有灯都点亮。如果接下来计算机设备的电源供应测试能够合格，那么发射自然也就没问题。他们不断地重复试验，整个团队从晚上 9 点一直工作到第二天早上 7 点，最后终于及时完成测试，让发射能够按时进行。

13. http://www.space.com/15874-private-dragon-capsule-space-

station-arrival.html。

14. 辩论结束后，我和马斯克互相发了几封邮件。他写道："罗姆尼竞选阵营的辩论名单里肯定包括石油和天然气，他们的谈话要点就是围绕这些的。直到最近，他们才开始关注特斯拉，因为他们认为我们必输无疑。"

"讽刺的是，正是因为他们最初认为特斯拉可能不会输，所以才攻击我们。罗姆尼竞选阵营认为，在社会正常运转的情况下，可行的碳氢化合物替代品越少，他们控制碳排放的压力就越小。如果电动汽车成功了，他们的论点则经不起推敲。"

"不管怎样，我很高兴他提到了我们。谷歌热搜榜单出炉时，'罗姆尼、特斯拉'的搜索量名列前茅！"

又过了几个月，我看到特斯拉的销量飙升，于是特意联系罗姆尼阵营里的人，问他是否愿意换个立场，但他拒绝了。

15. 随着公司不断壮大，特斯拉越来越受供应商重视，并且有能力买到更好的零件，得到更优惠的交易条件。但凡事往往不可能一帆风顺，马斯克仍然会遇上一些外包部件的困扰，这不难理解。2013年，特斯拉计划提高产量，但中途遇上了供应商的周期性问题。其中一家供应商负责制造12伏铅酸电池，这种电池本身无关紧要，在汽车中仅起到辅助作用，但是事情后来牵扯了几家公司，就变得复杂起来。特斯拉原先是从一名美国供应商那里采购该零件，而这家美国供应商把它的生产业务外包给了一家中国公司，结果这家中国公司又把这项业务外包给了一家越南公司。最后把这种电池送达特斯拉的工厂时，工程师们才发现它根本无法使用，这不仅大大增加了成本，还耽误了Model S上市的宝贵时间。从那之后，特斯拉对待供应商的态度远比其他汽车制造商更加积极。以防抱死制动系统为例，特斯拉会选择配合供应商一起制造，在这种情况下，博世公司就可以根据Model S的特性调整它的硬件和软件。"大多数公司直接把车交给博世，但特斯拉专门派了一名软件工程师参与整个过程，"阿里·贾维丹解释道，"我们必须改变供应商的心态，让他们知道，我们有意推进高水平工作。"

16. 特斯拉对安全性的重视程度，在业内几乎无可匹敌。关于这一点，J. B. 斯特劳贝尔是这么解释的："在安全性方面，汽车公司似乎已经达到瓶颈期，他们只会根据规定或者标准来制定汽车设计目标。规定要求：'只要这样就行了，其他不需要。'那未免过于无聊。你只能在规定范围内调整车身的形状，或者试着提速。既然现在我们的汽车留出的碰撞缓冲区更多、减速性能更好、重心更低，那为什么我们不去思考一下：'能不能把开这辆车时的安全性翻倍呢？'"

17. 后来，奥斯莫幸运地成为第一辆 Roadster Ⅱ 的主人。马斯克发明了一种超常规的政策来决定汽车的订单顺序，即自马斯克宣布新车发布及其定价的那一刻起，谁第一个把支票递给他，谁就能买到第一辆车。所以等到 Model S 开售时，特斯拉的董事会成员史蒂夫·尤尔韦松早早就把支票放在皮夹里，偷看完董事会议记录中有关 Model S 的详细信息后，他顺手便将支票从桌面上滑过去，交给了马斯克。

奥斯莫偶然间看到《连线》杂志的一篇文章，里面提及 Roadster Ⅱ 即将上市，于是他立刻给马斯克发了封邮件。"马斯克表示：'好的，我可以把车卖给你，但你现在就要给我 20 万美元。'"奥斯莫接受了这个条件，接着特斯拉邀请他周日到公司总部签署一些文件，告知他汽车的具体报价及一个事实——汽车最终的交付日期及规格尚未确定。"我估计它将是世界上速度最快的汽车，"奥斯莫惊叹道，"它是四轮驱动汽车，这太酷了。我甚至忍不住认为他们向我虚报价格。不过，我只是单纯地觉得埃隆并不想让我买这辆车。"

18. 马斯克怀疑乐土公司的 CEO 夏嘉曦（Shai Agassi）之所以能想出电池更换计划，就是因为他在参观特斯拉工厂时听说了特斯拉的技术。

19. 过去几年，马斯克参与火人节活动时改装了几辆艺术车，其中就包括一辆形似火箭的电动汽车。2011 年，《华尔街日报》对他参加高端露营活动颇有微词。"电动汽车制造商特斯拉的首席执行官兼 eBay 旗下公司贝宝的创始人埃隆·马斯克并没有住在帐篷里。"报纸写道，"据旅行用品商经典探险房车（Classic Adventures RV）——该活动指定的少数几家供应商之一的数名员工透露，马斯克花高价准备了 8 辆房车和拖车，里面装满了食物、床单、生活用品和其他必需品，供自己、家人和朋友享用。并且，像马斯克这种贵宾级配置的房车，每辆价值 0.55 万 ~1 万美元。在马斯克停放房车的地方，他们清空了化粪池，安装了水源，保证房车的电力供应，冰箱、空调、电视机、DVD 播放器和其他系统一应俱全。房车里还有健怡可乐、佳得乐、克鲁赞朗姆酒等酒水饮料。"这篇报道一经发出，马斯克一行人便觉得经典探险房车公司是故意泄露他们的信息来招揽生意，于是他们搬到了一处新的、未公开的地点。

20. http://www.sandia.gov/~jytsao/Solar%20FAQs.pdf.

21. 大部分人都知道，特斯拉的员工会偷偷溜到街对面的园区，享受思爱普（SAP）软件公司豪华的员工福利咖啡厅。

22. 肖特韦尔毕生致力于空间探索活动，她谈论登陆火星的时间不亚于马斯克。斯特劳贝尔对电动车付出了同样多的努力，他有时候的说话风格与马斯克极为相似。"我们的目标不是垄断电动汽车市场，"斯特劳贝尔解释道，"公司目前已有 20 亿辆现货，而每年的产量将达到 1 亿。即使我们的市场份额占到 5% 或 10%，我们也不可能解决整个社会的问题。我乐观地认为，我们在未来能够满足消费需求，甚至推动整个行业向前发展。埃隆一直致力于此。"

23. 佩奇向我讲述了自己的一个新颖创意："我一直想设立奖项，资助一个将某种相对较轻的物品送上月球的项目，但这个物品一定要能够完成自我复制，这真的非常酷。NASA 执行发射卫星到月球南极的任务时，我去了 NASA 位于山景城艾姆斯研究中心的控制中心现场。他们最初似乎是把卫星高速投掷到月球，等到卫星发生爆炸，会顺便释放出一些物质到太空，接着他们用望远镜观测实验结果，最终在月球南极发现了水，这实在太有趣了。我想，如果月球南极有很多水，那我们就可以用氢气和氧气合成火箭燃料。关于月球南极，还有一个非常有趣的点就是，那里几乎处处有阳光。地势高的地方有阳光照射，而陨石坑内则非常寒冷，所以那里有充足的能源支持太阳能电池的使用。当然，这么多的能源也能够支持蒸汽涡轮机的运转。这么一看，你不仅有制造火箭燃料的原材料，还可以依靠太阳充电的太阳能电池，甚至能运行发电厂使用的涡轮动力机。涡轮动力机的重量不是很大，你可以将它送上月球。假如你在月球上拥有大约 10 亿瓦的能源，你就可以制造很多火箭原料，所以这会是个比较有意义的获奖项目。你先将 5 磅重的物品送上月球，然后让它在那里合成火箭燃料，接下来你可以选择要么从月球把物品发射出去，要么让它自我复制。总之，它会变得越来越多。"